• 全国高等职业教育康复治疗技术专业"十三五"规划教材 •

人体运动学

（供康复治疗技术专业使用）

主　　编　李古强　汪宗保

副 主 编　马少锋　李文惠　于守娟　于佳宁

编　　者　（以姓氏笔画为序）

于守娟（烟台市国民体质监测中心）

于佳宁（滨州医学院烟台附属医院）

马少锋（宝鸡职业技术学院）

王　丹（滨州医学院附属医院）

杨晓华（滨州医学院）

李文惠（邢台医学高等专科学校）

李古强（滨州医学院）

李圆圆（江苏医药职业学院）

汪宗保（安徽中医药大学）

张华锴（郑州工业应用技术学院）

武宝爱（山西大学）

胡丹丹（安徽医科大学第一附属医院）

魏珊珊（山东第一医科大学）

中国健康传媒集团

中国医药科技出版社

内 容 提 要

本教材是"全国高等职业教育康复治疗技术专业'十三五'规划教材"之一，是根据康复治疗技术专业教学大纲的基本要求和课程特点编写而成，主要涵盖肌肉骨骼系统的组织结构生物力学基本特征、关节运动学、运动控制和心肺运动学等内容。根据康复治疗技术专业岗位能力要求，本书着重于人体动作的解剖和生物力学基本概念的阐述，提供了分析人体动作的基本思路和技巧，希望通过本书学习，能将运动学的基础知识应用于人体动作的分析，以改善动作活动的质量。同时，通过少量的临床案例分析，以培养学生的临床思维能力。本教材为书网融合教材，即纸质教材有机融合电子教材、教学配套资源（PPT、微课、视频、图片等）、题库系统、数字化教学服务（在线教学、在线作业、在线考试），使教学资源更加多样化、立体化。

本书既可供康复治疗技术专业师生使用，也可以作为康复治疗师执业资格考试参考用书，还可作为运动康复、中医康复、康复物理治疗、康复作业治疗等专业的参考用书。

图书在版编目（CIP）数据

人体运动学 / 李古强，汪宗保主编. —北京：中国医药科技出版社，2019.12（2025.1重印）
全国高等职业教育康复治疗技术专业"十三五"规划教材
ISBN 978-7-5214-1455-4

Ⅰ.①人… Ⅱ.①李…②汪… Ⅲ.①人体运动–人体学–高等职业教育–教材 Ⅳ.①G804

中国版本图书馆 CIP 数据核字（2019）第 266904 号

美术编辑　陈君杞
版式设计　易维鑫

出版　**中国健康传媒集团 | 中国医药科技出版社**
地址　北京市海淀区文慧园北路甲 22 号
邮编　100082
电话　发行：010-62227427　邮购：010-62236938
网址　www.cmstp.com
规格　889×1194mm　¹⁄₁₆
印张　14¾
字数　331 千字
版次　2019 年 12 月第 1 版
印次　2025 年 1 月第 6 次印刷
印刷　天津市银博印刷集团有限公司
经销　全国各地新华书店
书号　ISBN 978-7-5214-1455-4
定价　**60.00 元**

获取新书信息、投稿、为图书纠错，请扫码联系我们。

数字化教材编委会

主　编　李古强

副主编　李圆圆　王　丹

编　者　（以姓氏笔画为序）

于守娟（烟台市国民体质监测中心）

于佳宁（滨州医学院烟台附属医院）

马少锋（宝鸡职业技术学院）

王　丹（滨州医学院附属医院）

杨晓华（滨州医学院）

李文惠（邢台医学高等专科学校）

李古强（滨州医学院）

李圆圆（江苏医药职业学院）

汪宗保（安徽中医药大学）

张华锴（郑州工业应用技术学院）

武宝爱（山西大学）

胡丹丹（安徽医科大学第一附属医院）

魏珊珊（山东第一医科大学）

全国高等职业教育康复治疗技术专业"十三五"规划教材

出版说明

为深入贯彻《现代职业教育体系建设规划（2014－2020年）》以及《医药卫生中长期人才发展规划（2011－2020年）》文件的精神，满足高职高专康复治疗技术专业培养目标和其主要职业能力的要求，不断提升人才培养水平和教育教学质量，在教育部、国家卫生健康委员会及国家药品监督管理局的领导和指导下，在全国卫生职业教育教学指导委员会康复治疗技术专业委员会有关专家的大力支持和组织下，在本套教材建设指导委员会主任委员江苏医药职业学院陈国忠教授等专家的指导和顶层设计下，中国医药科技出版社有限公司组织全国80余所高职高专院校及其附属医疗机构近150名专家、教师历时1年精心编撰了"全国高等职业教育康复治疗技术专业'十三五'规划教材"，该套教材即将付梓出版。

本套教材包括高等职业教育康复治疗技术专业理论课程主干教材共计13门，主要供全国高等职业教育康复治疗技术专业教学使用。

本套教材定位清晰、特色鲜明，主要体现在以下方面。

一、紧扣培养目标，满足职业标准和岗位要求

本套教材的编写，始终坚持"去学科、从目标"的指导思想，淡化学科意识，遵从高等职业教育康复治疗技术专业培养目标要求，对接职业标准和岗位要求，培养能胜任基层医疗与康复机构的康复治疗或相关岗位，具备康复治疗基本理论、基本知识，掌握康复评定和康复治疗的基本技术及其应用能力，以及人际沟通、团队合作和利用社会康复资源能力的高端技能型康复治疗技术专门人才，教材内容从理论知识的深度、广度和技术操作、技能训练等方面充分体现了上述要求，特色鲜明。

二、体现专业特色，整体优化，紧跟学科发展步伐

本套教材的编写特色体现在专业思想、专业知识、专业工作方法和技能上。同时，基础课、专业基础课教材的内容与专业课教材内容对接，专业课教材内容与岗位对接，教材内容着重强调符合基层岗位需求。教材内容真正体现康复治疗工作实际，紧跟学科和临床发展步伐，具有科学性和先进性。强调全套教材内容的整体优化，并注重不同教材内容的联系与衔接，避免了遗漏和不必要的交叉重复。

三、对接考纲，满足康复（士）资格考试要求

本套教材中，涉及康复医学治疗技术初级（士）资格考试相关课程教材的内容紧密对接《康复医学治疗技术初级（士）资格考试大纲》，并在教材中插入康复医学治疗技术初级（士）资格考试"考点提示"，有助于学生复习考试，提升考试通过率。

四、书网融合，使教与学更便捷更轻松

全套教材为书网融合教材，即纸质教材与数字教材、配套教学资源、题库系统、数字化教学服务有机融合。通过"一书一码"的强关联，为读者提供全免费增值服务。按教材封底的提示激活教材后，读者可通过PC、手机阅读电子教材和配套课程资源（PPT、微课、视频等），并可在线进行同步练习，实时反馈答案和解析。同时，读者也可以直接扫描书中二维码，阅读与教材内容关联的课程资源，从而丰富学习体验，使学习更便捷。教师可通过 PC 在线创建课程，与学生互动，开展在线课程内容定制、布置和批改作业、在线组织考试、讨论与答疑等教学活动，学生通过 PC、手机均可实现在线作业、在线考试，提升学习效率，使教与学更轻松。此外，平台尚有数据分析、教学诊断等功能，可为教学研究与管理提供技术和数据支撑。

编写出版本套高质量教材，得到了全国知名专家的精心指导和各有关院校领导与编者的大力支持，在此一并表示衷心感谢。出版发行本套教材，希望受到广大师生欢迎，并在教学中积极使用本套教材和提出宝贵意见，以便修订完善，共同打造精品教材，为促进我国高等职业教育康复治疗技术专业教育教学改革和人才培养做出积极贡献。

中国医药科技出版社

2019 年 11 月

全国高等职业教育康复治疗技术专业"十三五"规划教材

建设指导委员会

主 任 委 员　陈国忠（江苏医药职业学院）

副主任委员　（以姓氏笔画为序）

　　　　　　　刘柏炎（益阳医学高等专科学校）

　　　　　　　李　渤（聊城职业技术学院）

　　　　　　　张立祥（山东中医药高等专科学校）

　　　　　　　周建军（重庆三峡医药高等专科学校）

　　　　　　　屈　刚（长沙卫生职业学院）

　　　　　　　胡忠亚（安庆医药高等专科学校）

　　　　　　　葛淑兰（山东医学高等专科学校）

委 　 员　（以姓氏笔画为序）

　　　　　　　马永臻（山东医学高等专科学校）

　　　　　　　方　新（北京社会管理职业学院）

　　　　　　　刘　尊（沧州医学高等专科学校）

　　　　　　　刘红旗（盐城市第一人民医院，南通大学第四附属医院）

　　　　　　　孙　萍（重庆三峡医药高等专科学校）

　　　　　　　孙秀玲（山东中医药高等专科学校）

　　　　　　　杨　毅（湖北职业技术学院）

　　　　　　　李古强（滨州医学院）

　　　　　　　李雪甫（江苏护理职业学院）

　　　　　　　汪宗保（安徽中医药大学）

　　　　　　　沈爱明（江苏省南通卫生高等职业技术学校）

　　　　　　　张光宇（重庆三峡医药高等专科学校）

　　　　　　　张绍岚（江苏医药职业学院）

　　　　　　　张海霞（聊城职业技术学院）

　　　　　　　陆建霞（江苏医药职业学院）

　　　　　　　陈　轶（大庆医学高等专科学校）

　　　　　　　孟宪国（山东医学高等专科学校）

　　　　　　　孟繁伟（山东中医药高等专科学校）

　　　　　　　胡　德（湖南省残疾人康复研究中心，湖南省残疾人康复协会）

　　　　　　　钟建国（核工业四一六医院）

　　　　　　　章　琪（宁波卫生职业技术学院）

　　　　　　　颜益红（长沙卫生职业学院）

　　　　　　　薛秀琍（郑州澍青医学高等专科学校）

前 言
Foreword

　　人体运动学是高职高专康复治疗技术专业重要的必修专业课程之一。对这门课程掌握得如何，将直接影响学生针对患者的功能障碍进行分析的能力，康复方案的制订和执行能力，以及对运动施力的理解和施行能力，并直接影响后续课程的学习和掌握程度。本教材的编写紧密结合临床实际，坚持"三基、五性、三特定"原则，注重简明扼要，凸显实用性。

　　本教材共分 5 章，各章设有"学习目标""知识链接/知识拓展""案例讨论""本章小结"和"习题"5 个模块，从而达到教学目标明确具体、重点难点突出明显、助教助学清晰到位、岗位结合适宜生动。

　　本教材为书网融合教材，即纸质教材有机融合电子教材、教学配套资源（PPT、微课、视频、图片等）、题库系统、数字化教学服务（在线教学、在线作业、在线考试），使教学资源更加多样化、立体化。

　　本教材由来自全国高等医学院校教学一线的 13 位教师精心编写而成，是集体智慧的结晶。编写分工如下：第一章总论（李古强、李文惠、杨晓华），第二章运动系统组织结构生物力学基础（马少锋），第三章关节运动学（汪宗保、张华锴、于佳宁、李圆圆、李古强、于守娟、武宝爱、魏珊珊），第四章运动控制（王丹），第五章心肺运动学（胡丹丹）。

　　本教材主要供全国高职高专康复治疗技术专业师生使用，也可作为基层医务工作者、青年教师的重要参考书。

　　本教材编写工作得到了全国高等职业教育康复治疗技术专业"十三五"规则教材建设指导委员会专家的关心和指导，以及各编者所在单位的大力支持，同时编写过程中参阅了有关专家学者的著作和文献，在此一并表示衷心感谢！

　　虽然各位编者都本着精益求精、求实创新的原则，但由于时间仓促、水平有限，难免会有疏漏和不足，恳请广大读者不吝赐教，以便再版时修正，使内容日臻完善。

编 者

2019 年 8 月

目 录

Contents

第一章

总　论

学习目标

1. **掌握**　人体运动学的概念；力、力矩、生物力学杠杆、关节的基本运动、人体的基本动作；运动供能系统。

2. **熟悉**　人体运动静力学的基本概念；运动平面和运动轴；常见的外力和内力；力的合成和分解；人体平衡与稳定的特点及其影响因素、骨的生物力学特征；物质代谢过程。

3. **了解**　人体运动学的内容；动量定理；功能原理；黏弹性材料的特点；能量来源于转化。

4. 具备阐述人体运动学基本概念和运动分析基础的基本能力；能用生物力学原理解释人体运动中骨骼肌、骨与关节的力学变化；能在康复治疗中运用生物力学原理分析运动障碍的原因，为康复训练奠定基础。

5. 能用生物力学原理指导健身训练和对运动障碍患者与家属做健康教育。

第一节　人体运动学概念

运动学，也被称为人体运动功能学，是一门专注于身体活动的学科或知识体系，也对人体功能活动进行科学研究。运动学的英语名字"Kinesiology"来自于希腊词"κίνησις kínēsis"，和"–λογία"，意为"movement"和"study"，也就是"活动"和"学科"的意思。

人体运动学（Kinesiology）是利用运动学（Kinematics）、动力学（Kinetics）的概念和方法，结合功能解剖学和神经肌肉生理等方面的知识，研究人体运动动作和运动行为的一门学科。

作为康复医学的基础学科之一，人体运动学以人体运动动作和运动行为为研究对象，探讨人体的运动功能及其变化规律，揭示人体运动产生、变化以及重新获得的机制，从而为运动功能的康复提供有效的指导意见。

扫码"看一看"

考点提示　人体运动学是以研究人体运动规律，指导训练与康复的一门科学。

研究人体运动学，必须区分清楚一些相关概念。

运动学（Kinematics）是从几何角度描述和研究物体位置随时间变化规律的一个力学分支。运动学不考虑物体本身的物理性质和施加在物体上的力，仅把物体以质点或刚体这种简化模型为基础，进一步研究弹性体、流体等变形体的运动，包括运动轨迹、位移、速度、加速度以及转动轨迹、角度、角速度、角加速度等运动特征。

动力学（Kinetics）是研究作用于物体的力与物体运动关系的力学分支。动力学主要考虑两类问题：通过已知物体的运动研究作用于物体的力，以及通过已知作用于物体上的力研究物体的运动。

运动生物力学（Sports Biomechanics）利用运动学和动力学的相关知识，研究人体在外界力和内部肌力等作用下的机械运动规律。运动生物力学不讨论神经、肌肉和骨骼系统的内部机制，一般忽略肌肉变形对质量分布的影响，仅把人体节段简化成刚性，从而研究相邻节段之间的相互运动及肌力作用，并以此研究人体的整体运动。

目前，对运动学的研究已不仅是单纯对身体运动本身的研究，而已经上升到运动追踪系统研究、肌肉和大脑活动的电生理学研究、各种监测生理功能的方法以及其他行为和认知研究等。

第二节　学习人体运动学的目的和意义

康复是针对各种原因损伤和疾病所致的功能障碍，采取综合措施，经过训练和再训练，以达到恢复功能、提高生活质量和回归社会的目的。康复医学是运用医学手段促进患者功能恢复的医学应用学科。运动疗法是康复医学最重要的治疗手段之一，是以运动或者力作为治疗因子，通过改善、代偿和替代的途径，改善和提高功能障碍者的躯体、心理和社会功能的康复治疗方法。熟悉运动产生的机制，能够分析人体运动状态及相关力学问题，发现运动功能障碍并确定其产生原因，制订针对性的运动治疗方案，是从事运动疗法的康复治疗师的重要技能。而所有这些，都离不开运动学基础知识。此外，很多患者在功能训练或进行日常生活活动时都需要借助于各种辅助器具完成，而辅助器具的制作和选用同样需要有人体运动学的相关知识。

因此，人体运动学的教学目的即通过组织生物力学、运动解剖、运动控制与运动学习基本理论的讲授，强化学生对正常运动、异常运动和代偿运动以及与运动相关力学问题的分析能力，从而为康复治疗学的其他临床学科打下良好的基础。

第三节　生物力学原理

任何物体的机械运动都是在一定的时间和空间中进行的，人体的运动也不例外。尽管人体或其他物体的运动形式多种多样、千差万别，但这些差别主要表现在时间和空间两个方面。其形成的主要原因是人体或物体受到的力和力矩的不同。

生物力学是将力学和生物学知识结合起来，研究生物体机械运动一般规律的科学。其研究范围包括一般生物力学、人类工程生物力学、医用生物力学、康复生物力学、运动生物力学及生物力学研究方法等。

一、力与力矩

力是一个物体对另一个物体的作用，是使物体产生形变或直线运动状态发生改变的原因。力矩是力和力臂的乘积，是使物体转动状态改变的原因。力和力矩都是矢量，有方向和大小。无论是人体的形状改变还是运动状态发生改变均是力或力矩作用的结果。

（一）力无处不在，没有力就没有世界

影响力的作用效应的因素有力的大小、方向和作用点，被称为力的三要素，只要改变其中任一要素，都会导致力的效应发生改变。因此，在临床分析中，要确定力的三要素。力是矢量，在做物体的受力分析时，将力表示为一段带箭头的线段，线段的起点代表力的作用点，线段的长度表示大小，箭头所指的方向为力的作用方向，力的合成与分解遵循平行四边形法则。如果把人体看作一个整体的力学系统，其受力可分为外力和内力。

1. 外力 是外界环境作用于人体的力，常见的外力包括重力、支撑反作用力、摩擦力、流体作用力和器械阻力等。

（1）重力 是地球对其附近物体的吸引力，是人体保持直立姿势及运动时必须克服的负荷。人体重力的大小等于人体的体重，当人体携带重物时，物体同样受重力作用并叠加于人体。重力的作用方向垂直指向地心。重力（G）是人体的质量（m）与重力加速度（g）的乘积，即 $G = m \times g$。人体每时每刻都受到重力的作用，但由于运动形式的不同，重力对人体运动所起的作用也不同。一般情况下，当人体的运动方向与重力同向时，重力是动力，反之则是阻力。如上楼梯时重力与运动方向相反，起阻力作用；而下楼梯时重力与运动方向相同，起动力作用。

（2）支撑反作用力 是人体在处于支撑状态时，支撑面通过支撑点作用于人体的对抗重力的反作用力。如果人体处于静止状态，为静力性支撑反作用力，其大小与重力相等，方向相反；如果人体局部环节有运动，则支撑反作用力会不断变化，称为动力性支撑反作用力。例如，人要跑得快就需要下肢肌快速收缩用力蹬地，以增加人体对地面的作用力，从而得到更大的反作用力。跑步时还需要地面足够坚硬，如地面松软则反作用力会大大减小。

（3）摩擦力 是两个相互接触的物体做相对运动（线运动、滚动）或有相对运动趋势时产生的力，分别形成滑动摩擦力、滚动摩擦力和静摩擦力。摩擦力的方向与运动方向相反，它在人体运动中普遍存在，人之所以能走和跑，靠的就是地面与鞋底之间的摩擦力。通过增加接触面的粗糙度和增加正压力均能增加摩擦力，反之则可减小。

（4）惯性力 是变速运动的物体对施力物体的反作用力，其大小等于变速运动物体的质量与加速度的乘积，方向与加速度的方向相反，作用于引起加速度的物体上。如推铅球时手对铅球的推力使铅球产生了加速度，同时铅球对手的反作用力是其质量对加速度的阻力，即惯性力。康复运动中很多动作都是借助惯性力完成的，巧妙利用惯性，不但省力，少消耗能量，而且还可使骨骼肌得到片刻放松，减少运动性疲劳。运动中利用惯性力主要为保持动作的连贯性，其本质是不同动作之间的衔接要平稳，以及后一个动作尽量利用前一个动作所获得的速度。如举重运动员在提铃时应采用爆发式用力，一旦杠铃启动，就要求运动员保持动作的连贯性，充分利用杠铃的惯性力运动，若中途迟缓或停顿，不仅可能导致失败，还可能发生运动损伤。又如康复治疗中偏瘫患者自主从仰卧位到侧卧位，可利用肢体摆动的惯性完成体位转换。

（5）流体作用力　是人体在流体（空气、水等）中运动时，与流体接触并相互作用，流体对人体的作用即为流体作用力。流体作用力常常是人体运动的阻力，其大小与流体的密度、接触面积、运动速度等成正比，因水的密度远大于空气，所以人体在水中运动较为困难。水的浮力还可用以减轻肢体的重力，对于肌力不足或关节疼痛的患者，可以借助水的阻力和浮力进行康复训练。

（6）器械的阻力　是人体在推、拉及转动训练器械时，需要克服器械的惯性力、重力、摩擦力与弹力等。其大小与肢体的推力相等，方向相反。

各种外力常被用作康复训练的负荷，这些负荷要求肢体运动的方向和力量与之相适应，从而选择投入工作的肌群及其收缩强度，这是肌力训练的方法学基础。

2. 内力　是指人体内部各组织器官之间相互作用的力，包括肌拉力、组织弹力和其他内力。

（1）肌拉力　骨骼肌以肌腱附着于骨，产生对骨的拉力为肌拉力。肌拉力通过肌肉在骨上的附着点，根据力学规律和杠杆原理产生相应的运动和维持人体的姿势，它是人体内力中最重要的主动力。从力学上看，人体的各种运动是以骨为杠杆，关节为枢纽，肌肉收缩产生的肌拉力为动力形成的。临床上分析肌肉收缩力产生的力学效应是通过其肌肉拉力线与关节轴之间的关系来确定。肌拉力线为肌肉收缩合力的作用线，对于无转弯的肌肉，肌拉力线是指肌的起、止点几何中心的连线；对于肌纤维有转弯的肌肉，是从止点几何中心到转弯处切点的连线，如髂腰肌在跨过关节时拐弯，其肌拉力线是指动点中心到拐弯处中心的连线。

肌肉拉力的大小和方向与其构造有关，体积相同的羽状肌比梭状肌的肌力大很多，但是肌纤维短，其收缩幅度就小，因而羽状肌多分布在运动力量较大的下肢，而梭状肌多分布于活动灵巧的上肢。临床上，对于小腿三头肌和腓肠肌挛缩，足跟无法触地的患者，应用胫骨后肌群松弛术（切断部分肌纤维）可降低挛缩肌群的紧张度，调整肌力比，恢复正常步态。

（2）组织弹力　当机体拉伸、扭转、压缩时会发生形变，组织弹力是机体形变做功的能力。人体的肌肉、肌腱和筋膜都有弹性，在肌肉收缩前被拉长，收缩时释放的弹性力参与收缩过程。组织弹力在人体运动中的作用可用生物力学的希尔三元素模型来解释，该模型包括可收缩成分、串联弹性元和并联弹性元。①可收缩成分：相当于骨骼肌中的肌纤维，肌球蛋白通过横桥牵拉肌动蛋白使肌节缩短，横桥摆动速度越快，越有利于产生力量。②串联弹性元：主要指位于骨骼肌两端的肌腱，肌纤维收缩时肌腱可被拉长储存弹性能，当肌腱由于弹性而发生回缩时释放弹性能，转化为骨的机械能而产生运动。③并联弹性元：是与肌的可收缩成分并联的成分，对整肌而言，主要是指包裹在骨骼肌表面和肌束、肌纤维表面的结缔组织。肌纤维收缩时，并联弹性元会同时缩短而储存弹性能。对于不同的运动单位而言，可以是并联的肌纤维，其收缩时产生的力量叠加，如肌强直时整肌比单根肌收缩产力能力强大，就是并联弹性元力量叠加的结果。

（3）组织器官间的被动阻力　当肢体被动做伸展或屈曲运动时，其反向的组织包括皮肤、皮下组织、肌肉、筋膜、关节囊等均受到牵拉，组织内的各种张力或黏滞力，尤其是拮抗肌的张力会产生对抗该运动的阻力，这些阻力的存在使得肌肉松弛有一定的限度，保证了该运动的适时和适度。如被动阻力过大，为保证运动的完成，应做相应的松弛。

（4）其他内力　人体内的组织器官各自具有不同的形态、结构和生物力学特性。由于运动引起这些组织器官发生形态、位置改变时，可产生摩擦力、流体阻力等。如胃肠蠕动时与腹膜、肠系膜、大血管之间的阻力，及其肠袢之间的摩擦力；心脏与纵隔、肺及胸廓间的摩擦力；血液、淋巴液在血管内流动时产生的流体阻力及其在分流时产生的湍流等。

为维持最佳活动，各种内力总是相互适应，同时也不断与各种外力相抗衡。如为克服重力对血液流动的影响，有时需要肌肉收缩来帮助血液循环。

3. 力的合成与分解

（1）合力与分力　如果一个力产生的效果与几个力共同作用的效果相同，这个力就叫那几个力的合力，而那几个力就叫这个力的分力。

如果几个力作用在物体的同一点，或者它们的作用线交于同一点，这几个力就叫作共点力。求两个互成角度共点力的合力，用表示这两个力的线段为邻边作平行四边形，这两个邻边之间的对角线就表示合力的大小和方向，这叫作力的平行四边形定则。

求几个已知力的合力，叫力的合成。两个力在一条直线上时，求合力时直接加减，同向相加，异向相减。两个力不在一条直线上时，求合力可用平行四边形法则，分力是平行四边形的两条邻边，合力是对角线。

力的分解是力的合成的逆运算。通常力的分解有两种思路，一是按实际效果分解，即根据力产生的实际作用效果进行分解；二是正交分解法，即把力分解为两个互相垂直分力，如当骨骼肌在某一平面产生力的作用时，可将肌力分解为两个垂直分量，一个分力沿着骨轴线，另一个垂直于骨轴线，前者能稳固关节称为稳固分量，后者使骨产生转动称为转动分量。

（二）力矩

转动是物体或人体（含环节）绕某点或某一轴发生的运动，是人体运动时最常见的肢体运动。要使物体产生转动，必须使力的作用线与转动点（支点）或转动轴之间有一定的距离（力臂）。力矩又称转矩，是表示力对物体作用时产生的转动效果的物理量，物体受力绕某定点或某定轴转动时，其转动效果除取决于力的大小和方向外，还取决于定点或定轴到力的作用线的距离，也就是力臂。力矩（M）为作用于物体或人体的合力（F）与力臂（d）的乘积，即 $M = F \times d$。通常规定，力使物体按逆时针方向转动时，其力矩为正，顺时针转动力矩为负。力矩的单位为牛顿·米。

在讨论物体的转动时，还会遇到一种情况，即大小相等，方向相反，作用线互相平行但不重合的两个力作用在同一物体上，虽然其合力为零，但物体同样会转动，这对力被称为力偶。力与力偶臂的乘积为力偶矩，使物体产生逆时针方向转动的力偶矩取正值，反之取负值。如扳手作用在螺丝上的两个力就构成了力偶，形成转动螺丝的力偶矩。

还有一种情形，物体在无支撑的情况下受到力的作用，该力若不通过物体的重心，也会引起物体的转动，这个力被称为偏心力，由偏心力产生的转动力矩称为偏心矩。如用乒乓拍击打的旋转球，球拍作用于球体的力不通过球的重心，形成偏心力，使乒乓球转动的力矩即为偏心矩。因此，力矩、力偶矩和偏心矩是人体或物体转动的条件。

二、生物力学杠杆概念

杠杆包括支点、阻力点和力点。人体的运动遵循杠杆原理，各种复杂的运动均可分解为一系列的杠杆运动，肌肉收缩产生的运动效果受身体节段杠杆效率的影响。运用杠杆原理对运动进行分析，是运动力学研究的重要途径之一。

1. 支点　是杠杆绕着转动的轴心。在人体杠杆上，支点是关节的运动中心。

2. 力点　动力的作用点为力点。在骨杠杆上，力点为肌肉的附着点。支点到动力作用线的垂直距离为动力臂。动力和动力臂的乘积为力矩。

3. 阻力点　阻力杠杆上的作用点为阻力点。运动时，重力、摩擦力、组织弹力、拮抗肌的张力、筋膜或韧带等的抵抗牵张力均可造成阻力。在理想的杠杆系统中，全部阻力的合力作用点为唯一的阻力点。从支点到阻力作用线的垂直距离为阻力臂。阻力和阻力臂的乘积为阻力矩。

4. 杠杆的分类　人体的杠杆运动系统是以骨为杠杆，关节为支点，附着于骨的骨骼肌产生动力。根据杠杆上支点、力点与阻力点之间的关系，可将杠杆分为平衡杠杆、省力杠杆和速度杠杆三类。

（1）平衡杠杆　支点位于力点与阻力点之间，如天平、跷跷板等。在人体中，头颅与脊柱的连接就是平衡杠杆，支点位于寰枕关节的额状轴上，斜方肌等肌肉的作用点为动力点，位于支点后方，头的重心构成阻力点位于支点前方。这类杠杆的主要作用是保持平衡和传递动力。

（2）省力杠杆　阻力点位于支点和力点之间。此类杠杆的动力臂大于阻力臂，所以省力。如人体站立提踵时，以跖趾关节为支点，小腿三头肌以跟腱附着于跟骨上的支点为动力点，人体重力通过距骨体形成阻力点。这类杠杆的力臂始终大于阻力臂，可用较小的力来克服较大的阻力。

（3）速度杠杆　动力点在支点与阻力点之间，属于费力杠杆，但因其动力臂短，所以其速度快。如手臂持球以肘关节为支点所构成的杠杆，支点在肘关节中心，肱二头肌在桡骨粗隆上的支点为动力点，前臂和球共同的重心为阻力点。这类杠杆因为动力臂始终小于阻力臂，动力必须大于阻力才能引起主动运动，所以不能省力，但可以使阻力点获得较大的速度和运动幅度。

5. 杠杆原理在康复医学中的应用

（1）省力　人体杠杆的肌拉力臂一般较短，可通过肌在骨上附着点的隆起、籽骨等来延长力臂，如股骨大转子就增加了臀中肌和臀小肌的力臂，肌肉力量强大的人，其骨上的粗隆和结节也较明显。在提起重物时，尽量使重物靠近身体，从而缩短阻力臂而省力。

（2）获得速度　人体杠杆大多为速度杠杆，为了在运动中获得较大的运动速度和运动幅度，就要增加阻力臂和缩短力臂。如投掷、踢球、打球等，尽量伸展手臂、使用多个关节或利用球棒等来延长阻力臂。

（3）防止损伤　因为速度杠杆不省力，所以阻力过大的时候，容易造成杠杆各环节的损伤，尤其是力点和支点即肌腱、肌止点及关节的损伤。因而，除通过训练增强肌力外，还应适当控制阻力和阻力矩，以保护肌杠杆。

三、生物力学基础概念

1. 运动平面　为方便描述人体在空间内的运动，通常用三个平面来表示，即水平面、冠状面和矢状面，三个面之间是相互垂直的关系。

（1）水平面（横断面）　是指与地面平行的面，将人体分为上下两部分。通常把关节在水平面内的运动定义为旋转运动。

（2）冠状面（额状面）　是指与身体前面或后面平行的面，将人体分成前后两部分。通常把关节在冠状面内的运动定义为内收、外展运动。

（3）矢状面（正中面） 是指与身体侧面平行的面，矢状面将人体分为左右两部分。通常把关节在矢状面内的运动称为屈、伸运动。

2. 运动轴 与运动面相对应的运动轴也用于描述运动状态，通常用垂直轴、冠状轴和矢状轴来表示，三个轴互相垂直。如人体横向移动可描述为沿冠状轴运动，人体向前行走也可描述为沿矢状轴运动。

（1）冠状轴 与地面平行且与额状面平行的轴。

（2）垂直轴 与额状面与矢状面相交叉形成的上下贯穿人体正中的轴。

（3）矢状轴 与地平面平行且又与矢状面平行的轴，在水平方向前后贯穿人体。

肢体一般通过描述关节轴线来描述关节，由于关节结构不同，运动轴可以有一个、两个或三个，根据运动轴的多少，将关节运动分为单轴运动、双轴运动和三轴运动三种情况。

单轴运动 例如指间关节只有一个运动轴，标准体位下，只能绕冠状轴做屈伸运动。单轴运动的关节，其骨上任何一点都能沿着一个弧线进行运动。

双轴运动 例如掌指关节、腕关节等为鞍状关节，标准体位下，不仅能绕冠状轴做屈伸运动，还可绕矢状轴做内收和外展运动。其实，双轴运动的关节除了沿两个主轴运动外，还有很多次轴，产生于两个主轴不同向的运动，如在一个次轴上关节可屈曲－内收，其反向就可以伸直－外展，这些复合运动连接起来就形成圆周运动。任何双轴和三轴运动均可产生圆周运动。但是，单轴运动不能产生圆周运动。

三轴运动 关节为球窝关节，有三个运动主轴。如肩关节可做屈、伸、内收、外展及旋转。三轴关节除了主轴外也有无数次轴，从而产生多种复合运动。三轴关节的运动范围大大超过双轴关节，是人体运动范围最广的关节，髋关节也属于此类。

3. 关节的基本运动

（1）屈伸关节 在矢状面绕冠状轴运动为屈伸运动，相邻关节的两骨之间角度减小或相互靠近为屈，反之为伸。

（2）内收与外展关节 在冠状面绕矢状轴的运动为内收和外展运动，肢体接近正中矢状面的运动为内收，反之为外展，如手指向中指中轴靠近为内收，离开中轴为外展。水平内收与外展是指关节在水平面上绕垂直轴运动，如上肢肩关节在外展90°时向身体中线靠拢为水平内收，远离身体中线为水平外展。足底朝向内侧的运动则称为内翻，反之称足外翻。

（3）旋转关节 在水平面绕垂直轴或自身纵轴的运动。向内或向前为内旋，反之为外旋。如寰枢关节绕垂直轴做旋转运动，肩关节与髋关节可绕自身纵轴旋转，也可绕与自身不平行但是相近似的轴旋转，如前臂和手做旋前、旋后时，是桡骨绕尺骨的运动。

（4）环转 以骨的近端为支点，远端做圆周运动。环转是冠状轴与矢状轴上的复合运动，所以绕矢状轴和冠状轴运动的关节均可做环状运动，如肩关节与髋关节。

4. 人体的基本动作

（1）上肢的基本动作 上肢的各种动作主要由肩关节、肘关节及腕关节参与活动。①推：克服阻力时，上肢由屈曲状态变为伸展状态的动作，如举重与推铅球。②拉：克服阻力时，上肢由伸展状态变为屈曲状态的动作，如划船与游泳时的划臂动作。日常生活中往往需要上肢推拉相结合的运动，如擦桌、拖地、开关门等。③鞭打：克服阻力或躯体位移时，上肢各环节依次加速和制动，使末端环节产生极大速度的动作形式称为鞭打动作。动作开始时，上肢首先向反方向挥动，并适度屈曲，然后上肢运动链的近端环节首先加速，带动上肢各环节依次加速与制动，形成类似鞭打动作形式，使远端环节产生极大的运动速度，如投掷等。

（2）下肢的基本动作　　下肢的各种基本动作主要由髋关节、膝关节和踝关节参与活动。①缓冲克服阻力时，下肢由伸展状态转为屈曲状态的动作，例如腾空起跳落地时的屈膝屈髋动作。②蹬伸克服阻力时，下肢由屈曲状态进行积极伸展的动作过程，例如骑自行车和游泳时的蹬伸动作。鞭打下肢各环节也有类似于上肢的鞭打动作形式，如自由泳的两腿打水动作。

（3）全身的基本动作　　躯体在完成动作时，上肢、下肢及躯干等各部分有主次之分，各部分间相互协作共同完成。①摆动：为身体的某一部分完成主要动作时，另一部分配合主要动作的形式，如步行或跑步时的两臂摆动。②躯干扭转：为身体各部分完成动作时，躯干及上下肢同时绕垂直轴反向转动的运动形式。人体行走时伴随骨盆和肢体的转动属于躯干扭转。③相向运动：为躯体两端无约束时，躯体的两部分相互接近或远离的运动形式。

5. 人体的平衡与稳定　　平衡是物体的速度和方向不变的状态。平衡可存在于静止的人体，称为静态平衡；或者以不变的速度运动，称为动态平衡。稳定是指物体保持平衡的能力，两者均是实现运动的重要基础。力系平衡的条件是合力为零，合力矩为零。

（1）人体平衡分类　　根据平衡时重心与支撑点的位置关系，可把人体平衡分为上支撑平衡、下支撑平衡和混合支撑平衡三种；根据保持平衡的能力可分为稳定平衡、有限稳定平衡、不稳定平衡和随遇平衡四种。

稳定性又称稳定度，是指人体抵抗各种干扰作用保持平衡的能力。人体的稳定性包括两个方面，一是静止时抵抗各种干扰的能力，称为人体平衡的静态稳定性；二是人体的重心偏离平衡位置后，干扰因素去除时，人体仍能恢复到初始平衡范围，为人体平衡的动态稳定性。人体的稳定性对于静止和运动中的人体平衡很重要，稳定性强的人能较好地控制平衡。稳定性直接影响动作的成败，较好的稳定性可通过各种平衡训练获得。

人体平衡大多为下支撑平衡，实际是有限稳定平衡，影响下支撑平衡稳定性的主要因素为支撑面大小和重心的高低，支撑面越大，重心位置越低，人体的稳定度越高。

（2）人体平衡与稳定的特点　　人体是复杂的生物力学系统，在分析平衡及评定其稳定性时需考虑以下生物学因素。

1）人体不能绝对静止　　因为人体的呼吸、循环、肌张力不可能恒定不变，所以人体的重心不是定点，姿势不可能严格不变。

2）人体的形状可变　　人体的支撑面边缘均为软组织，因而支撑面可以发生变化，再者人体可通过调整自身的姿势来调整重心，还可通过下肢运动来建立新的支撑面。如体操运动员落地后的跨步动作。

3）人体的内力起重要作用　　人体可以通过增大或减小内力，特别是肌的用力大小，从而改变作用于人体的力或力矩来影响人体的稳定性。如手倒立时，人体通过调整内力保持平衡。

4）心理因素的影响　　运动中交感神经兴奋表现出的紧张心理反应对人体平衡的影响最为明显。一方面紧张心情影响视觉在平衡调节中的积极作用，另一方面紧张心情也会影响大脑及其下位中枢对肌紧张的调节能力，从而影响平衡。

5）感觉系统在保持人体平衡中的作用　人体平衡中，视觉、触觉与本体感觉等感觉系统起着重要作用。如在平衡能力测试中，人体单足睁眼站立的时间要远远大于闭眼站立的时间。老年人保持平衡的能力下降，与其感觉功能随着年龄的下降有着密切的关系。要提高老年人的抗跌倒能力，除了要保持骨骼肌力量外，各种感觉功能的训练也非常必要。

6. 骨的生物力学特征

（1）骨受载荷的形式　载荷就是作用于人体的外力。作用于人体的载荷按照其性质可分为静载荷和动载荷。静载荷是指施加的力缓慢达到某一定值后不再改变；而动载荷是施加的力快速变化或反复多次施加，分别称为冲击载荷和交变载荷，如击打在人体上的各种力为冲击载荷，步行过程中双脚骨的受力即为交变载荷。根据力和力矩由不同方向作用于骨，可将作用于骨的载荷分为拉伸、压缩、弯曲、剪切、扭转和复合载荷。如人体吊在单杠上悬垂时，多数骨受到的是拉伸载荷；人体站立时，下肢骨受到压缩载荷；足球运动员被对方铲球时铲在胫腓骨上时，如被铲时足悬空，胫腓骨受到弯曲载荷，如被铲时足在地面负重，胫腓骨就受到剪切载荷。

（2）骨的应力和应变

1）应力　是指人体结构内某一平面对外部载荷的反应，用单位面积上的力表示（N/cm^2）。骨的应力是指骨结构受到外来载荷时，其表面单位面积所受到的力。

2）应变　在应力作用下，物体发生的相对形变，用变化长度（或体积）占原长度（或体积）的百分比来表示（%）。

（3）机械应力对骨生长的影响　适宜的载荷对骨有着积极的影响，但过载、过用或过度冲击性载荷可引起骨损伤甚至骨折发生。骨的塑形与重建是通过适应力的作用而发生的。

7. 黏弹性材料　既具有弹性材料的力学性质，又具有黏性材料的力学性质（黏性流体无固定形状、流动过程不可逆、外力功转化为分子热消耗）的材料为黏弹性材料，如人体的骨、软骨、肌肉、血管壁、皮肤等。黏弹性材料的力学性质与温度、压力等外界环境的关系极为密切，其黏弹性是引起能量消耗的重要原因。

黏弹性材料的特点：①蠕变：应力保持一定时，物体的应变随时间的增加而增大。②应力松弛：物体突然发生应变时，若应变保持一定，其相应的应力随时间的增加而下降。③滞后：物体受到周期性的加载和卸载，则加载时的应力－应变曲线与卸载时的应力－应变曲线不重合。

8. 动量定理　作用于物体的合外力与其作用时间的乘积（F·Δt）称为力的冲量，物体的质量与速度的乘积（mv）称为动量。物体动量的增量等于其所受的冲量（mΔv＝F·Δt），即为动量定理。

动量定理在人体运动中有广泛的应用，尤其像打击、碰撞等冲击性运动中。

为了减小外界的冲击力，人体在运动中通常需要延长外力的作用时间。如各种落地缓冲动作，人体一般采用前脚掌着地，并迅速过渡到全脚掌，同时伴伸踝、屈髋和屈膝动作，以延长脚与地面的接触时间，进而减小外力对人体可能造成的伤害。

为了给物体强大的冲力，要求与物体接触时间要短。如用锤子钉钉子，在锤子质量和速度相同的情况下，锤子击打钉子的时间越短，则给钉子的力越大。

为了使人体或器械获得更大的速度，可增大作用力和（或）延长力的作用时间。如投掷垒球的运动中，运动者可以通过下肢的蹬伸用力逐步过渡到手臂和手的用力，这样传递到垒球的力不仅比只用手大得多，而且力的作用时间增加，这样才能把垒球投得更远。

9. 功能原理　功是力与力作用方向上移动距离的乘积（F·S），力的作用方向与其引起的物体运动方向改变一致，力对物体所做的功为正功，反之则为负功。如人体下楼梯时，支撑腿的膝关节伸肌完成离心运动克服人体重力，肌收缩产生力的方向与移动方向相反，肌做负功。功的国际单位是焦耳（J）。

通常讲的骨骼肌做功，是指骨骼肌做的机械功。肌将其贮存的化学能转为机械能。骨骼肌在做等长收缩运动时，关节不产生位移，没有做机械功，此时骨骼肌消耗的能量完成了"生理功"。功和能之间是可以相互转换的，能的量值是通过功来确定的，力对物体做的功等于物体机械能（动能和势能）的增量即为功能原理。

第四节　运动与代谢

运动是人体生命活动过程中的一种形式，物质代谢和能量代谢是人体生命活动的基本过程。代谢泛指机体内各种物质新旧更替的化学变化过程，需要酶的催化，分为合成代谢和分解代谢两个方面。代谢过程需要精细调控，调控有两个水平，一是细胞内水平：主要由代谢底物、产物来完成；二是整体水平：主要通过神经内分泌系统来实现。其中细胞内水平代谢调节是基础。糖、脂肪和蛋白质是人体的三大能源物质，它们分解代谢提供的能量保证人体的生长、发育，维持人体生活、劳动等一切生命活动。

一、三大营养物质代谢

（一）糖代谢

1. 糖的生理功能　糖的主要生理功能是为生命活动提供能源和碳源。糖是机体的重要能量来源，人体所需能量的50%～70%来自于糖。糖也是机体重要的碳源，糖代谢的中间产物可转变成其他的含碳化合物，如氨基酸、脂肪酸、核苷酸等。糖可调节脂肪与蛋白质代谢，此外，糖还参与组成结缔组织等机体组织结构，调节细胞信息传递，形成多种生物活性物质，构成激素、酶、免疫球蛋白等具有特殊生理功能的糖蛋白。

2. 糖的分解代谢　糖在体内的分解代谢主要包括糖的无氧氧化、糖的有氧氧化和磷酸戊糖途径，具体代谢方式取决于不同类型细胞的代谢特点和供养状况。糖在体内供能主要有糖的有氧氧化和糖的无氧氧化两条途径，其中糖的有氧氧化是体内糖分解供能的主要方式。以上两条供能途径，通过它们的中间产物互相联系以适应整体的需要。

（1）糖的无氧氧化　糖原或葡萄糖在无氧条件下分解生成乳酸，并合成 ATP 的过程称为糖的无氧氧化，又称为糖酵解。糖酵解包括糖酵解途径（葡萄糖生成丙酮酸的途径）和乳酸生成两个阶段，反应均在胞质中进行。

糖酵解是人体在缺氧运动情况下获得能量的有效方式。例如，人体在剧烈运动时，运动肌对能量的需求量增加，尽管此时呼吸和循环加快以增加氧的供应量，但仍不能满足体内糖完全氧化对氧的需求，组织在相对缺氧状态下活动，必须依靠糖酵解生成 ATP 来获得能量。对于短时间大强度运动来说，即使不缺氧，葡萄糖有氧氧化生成 ATP 的速度也不如糖酵解，其最大输出功率仅为糖酵解的1/2。

考点提示　▶ 糖酵解是短时间高强度运动的重要能量来源。

扫码"看一看"

乳酸是糖酵解的必然产物。乳酸生成量与运动强度、持续时间及肌纤维类型等因素有关，运动时肌乳酸生成和血乳酸水平有平行关系，可用血乳酸水平了解肌乳酸情况。在45秒至2分钟最大强度运动时，血乳酸浓度可达15mmol/L，是极量运动性疲劳的主要原因之一。因此，提高可耐受乳酸最大浓度的能力就可抗疲劳提高运动能力。合理组织间歇训练（每次训练中间休息4～5分钟），连续间歇训练5次后血乳糖可达最高值。若肌肉适应血液中极高水平乳酸，可以使身体耐受最大乳酸能力提高一倍，这样可以提高糖酵解系统供能能力。

（2）糖的有氧氧化 糖原或葡萄糖在有氧条件下彻底氧化分解成 CO_2 和 H_2O，同时释放大量能量的过程称为糖的有氧氧化，此反应在胞质和线粒体中进行。

考点提示 糖有氧氧化是长时间大强度运动的重要能量来源。

1）氧化阶段 第一阶段是在细胞质中由葡萄糖生成丙酮酸；第二阶段是上述过程中产生的 NADH、H^+ 和丙酮酸在有氧状态下，进入线粒体中，丙酮酸氧化脱羧生成乙酰 CoA 进入三羧酸循环，进而氧化生成 CO_2 和 H_2O，同时产生能量。

2）三羧酸循环 乙酰 CoA 与草酰乙酸缩合生成含有三个羧基的柠檬酸，柠檬酸经一系列反应，经 α–酮戊二酸、琥珀酸等氧化生成 CO_2 和 H_2O 再降解成草酰乙酸，如此循环，因此称为三羧酸循环或柠檬酸循环。三羧酸循环是机体获能的主要方式，糖的有氧氧化不但释能效率高，而且能逐步释能并储存于 ATP 分子中，能量利用率很高。三羧酸循环是糖、脂肪和蛋白质三大营养物质在体内彻底氧化的共同代谢途径，起始物乙酰 CoA 不仅来源于糖氧化分解，也可来自甘油、脂肪酸和氨基酸的代谢，人体内 2/3 的有机物通过三羧酸循环而被分解。此外，三羧酸循环是体内三大营养物质互变的联结机构。

（3）磷酸戊糖途径 磷酸戊糖途径是指从 6–磷酸葡萄糖开始，生成具有重要生理功能的 NADPH 和 5–磷酸核糖的过程。磷酸戊糖途径不能产生 ATP，其意义是作为供氢体，参与体内多种生物合成反应，如：脂肪酸、胆固醇和类固醇激素的生物合成，维持还原型谷胱甘肽的正常含量，参与激素、糖醛酸代谢药物、毒物的生物转化过程。

（4）糖醛酸代谢 糖醛酸代谢主要在肝脏和红细胞中进行，由尿嘧啶核苷二磷酸葡萄糖（UDPG）进入糖原合成途径，经过一系列反应后生成磷酸戊糖而进入磷酸戊糖通路。

3. 运动与糖代谢 运动对糖代谢的影响主要涉及对肝糖原、肌糖原以及血糖三个方面的影响。

糖在体内主要以两种形式存在：一是以糖原形式存在于组织细胞质内，主要是肌糖原和肝糖原；二是以葡萄糖形式存在于血液中，即血糖。

（1）运动对肝糖原的影响 肝脏释放的葡萄糖主要来源于肝糖原分解和肝糖异生作用（非糖物质转变为葡萄糖或糖原的过程称为糖异生，是维持机体代谢的重要途径，对保证某些主要依赖葡萄糖供能的组织的功能具有重要意义。运动时糖异生的成分和相对作用会不断变化）。肝糖原的合成与分解在血糖的调节中起着关键性的作用，对维持血糖的正常水平有重要意义。肝糖原的分解与运动强度和运动持续时间有关。短时间大强度运动时，肝糖原被大量分解并释放葡萄糖入血液；长时间大强度运动时，肝糖原释放总量逐渐减少，糖异生增加；长时间低强度运动时，肝糖原释放先快后慢。耐力训练可以降低人体在长时间运动中肝糖原的分解和糖异生作用，最后可能引起运动性低血糖。

（2）运动对肌糖原的影响 运动时肌糖原是骨骼肌的最重要能量来源。肌糖原在运动时的利用率与运动强度和运动持续时间有关。大强度运动时（大于 90% 最大摄氧量），肌糖原消耗速率很快，由于强度大、时间短，肌乳酸快速增多，抑制了糖酵解进行，肌糖原消耗亦少，运动至力竭时肌糖原消耗不到原储量的 50%。中等强度（75%最大摄氧量）长时间运动时，肌糖原以有氧氧化为主，消耗速率比较快，至力竭时肌糖原消耗最多，接近耗尽。肌糖原消耗时，肌肉逐渐从血液摄取的葡萄糖增多，肝糖原分解释放葡萄糖入血维持血糖稳定，因此肌糖原耗竭时预示着全身糖缺乏。高肌糖原储备可以使运动肌摄取和利用血糖的量减少，有利于维持运动中正常血糖水平，延缓运动性疲劳的发生。低强度运动时（30%～60%最大摄氧量），肌糖原消耗速率慢，至力竭时肌糖原消耗仅为原储量的 15%，因为血浆游离脂肪酸是主要能源，此时的疲劳不是因肌糖原的排空，而大多是因脱水、体温过高、代谢紊乱所致。

知识链接

糖原的分解供能

　　肝糖原分解为葡萄糖－6－磷酸后，在肝内经葡萄糖－6－磷酸酶作用生成游离葡萄糖并释放入血，以补充血糖，维持血糖稳定；肌糖原分解为葡萄糖－6－磷酸后，在骨骼肌内进入糖酵解途径，为肌肉收缩供能。因为肌组织中缺乏葡萄糖－6－磷酸酶，因此肌肉中的葡萄糖－6－磷酸不能分解成葡萄糖，不能补充血糖，只能给肌肉收缩提供能量。

　　（3）运动对血糖的影响　　安静状态下，肌肉摄取血糖量不多，血糖浓度维持在正常范围内；运动时，血糖浓度与运动强度和运动持续时间有关。短时间剧烈运动时，运动肌主要依靠肌糖原酵解供能，基本不摄取利用血糖，此时血糖浓度不仅不下降反而略升高，这与神经和体液因素的调节加强有关；中等强度运动初期，肌肉吸收血糖量快速上升，40 分钟内净吸收血糖量是运动前的 7～20 倍；低强度运动时，肌肉对血糖的摄取量是运动前的 2～3 倍，这一过程是通过肌肉毛细血管扩张，血流量增大，胰岛素相对增加，促进血糖进入肌肉细胞，加速糖原合成来完成的。因此，长时间中等强度的规律运动（如健走、散步、慢跑、太极拳等）是治疗糖尿病的最佳治疗方法之一。

　　（4）运动中血糖的意义　　血糖是中枢神经系统的主要供能物质，脑生理活动所需能量主要来自葡萄糖氧化，脑组织对血糖浓度极为敏感；血糖也是红细胞的唯一能量来源，成熟的红细胞没有线粒体，不能进行有氧氧化，进入红细胞内的葡萄糖 90%～95% 经糖酵解被利用，剩余 5%～10% 则通过磷酸戊糖途径分解；血糖是运动肌的肌外燃料，运动时骨骼肌不断摄取和利用血糖，以减少肌糖原的消耗，防止肌肉疲劳过早发生。

（二）脂肪代谢

　　1. 脂肪的生理功能　　脂肪在体内的主要功能是储存和供给能量，1g 脂肪在体内氧化产生 9kcal 的热能，是同量糖和蛋白质产生热能的 2 倍多。脂肪在体内储量很大，是中、低强度长时间运动的主要能源物质。脂肪所提供的不饱和脂肪酸是细胞膜、酶、线粒体以及脂蛋白的重要组成成分。脂肪是脂溶性维生素 A、D、E、K 以及胡萝卜素的溶剂，食物脂肪吸收不良时会降低体内脂溶性维生素的含量，甚至会导致维生素缺乏症。此外，皮下脂肪以及内脏周围的脂肪具有隔热保温和防震的作用。

2. 脂肪的分解代谢 血脂分为类脂和脂肪，类脂包括磷脂、糖脂和胆固醇三大类。脂肪是由 1 分子甘油和 3 分子脂肪酸构成的酯，又称甘油三酯。人体的脂肪来源于食物和自身合成两个途径，这些脂肪主要储存在脂肪组织中，需要时在组织中脂肪酶的作用下逐步水解，释放甘油和游离脂肪酸，这一过程称为脂肪动员，游离脂肪酸和甘油再进入如下分解代谢供其他组织细胞氧化利用。

（1）甘油代谢 甘油可直接经血液运输至肝、肾、肠等组织利用。甘油在细胞内先和磷酸结合生成磷酸甘油，后者经过脱氢变为磷酸二羟丙酮，磷酸二羟丙酮是糖代谢的中间产物，它可进一步氧化生成 CO_2 和 H_2O，并释放能量。在肝脏中，1 分子甘油氧化生成的磷酸二羟丙酮进入糖酵解途径，先转变成丙酮酸，再经三羧酸循环彻底氧化成 CO_2 和 H_2O，同时生成 22 分子 ATP。甘油也可在肝脏合成糖原或葡萄糖，还可再合成脂肪。

（2）脂肪酸代谢 游离的脂肪酸不溶于水，不能直接在血浆中运输，需与血清清蛋白结合运送至全身。脂肪酸代谢需经脂肪酸活化、转移至线粒体、β-氧化生成乙酰 CoA 及乙酰 CoA 彻底氧化 4 个阶段。脂肪酸先在细胞胞质内与 CoA-SH（辅酶 A）结合生成脂酰 CoA，然后脂酰 CoA 转入至线粒体内进行氧化，在 α、β 位碳原子上进行脱氢、加水、再脱氢、硫解四个反应步骤。每经过上述四步反应，脂酰 CoA 的碳链就被缩短 2 个碳原子，同时生成 1 分子乙酰 CoA，如此反复进行，最终完成脂肪酸 β-氧化。生成的乙酰 CoA 进入三羧酸循环彻底氧化供能。脂肪酸 β-氧化是脂肪酸分解代谢的核心过程。1 分子硬脂酰 CoA（硬脂酸含 18 个碳原子）经过 8 次 β-氧化后生成的乙酰 CoA 进入三羧酸循环彻底氧化可生成 129 分子 ATP。

3. 运动与脂肪代谢 运动时脂肪主要分解成甘油和游离脂肪酸并以三种不同的供能形式参与机体的能量代谢过程。

（1）脂肪酸氧化 脂肪酸氧化是脂肪供能的主要形式。脂肪酸不能通过血脑屏障，因此，除脑组织外，大多数组织均能氧化脂肪酸，以肝、心肌、骨骼肌能力最强。脂肪酸氧化是机体 ATP 的重要来源，1 分子软脂酸彻底氧化净生成 106 分子 ATP。

（2）酮体 脂肪酸在肝内 β-氧化产生的大量乙酰 CoA，部分被转变成酮体（乙酰乙酸、β-羟丁酸和丙酮）。肝组织有活性较强的酮体合成酶系，但缺乏利用酮体的酶系。肝外许多组织具有活性很强的酮体利用酶，能将酮体重新裂解成乙酰 CoA，通过三羧酸循环彻底氧化。所以肝内生成的酮体需经血液运输至肝外组织氧化利用。脑组织虽然不能氧化分解脂肪酸，却能有效利用酮体。当葡萄糖供应不足或利用障碍时，酮体是脑组织的主要能源物质。酮体可作为长时间持续运动时的重要补充能源物质。

考点提示 酮体在肝内生成，但在肝内不能被氧化利用，需运输至肝外组织进行分解代谢，是肝内能源输出的一种形式。

（3）糖异生 甘油是糖异生的主要原料之一，在肝肾细胞中，甘油可作为非糖类物质经过糖异生途径转变为葡萄糖，对维持血糖水平起重要作用。

安静时，骨骼肌以脂肪氧化供能为主。运动时，机体对脂肪的利用比例主要取决于运动的强度和运动持续时间。短时剧烈运动时，机体以磷酸肌酸和糖原酵解供能为主，脂肪酸几乎不被利用。随着运动强度的减小、运动持续时间的延长，脂肪氧化供能增加。

（4）运动中脂肪代谢的意义 长时间中等强度（60%～85% 最大摄氧量强度）运动（如步行、慢跑和练太极拳等）能够增强脂代谢，维持机体热量平衡，减少过多脂肪堆积，保持正常体重。运动能够提高脂蛋白酯酶活性，使体内甘油三酯清除增加。同时，还能够升高高密度脂蛋白浓度和降低低密度脂蛋白浓度，促进胆固醇从周围组织转运回肝脏，消除周围组织包括动脉壁的胆固醇沉积，这对防治动脉粥样硬化以及心脑血管疾病具有非常重要的作用。

（三）蛋白质代谢

1. 蛋白质的生理功能　蛋白质是构成机体的结构成分，几乎所有的组织器官中都有蛋白质。蛋白质是绝大多数酶的组成成分，参与体内物质代谢反应的催化过程。蛋白质的基本组成单位是氨基酸，不论是何种来源的氨基酸，都主要用于重新合成蛋白质，成为细胞的组成成分，以维持组织修复和新生，或用于合成酶、激素等生物活性物质。蛋白质也是机体能源物质的一种，但产生的能量一般不参与供能，主要用于机体的自我更新。

2. 蛋白质在体内的代谢过程　人体内蛋白质处于不断分解与合成的动态平衡中，即蛋白质的转换更新。成年人体内每天有 1%～2% 的蛋白质被降解，其中主要是肌蛋白质。经食物消化、吸收的氨基酸（外源性氨基酸）与体内组织蛋白质降解产生的氨基酸（内源性氨基酸）混在一起，分布于体内各处，参与代谢，称为氨基酸代谢库。肌内的氨基酸占总代谢库的 50% 以上，肝约占 10%，肾约占 4%，血浆占 1%～6%。血浆氨基酸是体内各组织之间氨基酸运转的主要形式，其更新十分迅速。

3. 运动与蛋白质代谢　长时间运动时，氨基酸异生为糖以维持血糖稳定；氨基酸的直接被氧化和促进脂肪酸的被氧化利用，对维持运动能力起重要作用。长时间大强度运动时，氨基酸可提供 5%～18% 的能量。运动使蛋白质代谢发生改变，这种改变不仅体现在整体蛋白质代谢方面，更表现在骨骼肌的代谢方面。耐力训练可使肌肉有氧能力提高，而力量训练则会增加肌肉体积，增强力量。

（1）机体运动时蛋白质可提供一部分能量　在体内肌糖原储备充足时，蛋白质供能仅占总热能需要的 5% 左右；在肌糖原耗竭时，蛋白质供能可升至 10%～15%。机体运动时蛋白质提供能量的比例取决于运动的类型、强度和时间。一般情况下，长时间低强度持续运动时，氨基酸可通过"葡萄糖-丙氨酸循环"（糖异生）途径提高供能比重，这种形式不仅可以减少乳酸生成，还有利于有毒氨的处理，延缓运动疲劳。

（2）运动对蛋白质代谢的影响　正常情况下，成人体内蛋白质处于稳定转换状态，绝大多数蛋白质的数量保持不变。运动可使人体蛋白质代谢速率增强，这被认为是运动对蛋白质影响的最先反应，骨骼肌蛋白质降解增强一直持续到运动后，但并不伴随骨骼肌损伤。耐力运动时存在蛋白质净降解的现象。此外，运动后骨骼肌内蛋白质合成代谢增强，这与运动中蛋白质分解加强引起甲状腺素、生长素、性激素、胰岛素和肾上腺髓质激素等其他因素不同程度的变化有关。运动后肌肉内蛋白质合成大于降解，可使肌肉的横断面积增加。因此，进行适宜的运动锻炼能够促进生长，增强心肌收缩力，防治高血压、糖尿病、高脂血症等疾病。运动还促进支链氨基酸的代谢，支链氨基酸是参与骨骼肌蛋白质合成时重要的氨基酸。

（四）体内糖、脂肪和蛋白质代谢相互联系

糖、脂肪和蛋白质的分解代谢是人体活动的能量来源，虽然它们在体内的氧化分解过程不同，但最后都是通过三羧酸循环和生物氧化途径彻底氧化分解，释放的能量都是以 ATP 的形式储存。体内三大营养物质的代谢通过丙酮酸、乙酰 CoA 等中间代谢物连成整体，相互联系，相互影响。

糖、脂肪和蛋白质在体内可以互相转变。当摄入的糖量大于机体能量消耗所需量时，即有大量的糖转变为脂肪，然而，体内绝大部分脂肪不能转变为糖，因为脂肪酸分解生成的乙酰 CoA 不能转变为丙酮酸。蛋白质可以转化为糖和脂肪，但其重要性较小。糖和脂肪的代谢中间产物可以氨基化而合成某些氨基酸，再进一步合成蛋白质。但糖和脂肪转化为氨基酸时，必须有氨基的供应，所以膳食中的糖和脂肪不能完全替代蛋白质摄入；同样蛋白质也不能完全代替糖和脂肪作为氧化供能的原料；膳食中的糖也不能替代脂肪的摄入，因为脂溶性维生素的摄取有赖于脂肪的存在，而且人体某些必需的脂肪酸也只能从膳食的脂肪中获取。

同时，糖、脂肪和蛋白质代谢之间也相互影响。当一种物质代谢障碍时可引起其他物质代谢的紊乱，如糖尿病患者由于体内糖代谢的障碍，可引起脂肪代谢、蛋白质代谢甚至水盐代谢的紊乱；当饥饿、糖供给不足或糖代谢障碍时，会引起脂肪代谢增强，造成血酮体升高，产生高酮血症。

二、能量来源与转化

（一）能量来源

1. ATP——直接能量来源 人体能量的来源是营养物质中蕴藏的化学能，但糖、脂肪和蛋白质中的化学能不能直接用于各种生命活动，机体需氧化分解营养物质释放化学能，并将其大部分储存在可供各种生命活动直接利用的 ATP 中。ATP 是糖、脂肪、蛋白质在生物氧化过程中合成的一种高能化合物，当 ATP 水解为二磷酸腺苷（ADP）及磷酸时，同时释放出能量供机体利用。ATP 既是体内直接的供能物质，又是体内能量储存的重要形式。人体在生命活动过程中所消耗的 ATP，是由 ADP 获得营养物质氧化分解所释放的能量重新氧化磷酸化而得到补充的。

考点提示 ▸ ATP 既是体内直接的供能物质，又是体内能量储存的重要形式。

除 ATP 外，体内还有其他高能化合物，如磷酸肌酸（CP）等。CP 主要存在于肌和脑组织中，当物质氧化释放的能量过剩时，ATP 将高能磷酸键转给肌酸，在肌酸激酶催化下合成 CP；反之，当组织消耗的 ATP 量超过物质氧化生成 ATP 的速度时，CP 的高能磷酸键又可快速转给 ADP，生成 ATP。因此，CP 是体内 ATP 的储存库。从机体能量代谢的整个过程来看，ATP 的合成与分解是体内能量转化和利用的关键环节。

2. 三大营养物质的能量转化 一般来说，蛋白质的供能作用是相对次要的功能，人体主要依靠糖类和脂肪提供能量。只有在某些特殊情况下，蛋白质的供能作用才显得重要起来，如：长期不能进食或体力极度消耗时，机体才会依靠由非结构性蛋白质分解所产生的氨基酸供能，以维持基本的生理功能。当然，在长时间大强度运动中，某些氨基酸在相应酶的催化下，也可以氧化分解释放能量，但在总能量输出中不占重要地位。因此，ATP 的生成主要在糖和脂肪的分解代谢过程中进行。糖的分解可以是有氧氧化，也可以是无氧酵解；脂肪的分解则完全是有氧氧化，所以 ATP 的生成包括有氧生成和无氧生成两种类型。

（二）能量转化

各种能源物质在体内氧化过程中释放的能量，50% 以上转化为热能，其余部分是以化学能的形式储存于 ATP 等高能化合物的高能磷酸键中，供机体完成各种生理功能活动，如肌的收缩和舒张、神经传导等。

（三）能量平衡

人体的能量平衡是指机体摄入的能量和消耗的能量之间的平衡。若摄入食物的能量少于消耗的能量，机体即动用储存的能源物质，造成体重减轻；若机体摄入的能量多于消耗的能量，多余的能量则转变为脂肪等机体组织，导致肥胖。运动的关键作用在于调节能量平衡。适量运动和合理营养对防治一些严重危害健康的疾病（如高血压、冠心病、糖尿病、肥胖病和骨质疏松等）是有效的，对促进生长发育、改善心肺功能亦具有良好的效果。体力活动和合理营养已成为当今国内外公认的健康促进的重要措施。因此，日常生活中我们必须根据自身的实际生理状况、活动强度等给予适当的能量供应，以保证机体的能量平衡。

第五节　运动与供能系统

一、供能系统

（一）磷酸原（ATP-CP）供能系统——即刻能量

1. 定义　磷酸原供能系统是指由 ATP 与磷酸肌酸（CP）分解反应共同组成的供能系统。当 ATP 分解放能后，CP 立刻分解放能以补充 ATP 的再合成，由于这一过程十分迅速，不需要氧气也不会产生乳酸，因此，又将磷酸原系统称为非乳酸能系统。

2. 供能特点　ATP 是肌肉工作时的唯一直接能源。ATP 在骨骼肌中储量少，在以最大强度运动时，仅能维持肌肉做功 2 秒左右。剧烈运动时，肌肉内的 CP 含量迅速减少，而 ATP 含量变化不大。因为在 ATP 消耗的同时，CP 迅速分解，把高能磷酸基团转给 ADP，使 ADP 磷酸化合成 ATP，以维持 ATP 浓度的相对稳定。由于 ATP 和 CP 分解供能的速度极快，所以，构成的供能系统的输出功率最大，是有关速度、力量运动项目时的主要供能系统。

> **考点提示**　磷酸原系统是人体内能量输出功率最高的供能系统。

3. 供能速度　由于 ATP、CP 在骨骼肌中储量少，供能时间短，最大强度运动时，供能为 6～8 秒。但磷酸原在运动时最早启动，最快被利用，为激活糖酵解等系统供能提供过渡时间。所以，在短时间剧烈运动中，磷酸原供能系统起着非常重要的作用。

4. 训练方法　这一系统供能能力的强弱，主要和绝对速度有关，如果要提高50m、100m、200m 等短距离跑的绝对速度，就要发展磷酸原系统的供能能力。发展这一供能系统能力的最好训练方法是采用持续 10 秒以内的全速跑，重复进行练习，中间间歇休息 30 秒以上。如果间歇时间短于 30 秒，则会由于磷酸原供能系统恢复不足，产生乳酸积累。

5. 运动与康复　随着生活水平的提高，已有越来越多的人认识到运动对健康的重要性，但在运动之前如果没有进行必要的体格检查，排除相关器质性病变的存在，不遵守运动训练的科学原则，贸然进行短时间激烈的运动，就有可能导致心血管疾病（如心肌梗死、猝死等）意外发生。这是由于剧烈运动时，肢体血管大量扩张，而心脏冠状血管发生一时性供血不足、血管内膜出血、间质出血或粥样硬化物破裂堵塞冠状动脉，引起心肌缺氧、坏死，导致运动性猝死。

扫码"看一看"

（二）乳酸能（糖酵解）供能系统——短时能量

1. 定义 糖或糖原经无氧分解生成乳酸的同时释放能量，使 ADP 磷酸化合成 ATP，这一供能系统称为糖酵解供能系统。1mol 葡萄糖或糖原无氧酵解产生乳酸，可净生成 2～3mol ATP。

2. 供能特点 在剧烈运动时，由于机体缺氧，造成细胞质中丙酮酸和 $NADH+H^+$ 的大量堆积，在乳酸脱氢酶的催化作用下，还原生成乳酸。随着运动时间的延长，乳酸生成及堆积增加，内环境 pH 不断下降，反过来抑制磷酸果糖激酶等酶的活性，进而抑制糖酵解过程。所以，糖酵解供能系统以最大速率供能时，一般运动持续不超过 2 分钟。糖酵解供能系统与磷酸原供能系统相比，供能总量多，供能时间长，不需要氧，这在需要速度和耐力的运动中十分重要，是 1～2 分钟大强度运动的主要供能系统。乳酸能系统供能的意义在于保证磷酸原系统最大供能后仍能维持数十秒快速供能，以应付机体的需要。

3. 供能速度 由于糖酵解过程合成 ATP 的方式是底物水平磷酸化，合成 ATP 的速率较快，所以，糖酵解供能的输出功率较大，但次于磷酸原供能系统。

4. 训练方法 发展糖酵解供能系统的能力，最适宜的方法是全速（或接近全速）跑 30～60 秒，间歇休息 2～3 分钟。这种方法能使血乳酸达到最高水平，能提高机体对高血乳酸的耐受能力，提高糖酵解供能系统的能力。

5. 运动与康复 运动训练必须遵守循序渐进的原则，不可突然加大运动量，如引体向上时猛然用力，突然加快跑速，以及患上呼吸道感染（感冒、气管炎等）要充分恢复后才可参加剧烈的运动和比赛，避免在运动时剧烈咳嗽导致自发性气胸的发生。

（三）有氧代谢供能系统——长时能量

1. 定义 在供氧充足的条件下，糖、脂肪、蛋白质等在细胞内彻底地氧化生成 CO_2 和 H_2O，同时释放能量供 ADP 磷酸化合成 ATP，这一供能系统称为有氧代谢供能系统。

2. 供能特点 该系统供能过程中的限制因素主要是氧和能源物质的储量。从储量而言，体内储存的糖特别是脂肪不会耗尽。因此，有氧代谢供能系统的供能时间比较长，是长时间耐力运动的主要供能系统。有氧代谢供能系统生成的 ATP 总量很大，但速率很低，需要氧的参与，不产生乳酸类的副产品。

3. 供能速度 由于糖氧化分解时所需的 O_2 比脂肪少，氧化分解供能的速率比脂肪快，所以，糖氧化供能的输出功率比脂肪大，是脂肪的两倍。对长时间亚极量运动而言，糖的储量对运动能力有较大的影响。

4. 运动与康复 长期坚持中等强度的有氧运动，如健走、慢跑、爬山、游泳、骑自行车、跳舞以及练太极拳等，可有效增强心肺功能，提高机体免疫力，改善消化系统、运动系统、神经系统及泌尿系统的功能，加快机体康复的速度，使人精神愉悦、体力增强。这对于防治疾病具有极为重要的作用。

（四）运动与供能系统关系

运动时人体内的能量供应是一个连续过程。其特点是运动强度和运动时间必须与 ATP 的消耗和再合成之间的速率保持匹配，否则运动就不能连续进行。由于三种供能系统的 ATP 再合成速率（输出功率）不同，在满足不同强度运动时，就会启动不同的能量系统并以此供能为主。在众多调控因素中，细胞质内的 ATP 与 ADP 的浓度比值尤为重要，它反映了机体消耗 ATP 与 ADP 再合成 ATP 的速率关系。运动强度越大，消耗 ATP 就越快，比值下降越明显，反之，比值保持正常。在启动不同能源物质参与 ATP 再合成时，其直接因素是运动强度，而运动持续时间则取决于不同供能系统能量输出功率的最大潜力和储量。

1. 极量运动与亚极量运动　在进行极量运动与亚极量运动时，必须启动能量输出功率最快的磷酸原供能系统。因为该供能系统需要通过消耗 CP 使 ATP 再合成，所以当达到 CP 供能极限但运动还必须持续时，就会启动输出功率次之的糖酵解供能系统，表现为运动强度略有下降。

2. 递增负荷的力竭性运动　运动开始阶段，由于运动强度小，能耗速率低，有氧氧化系统能量输出能够满足其需要，故启动有氧代谢供能系统（主要是糖的氧化分解）。随着运动负荷的逐渐增大，当有氧氧化供能达到最大输出功率，仍不能满足因负荷增大而对 ATP 的消耗时，必须动用输出功率更大的无氧供能系统。因磷酸原供能系统维持时间很短，故此时主要是糖酵解供能系统供能，直至力竭。

3. 中低强度的长时间有氧耐力运动　运动前期以启动糖有氧氧化供能为主，后期随糖的消耗程度增加而逐渐过渡到以脂肪有氧氧化供能为主。不过，此时这是因为脂肪有氧氧化耗氧量大、动员慢、能量输出小于糖有氧氧化供能等。

4. 安静状态　人体在安静状态下，骨骼肌的能量消耗少，ATP 保持高水平，氧供应充足，肌细胞内以游离脂肪酸和葡萄糖的有氧代谢进行供能。不过，此时线粒体内氧化脂肪酸的能力大于糖的有氧代谢。

由此可见，三大供能系统是人体处于不同活动水平上，根据摄氧量和代谢特点不同，紧密相连，形成不可分割、能量连续的供能系统。因此，在选择运动方式和掌握运动量时，必须熟悉各种供能系统代谢的特点，才能针对不同人群，根据不同目的制订出合理科学的运动处方。

二、运动与能量补充

运动中能量的补充主要是指营养素的补充，包括糖、脂肪、蛋白质、水、无机盐和维生素等物质。合理的能量补充是运动训练的物质基础，对身体功能状态、体力适应过程、运动后体力的恢复及防治运动性疾病具有良好作用。

（一）运动与糖的补充

体内糖的储存与运动种类和运动强度成正比，当糖储存量减少时，不仅使机体耐力下降，而且也影响速度，使机体的最大输出功率下降。通常认为，在进行运动前、中、后均可补糖。运动前 10～30 分钟或 2 小时进行补糖，有助于运动时血糖升高。但是在运动前 60～90 分钟之间进行补糖，会引起胰岛素反应，使胰岛素分泌增加 3～4 倍，导致血糖下降；同时，胰岛素的抗脂解作用可减少运动中对自由脂肪酸的利用，影响运动能力。一般认为，1 小时以内的运动，补糖的效果甚微。因为在 1 小时运动中肌肉最多摄取葡萄糖 50g，补糖的意义不大。在运动中，多次性补糖比一次性补糖效果更好，因为糖入血后引起的各种激素反应较小，运动结束时血糖浓度较高，能量来源相对稳定。在运动过程中常以含糖饮料的形式进行补糖，从吸收速度考虑，饮料中的糖应选择葡萄糖、果糖、蔗糖和低聚糖等多种可转运糖的混合物。运动后补糖最好在运动结束后的 2 小时以内，最多 6 小时以内，因为在 6 小时以内补糖可使存入肌肉中的糖达到最大量。运动后补糖可采取液体和固体的形式进行补充，运动刚结束时运动员因为精神紧张、交感神经兴奋等因素感到口干舌燥，但受到运动场合、时间等因素的限制，不能及时正餐膳食，此时补充糖饮料比较方便。在运动后恢复期的正餐中，应以固体淀粉（馒头、米饭）膳食为主。

（二）运动与脂肪的补充

脂肪不容易消化，在胃内停留的时间较长，并且运动中机体的消化功能常处于抑制状态，因此不提倡在训练前进行高脂肪饮食。脂肪的代谢产物在体内蓄积会降低机体的耐力并引起疲劳，过多摄入脂肪食物会降低蛋白质和铁等其他营养素的吸收率，并增加外源性胆固醇的摄入，引起高脂血症。因此，当个体进行运动训练前，不主张摄入高脂肪食物，以免影响胃排空及增加肝、肾的负担。目前提高运动时脂肪供能的营养补剂主要有甘油三酯、肉碱、咖啡因等。

（三）运动与蛋白质的补充

蛋白质对运动能力的影响主要表现在肌质量的提高、预防运动性贫血以及身体功能调节等方面。在力量运动项目中，较高的蛋白质膳食有助于肌纤维中蛋白质的合成，使肌纤维增粗，从而提高肌的收缩能力。

通常认为，平衡膳食中蛋白质的供给量应为总能量的 10%～15%。蛋白质补充过量或不足，均会对机体产生不良后果。过量补充蛋白质可导致机体发生脱水、脱钙和痛风；会对水和无机盐的代谢不利，有可能引起泌尿系统结石和便秘；蛋白质的酸性代谢产物也会增加肝、肾的负担。此外，高蛋白饮食常伴随高脂肪的摄入，会增加中年后形成动脉粥样硬化和高脂血症的危险性。蛋白质和热量均摄取不足时，则会使身体组织因不能重建和修补而影响生长和生理功能，导致肌肉萎缩、体重降低，体能和运动能力变差，对寒冷环境的抵抗力和摄氧能力降低，对感染性疾病的抵抗力减弱。蛋白质类运动营养品主要包括乳清蛋白、支链氨基酸、谷氨酰胺、肌酸、牛磺酸、精氨酸等。

（李古强　李文惠　杨晓华）

本 章 小 结

人体运动学是利用 Kinematics、Kinetics 的概念和方法，结合功能解剖学和神经肌肉生理等方面的知识研究人体运动动作和运动行为的一门学科，是康复医学的基础学科之一。人体运动学以人体运动动作和运动行为为研究对象，探讨人体的运动功能及其变化规律，揭示人体运动产生、变化以及重新获得的机制，从而为运动功能的康复提供有效的指导意见。运动学内容广博、与其他学科关系密切，跨学科性极强，基础性作用极强。人体运动的形式复杂，复合受力，通过构建自由体受力图，针对共线力和共面力的矢量合成进行受力分析，从而找到造成功能障碍的最主要因素，为康复循证治疗奠定了基础。

人体内可供氧化利用的糖主要包括肌糖原、肝糖原和血糖。运动时，肌糖原首先被消耗，随着肌糖原含量的下降，肌肉从血液中摄取葡萄糖，然后肝糖原分解维持血糖稳定。

肌糖原是大强度运动的主要能量来源，在长时间大强度运动中，运动前肌糖原的储量决定达到运动力竭的时间，直接影响运动能力。

肝脏释放葡萄糖维持血糖平衡。运动时肝脏释放的葡萄糖由肝糖原分解和糖异生提供。

血糖是中枢神经系统的主要供能物质，是红细胞的唯一能源，也是长时间运动中骨骼肌的重要肌外能源。

脂肪酸 β-氧化是体内脂肪酸分解代谢的主要途径。

酮体是脂肪酸在肝脏的不完全氧化的中间代谢产物，包括乙酰乙酸、β-羟丁酸和丙酮。

酮体在肝脏产生后释放入血，随着血液循环运输到肝外组织利用。酮体是肝脏输出脂肪酸供能的一种形式。

正常情况下，体内蛋白质的合成与分解处于动态平衡中。运动时体内的蛋白质分解速率大于合成速率，存在蛋白质净降解的现象。运动后骨骼肌内蛋白质代谢改变，表现为蛋白质合成代谢增强。

三羧酸循环是糖、脂肪和蛋白质在体内彻底氧化分解的共同代谢途径，是体内三大营养物质互变的联结机构，是机体获能的主要方式。

ATP 是高能磷酸化物的典型代表，是机体生命活动的直接能量来源。体内 ATP 不断水解和再合成所形成的 ATP－ADP 循环是人体能量转换的基本形式，它维系着能量的释放、储存和利用。人体内有三大供能系统，分别为磷酸原供能系统、糖酵解供能系统和有氧代谢供能系统。其中，磷酸原系统是人体内能量输出功率最高的供能系统。

合理的能量补充是运动训练的物质基础，对身体功能状态、体力适应过程、运动后体力的恢复及防治运动性疾病具有良好作用。

扫码"练一练"

习　题

一、单项选择题

1. 力系平衡的充分必要条件是

　A. 合力矩为零，合力大于零　　　　　B. 合力为零，合力矩大于零

　C. 合力、合力矩为零　　　　　　　　D. 多个力大小相等、方向相反

　E. 二力大小相等、方向相同

2. 人站立提踵时，以跖趾关节为支点，小腿三头肌以跟腱附着于跟骨上的支点为动力点，人体重力通过距骨体形成阻力点，这类杠杆属于

　A. 省力杠杆　　　B. 费力杠杆　　　C. 速度杠杆　　　D. 平衡杠杆　　　E. 省时杠杆

3. 关于人体平衡的描述，以下正确的是

　A. 无论人体处于什么姿势，重心都在人体内某个位置

　B. 支撑面指的是支撑点的接触面积

　C. 重心位置越高，稳定度越大

　D. 平衡角等于某方位平面上一个稳定角

　E. 重力作用线未越出支撑面的边界，可以恢复平衡姿位

4. 运动物体的质量和速度的乘积称为

　A. 冲量　　　　　B. 动能　　　　　C. 动量　　　　　D. 势能　　　　　E. 机械能

5. 单位面积上的作用力称为

　A. 剪力　　　　　B. 应力　　　　　C. 变形力　　　　D. 应变力　　　　E. 扭力

6. 应变是指

　A. 物体受外力作用发生形状和大小的改变

　B. 物体在内部应力作用下发生的形状和大小的相对变化

　C. 物体在应力作用下导致物体长度改变

　D. 在应力作用下形变的物体解除外力后完全恢复原状

　E. 物体在应力作用下只发生形状变化而体积不变

7. 当作用于物体上的合力为零时物体没有线加速度和角加速度的状态称为

    A. 等效平衡   B. 他动态平衡

    C. 自动态平衡   D. 动力学平衡

    E. 静力学平衡

8. 以下关于杠杆的描述不正确的是

    A. 支点在力点与阻力点中间，称之为"平衡杠杆"

    B. 平衡杠杆的作用是传递动力和保持平衡

    C. 力点位于阻力点和支点之间，称之为"速度杠杆"

    D. 阻力点位于力点和支点之间，称之为"省力杠杆"

    E. 速度杠杆的力臂始终大于阻力臂

9. 以下属于多轴关节的是

    A. 指间关节   B. 髋关节

    C. 肘关节   D. 桡尺远端关节

    E. 掌指关节

10. 力臂是指

    A. 支点到力点的水平距离   B. 支点到阻力点的水平距离

    C. 支点到力点的垂直距离   D. 力点到阻力点的垂直距离

    E. 支点到阻力点的水平距离

11. 骨杠杆上肌肉的附着点是

    A. 支点   B. 力点   C. 阻力点   D. 起点   E. 原点

12. 人体经常受外力和内力这两大类力的影响，以下哪项不属于内力

    A. 内脏器官的摩擦力   B. 肌肉收缩力

    C. 支撑反作用力   D. 内脏器官和固定装置间的阻力

    E. 组织器官间的被动阻力

13. 应力对骨生长的作用不正确的是

    A. 长期缺乏应力的作用，易使骨吸收加快，产生骨质疏松

    B. 应力可促进骨痂的形成

    C. 只有应力过低会使骨吸收加快，应力过高不会加快骨吸收

    D. 反复承受高应力的作用，可引起骨膜下的骨质增生

    E. 失重可造成骨钙丢失

14. 力和力臂的乘积在物理学中表示的是

    A. 阻力矩   B. 应力   C. 变形   D. 应变   E. 力矩

15. 作用于人体的外力是

    A. 支撑反作用力   B. 各组织器官间的被动阻力

    C. 器官之间的摩擦力   D. 肌力

    E. 血液在血管内流动时所产生的流体阻力

16. 作用于人体的内力是

    A. 摩擦阻力   B. 人体在流体中运动时承受的流体阻力

    C. 重力   D. 肌力

    E. 器械惯性力

17. 人体保持直立姿势及活动时必须克服的负荷属于

    A. 重力
                      B. 摩擦力

    C. 流体作用力
            D. 支撑反作用力

    E. 器械的其他阻力

18. 胃肠蠕动肠袢间的摩擦力属于

    A. 内脏器官的摩擦力
          B. 组织器官间的被动阻力

    C. 肌肉收缩力
             D. 内脏器官和固定装置间的阻力

    E. 体液流动产生的流体阻力

19. 研究能量和力对生物体影响的学科称为

    A. 人体力学   B. 生物力学   C. 动物力学   D. 静态力学   E. 动态力学

20. 压缩载荷产生的骨折常见于

    A. 跟骨   B. 颅骨   C. 脊椎   D. 肩胛骨   E. 股骨

21. 正常生理情况下，大脑消耗的能量主要来自于

    A. 氨基酸   B. 酮体   C. 脂肪酸   D. 血糖   E. 乳酸

22. 持续 1 分钟左右的全力运动，主要由（   ）途径提供能量供运动肌收缩利用

    A. 糖异生
                     B. 糖酵解

    C. 糖有氧氧化
              D. 脂肪有氧氧化

    E. 氨基酸有氧氧化

23. 每分子甘油彻底氧化产生（   ）分子 ATP

    A. 22   B. 15   C. 18   D. 2   E. 19

24. （   ）是运动可利用的主要部分

    A. 游离氨基酸库
          B. 组织蛋白分解释放出或生成的氨基酸

    C. 唾液氨基酸
             D. 尿液氨基酸

25. （   ）负荷运动时体能与肌糖原储量关系最密切

    A. 最大摄氧量
                 B. 120%最大摄氧量

    C. 50%最大摄氧量以下
          D. 75%最大摄氧量

    E. 15%最大摄氧量

26. 神经系统对代谢的调节属于

    A. 细胞水平的调节
          B. 器官水平的调节

    C. 整体水平的调节
          D. 无氧代谢的调节

27. 随着耐力运动的进行和肝糖原储备下降，维持血糖水平恒定主要靠

    A. 肌糖原分解为葡萄糖

    B. 乳酸、丙氨酸、甘油在肝内经糖异生合成葡萄糖

    C. 脂肪酸转变为糖

    D. 生糖氨基酸转变成糖

    E. 甘油转变成糖

28. 发展糖酵解供能系统，对提高（   ）运动能力尤为重要

    A. 速度   B. 速度耐力   C. 耐力   D. 爆发力   E. 平衡

29. 60 米疾跑阶段，运动肌占主导地位的供能系统是

    A. 糖酵解系统   B. 乳酸循环系统   C. 磷酸原系统   D. 糖有氧氧化系统

E. 磷酸原和糖酵解系统

30.（　　）的全力运动有可能引起低血糖

　　A. 10 秒以内　　B. 1～2 分钟　　C. 5～10 分钟　　D. 15～30 分钟　　E. 2～3 小时

（31～34 题共用备选答案）

A. 糖、水、维生素等　　　　　　　　B. ATP

C. 低聚糖和单糖的混合物　　　　　　D. 甘油

E. 蛋白质

31. 马拉松比赛中，可通过补充（　　）提高运动能力

32. 长时间运动中补充糖的种类应为（　　）

33. 肌肉收缩的直接供能物质是（　　）

34. 可作为脂肪动员强度指标的物质是血浆（　　）浓度

（35～38 题共用备选答案）

A. 磷酸原系统　　　　B. 脂肪　　　　　C. 糖酵解速率　　　　D. 激烈运动

E. 糖有氧氧化系统

35. 人体内能量输出功率最高的供能系统是（　　）

36. 马拉松跑时，肌肉消耗的能量主要来源于（　　）

37. 激烈运动时，糖酵解供能调节能力的增强主要是提高（　　）

38.（　　）情况下，体内消耗的能量主要来自糖

（39～42 题共用备选答案）

A. 肝脏　　　　　　　　　　　　　　B. 肌糖原分解

C. 糖酵解　　　　　　　　　　　　　D. 骨骼肌和肝脏

E. 肝糖原分解

39. 酮体主要在（　　）中生成

40. 供应成熟红细胞能量的主要代谢途径是（　　）

41. 不能补充血糖的生化过程是（　　）

42.（　　）是最重要的游离氨基酸库

二、简答题

1. 人体运动时常受到哪些外力？

2. 简述关节的基本运动。

3. 简述杠杆原理在康复医学中的应用。

4. 人体的平衡与稳定有何特点？

第二章

运动系统组织结构生物力学基础

学习目标

1. **掌握** 骨、关节、关节软骨、肌腱与韧带和骨骼肌的生物力学特性。
2. **熟悉** 骨、关节、关节软骨、肌腱与韧带和骨骼肌的组成与结构。
3. **了解** 关节的分类；骨骼肌的分类；制动对骨骼肌的影响。
4. 具备阐述骨骼、关节、关节软骨、肌腱、韧带和肌肉的生物力学特性的基本能力；能用骨骼、关节、关节软骨、肌腱、韧带和肌肉的生物力学特性解释人体运动中这些组织器官在受力时的力学性能变化和组织形态变化；能在康复治疗中运用骨骼、关节、关节软骨、肌腱、韧带和肌肉的生物力学特性对患者进行康复治疗。
5. 能用骨骼、关节、关节软骨、肌腱、韧带和肌肉的生物力学特性对运动障碍患者与家属进行健康教育指导。

案例讨论

【案例】

患者，男性，36 岁，农民。患者 3 小时前在马路上行走时，不幸被出租车撞到右小腿外侧，出现右小腿疼痛、肿胀、畸形，伤口流血，遂来医院就诊。体格检查：右小腿外侧可见一长约 10cm 伤口，有少量出血；右小腿呈屈曲内收畸形，伤处皮肤青紫、肿胀明显，有压痛和骨擦感；右足背外侧感觉减弱，右足背动脉搏动消失，肢端循环障碍。

请问：该患者发生了什么损伤？请对该患者的损伤进行受力分析。

第一节 骨的生物力学基础

成人的骨有 206 块，按其所在的部位可以分成躯干骨、颅骨和四肢骨，根据骨的外部形状可以分为长骨、短骨、扁骨和不规则骨。每一块骨都是具有一定形态和功能的活器官，坚硬而富有弹性，其主要的功能是构成人体骨架、保护内脏器官、参与人体运动、贮存钙、磷物质及造血等。

一、骨的组成与结构

（一）骨的组成

按照化学成分来分，骨是由有机质和无机质组成的。

1. 有机质　骨的有机质主要由骨胶原纤维和无定形基质组成，约占骨干重的 35%，是由骨细胞分泌形成的。骨胶原纤维占有机质的 95%，主要为 I 型胶原纤维，具有很高的强度和韧性。无定形基质约占有机质的 5%，呈凝胶状，化学成分为糖胺多糖和蛋白质的复合物，具有粘合纤维的作用。糖胺多糖包括硫酸软骨素、硫酸角质素和透明质酸等。蛋白质有骨钙蛋白（osteocalcin）、骨桥蛋白（osteoprotein）、骨粘连蛋白（osteonectin）和钙结合蛋白（calbindin）等，它们在骨的钙化、钙离子的传递和平衡、细胞与骨质的黏附等方面各有作用。

2. 无机质　主要为骨盐，约占骨干重的 65%，其主要成分为羟基磷灰石 $[Ca(PO_4)_3OH]$ 结晶，约占无机质的 85%，碳酸钙 $[CaCO_3]$ 约占 9%，其余为氟化钙、磷酸镁、氯化钠和氯化钾等。骨是人体最大的离子库，人体中约 99% 的钙离子、85% 的磷离子、40% 的钠离子和 60% 的镁离子都是以骨盐的形式贮存于骨矿结晶中。

有机质使骨具有一定的弹性和韧性，无机质使骨具有一定的硬度和坚固性。人体骨中有机质与无机质的比例为 1:3，但是这种比例不是一成不变的。少年儿童骨的有机质的含量相对较多，所以其骨具有弹性好、坚固性差、不易骨折但易变形；老年人的骨无机质的含量相对较多，其骨脆性大，容易骨折，且骨折后不易愈合。因此，在日常生活及体育运动中应充分注意其年龄特征，以避免骨变形或骨折的发生。

（二）骨的结构

按照组织结构来分，骨是由骨组织、骨膜、骨髓、关节软骨、血管、神经等组织构成的。

1. 骨组织（osseous tissue）　由细胞（图 2-1）和钙化的细胞外基质组成，其特点是细胞外基质中有大量的骨盐沉积，使骨组织成为人体最坚硬的组织之一。细胞类型包括骨原细胞、成骨细胞、骨细胞和破骨细胞。其中骨细胞最多，位于骨组织内部，其余三种细胞均分布在骨组织边缘。

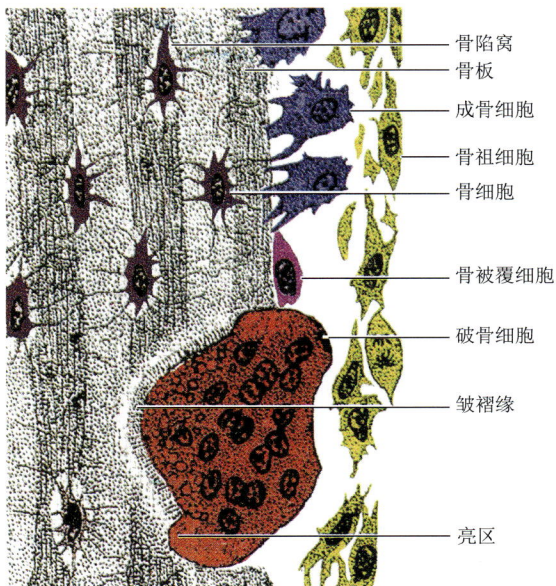

骨陷窝
骨板
成骨细胞
骨祖细胞
骨细胞
骨被覆细胞
破骨细胞
皱褶缘
亮区

图 2-1　骨组织的细胞

扫码"看一看"

（1）骨组织的细胞

1）骨原细胞（osteoprogenitor cell） 是骨组织的干细胞，位于骨膜内。骨原细胞可分化为成骨细胞和成软骨细胞，分化方向取决于所处部位和所受的刺激性质。例如，当骨生长、改建或骨折修复时，骨原细胞活跃，不断分裂分化为成骨细胞。

2）成骨细胞（osteoblast） 分布在骨组织表面，呈立方形或矮柱状，通常单层排列，相邻的成骨细胞突起之间以及与骨细胞突起之间有缝隙连接。成骨细胞合成和分泌骨基质的有机成分，形成类骨质。除了分泌类骨质，成骨细胞还分泌多种细胞因子，调节骨组织的形成和吸收、促进骨组织的钙化。成骨细胞分泌类骨质后自身被包埋于其内，转变为骨细胞。

3）骨细胞（osteocyte） 是一种多突起的细胞，单个分散于骨板内或骨板之间（图2-2）。骨细胞是由成骨细胞转变而来的，刚转变而来的骨细胞与成骨细胞相似，仍能产生少量类骨质。随着类骨质逐渐钙化为骨质，细胞逐渐变为成熟的骨细胞，即一般所称的骨细胞。骨细胞胞体较小，突起较长，相邻骨细胞的突起以缝隙连接相连，借助骨小管则彼此相通。成年人骨骼中90%以上的骨组织细胞是骨细胞，几乎所有骨基质表面都被骨细胞所覆盖。骨细胞的大面积覆盖和复杂的网状结构可以很敏感地感觉作用于骨上的各种应力，具有控制离子进出骨基质的作用。此外，骨细胞和成骨细胞等所形成的细胞网络关系可以很好地感觉和处理骨骼变形，调节骨吸收和骨形成，调节矿物质离子在骨基质和细胞外液之间的流动和交换。

4）破骨细胞（osteociast） 数量少，散在分布于骨组织边缘，是一种多核巨细胞，由血液单核细胞融合而成。破骨细胞主要的功能是进行骨吸收，受骨组织内生理应力的调节而激活，一旦完成了骨吸收任务，破骨细胞便分裂成单核细胞，后者若被再次激活又可形成新的破骨细胞。临床上骨硬化症是由于破骨细胞吸收钙化的软骨和骨细胞功能的丧失所致，采用骨髓移植的方法可成功地治愈动物和人的骨硬化症。

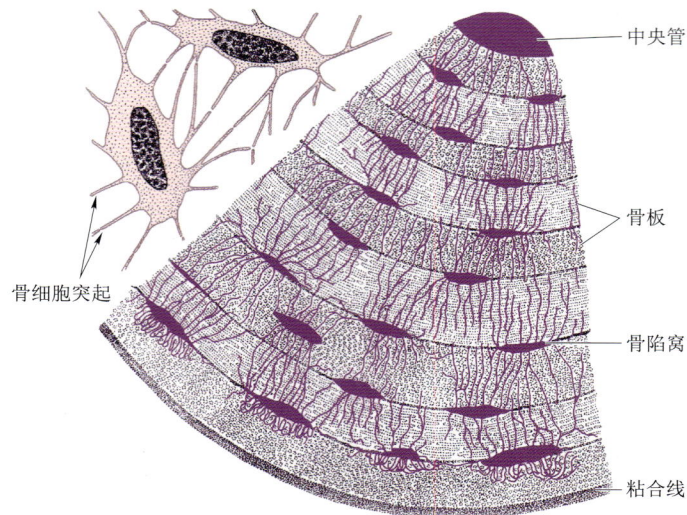

图2-2 骨细胞与骨板结构模式图

（2）骨基质（bone matrix） 简称骨质，可分为密质骨和松质骨。

1）密质骨（compact bone） 又称为骨皮质，质地致密而坚硬，耐压性强，由紧密排列的成层骨板构成，分布于长骨干以及其他类型骨的表层。

骨板（bone lamella）是在骨基质中，由骨胶原纤维规律地成排排列，并与骨盐晶体和基质紧密结合所形成的结构。骨板的厚薄不一，但一般为3～7μm。成层排列的骨板犹如多层木质胶合板，同一层骨板内的纤维相互平行，相邻两层骨板的纤维则相互交叉，这种结构形式有效地增加了骨的强度。皮质骨中的骨板形状有多种，如在长骨的骨干部位存在内环骨板、外环骨板、哈弗骨板以及间骨板等。①外环骨板：环绕于骨干的外围，由数层到十多层骨板绕骨干呈同心圆排列而成，其表面有骨外膜覆盖，中间有与骨干垂直并横行穿过骨板层的管道，称穿通管，是营养血管进入骨内的管道。②内环骨板：由靠近骨髓腔面的数层骨板绕骨干呈同心圆排列而成，骨板层数少，仅排列成数层，且不如外环骨板完整，表面衬以骨内膜。从内、外环骨板最表层骨陷窝发出的骨小管，一部分伸向深层，与深层骨陷窝的骨小管相通；一部分伸向表面，终止于骨和骨膜交界处，其末端是开放的。③哈弗骨板（Haversian lamella）：位于内、外环骨板之间，沿着骨干长轴分布，以哈弗管（Haversian canal）为中心呈同心圆排列，并与中央管共同组成哈弗系统（图 2-3）。中央管又叫哈弗管。哈弗系统（Haversian system）：又叫骨单位（osteon），是指夹在内、外环骨板之间的大量长柱状结构，由呈同心圆排列的哈弗骨板围绕哈弗管构成。骨板中的胶原纤维绕中央管呈螺旋状走行，相邻骨板的纤维方向相互交叉。每一个骨单位的长度为 3～5mm，由 4～20 层哈弗骨板围绕中央管构成。骨单位之间有横向的穿通管（perforating canal）或福克曼管（Volkmann canal），向内与中央管相连，向外与滋养孔相连，内有血管、神经以及少量的结缔组织。哈弗系统是密质骨的主要结构。④间骨板（interstitial lamellae）：位于骨单位之间或骨单位与环骨板之间，是一些数量不等、形状不规则的平行骨板，是骨生长和改建过程中哈弗骨板或环骨板未被吸收的残留部分。

在以上四种结构之间，以及所有骨单位表面都有一层粘合质，为一层骨盐较多而胶原纤维很少的骨质，在横断的骨磨片（图 2-4）上呈折光较强的轮廓线，称粘合线。伸向骨单位表面的骨小管，都在粘合线处折返，不与相邻骨单位的骨小管连通，因此，同一骨单位内的骨细胞都只能接受来自其中央管的营养供应。不同类型骨板中的骨小管也都互不相通。

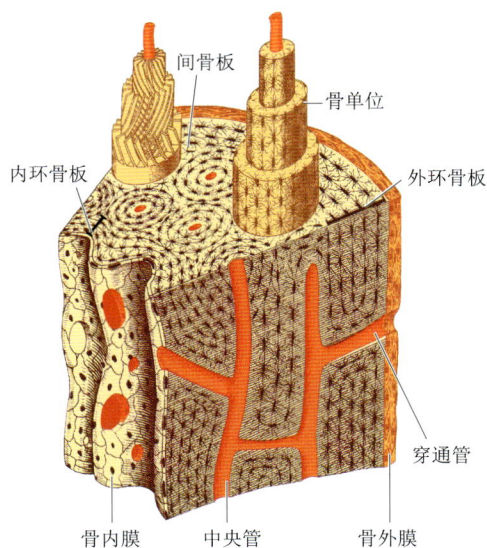

图 2-3　哈弗系统立体结构模式图

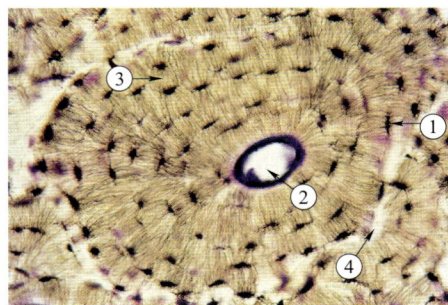

图 2-4　骨磨片

①骨陷窝；②哈弗管；③骨小管；④粘合线

2）松质骨（spongy bone）　由针状或片状的骨板构成，呈网状结构，形成骨小梁。骨小梁按压力及张力的方向排列，负责力学上的支撑功能。骨松质的疏松结构及骨小梁的力学特性，大大地减轻了骨的重量，又使骨达到最大的力学性能，常分布于长骨骨骺内部及其他骨的内部。

2. 骨膜　是骨表面除关节外所被覆的坚固的结缔组织包膜，分骨外膜与骨内膜。骨外膜（peristeum）又分为内外两层，外层较厚，为致密结缔组织，纤维粗大密集，交织成网。内层为薄层疏松结缔组织，富含血管、神经和骨原细胞。骨内膜位于骨髓腔的内壁。骨膜的主要功能是营养骨组织，并为骨的生长和修复提供成骨细胞和破骨细胞。骨膜中的骨原细胞具有成骨和成软骨的双重潜能，临床上利用骨膜移植，已成功地治疗骨折、骨和软骨的缺损等疾病。

3. 骨髓　充填于骨髓腔和骨松质间隙内，可分为红骨髓和黄骨髓两种。红骨髓具有造血功能，主要存在于胎儿和幼儿的骨髓腔内和人体长骨的骺、短骨和扁骨的松质骨内。随着年龄增长，髓腔内的红骨髓逐渐为脂肪组织所代替，呈黄色，称为黄骨髓，而人体松质骨内的红骨髓却能伴随人的终生。黄骨髓不具有造血功能，但在应急状态下如恶性贫血或外伤大出血时黄骨髓可转化为红骨髓而再次具有造血功能。

4. 关节软骨　由透明软骨组成，覆盖在骨关节面上。薄而光滑且具有弹性，在功能上主要起减少摩擦、缓冲震动的作用。

5. 骨的血管、神经和淋巴管

（1）血管　骨有丰富的血管网络，骨的血管网络由动脉、静脉和毛细血管构成。血管的分布随骨的生长、塑形改造而变化。关节软骨内无营养血管，其营养来源靠软骨下骨内血管的渗液和关节滑液的渗透。

（2）神经　神经伴滋养血管进入骨内，分布到哈弗管的血管周围间隙中，内脏传出纤维较多，分布到血管壁；躯体传入纤维则多分布于骨膜，骨膜对张力或撕扯的刺激较为敏感，故骨折和骨脓肿常引起剧痛。

（3）淋巴管　19 世纪有人提出骨内血管周围可能有淋巴间隙，但迄今未能得到证实。近来的研究证实，骨膜的淋巴管很丰富，但骨的淋巴管是否存在，尚有争论。

二、骨的生物力学特征

骨的化学成分及结构特点决定了其基本的生物力学属性。骨受载时，受其基本的生物力学属性的影响又会表现出不同的损伤形式。

考点提示　骨骼生物力学、应力对骨生长的作用。

（一）骨的基本生物力学特性

1. 强度和刚度　强度和刚度是骨最重要的力学性能，通过研究骨在载荷（外力）作用下的力学特征改变，有助于我们更好地了解骨的强度和刚度以及其他的力学性能。骨在载荷的作用下产生形变，载荷与形变之间的关系可以通过绘制出载荷-形变曲线图来研究。

图 2-5 是骨受力时绘制的载荷-形变曲线假想图。骨受力后产生形变，在一定的载荷范围（弹性区）内，随着载荷的增大，形变相

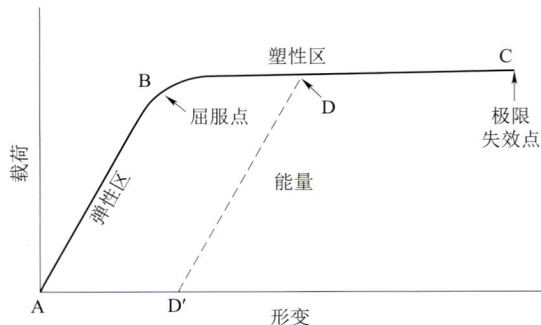

图 2-5　载荷-形变曲线

应增加，载荷与形变之间成比例关系，即发生了弹性变形，载荷取消后骨能够完全恢复到初始形状。当载荷继续增大，超过了发生弹性变形的最大载荷（屈服点）时，载荷与形变不成比例，即发生了塑性变形，部分骨组织发生了永久变形（塑性区内），载荷取消后骨不能完全恢复到初始形状。如果载荷继续增大，骨会在载荷增大到一定值（极限失效点）时突然断裂，即骨折。在骨的载荷－形变曲线图上，极限失效点代表骨的极限强度，屈服点代表骨的极限弹性强度，曲线下方的面积代表骨受载时所累积的能量，曲线弹性区的斜率代表骨的刚度。

骨的载荷－变形曲线记录的是整体骨的力学性能，反映的是骨的结构力学性质。对于研究骨的材料力学性质而言，不能排除骨的形态和结构对材料力学性质的影响。因此，选用形态规则和大小合适的标准化骨构件进行试验，尽量减少骨的形态和结构对骨材料力学性质的影响，对于研究骨的材料力学性质尤为重要。当材料标本标准化以后，就能使用更加精确的计量单位，即标准骨构件单位面积所承受的载荷－应力和标准骨构件受力时形变变化量的百分率—应变研究骨受力与产生形变之间的关系，这样形成的曲线就是应力－应变曲线，它反映的是骨的材料力学特性。

📋 知识链接

应力和应变

应力（stress）和应变（strain）（图 2-6）是骨组织材料力学性质中两个最基本的元素，它们描述了骨受力后所产生的内部效应。当外力作用于骨时，骨以受力所引起的形变来产生内部的抵抗力（即骨的应力）抵御外力所致变形的发生。应力的大小等于作用于骨截面上的外力与骨截面面积之比，单位是帕（P）或兆帕（MPa）即牛［顿］/平方米。应变是指骨在外力作用下的变形，大小等于骨受力后长度的变化量与原长度之比，没有单位，一般以百分比表示。

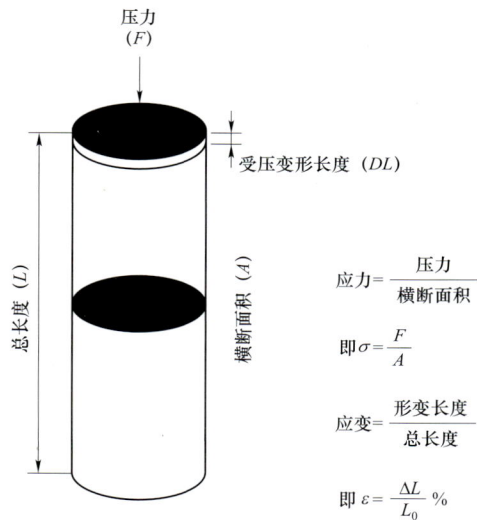

图中标注：压力（F）、受压变形长度（DL）、总长度（L）、横断面积（A）

$$应力 = \frac{压力}{横断面积}$$
$$即\ \sigma = \frac{F}{A}$$

$$应变 = \frac{形变长度}{总长度}$$
$$即\ \varepsilon = \frac{\Delta L}{L_0}\%$$

图 2-6 应力与应变

应力－应变曲线（图 2-7）的区域分段与载荷－变形曲线相似。弹性区的载荷不会造成永久形变，但是一旦超过屈服点 B，就会发生永久性形变。整个曲线下面的面积代表了骨的强度，弹性区的斜率表示骨的刚度，也叫弹性模量（杨氏模量）。弹性模量（E）为应力（σ）与应变（ε）的比值，即 $E = \sigma/\varepsilon$。

两种类型骨的力学性能不同。皮质骨的刚度比松质骨大，在材料失效前能够承受较大应力而发生较小的形变。体外实验中，松质骨在到达屈服点之前可以产生 50% 的应变量，皮质骨达到屈服点发生骨折的应变量只为 1.5%～2.0%。由于松质骨是多孔结构，所以它能量积累的能力很强。松质骨和皮质骨之间的物理差异表现在骨密度的定量上。骨密度是指单位体积内骨含量（每立方厘米克，g/cm³）。图 2-8 显示了在相同情况下，不同密度皮质骨和松质骨的应力-应变关系。

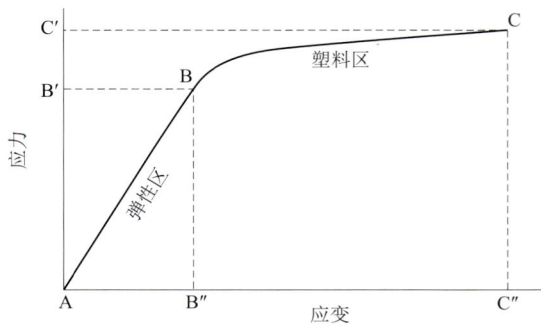

图 2-7 应力-应变曲线

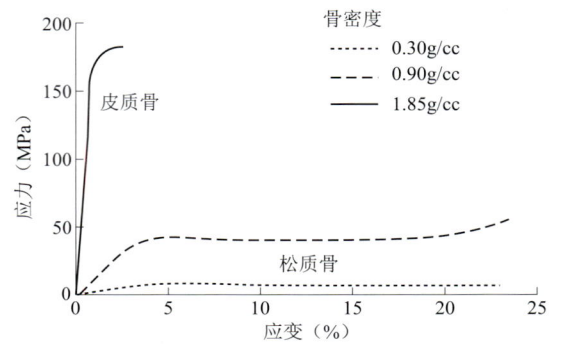

图 2-8 皮质骨和松质骨的应力-应变关系

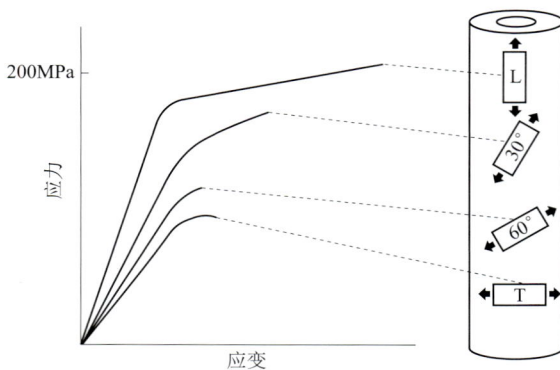

图 2-9 骨的各向异性

2. 各向异性 骨的横向和纵向结构是有差异的，所以骨受不同方向载荷时会出现不同的力学性能，这就叫骨的各向异性特征。图 2-9 显示人股骨干皮质骨分别受到 4 个不同方向拉伸载荷时表现出的强度和刚度是有差异的，纵向加载时标准骨构件的强度和刚度最大。与皮质骨相比，松质骨的密度、刚度和延展性分别是皮质骨的 25%、5%～10%的 5 倍。

3. 黏弹性 即时间依赖性。即同时具有黏性和弹性特征，变形取决于温度和变形速率的特性。骨是黏弹性材料，它的力学性质依赖于施加载荷的应变率大小和加载时间。图 2-10 表明皮质骨在纵向受压缩载荷时的应力与应变关系。图中应力与应变曲线的初始斜率随应变率的增加而增大，这表明密质骨在高应变率载荷下，它的弹性模量也越高。然而在日常活动中，活体骨加载时应变速率相差很大，如慢步行走时应变率为 0.001/秒，疾步行走时应变率为 0.01/秒，而慢跑时应变率为 0.03/秒，由此可见，活动越激烈，骨所产生的应变率越大。

在应变率的变动范围内，密质骨的屈服强度和最大强度将会随着应变率的增加而增加（图 2-11）。如果应变率变化范围相同，则强度变化会大于弹性模量的变化。这表明最大拉力强度对应变率的变化要比对其弹性模量的变化更敏感。这些数据说明疾步行走时骨的强度要比慢步行走时骨的强度高约 30%。当应变率极高时（应变率大于 1/秒），即模拟高冲击性骨损伤，密质骨在纵轴载荷作用下的脆性增加，表现为最大应变能力降低。因此，密质骨随着应变率的增加会发生由坚韧转向脆弱。然而在正常的活动引起骨应变的范围内（应变率小于 1/秒），韧性会随着应变率的增加而增高，即表现为最大应变能力的增大。

载荷速度将影响骨折类型及软组织损伤程度。发生骨折时，因弹性变形所储存的能量将会释放出来。当加载速度较低时，能量可通过单个的裂隙而释放掉，而骨及软组织可保持相对完整。当加载速度较高时，所储存的能量更大，不能在短时间内通过单个裂隙快速地释放掉，因而会发生粉碎骨折及大范围的软组织损伤。

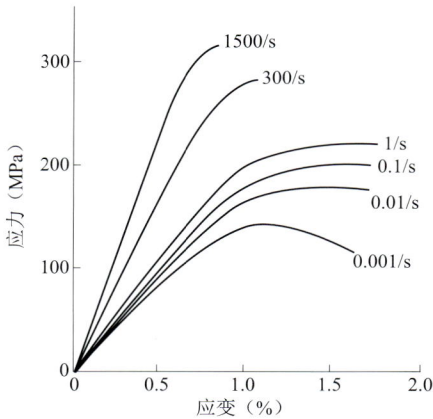

图 2-10 几种不同应变率下皮质骨的应变率依赖性
随着应变率的增加，骨的刚度和强度也显著增高

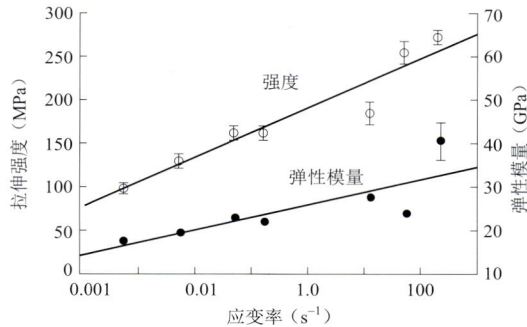

图 2-11 皮质骨应变率与弹性模量和
强度之间的关系

4. 蠕变和应力松弛 对于属于黏弹性材料的骨来说，具有蠕变和应力松弛特性。蠕变是指材料在恒力作用下，变形随时间增大，直至平衡。应力松弛则指材料在恒定的变形下，所需维持变形的力随时间减小，直至平衡。

图 2-12 是成人松质骨在承受不变张应力时，时间与应变强度关系之间的曲线。从该曲线中可发现，松质骨具有与其他工程材料相同的三段特征曲线。在初始阶段，样本承载后发生持续性应变，然后蠕变率随应变强度增加而逐渐下降。在第 2 阶段

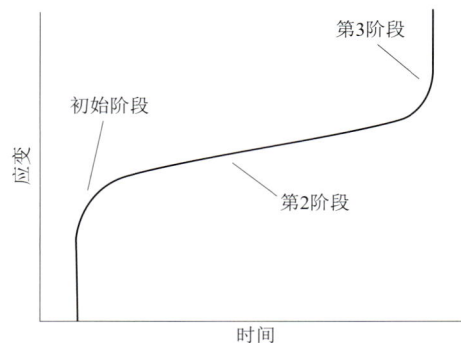

图 2-12 松质骨负荷蠕变特征示意图

中，曲线蠕变率增加明显。尽管应变强度仍低于屈服和最大载荷，但当对松质骨施加载荷并持续一定时间后即达第 3 阶段，也可能发生骨折。

松质骨的时间与应变曲线蠕变特征的机制还不清楚。但对于骨折表面的电镜观察发现骨受压力和拉伸载荷时的曲线蠕变机制可能不同。在受拉伸载荷导致的骨折中，发现骨单位被拉出，而在受压力载荷而发生的骨折时，骨单位则出现截断现象。

5. 应力集中 等截面直杆受轴向拉（压）时，横截面上的应力是均匀分布的。但是若有圆孔、沟槽、切口、细纹时，会使应力不再均匀分布。例如开有圆孔的板条当其受轴向拉伸时（图 2-13），可看到 1∶1 截面孔边方格比起离孔稍远的方格其变形程度要严重得多。这表明 1∶1 截面上孔边应力比同截面离孔较远处应力大得多。这种由于截面尺寸改变而引起的应力局部增大的现象称为应力集中。应力提高现象只是发生在孔边附近，在 1∶1 截面上离孔稍远处应力急剧下降而趋于平缓，所以应力集中表现了局部性质。

在静载荷下，塑性材料与脆性材料对应力集中的反映是不同的。一般在静载作用下，对塑性材料可不考虑应力集中的影响；而对组织均匀的脆性材料，应力集中将大大降低杆件强度。临床骨外科手术中，经常遇到应力集中现象，例如四肢长骨骨折后，用钢板螺钉固定时骨要钻孔，骨牵引时骨要钻孔，手术中出现骨骼小缺损等，都出现应力集中。应力集中现象不仅在轴向拉压中出现，在扭转及弯曲中同样存在。这种应力集中使骨骼强度减弱，在扭转载荷时特别显著，可使其降低 60%。

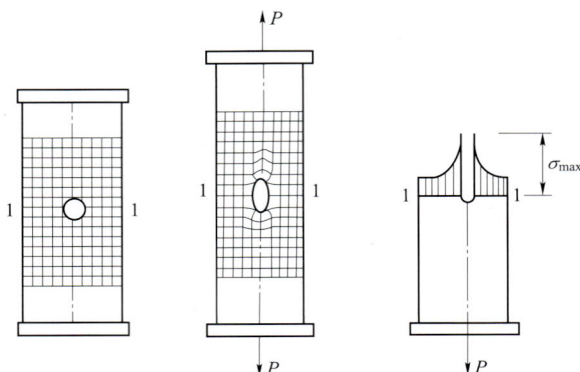

图 2-13 应力集中

6. 压电效应 1812 年，纽约的一个医院首次用电刺激治疗骨折不愈合获得成功，此后众多学者先后报道过电刺激治疗骨折不愈合的病例，但一百多年来进展不大。1953 年 Yasuda 和 Fukada 对骨的生物电效应进行了研究，提出骨的压电效应理论，此后电刺激成像及骨电学特性研究又开始活跃。

1953 年 Yasuda 报道，如图 2-14 所示的长骨被弯曲时，它能产生电压，即在凸侧（张应力侧）产生正电位，在凹侧（压应力侧）产生负电位。1957 年 Fukada 和 Yasuda 测出了在剪切情况下的压电效应。如图 2-15 所示，把干燥的人或牛的股骨，施加不同方向的压力，观察骨产生的电位变化。把直角坐标轴设于骨上 z 轴为骨轴，即胶原纤维走向方向，x 轴为径向方向，y 轴为切向方向。当压力 P 与骨轴成 45° 时，压电效应最大。又把剪切应力施加到骨组织时，其极化电荷出现在垂直于力的平面上。

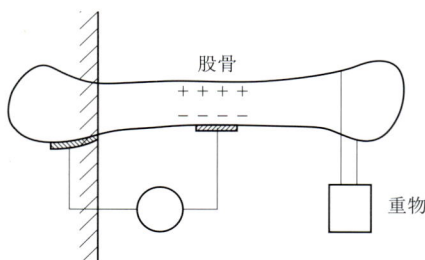

图 2-14 骨的弯曲压电性

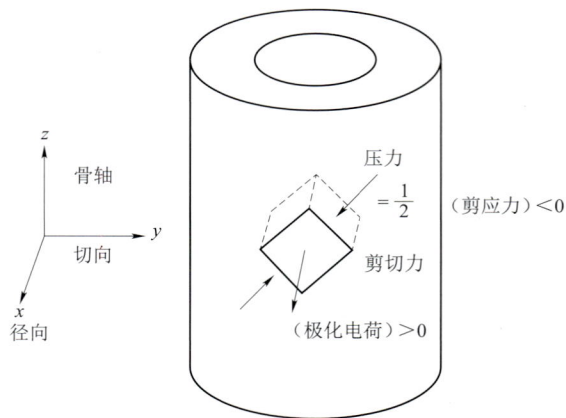

图 2-15 骨的剪切压电性

此外，在压电骨组织上还观察到逆压电效应。即将骨置于电场 E 中时，骨能产生应力或应变。

有关压电效应产生的机制有两种学说，一种是压电性机制学说，另一种是半导体机制学说。压电性机制学说（Yasuda 和 Fukada）认为压电晶体施加机械应力，会引起极化，即在单位体积内形成点偶极矩，其压力和应力成正比，而产生正负电荷的分离，例如石英等晶体受到压缩或拉伸时会使晶体变形，使正负电荷的重心分离，分子上形成偶极矩，使晶体表面发生电荷重新分配，而产生了电位变化，这就是正压电效应。反过来，施电压于压电晶体某些表面，会使该晶体变形产生应变，这就是逆压电效应。自然界 32 类晶体中有 20 类显示了压电效应，并均有结构各向异性和中心不对称的特点。对于骨的压电效应，认为骨中胶原纤维是以氢键或交叉偶联形式存在的，并且整齐的排列成非对称形式，当受到压拉应力后，使胶原纤维发生位移而带电，产生了压电效应。半导体机制学说（Becker）认为骨组织是由胶原纤维和羟基磷灰石组成。胶原纤维是带负电的 N 型半导体，磷灰石是带正电的 P 型半导体。它们形成 PN 结，此 PN 结对应力非常敏感，当骨组织受力后就会有电位产生，出现压电效应。这两种机制理论均系假说，有其不足之处，现在有集中于骨受载荷时胶原分子电荷位移的理论，特别倾向于骨的电行为是骨中压电性分子的单独或集合作用的结果。

（二）骨受载时的生物理学特性

载荷即为外力，是一物体对另一物体的作用。按照作用方式来分，外力可分为体积力和表面力。体积力分布在物体的整个体积内，如重力、惯性力等，表面力则发生在物体的作用表面，如撞击力、挤压力等。表面力又分为集中力和分布力。当外力的作用面积远小于物体的表面尺寸时，可看成外力集中作用于某一点，这种作用力称为集中力，如轮子对地面的压力、轴承支撑反力等。当外力作用面面积相对较大而不能简化为集中力时，则称为分布力，有均匀分布与不均匀分布之分，如风力、积雪的压力、小夹板对肌肉的作用力等。分布力通常转化为集中力进行计算。

外力作用于物体所产生的外部效应是引起物体运动或保持平衡，对物体产生的内部效应则是引起物体的变形或使物体发生破坏。当外力作用于物体时，当外力的强度低于物体的材料强度时，物体发生的是变形，当外力的强度超过物体的材料强度时，物体则会遭到破坏。

人体在静止或运动时，骨要承受不同方式的载荷。根据施加在骨上的力和力矩作用的不同方式，将骨所受到的载荷可分为拉伸载荷、压缩载荷、弯曲载荷、剪切载荷、扭转载荷及复合载荷。

1. 拉伸载荷 是指加载在骨的两端沿轴线方向上的一对大小相等、方向相反的作用力。骨在拉伸载荷的作用下，能够导致骨骼内部产生张应力和张应变。张应力可以看作是很多微小的背离物体切面的力。最大张应力发生在与加载方向垂直的平面上。骨在拉伸载荷的作用下具有延长并同时变细的趋势。

骨在拉伸载荷（图 2-16）的作用下，当载荷增大到一定程度时骨单位之间的粘合线失去衔接而被拉开就发生了骨折。骨干部分（骨密质）延伸率低，弹性模量较高，骨折面多数为短斜锯齿形，其次为横形。这是因为斜面为拉应力和剪应力同时存在，当达到极限应

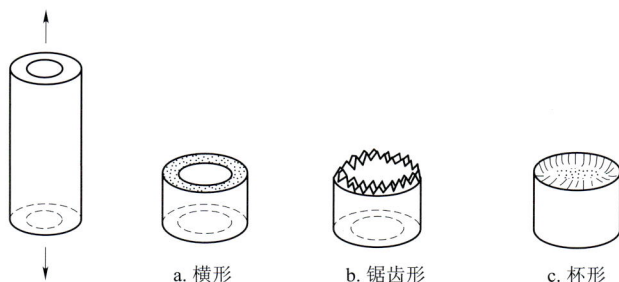

a.横形　　b.锯齿形　　c.杯形

图 2-16 拉伸载荷及其所致的骨折类型

力时而被剪断或拉断。干骺端（主要为骨松质）延伸率高于骨干，骨折面常呈现典型的杯口状。临床上拉伸引起的骨折多见于骨松质，如腓骨短肌腱附着点附近的第 5 跖骨基底骨折，以及跟腱附着点附近的跟骨骨折。

2. 压缩载荷 是指加载在骨的两端沿轴线方向上的一对大小相等、方向相对的作用力。骨在压缩载荷的作用下，能够导致骨骼内部产生压应力和压应变。压应力可以看作是很多微小的指向物体切面的力。最大压应力发生在与加载方向垂直的平面上。骨在压缩载荷的作用下具有缩短并同时变粗的趋势。

骨在压缩载荷（图 2-17）的作用下，骨干（骨密质）骨折面多为 30°～45° 的斜形骨折。这是因为斜面上压应力和剪应力同时存在，而骨抗剪能力低于抗压能力，斜形骨折是剪切破坏，是最大剪应力达到骨剪切强度极限而引起的。干骺端（主要为骨松质）的骨折为垂直压缩形骨折。临床上压缩引起的骨折常见于椎骨。人胸、腰段椎体压缩骨折，导致椎体缩短变宽，这是由骨松质骨小梁受压失稳引起的。

a. 斜形　　　　b. 垂直压缩型

图 2-17　压缩载荷及其所致的骨折类型

3. 弯曲载荷 是指加载在骨的两端使骨沿其轴线发生弯曲形变的作用力。骨在弯曲载荷的作用下，同时受到压缩和拉伸两种应力。其中性轴的一侧产生拉应力和拉应变，另一侧则产生压应力和压应变，而在中性轴上则无应力和应变的产生。应力的大小与至骨骼中性轴距离成正比，即距中性轴越远，其应力就越大。例如当脊柱前屈或后伸时脊柱的弯曲则引起椎体受到弯曲载荷的作用而产生相应的变形。

弯曲可分为三点弯曲和四点弯曲。三点弯曲（图 2-18）发生于三个力作用于同一结构体并产生两个相同力矩，每一力矩等于作用于结构体一端的力乘该力至旋转轴中间力作用点的垂直距离。如果负荷持续增加至屈服点，在结构体为均质、对称、无结构或组织损伤的理想状态，断裂发生在中间力作用点。

四点弯曲（图 2-19）发生于两个力偶共同作用于物体产生两个力矩时。当两个大小一致、方向相反且平行的力作用于结构体时就形成了一个力偶。因为在两个力偶之间整个物体受到两个弯矩强度是相同的，物体就会在其薄弱点发生断裂。

骨在弯曲载荷作用下，受压区常因压应力使骨纤维压皱，受拉区在表面斜截面上同时出现拉应力和剪应力，因此受拉区的骨折常发生短斜锯齿形的剪断及横形的拉断。在剪切弯曲中骨折发生在弯矩最大的跨中截面附近。在凸侧多为横形拉断，而在凹侧多为斜形剪断，整个骨折面为蝶形。如加载速度缓慢，则可能出现完全压裂剪断的斜骨折。如果加载速度快，可迅速出现全骨拉断，表现为横形骨折。

4. 剪切载荷 是指加载在骨的表面上的一对大小相等、方向相反且相距很近的作用力。骨在剪切载荷的作用下，受载部位相邻两个面相互错动，从而在骨内部会产生剪切应力和应变。例如车床剪切断肢体时的作用力即为剪切载荷。

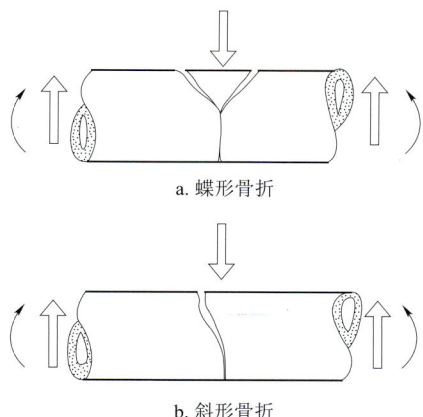

a. 蝶形骨折

b. 斜形骨折

图2-18 三点弯曲所致的骨折类型

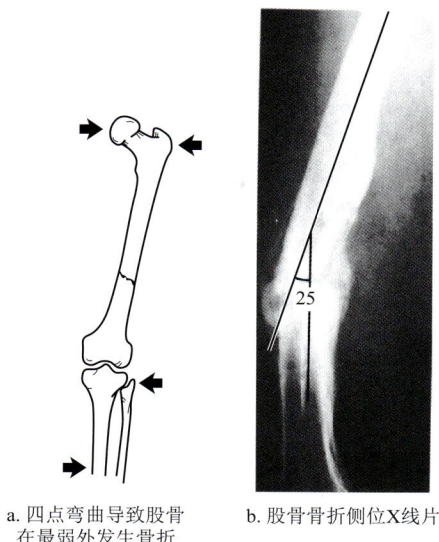

a. 四点弯曲导致股骨
在最弱处发生骨折

b. 股骨骨折侧位X线片

图2-19 四点弯曲所致的骨折类型

剪切载荷（图2-20）相当于很多小的力作用于与载荷方向平行的物体切面上。受剪切作用的物体会发生角变形，处于物体内部平面上的直角会变成锐角或钝角（图2-21）。物体受到拉伸或者压缩载荷时发生了成角变形（图2-22），即产生了剪切应变。临床上，剪切骨折多见于松质骨。

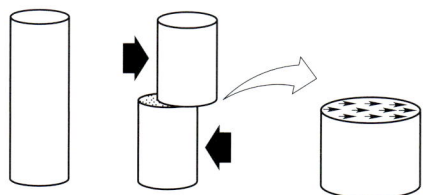

图2-20 剪切载荷

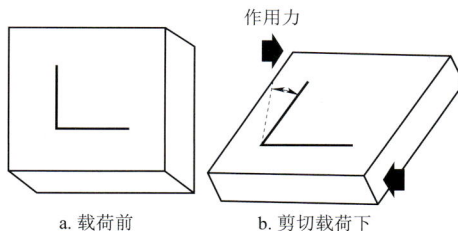

a. 载荷前　　　　b. 剪切载荷下

图2-21 剪切作用产生的角变形

在拉伸、压缩和剪切载荷下，成人皮质骨表现出不同的极限应力。皮质骨承受压缩的极限应力（大约 190MPa）要大于承受拉伸的极限应力（大约 130MPa），承受拉伸的极限应力要大于承受剪切的极限应力（大约70MPa）。其弹性模量（杨氏模量）在纵向或轴向负载时大约为 17GPa，而在横向负载时大约为 11GPa。松质骨的弹性模量在受压时大约为50GPa，在受拉时降为8GPa，在受剪切时只有 0.0～0.4GPa，且与松质骨的密度及负荷加

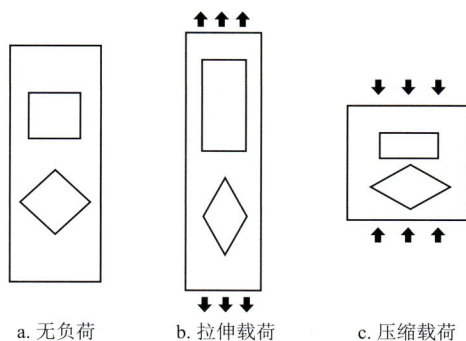

a. 无负荷　　　b. 拉伸载荷　　　c. 压缩载荷

图2-22 拉伸和压缩作用下地剪切变形

载方向有关。临床生物力学表现为压缩应力通常导致压缩性稳定骨折，而张力或扭转应力则常常引起比较严重的移位骨折。

5. 扭转载荷 是指加载在骨的两端并使其沿轴线发生扭转的作用力。骨在扭转载荷的作用下，骨内部也会产生剪切应力和应变，只不过所产生的剪切应力和应变会分布到整个骨骼结构中。这些应力的强度与它们距中性轴的距离成比例关系。应力离中性轴的距离越远，强度就越大。

骨在扭转载荷（图2-23）作用下，最大的剪切应力分布在与骨中性轴平行和垂直的平面上。另外，最大的张应力和压应力分布在骨中性轴的对角线平面上。图2-24描述了上述平面在受到扭转载荷时骨段内应力的分布情况。

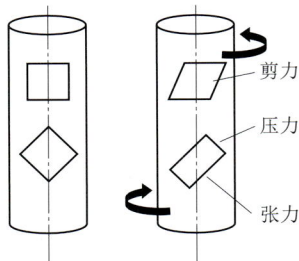

图2-23　扭转载荷

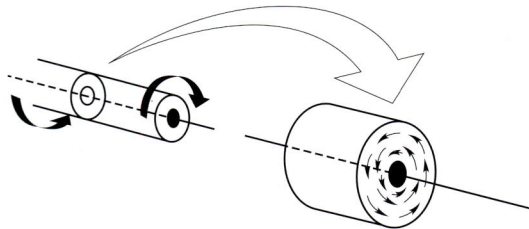

图2-24　骨内扭转载荷应力分布

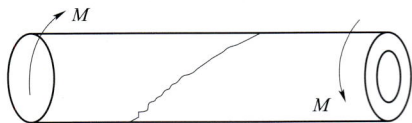

图2-25　扭转骨折类型

扭转引起的骨折是螺旋骨折。这是因为平行于骨纤维方向上骨的抗剪强度最差，抗拉强度也较差。骨受扭转载荷时，首先沿平行于骨的轴线形成剪切裂纹，随后裂纹沿最大拉应力作用的平面上扩展，最后形成骨折面约为45°的螺旋形骨折（图2-25）。由于骨的形状不规则，受力不均匀，断裂时可同时出现几个螺旋形断裂口，因而多数骨是螺旋形粉碎骨折。

6. 复合载荷　在同一块骨上同时加载两种及两种以上的不同作用力时的骨所受的载荷即为复合载荷。骨在复合载荷的作用下，其表现形式是多种受力的相互作用所形成的结果，往往更加复杂。这主要有两个原因：一是骨持续受到多种不确定性的载荷，二是骨的几何结构不规则。骨折形态的临床观察表明仅极少数的骨折系由一种或两种载荷造成，多数骨折是由复合的多种载荷造成的。如人体在受伤骨折时，往往是几种作用力的复合作用结果，像跌倒后发生的桡骨远端骨折，便是既有剪切力又有压缩力等多种力综合作用的结果。

第二节　关节生物力学基础

一、关节的组成与结构

人体的骨与骨之间借助于结缔组织、软骨或骨组织连接起来，称为骨连结。骨连结从连接形式上可分为直接连接和间接连接两种。直接连接可分为纤维连结、软骨连结和骨性连接三种。间接连接又称滑膜关节（简称关节），是由两块或两块以上的骨构成，相对骨面之间有间隙，仅借其周围的纤维结缔组织膜相连，具有较大的活动性。关节的主要结构为韧带、关节囊、关节周围的肌肉和肌腱、关节软骨、关节腔和滑膜液、滑膜皱襞、滑囊、半月板以及软骨下骨等。

（一）关节的基本结构

关节的基本结构包括关节面、关节囊和关节腔三部分（图2-26）。

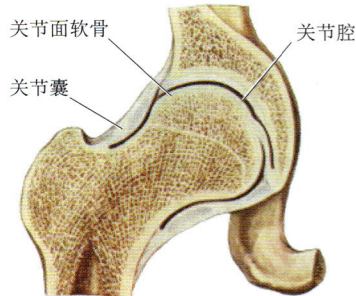

图2-26　关节的基本结构

1. 关节面　相连两骨的关节面，一般多为一凸一凹，凸面称为关节头，凹面称为关节窝。所有的关节面上都被覆有一层软骨，称为关节面软骨。关节面软骨大多数为透明软骨，少数为纤维软骨。关节面软骨表面光滑发亮，其厚度不同，为2～7mm，老年人厚度减少。关节面软骨具有减轻冲击、吸收震荡、减少摩擦和保护关节面的作用。

2. 关节囊　由结缔组织组成，它附着于关节面周围的骨面上，可分为内外两层。外层为纤维层，由致密结缔组织构成，较厚而有韧性，有的纤维层局部增厚形成韧带；内层为滑膜层，由薄层疏松结缔组织构成，富含血管、神经，可分泌滑液，起到润滑作用。

3. 关节腔　是由关节软骨和关节囊滑膜层共同围成的密闭的腔隙，内含少量滑液。关节腔内为负压，对维持关节的稳固性有一定的作用。

（二）关节的辅助结构

关节除上述基本结构外，某些关节为适应其特殊功能而分化出一些特殊结构，如韧带、关节盘、关节唇和滑膜襞等（图2-27）。

1. 韧带　是连于相邻两骨之间的致密结缔组织束。韧带分为三种，其中位于关节囊内的韧带称囊内韧带，位于关节囊外的称囊外韧带，有的韧带为关节囊纤维膜局部增厚而成，称囊韧带。韧带对关节囊起加固作用。

2. 关节盘　是位于两关节面之间的纤维软骨板，呈圆盘状，中央稍薄，周缘略厚并附着于关节囊的内面，把关节腔分为两部分。膝关节内的关节盘不完整，呈半月状，故称为半月板。

3. 关节唇　是附着于关节窝周缘的纤维软骨环。它加深关节窝并增大关节面，可增加关节的稳定性。

4. 滑膜襞　是关节囊滑膜层突向关节腔内的皱襞，内藏疏松结缔组织及血管，如有脂肪聚积，称为滑膜脂垫。

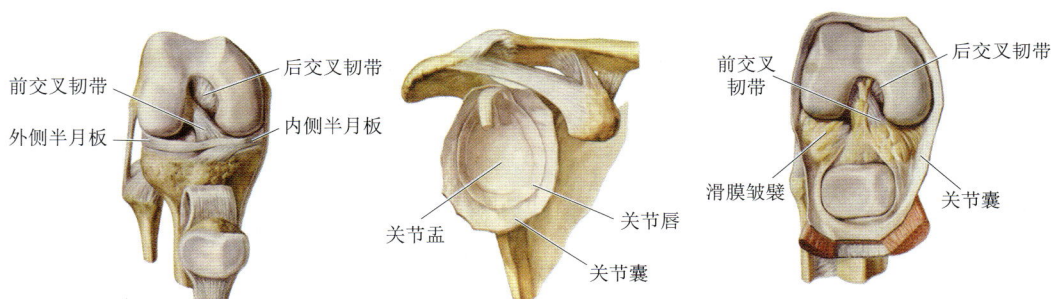

图2-27　关节的辅助结构

（三）关节的运动形式

根据运动轴的方位不同，关节运动可分为四种基本形式。

1. 滑动运动　是一骨的关节面在另一骨的关节面上滑动，如腕骨间的关节。

2. 角度运动　是相关节的两骨之间角度减少或加大的运动，通常有屈、伸和收、展两组形式。两组运动的运动轴互相垂直。

（1）屈伸运动　是指关节围绕额状轴在矢状面内运动（图2-28）。使两骨接近，角度减少为屈；两骨远离，角度加大为伸。一般来说，向前运动为屈，向后运动为伸。但膝关节和踝关节则相反。

（2）收展运动　是指关节围绕矢状轴在额状面内运动（图2-29）。使活动的骨向身体正中矢状面靠拢者，称内收；离开正中矢头面者称为外展。但手指向中指中轴或足趾向第2趾中轴靠拢为内收，离开中轴者称为外展。

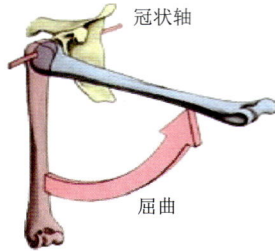

图 2-28　屈曲运动

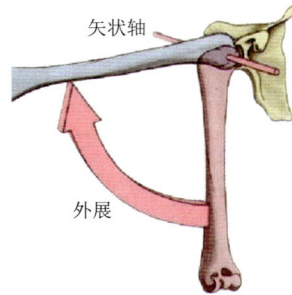

图 2-29　外展运动

3. 旋转运动　是指使骨围绕本身的长轴进行的运动称旋转（图 2-30）。使骨的前面转向内侧的称旋内，反之称旋外。在前臂，确使手背转向前的动作称旋前，使手背转向后的动作称旋后。在足上，使足底朝向内侧的运动，称内翻，反之称外翻。

4. 环转运动　骨的一端在原位转动，另一端做圆周运动，整块骨运动的轨迹是一个圆锥体，这种运动称环转运动（图 2-31）。环转运动实为屈、展、伸、收的依次连续运动。凡能屈、伸、收、展的关节都能作环转运动。

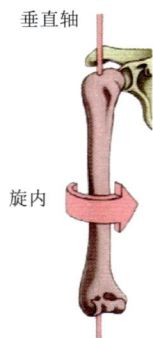

图 2-30　旋内运动

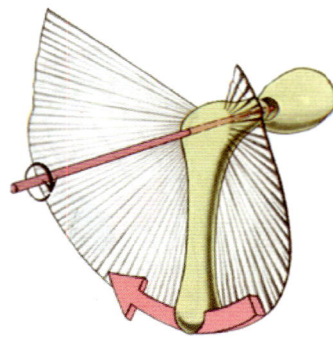

图 2-31　环转运动

（四）关节的分类

人体有很多关节（图 2-32），按照不同的分法可以分出很多类。

1. 按运动轴的数目和关节面的形状　可分为单轴关节、双轴关节和多轴关节三类。

（1）单轴关节　只有一个运动轴的关节。包括为屈戌关节和车轴关节，如桡尺近侧关节和桡尺远侧关节。

（2）双轴关节　能绕两个互相垂直的轴进行屈、伸、收、展和环转运动的关节。包括椭圆关节和鞍状关节，如桡腕关节和拇指腕掌关节。

（3）多轴关节　具有三个互相垂直的运动轴，可作多种方向的运动的关节。包括球窝关节、杵臼关节和平面关节，如肩锁关节、肩关节和髋关节。

2. 按照关节面的形状　可分为平面关节、球窝关节、杵臼关节、车轴关节、椭圆关节、鞍状关节、滑车（屈戌）关节。

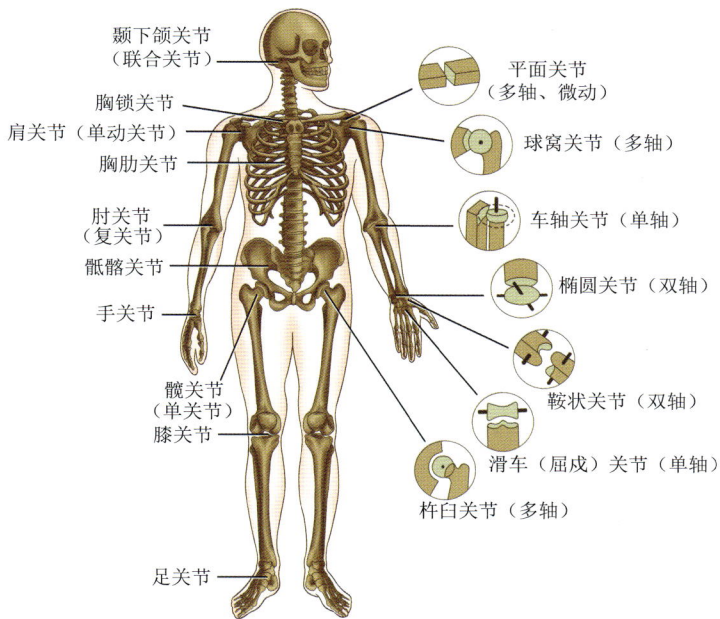

图 2-32 全身主要关节

（1）平面关节 关节面接近平面，只能作范围较小的滑动，其运动形式也是多轴性的。如腕骨间关节。

（2）球窝关节 关节头大，呈球形，而关节窝浅小，面积不及关节头的 1/3。如肩关节。

（3）杵臼关节 与球窝关节相似，惟关节窝很深，包绕关节头一半以上，运动幅度较小。如髋关节。

（4）车轴关节 关节头的关节面呈圆柱状，关节窝由骨和韧带连成的环所构成。此关节沿垂直轴可做旋转运动。如桡尺远侧关节。

（5）椭圆关节 关节头呈椭圆，关节窝呈相应的凹面。如桡腕关节。

（6）鞍状关节 相对的两关节面都呈马鞍状。如拇指的腕掌关节。

（7）滑车（屈戍）关节 关节面呈滑车状，故又名滑车关节。只能沿冠状轴做屈、伸运动。如指骨间关节。

3. 按照构成关节的骨数 可分成单关节和复关节。

（1）单关节 是指由相邻的两块骨构成的关节，如肩关节、颞下颌关节、股胫关节等。

（2）复关节 是指由两块以上的骨构成，或在两块骨间夹有关节盘的关节，如肘关节、膝关节等。

4. 按照关节的运动方式 可分为单动关节和联合关节。

（1）单动关节 是指能单独进行活动的关节。绝大多数关节属于此类关节，如肩关节、踝关节等。

（2）联合关节 也称联动关节，是指两个或多个独立关节，同时进行活动，共同完成一个动作的关节。例如，前臂的桡尺近侧关节和桡尺远侧关节，它们共同运动完成前臂的旋内或旋外运动。这种关节，在结构上独立，运动时联合。

（五）关节的血管、神经

关节的血供很丰富。关节的动脉主要来自关节周围的动脉分支，它们彼此吻合，围绕关节形成致密的动脉血管网。自动脉血管网发出的分支，分布到关节囊，并与邻近的骨膜动脉吻合。关节软骨没有血管。关节盘的动脉分布在其周缘部分。

关节的神经来自运动该关节肌肉的神经分支，称关节支，分布于关节囊和韧带。关节软骨无神经分布。

二、关节的生物力学特征

关节及其内的滑液有利于关节运动的灵活性，而关节囊的纤维层及其周围的肌腱、韧带等组织增加了关节的稳定性。关节运动的灵活必须以结构的稳定为前提，而结构的稳定又必须以关节运动为条件。因此，关节的灵活与稳定是对立统一的关系。

考点提示 ▶ 关节生物力学。

（一）影响关节灵活性与稳定性的因素

1. 构成关节的两关节面面积大小的差别 面积差大的，灵活性大，坚固性小；面积差小的，灵活性小，坚固性大。

2. 关节囊的厚薄及松紧度 关节囊厚而紧张的灵活性小，坚固性大；关节囊薄弱而松弛的，灵活性大，坚固性小。

3. 关节韧带的多少与强弱 韧带多而强的，坚固性大，灵活性小；韧带少而弱的，坚固性小，灵活性大。

4. 关节周围的肌肉状况 关节周围肌肉力量强，伸展性及弹性差的，坚固性大，灵活性小；周围肌肉弱，伸展性及弹性好的，坚固性小，灵活性大。

5. 关节周围的骨突起 关节周围的骨突起常阻碍环节的运动，影响关节的运动幅度。

另外，关节运动幅度大小还与年龄、性别、体育运动等有关，特别是体育运动，经常参加体育锻炼的人，既可使关节的灵活性提高，也可使关节的坚固性得到增强。

（二）运动锻炼对关节灵活性与稳定性的影响

1. 关节面骨密质增厚 系统的体育锻炼可使骨关节面骨密质增厚，从而承受更大的负荷。

2. 关节面软骨增厚 软骨是一种黏弹性材料，内有孔隙，组织间隙充满了液体。在应力作用下，这些液体，可流进或流出软骨组织，这是无血管组织获得营养的重要途径。动物实验证明，长期运动可使关节面软骨增厚，短时间的运动可使关节软骨肿胀，运动停止后肿胀消失。这种变化在 25 岁以下的年轻人的关节中较老年人要明显。有人研究，这种关节软骨的增厚是由于软骨基质和细胞吸收液体的结果。适宜的体育活动创造了这种环境，为软骨获得养分并经久不衰提供了条件。

3. 肌腱和韧带增粗 动物实验证明，体育活动可以使肌腱和韧带增粗，在骨附着处直径增大，胶原含量增加，单位体积内细胞增加。

体育锻炼增强了关节周围肌肉力量，可使肌腱和韧带增粗，关节面软骨增厚，加大了关节的稳固性。关节稳固性的提高加强了对关节的保护作用，但这往往会减少关节活动幅度。

4. 力量与柔韧性训练相结合可使关节的稳定性与灵活性提高 系统的柔韧性练习增加关节囊周围肌腱、韧带和肌肉的伸展性，从而使关节运动幅度增加，所以在进行力量性练习时，配合一定数量的柔韧性练习，使力量与柔韧素质同时得到相应的发展。

5. 不同专项对关节的柔韧性作用不同 一些运动项目对发展各部分关节的柔韧性有不同作用。如游泳和体操可以使肩关节、肘关节、手关节和足关节柔韧性增大，跨栏和跳高可增大髋关节的运动幅度，艺术体操和花样滑冰可增大脊柱的运动幅度。

第三节 关节软骨的生物力学基础

关节软骨是组成活动关节关节面上一层致密且透明的白色结缔组织，厚 1～6mm。它具有减轻关节摩擦、吸收机械震荡、分散传导负重等功能。在大多数滑膜关节中，关节软骨能够在 80 年或更长的时间内提供这些必要的生物力学功能，而且没有任何合成材料能够替代关节面完成这些功能。

一、关节软骨的组成与结构

关节软骨主要由软骨细胞与细胞外基质组成。基质的主要成分是水、蛋白多糖与胶原，以及少量的糖蛋白和其他蛋白。这些成分一起构成了关节软骨组织独特而复杂的结构与力学特性。

考点提示 ▶ 关节软骨的组成、分类。

（一）软骨细胞

关节软骨的形成与维持依赖于软骨细胞。它们来源于间充质细胞，在骨骼的形态发生与发育过程中分化并形成软骨细胞。在骨骼的生长过程中，这些细胞可以增加基质的体积。在成熟组织中，软骨细胞占总组织体积的 10% 以下，负责维持基质。

如图 2-33 所示，关节软骨的结构组成可以被分成 4 层：浅表层、中间或移行层、深层、钙化软骨层。从关节软骨表面至软骨下骨，软骨细胞的形态和分布依深度而变化。浅表层，软骨细胞呈椭圆形排列，其长轴与关节表面平行。中间或移行层，软骨细胞外观近似圆形，排列不规则。深层，软骨细胞呈球形，常以柱状排列。最深层的是钙化软骨层，将透明软骨与软骨下骨分开，其特征为被磷酸盐包裹的小细胞，散在于软骨基质中。苏木精–伊红组织染色发现一条淡蓝色的波状条纹，称为"潮线"，介于深层与钙化层之间。随着年龄增长，组织重建时，"潮线"的数目增加。

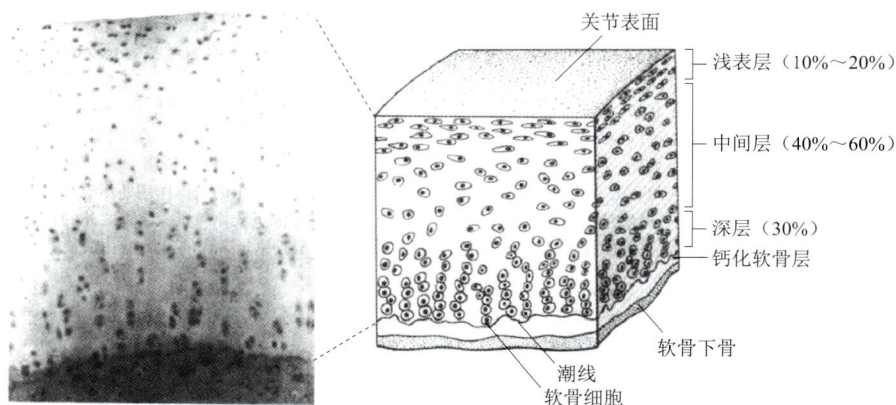

图 2-33 骨关节软骨的结构组成

（二）软骨基质

软骨基质主要由水分、胶原和蛋白多糖等构成。其中，水分占正常关节软骨湿重的

扫码"学一学"

扫码"看一看"

65%～80%，胶原和蛋白多糖分别占其余软骨湿重的 60% 和 40%。除此而外，还有其他成分，包括脂肪、磷脂、蛋白质及糖蛋白。虽然它们在总基质中的含量较少，且具体作用还不明确，但它们是除了胶原与蛋白多糖之外的重要成分。

1. 水分　是正常关节软骨最丰富的成分，占湿重的 65%～80%。骨关节炎的早期，组织分解以前水分的含量可以达到 90% 以上。少量水分位于细胞间隙，30% 位于胶原中的纤维间隙，剩余的位于基质中的分子间隙。组织水分中溶解有钠、钙、氯、钾等无机盐离子。整个关节软骨中水分的含量不尽相同，软骨表面为 80%，深层只有 65%。当固体基质受到挤压或存在压力梯度时，水分可以在基质中流动。流经基质分子孔隙的摩擦阻力非常高，而组织的渗透性非常低。基质中水分的摩擦阻力和耐压基于两个基本机制（边界润滑和液膜润滑），使得关节软骨能支持非常高的负荷。通过组织和关节表面的水分流动，可以促进营养物质输送、关节润滑。

2. 胶原　是构成基质结构的主要大分子物质，人体内至少有 15 种不同的胶原种类。I型胶原是人体含量最丰富的胶原，可出现在骨和软组织中，如椎间盘（主要在纤维环）、皮肤、半月板、肌腱和韧带。关节软骨主要由 II 型胶原，以及少量的其他胶原（V、VI、IX、XI型）构成。II 型胶原主要出现于关节软骨、鼻中隔、胸骨软骨以及椎间盘和半月板内侧区域。X 型胶原分布在成熟关节的钙化层，与软骨下骨的矿化有关。VI 型胶原分布在软骨细胞周边，在将软骨细胞局限于胞周基质中发挥重要作用。

胶原非均匀地分布在关节软骨组织中，形成软骨组织的层次结构。大量研究确定了软骨组织中胶原排列的三层结构（图 2-34）。浅表切线层占组织总厚度的 10%～20%，由纤细致密的胶原纤维薄层交织形成纤维层，平行于关节表面。中间层占组织总厚度的 40%～60%，胶原纤维较粗，不规则排列散布在组织中。深层约占组织总厚度的 30%，胶原纤维聚集在一起形成较粗的纤维束放射状排列，垂直于表面。这些纤维束穿过潮线到达钙化层，形成连锁"根"系统将软骨与软骨下骨头固定在一起。介于关节软骨与钙化层之间的界面称为潮线。纤维排列的各向异性反映了胶原成分的非均匀层次变化，胶原含量在浅表层高，继而在中间层和深层保持相对稳定，这种层次变化使得压力可以更均匀地分配在关节承载表面，起到重要的生物力学作用。

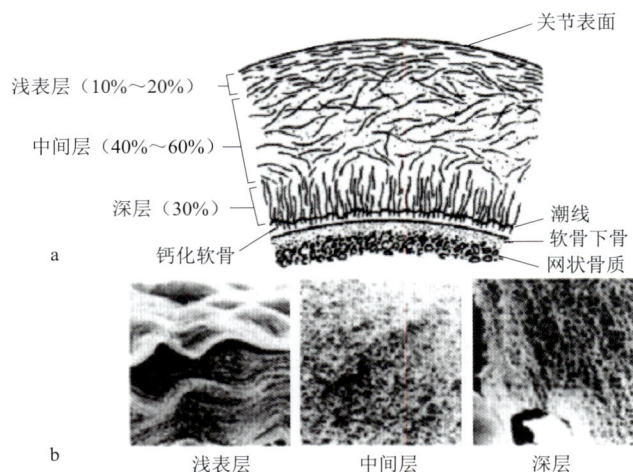

图 2-34　骨关节软骨中胶原排列的三层结构

与骨一样，关节软骨的生物力学特征表现为各向异性，即软骨的材料性质沿不同方向表现不同。这种各向异性被认为与胶原纤维在各层的不同排列有关。但是，也认为胶原纤维的交联密度以及胶原与蛋白多糖之间的相互作用的不同亦促成了关节软骨在拉伸时的各向异性。在拉伸中，这种各向异性通常用关节表面的裂线来表现，这些裂线是用小圆锥刺破关节表面产生的狭长裂纹（图 2-35）。产生这种模式与前面所述的关节软骨在不同方向上呈现

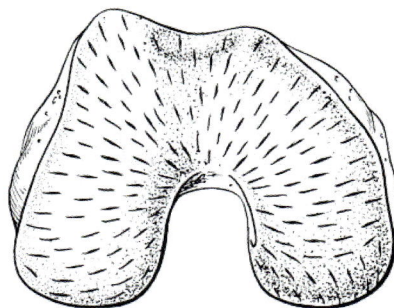

图 2-35　人股骨髁软骨表面的裂线

不同拉伸硬度和强度特征有关。但是至今，关节软骨在拉伸时表现出这种显著的各向异性的确切原因尚不清楚，这种拉伸时的各向异性对软骨功能的重要性也尚不清楚。

3. 蛋白多糖　是一种复杂的大分子，由核心蛋白共价结合糖胺聚糖（以前的名称为黏多糖）组成。糖胺聚糖由长链的、未分叉的重复二糖单位组成。软骨的蛋白多糖主要有 3 种类型：硫酸软骨素、硫酸角质素和硫酸皮肤素。软骨中硫酸软骨素是最主要的糖胺聚糖，占总量的 55%～90%，主要根据个体的年龄或骨关节炎的情况而定。关节软骨中的硫酸角质素主要存在于大的蛋白多糖聚合体中，其组成与硫酸化的程度因个体、年龄的不同而变化。透明质酸也是一种糖胺聚糖，但与上述不同，是非硫酸化的，且不与核心蛋白共价结合，因此，不是蛋白多糖的一部分。硫酸皮肤素在关节软骨中生物及功能上的作用还尚未知。

关节软骨中 80%～90% 的蛋白多糖形成大的聚合体，称之为可聚蛋白聚糖（图 2-36）。它们包括一个长的伸展的核心蛋白，能与多达 100 个硫酸软骨素链和 50 个硫酸角质素的糖胺聚糖链以共价键结合，形成"洗瓶刷样"模式。在年轻人，硫酸角质素的浓度相对较低，4-硫酸软骨素是硫酸软骨素的主要形式。随着年龄增长，硫酸角质素的含量增加，6-硫酸软骨素成为硫酸软骨素的主要形式。可聚蛋白聚糖的核心蛋白大而复杂，形成 G_1、G_2、G_3 三个球状结构域。G_1 球状结构域是透明质酸结合区，能使可聚蛋白聚糖的核心蛋白在连接蛋白的作用下与透明质酸相结合。G_2 球状结构域位于中间，是由硫酸软骨素与一些散在分布的硫酸角质素链结合的区域。G_3 球状结构域是核心蛋白的 C-末端。

基质中，聚合作用可以稳定可聚蛋白聚糖，而且由于每条透明质酸链都是无分叉的长链，许多可聚蛋白聚糖分子可以与单一透明质酸链结合形成大的蛋白多糖集聚体。集聚体的大小因年龄和疾病状态而变化，随着年龄增长，软骨退行性变时，集聚体变小。蛋白多糖集聚体的稳定性具有重要作用，目前认为蛋白多糖集聚体可促使蛋白多糖在纤细的胶原网不发生运动，增强细胞外基质的结构稳定性和硬度。

（三）关节软骨各成分之间的相互作用

细胞外基质的性质受蛋白多糖聚合体的化学结构与物理作用的影响。硫酸软骨素与硫酸角质素链相距很近的硫酸基和羧基离子在生理 pH 溶液中被拉开（图 2-37），留下高浓度的固定负电荷产生分子内与分子间的强电荷-电荷排斥力，其总和（软骨组织置于生理盐水中）等于 Donnan 渗透压。结构上，这些电荷-电荷排斥力使得蛋白多糖大分子在胶原纤维网间隙中膨大变硬，是形成关节软骨支撑力的一部分。

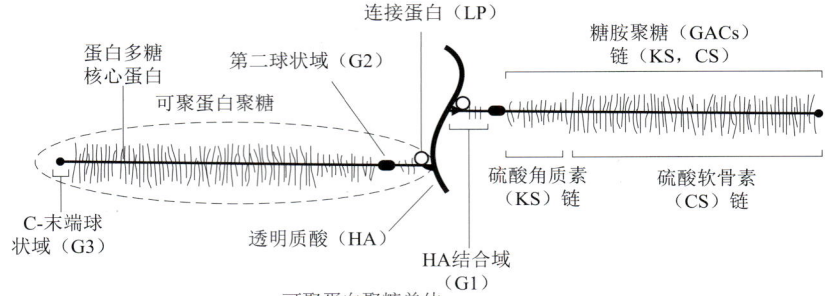

a. 可聚蛋白聚糖单体

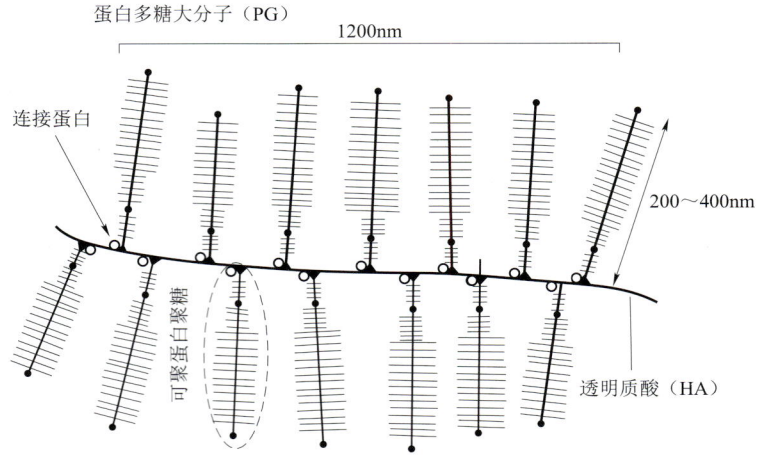

b. 可聚蛋白聚糖大分子

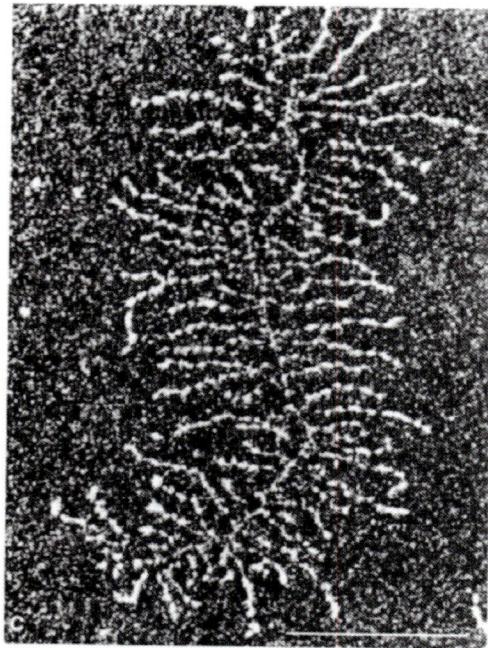

c. 牛肱骨关节软骨蛋白多糖聚合体的电子显微图像

图 2－36　可聚蛋白聚糖

　　关节软骨中发现的所有葡糖胺聚糖都有重复的羧基或硫酸基团，在溶液中这些基团离子化（COO^- 和 SO_3^-）。在自然界中，如果一个带电体不释放电荷或吸引反离子保持其电中性，就不会保持很久。因此，关节软骨蛋白多糖的带负电硫酸基和羧基必须吸引各种阳离子和合作离子（主要为 Na^+、Ca^{2+}、Cl^-）保持组织的电中性。这些离子的总浓度由著名的 Donnan 平衡离子分配定律确定。组织内可移动的抗衡离子和合作离子云状围绕在固定的硫酸基和羧基周围，将负电荷彼此屏蔽，降低了巨大的电荷－电荷排斥力，其净结果是一个由 Donnan 渗透定律决定的膨胀压力。根据 Starling 定律，膨压力受到胶原纤维网所产生的张力的束缚与平衡，将蛋白多糖限制到自由状态的 20%。从而，在无外界负荷状态下，胶原网状结构承受着膨胀压力引起的显著"预应力"。

当软骨表面受压时（图 2-38），蛋白多糖分子域的变化产生瞬间变形。这个外界压力使得基质内部压力大于膨胀压力，因此液体流出组织。液体流出后，蛋白多糖浓度上升，继而 Donnan 渗透膨胀压力或电荷－电荷排斥力以及体积压力上升，直到与外力平衡。在这种方式下，陷入胶原网结构的胶状蛋白多糖的物理化学性质使得蛋白多糖能够承受压力。蛋白多糖的抗压能力主要来源于两个方面：一是 Donnan 渗透膨胀压力及在黏多糖上致密排列的固定负电荷，二是胶原－蛋白多糖固体基质的体积抗压硬度。实验中得到 Donnan 渗透压介于 $0.05\sim0.35MPa$，而胶原－蛋白多糖固体基质的弹性模量介于 $0.5\sim1.5MPa$。

显而易见，胶原与蛋白多糖之间相互作用。这种相互作用对软骨功能十分重要。研究发现，蛋白多糖的一小部分与胶原关系密切，蛋白多糖跨越在胶原交联达不到的空间内，充当胶原纤维之间的连接者。蛋白多糖也被认为保持胶原纤维的有序结构与力学性质方面起到重要作用。

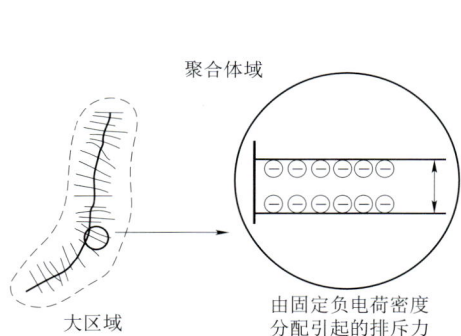

图 2-37 生理溶液中可聚蛋白多糖示意图

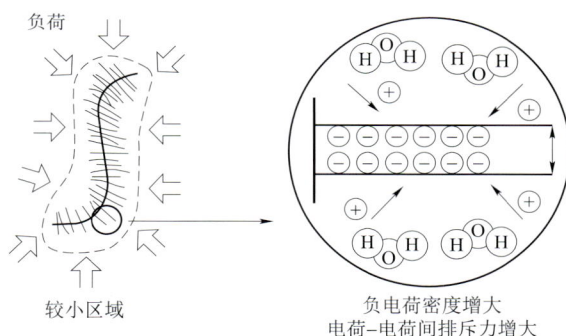

图 2-38 受力时可聚蛋白多糖示意图

二、关节软骨的生物力学特征

关节软骨是人体一种非常特殊的生物组织，它无血管、无神经、无淋巴营养与支配，却要承受一生中几十年的静态的、周期的、反复的高负荷。因此，需要参与组成关节软骨的胶原、蛋白多糖与其他分子组成一种强大、坚韧、耐疲劳的固体基质来承受负重时组织中产生的高的压力与张力。就材料性质来讲，这种固体基质（图 2-39）被描述成一种多孔的、可渗透的、非常柔软的组织。水分占正常关节软骨总重量的 65%～80%，位于微小的孔中，水分可以由于压力梯度或基质的挤压在多孔－渗透性的固体基质中流动。因此，当把关节软骨看作一种由液相（包括可溶性离子）与固相组成的材料时，才能充分理解其生物力学特性。

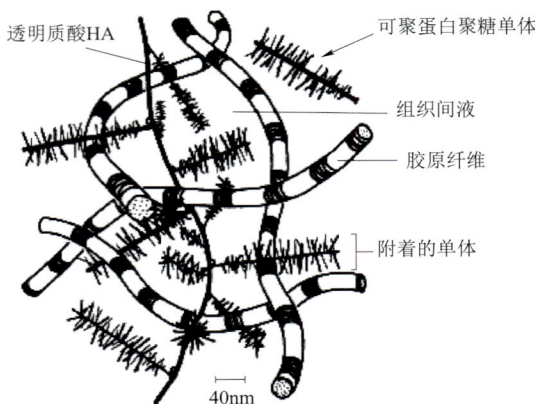

图 2-39 关节软骨基质示意图

考点提示 关节软骨生物力学特性、负荷对软骨的作用。

（一）关节软骨的渗透性

充满液体的多孔材料可以是渗透性的，也可以非渗透性的。液体体积与总体积之比定义为孔隙率。关节软骨是具有高孔隙率（约 80%）的材料，如果孔与孔相互连通，则材料是渗透性的。渗透性是测量液体以一定速度在多孔-渗透性材料中流动时受到的阻力。它与液体在多孔-渗透性材料中流动产生的摩擦阻力成反比。渗透系数 k 与摩擦阻力力系数 K 有关，$k = \beta^2/K$。关节软骨具有很低的渗透性，因而当液体在多孔固体基质中流动时产生强大的摩擦阻力。

当组织受压时，水分可以在多孔-渗透性的固体基质中流动。在这种情况下，压力使固体基质压缩，组织间隙压力升高，促使水分流出组织。流出的速度由液流时产生的阻滞力所决定。一般液相（流体动力压力）和固相（固体基质上的应力）所分担的压力取决于组织的容积比，每一相的承载能力由组织中每一点摩擦力与弹力间的平衡决定。例如：当水分在硬的、渗透性高的固体基质中流动时，产生的摩擦力或液压较小，在这种材料上的压力将主要由固体基质中的应力承担。相反，液体在渗透性很小的柔软基质中流动产生的摩擦力较大，为维持有效流动需要较高的流体动力压力。如此液压成了承担负重的主要形式，使固体基质上的应力减至最小。这种情况存在于正常软骨中，是固体基质的应力的防护。

实验研究表明，关节软骨的渗透性随压力增加成非线性下降。这种张力依赖于渗透效应，可以调节软骨对于压力的反应，防止随着压力增加组织中液体过多过快的流出，提高组织间隙的液压来支撑负荷。同时也能够调整软骨在循环负重时分散应力的能力。有两种理由解释该非线性效应：①当组织被压缩时，水分含量或孔隙减少；②组织被压缩时，间隙中蛋白多糖负电荷（COO^- 与 SO_3^-）的密度增加。由于蛋白多糖是软骨组织间隙中结合水分的主要因素，其浓度增加会导致渗透性的降低。通过比较不同的骨关节炎软骨中组织水分、蛋白多糖含量与其渗透性的相互关系，已在实验中证实了上述说明。准确地说，渗透性与组织水分成正比，与蛋白多糖的含量成反比。

（二）关节软骨的黏弹性

当一种材料受到持续均衡（时间独立性）负重或变形时，它的反应随时间变化，则这种材料具有黏弹性。蠕变和应力松弛是黏弹性材料的基本反应。当黏弹性材料承受持续不变载荷时，发生蠕变（图 2-40）。黏弹性固体典型的响应是快速初始变形，之后变形缓慢渐进性增加（时间依赖性）称为蠕变，直到达到平衡。黏弹性固体承受持续不变的变形时，发生应力松弛。黏弹性固体典型的响应是快速高初始应力，之后应力缓慢渐进性降低（时间依赖性）保持固定变形。这种现象称为应力松弛。

蠕变和应力松弛对于保护关节软骨，防止关节受损有重要意义。对于限制压缩实验中关节软骨的研究分析表明，蠕变是由组织间液流出所致，初始时液体流出较快，变形量快速增加，逐渐减缓，直到流动停止。在蠕变过程中，表面负载平衡于胶原－蛋白多糖固体基质内形成的压缩力和组织间液流动所产生的摩擦阻力。当胶原－蛋白多糖固体基质内形成的压缩应力足够平衡所施加的应力时，蠕变停止，此刻无液体流动，达到平衡应变。

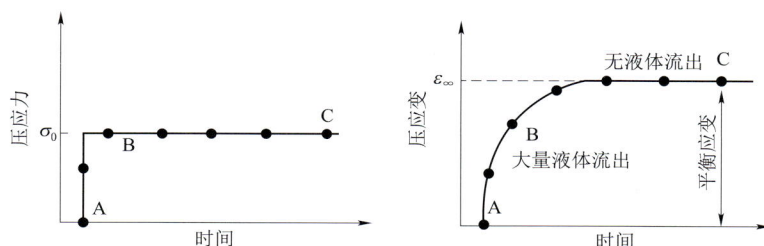

图 2-40　关节软骨蠕变机制

应力增加和应力松弛的机制可由图 2-41 来说明。压缩阶段软骨基质中应力上升与液体流出有关，应力松弛与液体在多孔固体基质中重新分配有关。在压缩阶段中，组织间液被迫流出组织，而组织因为受压变的致密，以致产生高的应力。应力松弛是由于固体组织接近表面的高度压缩区域缓解或反弹而导致。当固体基质产生的压缩应力达到对应固体基质变形的内在压缩模量所确定的应力时，应力松弛过程停止。分析应力松弛过程得到的结论是生理负载条件下过高应力很难维持，因为应力松弛可以很快衰减组织内的应力，这必然导致关节接合时关节内接触面快速扩展，避免了局部应力集中，防止关节损伤。

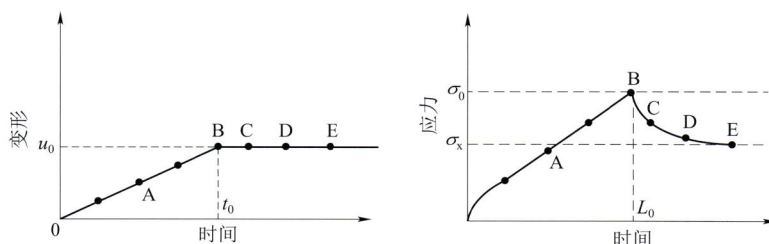

图 2-41　关节软骨应力松弛机制

（三）关节软骨的润滑作用

生理情况下，滑膜关节的关节软骨能够承受很大范围的负荷却只有很小程度的磨损，这表明关节软骨表面具有十分复杂的润滑机制。从工程角度来看，有两种润滑类型。一种为边界润滑，包括一层润滑剂单分子层吸附在软骨表面。另一种为液膜润滑，一薄层的液膜将表面与表面分开。在各种环境下的关节软骨中两种润滑作用均有发生。

液膜润滑是使用一薄层的润滑剂将表面与表面分开，加载时液膜内产生压力支持载荷。液膜润滑的机制仍不清楚，目前存在几种假说。流体动力润滑（图 2-42a）学说认为，高速横向移动的关节面可以在狭窄的关节面楔形间隙中拉出一个滑液层，这一机制可以在滑液中产生流体压，并迫使关节面抬高和相互分离。挤压液膜润滑（图 2-42b）学说认为，加载时关节滑液受压被迫产生横向流动，从而产生流体压来承担载荷。增压润滑（图 2-42c）学说认为，由于关节间隙压力增高，关节滑液中低分子量溶质被压入关节软骨，在软骨面上浓集形成一个厚度约为 1μm 的透明质酸-蛋白大分子凝胶层，防止关节软骨的接触，增强润滑效果。渗出润滑（图 2-42d）学说认为，关节软骨里的水分受压流出关节软骨，与关节滑液共同参与液膜润滑。

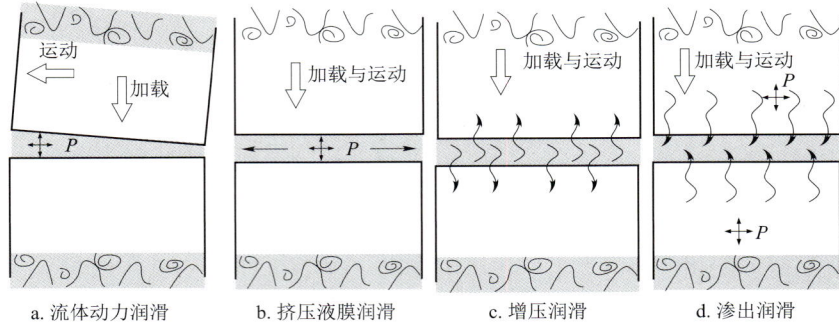

a. 流体动力润滑　　b. 挤压液膜润滑　　c. 增压润滑　　d. 渗出润滑

图 2-42　液膜润滑

液膜的厚度与受载有关，一般小于 20μm。加载时，相对柔软的关节软骨表面承受滑动或挤压液膜作用，液膜内的压力会使软骨表面明显变形。这些变形增大了关节接触表面面积和一致性，改善了液膜的几何性质，从而使关节的应力降低更持续，承载能力大幅提高。另外，有研究表明，即使使用透明质酸酶消化关节滑液，降低了关节滑液的黏性（接近生理盐水），但仍不会影响关节软骨的润滑作用。因为液膜润滑对润滑剂黏度要求较高，所以上述结果表明，存在另一种润滑机制模型对关节的低摩擦系数起作用。

边界润滑（图 2-43）基本上不依赖于任何润滑剂或承载材料的物理性质，而几乎完全依赖于润滑剂的化学性质。在滑膜关节中，以前认为有一种特殊的蛋白叫"润滑素"，是负责边界润滑滑液的主要成分。它以单分子层的形式吸收至软骨表面。当关节软骨受到强大而且持续时间较长的压力时，液膜变薄，关节软骨两层润滑界面的复合厚度在 1～100nm 之间，承载负荷，减少摩擦。最近研究表明，滑液的边界润滑剂很可能是一种磷脂，称为磷脂二棕榈酰磷脂酰胆碱。边界润滑可以降低关节软骨摩擦系数 3～6 倍，它是作为一种关节润滑的补充模式而存在。

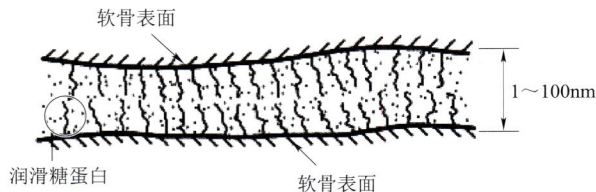

图 2-43　边界润滑

由于关节软骨的表面（图 2-44）并不完全光滑，因此关节软骨的润滑作用具体表现为混合润滑形式（图 2-45）：在表面接触区域发生边界润滑作用，在表面非接触区域发生液膜润滑作用。在这种混合润滑模式中，大部分的摩擦（摩擦极低）来自于边界润滑作用，大部分的载荷由液膜润滑作用承担。

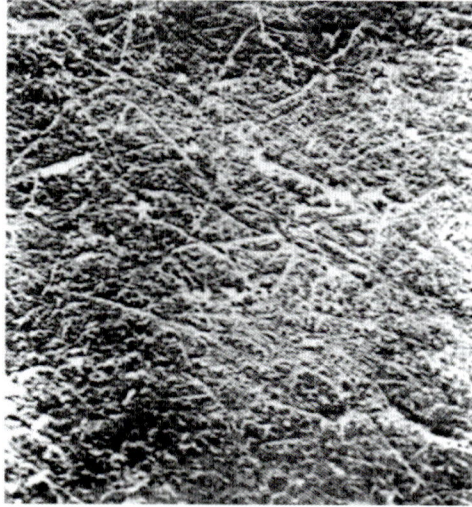

图 2-44　关节软骨表面

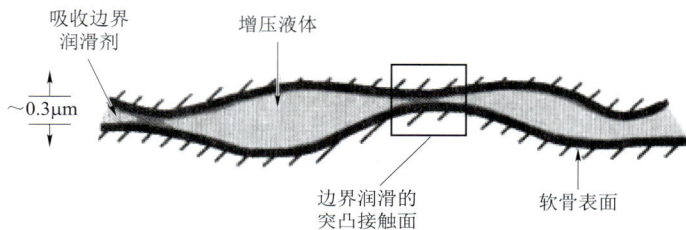

图 2-45　边界润滑

第四节　肌腱与韧带生物力学基础

　　骨骼系统周围的胶原组织有肌腱、韧带、关节囊和皮肤等，它们共同的特点都是一种被动结构，自身不能产生主动运动。其中，韧带和关节囊提供骨与骨的连接，增强关节的稳定性，引导关节正常运动，防止关节过度屈伸。肌腱连接肌肉与骨骼，把肌肉的收缩力传至骨骼上，辅助关节运动或维持身体姿势。肌腱另一个功能是确保肌肉在其两端的附着处之间能够维持最佳的收缩长度，以免过度伸展。由于韧带和肌腱是人体最为重要的两种胶原组织，本节主要讨论肌腱和韧带的生物力学性质。

一、肌腱与韧带的组成与结构

　　肌腱和韧带是一种结构较复杂的组织，从组织学上看，它主要由胶原纤维和周围的蛋白多糖基质以及数量较少的细胞组成。

（一）细胞

　　肌腱和韧带中的细胞主要是成纤维细胞，夹杂于平行排列的胶原纤维之中。显微镜下肌腱的纵切面可见成纤维细胞呈杆状或梭形，纵向排列（图 2-46）。横切面下观察可见成纤维细胞深染，呈星形夹杂于胶原纤维束之间（图 2-47）。电镜下成纤维细胞的细胞质深染，细胞内包含与单一圆形细胞核连接的中心体。纵向连接排列的细胞之间分界很清楚，但是由于细胞质突起伸展至胶原纤维之间，所以细胞的侧壁并不是很清晰（图 2-48）。成

扫码"学一学"

纤维细胞的主要功能是合成并分泌胶原前体，之后由细胞内分泌到细胞外成为胶原。

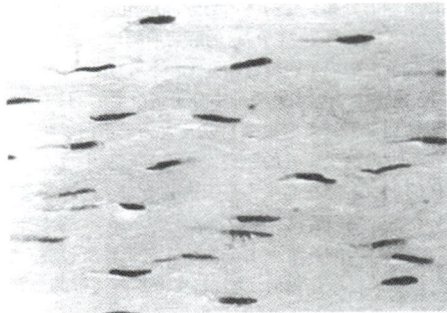

图 2-46　肌腱纵切面中的成纤维细胞

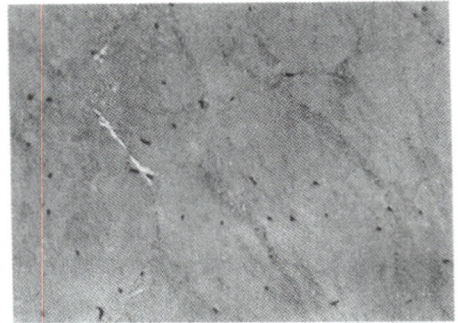

图 2-47　肌腱横切面中的成纤维细胞

图 2-48　成纤维细胞（电镜）

（二）胶原

胶原与骨一样，肌腱和韧带主要都是由 I 型胶原所组成的。这种胶原分子含有三条多肽链（a 链）（图 2-49），每条肽链都是左向螺旋结构，由大约一百个氨基酸组成，分子重量约为 340000 道尔顿。其中两条 a 链（a-1 链）的结构完全相同，而第三条 a 链（a-2 链）的结构稍有不同。这三条 a 链排列一起，经右向螺旋结构成为一条三螺旋结构，使胶原分子具绳索形态。整个分子的长度约为 280nm，而它的直径约为 1.5nm。

大约 2/3 的胶原分子都含有甘氨酸（33%）、脯氨酸（15%）、羟脯氨酸（15%）这三种氨基酸。每条 a 链中，每相隔三个氨基酸便有一个甘氨酸，这种重复的序列是构成三螺旋结构的基本要素。甘氨酸体积细小，可使整条三螺旋有更紧密的结合，而且甘氨酸可促使整条三螺旋互相建立氢键来加强此结构的稳定性，其他的两个氨基酸在 a 链中建立氢键或氢键水桥。在 a 链中或链与链之间还有其他的相互交联，这对增强整个胶原分子的稳定性起到一定的作用。

每条原纤维都是由数个胶原分子以一个独特的四合一的分子重叠序列方式结合而成。这种组合方法使每个分子都能与其他分子有重叠的机会，也是在电子显微镜下胶原纤维呈现间带的原因。这种四合一胶原分子重叠组合法可增加胶原的稳定性，而且这种排列可使酸性和碱性的氨基酸均衡共处，令整个结构可维持于低生物能最佳状态。这个结构亦使带相反电荷的氨基酸相互对应，故需要很大能量才能将聚合的分子分开。从而每 5 个胶原分子便结合成一条微纤维，之后再成为次级纤维及原纤维（图 2-50）。这些原纤维经过聚合便成为能在普通的光学显微镜下看到的胶原纤维。胶原纤维的直径由 $1\sim20\mu m$ 不等，它们没有分支，而整条纤维的长度可能有数厘米，有典型 64nm 的重复横行间带。很多条纤维聚合在一起便组成一个纤维束，长而窄的成纤维细胞便分布在纤维束之间，沿肌腱和韧带的长轴排列（图 2-51）。

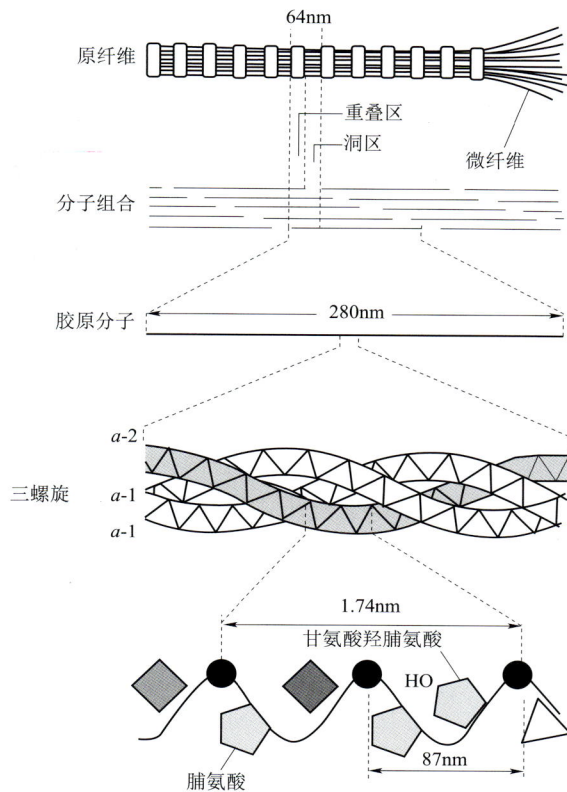

图 2-49 胶原纤维结构图

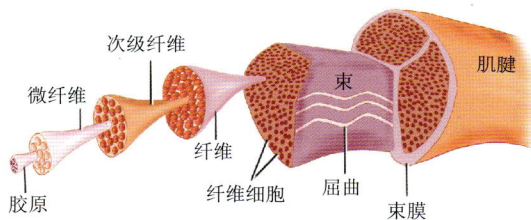

图 2-50 肌腱显微结构

为了适应各自的功能要求，肌腱的胶原纤维排列与韧带稍有不同。因肌腱所受的外力多是单一方向的张力，所以其胶原纤维是比较有规律地与肌腱的主轴成平行的排序（图 2-51a）。虽然韧带所受的张力多数也是单一方向，但间或也会受其他方向的张力影响；所以它们的胶原纤维不一定形成单一方向的排列，有时纤维间也会互相形成网状交叉排列（图 2-51b）。这种排列会视不同韧带的功能而有所差别。

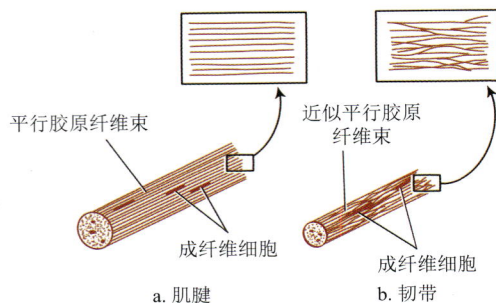

图 2-51　肌腱和韧带结构

（三）基质

肌腱和韧带的基质主要成分是蛋白聚糖。蛋白聚糖占肌腱干重的 1%～5%，它们极具亲水性，并与水结合。蛋白聚糖在胶原纤维的相互作用中有非常重要的作用。核心蛋白聚糖是一种小分子蛋白聚糖，分布很广，在调节体内胶原纤维形成的过程中起着重要作用。缺乏核心蛋白聚糖的肌腱中外侧胶原纤维无程序的融合会使肌腱的拉伸强度下降，而结合了核心蛋白聚糖的肌腱可使无交联的纤维的极限拉伸强度增加。有人推测，核心蛋白聚糖可在纤维发生形变时阻止纤维滑移，从而提高了胶原纤维的拉伸强度。不同蛋白聚糖的分布变化与体内力学环境相应。对人类（年龄为 1.5～24 个月）的胫后肌腱进行研究，发现核心蛋白聚糖是肌腱近端区（承受张力区）中主要的蛋白聚糖。相反，另两种小分子蛋白聚糖（核心蛋白聚糖和双糖链蛋白聚糖）以及大分子蛋白聚糖分布在经过内踝受压处的肌腱。在人类髌腱中也发现同样的蛋白多糖在高张力组织内的分布，而且这种分布趋势在青春期以后没有差异。

（四）血液供应

肌腱和韧带只有少量的血管，这影响了它们的代谢和受伤后的康复速度。肌腱的血管来自于他们所连接的肌束膜、骨膜和围绕着它们的腱旁组织及腱系膜。被腱旁组织所包裹的肌腱称为含血管腱，而被腱鞘包裹的肌腱则称为无血管腱。含血管腱中的血管从周边外围多个途径进入肌腱，之后又会与纵向的毛细血管相通（图 2-52）。

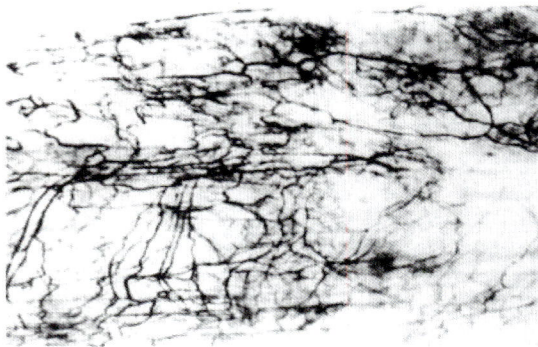

图 2-52　含血管腱血管分布图（印度墨汁注射）

无血管腱的血管分布形式则不同。这种肌腱的系膜退化为纽带样（图 2-53）。缺血部分被认为从两个途径得到养分，一是由血液吸取，在没有血液循环的部分养分经关节液渗透到肌腱。养分渗透概念有很重要的临床意义，即肌腱复原可以在没有粘连的情况下（即有血液供应下）进行。相反，韧带比其周围组织的血液循环少，但从形态学的研究结果显示了韧带内其实是有多源及相当平均的血液分布，这些血液多数来自韧带与骨的连接点。虽然韧带的供血系统血流量不多，但这些血液对于维持韧带的功能，尤其是对受损韧带的修复起着很重要的作用。在没有血液供应到这些组织的情况下，韧带疲劳时，微创伤会不断积聚，最终可使韧带断裂。

在动物和人身上都发现了韧带和肌腱有多种神经末梢和运动感应系统。这些神经分布为韧带和肌腱提供了本体感觉和痛觉，这对于维护关节的正常功能、防止关节损伤有重要意义。

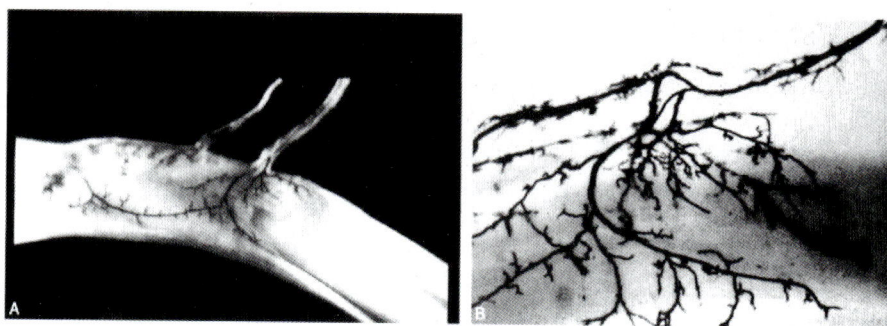

a. 印度墨汁注入显示　　　　　　b. 样本的放大显示长纽带的血液供应范围

图 2-53　无血管腱血管分布图（印度墨汁注射）

二、肌腱与韧带的生物力学特征

考点提示　肌腱和韧带的生物力学特性。

（一）拉伸性质

研究肌腱和韧带机械特性的方法是对这些组织做匀速伸展的拉伸测试。组织在断裂之前被拉长，它们所受的张力和它们伸长的长度可以用负荷-伸长曲线图（图 2-54）来表示。

在负荷-伸长曲线上第一个区名为"足趾区"，此区所显示的延长度是原本处于松弛状态下呈波浪形态的胶原纤维受载时所发生的变化。这时不需太大张力便可把整个结构组织的胶原纤维拉直（图 2-55）。另外一些数据表明，此区的伸长度主要因为半液态胶原纤维之间（基质）互相滑行及剪切应力所致。

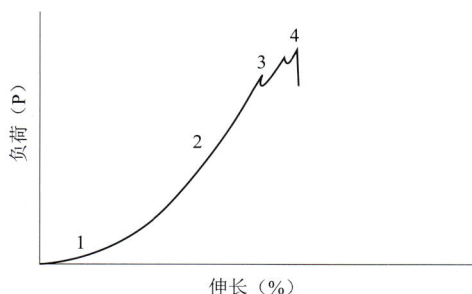

图 2-54　负荷-伸长曲线图（兔肌腱）

当负荷持续时，肌腱和韧带组织的刚度会增加，因此渐渐需要较大的拉力才能产生相同的伸长。在足趾区之后，图表会出现一线性区域。在图表中，这个第二区比足趾区的倾斜度更大，表示了这些组织的刚度在这区中因继续拉伸而有明显的增加。线性区之后，在大应变的情况下，应力-应变曲线可能会突然停止或有向下倾的趋势，这是因为测试物已受到不可逆的损伤。当曲线沿应变轴横向发展时，这时的负载量被称为极限载荷。此点为组织的屈服点。整个测试物所能承受的最大能量便以图表内的曲线与横轴所成的面积来代表，直至线性区完结处。当超越线性区域时，组织内已有大量的纤维束不规律地断裂。这时负载可能会达到拉伸应力极限，随之样本很快完全断裂，而韧带和肌腱的负荷能力也明显降低。

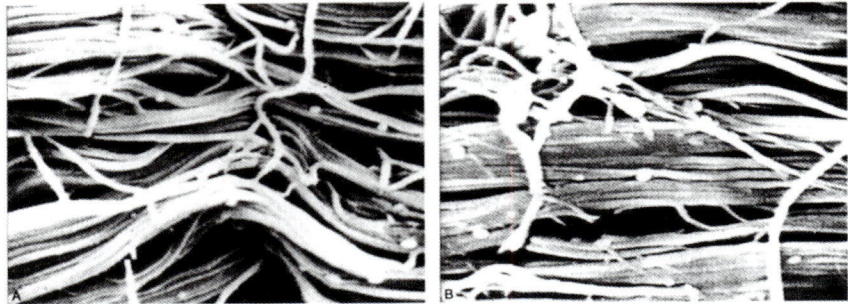

图 2-55　空载和负载时人膝关节韧带扫描电镜图像（×10000）

动物实验证明，肌腱弹性模量的变化范围在 500～1200MPa，极限拉伸强度的变化范围在 45～125MPa。在人类，肌腱弹性模量的变化范围在 1200～1800MPa，极限拉伸强度的变化范围在 50～105MPa，极限应变的形变范围在 9%～35%。

从实际应用角度看，肌腱和韧带的极限拉伸应力并没有太大意义。因为在正常活体生理情况下，这些组织所承受的应力只是它们极限的 1/3，它们一般的应变度（例如跑步和跳跃时）是 2%～5%。Kear 和 Smith（1975）利用应变测量法对绵羊的外侧指伸肌腱的最大应变进行了测量。当羊在迅速小跑期间，应变达到 2.6%；当小跑迅速减慢时，应变也下降。每跨一步时的最大应变仅出现 0.1 秒。作用在整根肌腱上的最大载荷约为 45N。这些结果表明：在正常运动中，肌腱承受的应力小于极限应力的 1/4。

（二）随时性及与过程相关的特性

肌腱与许多软组织一样，具有随时性及过程性相关的黏弹性特征。即肌腱的伸长不仅与受力大小有关，也与力作用的时间及过程相关。这种黏弹性反映了胶原的固有性及胶原与基质之间的相互作用。

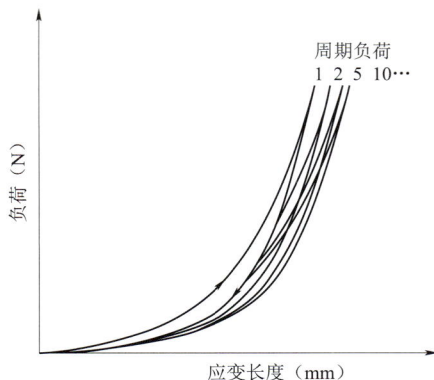

图 2-56　"滞后"示意

肌腱的随时性，是指肌腱的性质随时间变化而发生改变，是可以用蠕变－应力松弛之间的关系来描述。组织持续承受一特定大小的载荷时随时间发生的拉伸过程称为蠕变，另一方面，组织受到持续拉伸时随时间增加，组织上应力减少的过程称为应力松弛。肌腱性质随过程发生变化是指载荷－拉长曲线的形状会取决于前载荷的情况而变化。例如，肌腱在 2 次循环加载、卸载过程中，加载曲线与卸载曲线均沿不同路径循环，形成滞后区（图 2-56）。随循环次数增加，应力峰值减小，经过多次循环后，加载曲线与卸载曲线逐渐与上一次循环接近重叠。黏弹性反应不仅可调节张力，还可调节拉伸强度。例如，在等张收缩中，肌肉－肌腱单位的长度保持不变，然而由于蠕变导致肌腱拉伸，肌肉缩短。从生理学上讲，肌肉长度减小降低了肌肉疲劳程度。所以，肌腱的蠕变在等张收缩中可增加肌肉的工作能力。

肌腱的黏弹性也与其载荷有关。拉伸的最初几次循环均比以后的循环的滞后区面积大，表明能量损失较大。在预载荷之后，软组织的特性（载荷－伸长曲线）才具有较大的可重复性。要避免因软组织的黏弹性导致的实验误差，在进行生物力学测验中，施加预载荷是非常重要的。例如，预载后，在生理范围内加载的肌腱，每次循环时，其应变能量可恢复到90%～96%，表明肌腱在反复拉张中没有损失多少能量。

韧带与肌腱一样，因为胶原与基质之间的相互作用具有与时间相关及与过程相关的黏弹体的特点。韧带的黏弹性质在临床上有广泛的应用。在前交叉韧带重建术中，最初作用在移植物上的张力会由于应力松弛的作用逐渐减少。实验表明，灵长类动物的髌腱上的应力可在 30 分钟内减少到最初值的 69.8%。所以术后移植物上维持的张力值依赖于移植物本身的黏弹性。与不施加预负荷的韧带相比，有预负荷的韧带可减少应力松弛约 50%。这种黏弹特性在脊柱分离术中也得到利用，将分离术分解成几个小步骤，每步骤约需几分钟，这样由于椎骨软组织的蠕变作用，椎骨附着处和器械上的作用力的峰值都可逐渐减至 50%。蠕变的重要性也可在减少关节脱位中得到应用，肩关节脱位有时可用前臂悬吊重物的方法治愈，由于肩关节囊韧带及其周围软组织的蠕变特性，这些拉伸后的结构有助于关节更容易复位。

第五节　骨骼肌生物力学基础

人体的肌按照结构和功能的不同可分为平滑肌、心肌和骨骼肌。平滑肌主要构成内脏和血管的管壁，具有收缩缓慢、持久、不易疲劳的特点；心肌构成心壁，两者都不随人的意志收缩，故称不随意肌。骨骼肌共有 600 多块，分布于头、颈、躯干和四肢，约占体重40%，具有收缩迅速、有力、容易疲劳和随人的意志收缩的特点，故称随意肌。骨骼肌在显微镜下观察，呈横纹状，故也称横纹肌。本节主要讲骨骼肌。

一、骨骼肌的组织结构与分类

（一）骨骼肌的组织结构

骨骼肌主要由肌细胞构成，肌细胞间有少量结缔组织、血管、淋巴管及神经。由致密结缔组织包裹在整块肌肉外面形成肌外膜。肌外膜的结缔组织伸入肌肉内，分隔包裹形成肌束，包裹肌束的结缔组织称肌束膜，分布在每条肌纤维外面的结缔组织称肌内膜（图 2-57）。结缔组织对骨骼肌具有支持、连接、营养和功能调整作用。

肌细胞又叫肌纤维。骨骼肌纤维呈长圆柱形，直径 10～100μm，长 1～40mm，肌膜外面有基膜黏附。骨骼肌纤维是多核细胞，一条肌纤维内含有几十个甚至几百个核，核呈扁椭圆形，位于肌膜下方。在肌浆中有沿肌纤维长轴平行排列的肌原纤维，呈细丝样，直径 1～2μm。每条肌原纤维上都有明暗相间的带，各条肌原纤维的明带和暗带都准确地排列在同一平面上，形成了明暗相间的周期性横纹。明带又称 I 带，暗带又称 A

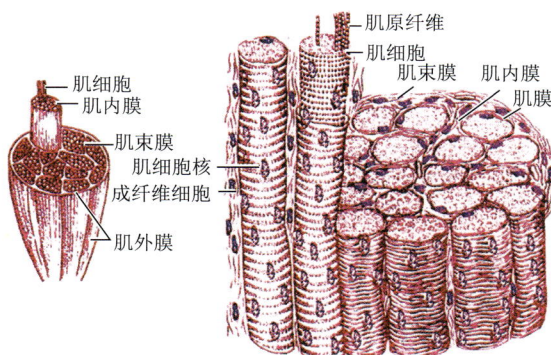

图 2-57　骨骼肌结构

带。暗带中央有一条浅色窄带，称 H 带，H 带中央有一条深色的 M 线。明带中央有一条深色的 Z 线。相邻两条 Z 线之间的一段肌原纤维称为肌节（图 2－58）。每个肌节由 1/2I 带+A 带+1/2I 带组成。暗带的长度恒定，为 1.5μm；明带的长度依骨骼肌纤维的收缩或舒张状态而异，最长可达 2μm；而肌节的长度介于 1.5～3.5μm，在一般安静状态下约为 2μm。肌节递次排列构成肌原纤维，是骨骼肌纤维结构和功能的基本单位。

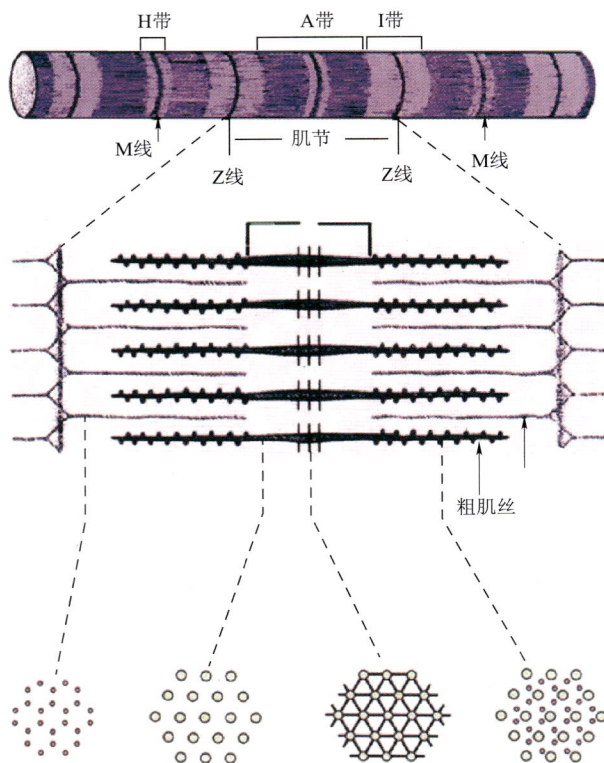

图 2－58　骨骼肌的显微模式图

肌原纤维由粗、细两种肌丝构成，沿肌原纤维的长轴排列。粗肌丝位于肌节中部，两端游离，中央借 M 线固定。细肌丝位于肌节两侧，一端附着于 Z 线，另一端伸至粗肌丝之间，与之平行走行，其末端游离，止于 H 带的外侧。明带仅由细肌丝构成，H 带仅有粗肌丝，H 带两侧的暗带两种肌丝皆有。在横断面上可见每 1 根粗肌丝的周围排列着 6 根细肌丝，每 1 根细肌丝周围有 3 根粗肌丝。细肌丝长约 1μm，直径 5nm，由肌动蛋白、原肌球蛋白和肌钙蛋白组成（图 2－59）。肌动蛋白由球形肌动蛋白单体连接成串珠状，并形成双股螺旋链，每个肌动蛋白单体都有一个可与粗肌丝的肌球蛋白头部相结合的位点，但在肌纤维处于非收缩状态时，该位点被原肌球蛋白掩盖。原肌球蛋白是由两条多肽链相互缠绕形成的双股螺旋状分子，首尾相连，嵌于肌动蛋白双股螺旋链的浅沟内。肌钙蛋白为球形，附着于原肌球蛋白分子上，可与 Ca^{2+} 平行结合。粗肌丝长约 1.5μm，直径 15nm，由肌球蛋白分子组成。后者形如豆芽，分头和杆两部分，在头和杆的连接点及杆上有两处类似关节的结构，可以屈动。大量肌球蛋白分子平行排列，集合成束，组成一条粗肌丝。分子尾端朝向 M 线，头部朝向 Z 线，并突出于粗肌丝表面，形成电镜下可见的横桥。肌球蛋白的头部具有 ATP 酶活性。当头部与细肌丝的肌动蛋白接触时，ATP 酶被激活，分解 ATP 并释放能量，使横桥屈动。

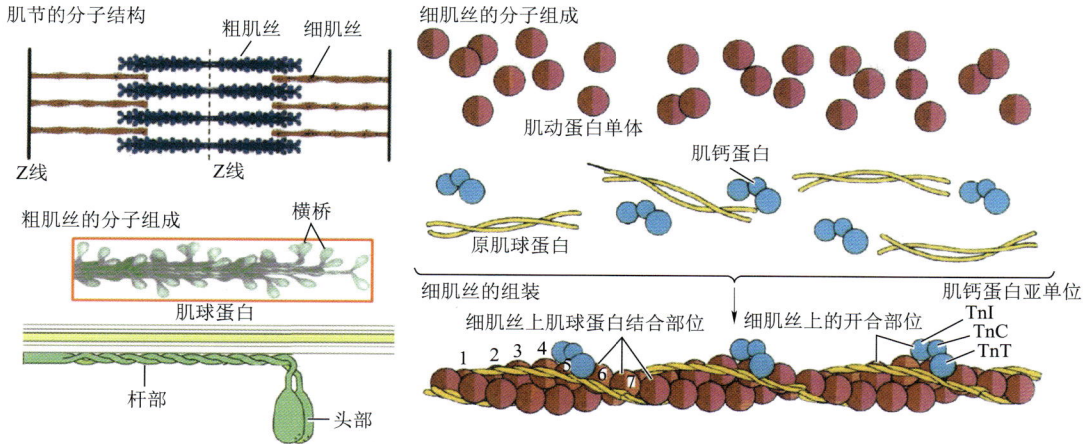

图 2-59 肌原纤维结构

与肌节序列结构密切相关的是肌原纤维周围的肌管系统（图 2-60），它由横小管和肌浆网构成。横小管是肌膜向肌浆内凹陷形成的管状结构，其走向与肌纤维长轴垂直，位于暗带与明带交界处。同一平面上的横小管分支吻合，环绕每条肌原纤维，可将肌膜的兴奋迅速传导至肌纤维内部。肌浆网是肌纤维中特化的滑面内质网，位于横小管之间，它由两部分构成。其中部纵行包绕每条肌原纤维的膜性管道称纵小管，两端扩大呈扁囊状的膜性结构称终池。每条横小管与两侧的终池组成三联体，在此部位将兴奋从肌膜传递到肌浆网膜。肌浆网膜上有钙泵和钙通道。钙泵能逆浓度差把肌浆中的 Ca^{2+} 泵入肌浆网内贮存，使其内的 Ca^{2+} 浓度为肌浆中的上千倍。当肌浆网膜接受兴奋后，钙通道开放，大量 Ca^{2+} 涌入肌浆。

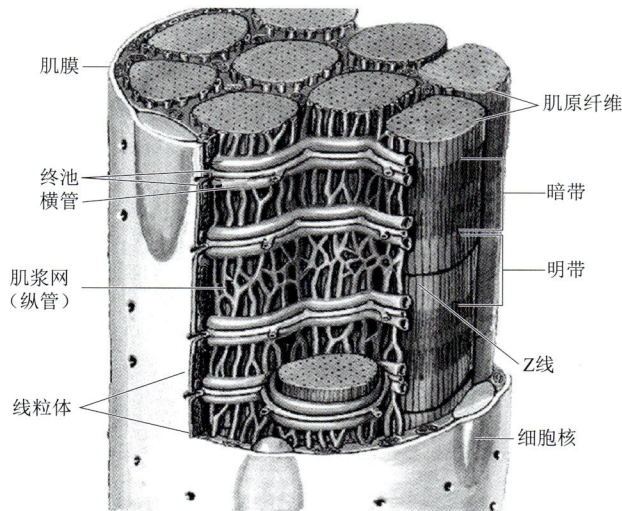

图 2-60 骨骼肌的肌管系统

目前，公认的肌肉收缩理论是 1964 年由 A.F.Huxley 和 H.E.Huxley 提出的肌丝滑动学说。该学说认为，肌肉和肌节的主动缩短是由细肌丝和粗肌丝之间的相对滑动引起的，而并非肌丝缩短，其主要过程为：①运动神经末梢将神经冲动传递给肌膜。②肌膜的兴奋经横小管传递给肌浆网，大量以 Ca^{2+} 涌入肌浆。③Ca^{2+} 与肌钙蛋白结合，肌钙蛋白、原肌球蛋白发生构型或位置变化，暴露出肌动蛋白上与肌球蛋白头部的结合位点，二者迅速结合。④ATP 被分解并释放能量，肌球蛋白的头及杆发生屈动，将肌动蛋白向 M 线牵引。⑤细肌丝在粗肌丝之间向 M 线滑动，明带缩短，肌节缩短，肌纤维收缩。⑥收缩结束后，肌浆内的 Ca^{2+} 被泵回肌浆网，肌钙蛋白等恢复原状，肌纤维松弛。

（二）骨骼肌的分类

考点提示 ▶ 肌肉的力学特性、肌肉的类型。

骨骼肌可以根据不同的方法分成许多类型。根据颜色，肌可以分为红肌和白肌（图 2-61）；根据收缩速度可以分为快肌和慢肌；根据组织学和组织化学上肌纤维不同的收缩特性和代谢特征，可将肌纤维分成三类：Ⅰ型（图 2-62）是慢收缩氧化型纤维（SO），ⅡA 型是快收缩氧化酶解型（FOG），ⅡB 型是快收缩酶解型（FG）。

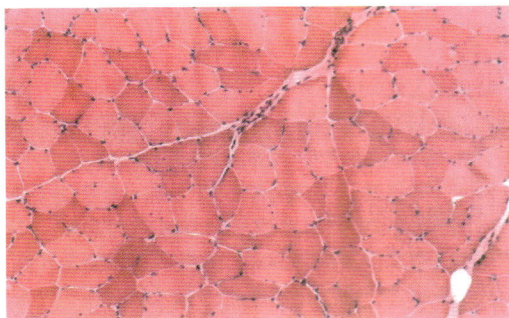

图 2-61　正常肌肉活检，深红色表示 Ⅰ 型肌纤维，淡红色表示 Ⅱ 型肌纤维（HE 染色）

图 2-62　正常肌肉活检，深色表示 Ⅱ 型肌纤维，淡色表示 Ⅰ 型肌纤维（ATP 酶染色）

Ⅰ型（SO）肌纤维的特征是肌球蛋白 ATP 酶的活性低，收缩速度相对较慢；主要采取氧化供能的方式分解 ATP 产生所需能量，因此不易疲劳；纤维直径相对较小，产生的张力也较小；肌红蛋白含量高，因此肌纤维呈红色（红肌）。

Ⅱ型肌纤维根据在体外细胞培养时对不同缓冲剂的敏感性分为 ⅡA 型、ⅡB 型和 ⅡC 型三个亚型。它们的特征是肌球蛋白 ATP 酶活性高，收缩速度快。ⅡA 型（FOG）是介于 Ⅰ型和 Ⅱ型之间的肌纤维，主要采取氧化和酶解联合供能的方式分解 ATP 产生所需能量，能够维持较长时间的收缩；由于收缩速度快，ATP 分解的速度超过了有氧氧化和无氧酶解产生 ATP 的能力，因此也容易疲劳；肌红蛋白含量较高，因此也属于红肌。ⅡB 型（FG）主要依靠糖酶解产生 ATP。由于收缩速度快，ATP 分解的速度很快超过了无氧酶解产生 ATP 的能力，因此也容易疲劳；纤维直径相对较大，能够产生较大张力，但维持的时间较短；肌红蛋白含量较少，因此属于白肌。ⅡC 型肌纤维是较少的未分化纤维，可见于妊娠 30 周之前，在人类很少见。

研究表明，支配肌肉的神经决定了肌肉的类型，因此，每个运动单位所包括的肌纤维都是同一类型。Ⅰ型（SO）肌纤维接受脊髓前脚小 a 神经元（传导速度慢）支配，Ⅱ型肌纤维受脊髓前脚大 a 神经元（传导速度快）支配。当支配肌纤维的神经发生改变时，在组织学上可以见到肌纤维发生功能适应性改变。

二、骨骼肌的运动形式

肌肉在收缩过程中作用于其依附的骨性杠杆所产生的力称为肌肉张力，作用于肌肉的外力称为阻力或负荷。肌肉产生张力时，能对相应的关节产生一种转动效应即转动力矩，阻力或负荷同样也对关节产生转动效应即阻力矩。肌肉收缩时，肌肉张力与阻力之间的关系或转动力矩与阻力矩之间的关系决定了肌的运动形式。肌的运动形式可根据肌肉收缩时是否带动关节运动分为静力性收缩和动力性收缩，即等长收缩和等张收缩。

考点提示 ▶ 肌肉的收缩形式。

1. 等长收缩 即静力性收缩，是指肌肉在收缩时其长度不变，张力增加的收缩形式（转动力矩大小等于阻力矩）。由于其长度不变，不引起关节运动，因此肌肉收缩时并不做机械功，但由于其张力增加，对抗阻力维持固定体位和姿势，因此消耗能量，产生热功。等长收缩是固定体位和维持姿势时肌肉的主要收缩形式，例如蹲马步时股四头肌的收缩形式和站立不动时腓肠肌的收缩形式。

2. 等张收缩 即动力性收缩，是指肌肉在收缩时，张力不变，长度改变的收缩形式（转动力矩大小不等于阻力矩）。由于其长度改变，引起关节运动，因此肌肉收缩时要做机械功，但由于其张力不变，因此运动时保持了运动的连续性和平稳性。按照肌肉收缩的方向和关节运动的方向来分，可以将等张收缩分为向心性收缩和离心性收缩。

向心性收缩是指当肌肉收缩时，肌肉产生的张力足以克服肢体的阻力时（转动力矩大小大于阻力矩），肌肉缩短，肌肉起止点相互靠近，引起关节运动的收缩形式。向心性收缩的主要作用是引起主动运动。例如，上楼梯伸膝时股四头肌收缩，引起伸膝和蹬地的动作。

离心性收缩是指当肌肉收缩时，肌肉产生的张力小于外力负荷时（转动力矩大小小于阻力矩），肌肉逐渐被动拉长，肌肉起止点相互远离，引起关节运动的收缩形式。离心收缩的作用是促发拮抗肌收缩，使关节运动减速，稳定关节、控制肢体动作，防止关节损伤。例如，下楼梯时股四头肌做离心收缩使膝关节屈曲减慢，从而减慢下肢的运动。肌肉的张力比引起身体下降的地心引力小，但是足以控制身体缓慢下移。

通常等长收缩和等张收缩在人的正常活动中很少单独发生，往往是几种形式的收缩交替进行，这有助于缓解肌肉的疲劳，维持更长时间的肌肉收缩。例如，步态中从全足着地期到足跟离地期踝关节肌肉先作离心性收缩，然后是向心性收缩。

三、骨骼肌的功能状态指标及其影响因素

肌肉良好的功能状态是运动的基础，肌的功能状态可以用肌力、快速力量、肌耐力和肌张力等指标来进行评价。

（一）肌力

肌力是指肌肉收缩时所能产生的最大力量。影响肌力的因素主要有以下几个方面。

1. 肌的生理横断面 是指一块肌中所有肌纤维横断面积之和。肌的生理横断面越大说明肌纤维越粗，肌凝蛋白含量越高，肌肉的收缩力量也就越大。有研究表明，肌肉的横断面积每增加 $1cm^2$，肌力可以提高 $6\sim12kg$。

2. 肌的初长度 是指肌肉在收缩前所具有的长度，即前负荷。在生理范围内，肌力与肌的初长度关系密切。当肌肉被动牵拉至初长度的 1.2 倍时，肌小节功能最佳，产生的收缩力也最大。例如在投掷铅球时，必须充分屈曲肘关节，尽可能地牵张肱三头肌，然后利用被动拉长的肱三头肌急剧收缩时的力量将铅球推出，才能取得最佳成绩。

3. 肌的募集 肌肉收缩时，同时被激活的运动单位的数量反映肌的募集状态。当运动神经发放的冲动强度增大或冲动的频率增高时，被动员或激活的运动单位数量也随之增多。

参与收缩的运动单位的数量越多，肌力也就越大。

4. 肌纤维走向与肌腱长轴的关系　通常肌纤维的走向与肌腱的长轴一致，但在一些比较丰厚的肌中，部分肌纤维的走向与肌腱的长轴成角，可以募集的肌纤维更多，产生的肌力也越大。例如腓肠肌等快肌，具有较强大的收缩力。而比目鱼肌等慢肌的肌纤维与肌腱连接很少成角，因而可募集的肌纤维相对较少，肌力相对较低，但肌收缩的时间相对持久。

5. 肌肉的收缩方式及收缩的速度　肌肉的收缩形式不同所产生的张力不相等。研究表明，等长收缩比向心性收缩产生的张力大，离心收缩产生的张力甚至能超过等长收缩产生的张力。这种差异很大程度上归因于肌肉的弹性成分产生的补充张力和收缩时间的不同。收缩时间越长，能够募集到的运动单位越多，也能使收缩成分形成的横桥结构越多，张力传导至串联的弹性成分（肌腱）也更充分，这样产生的肌力就越大。

6. 杠杆效率　肌肉收缩产生的实际力矩输出，受运动阶段杠杆效率的影响。有学者报道，髌骨切除后，股四头肌力臂缩短，使伸膝力矩减少30%。

7. 年龄和性别　一般来说，年轻人比老年人肌力大，男性肌力比女性大，尤其以握力和垂直跳的力量最为明显。

8. 心理因素　在暗示、大声命令及有积极的训练目的时，受检者所发挥的肌力比自主最大收缩力大20%～30%。

（二）快速力量

快速力量也称速度性力量，是指神经肌肉系统以尽快的速度发挥最大力量的能力，也可以说是在最短的时间内最大用力的能力。快速力量的大小取决于肌肉的收缩力量和收缩速度，是指肌肉尽快和尽可能高地发挥力量，快速克服外界负荷的能力，并在高速收缩的过程中表现出最大肌力。一般来说，快速力量有三种特殊形式：爆发力、反应力及弹跳力。

1. 爆发力　是指肌肉在极短的时间内，通过迅速而强有力的收缩产生最大的加速度去克服阻力的能力。爆发力大小可以用爆发力指数来表示：即爆发力指数＝最大的力量/用力时间。

2. 反应力量　是一种相对独立的力量素质，它在快速进行的拉长缩短周期收缩形式下所产生的快速收缩力量远远大于在单纯的向心收缩形式下的力量，此种力量称为反应力量，也可以称之为超等长力量。

3. 弹跳力　就其属性来说，是和爆发力属于同一性质的力，即单位时间内的最大力值变化，其大小用速度力量指数来表示，速度力量指数＝最大力值变化/用力时间。

快速力量是速度和力量相结合的一种特殊的力量素质，具有力量与速度的综合特征。在完成技术动作时，运动员所用的力量越大，速度越快，则表现出的快速力量就越大。快速力量在许多运动项目（举重、田径投掷等）中是决定运动成绩的重要指标。

（三）肌耐力

肌耐力是指肌在一定负荷条件下保持收缩或持续重复收缩的能力，反映肌持续工作的能力，体现肌对抗疲劳的水平。肌耐力的提高不仅取决于人的发育成熟，也和负荷要求有关。合乎规律的耐力性负荷训练可使肌肉、器官、心肺、血液、免疫系统以及物质代谢调节出现适应现象。

提高肌耐力素质的基本途径有两个，一是增强肌肉力量，另一途径是提高心肺的功能。可安排室外较长时间的走、跑、跳绳、爬山、游泳、滑冰、各种球类运动等。同时应注意量力而行，循序渐进，避免过度疲劳。

（四）肌张力

肌张力是指肌肉的紧张度，是维持身体姿势和正常运动的基础，表现形式多样。人在静卧休息时，身体各部肌肉所保持的紧张度称静止性肌张力。躯体站立时，虽不见肌肉显著收缩，但躯体前后肌肉亦保持一定的紧张度，以维持站立姿势和身体稳定，称为姿势性肌张力。肌肉在运动过程中保持的紧张度，称为运动性肌张力，是保证肌肉连续、平滑（无颤抖、抽搐、痉挛）运动的重要因素。

肌张力的产生与脊髓的牵张反射有关，受中枢神经的控制。

牵张反射是指肌肉在外力或自身的其他肌肉收缩的作用下而受到牵拉时，由于本身的感受器受到刺激，诱发同一肌肉产生收缩的一类反射。牵张反射有两种，一个是腱反射，一个是肌紧张。腱反射的感受器为高尔基腱器官，肌紧张的感受器为肌梭，两者的效应器均为梭外肌。

牵张反射的基本过程（图2-63）表现为当肌肉被牵拉导致梭内、外肌被拉长时，引起肌梭兴奋，通过Ⅰ、Ⅱ类纤维将信息传入脊髓，使脊髓前角运动神经元兴奋，通过α纤维和γ纤维导致梭外、内肌收缩。其中α运动神经兴奋使梭外肌收缩以对抗牵张，γ运动神经元兴奋引起梭内肌收缩以维持肌梭兴奋的传入，保证牵张反射的强度。当肌肉受到的牵拉异常增高时，引起高尔基腱器官的兴奋，通过Ⅰb类纤维将信息传入脊髓，抑制脊髓前脚α运动神经元的兴奋性，使梭外肌收缩减弱，防止肌肉、肌腱损伤。

脊髓前脚α运动神经元和γ运动神经不仅接收到来自脊髓后角传入的冲动，同时还受到锥体系和锥体外系的支配。当锥体系发生损害或锥体外系有病变时，会出现肌张力显著增高。

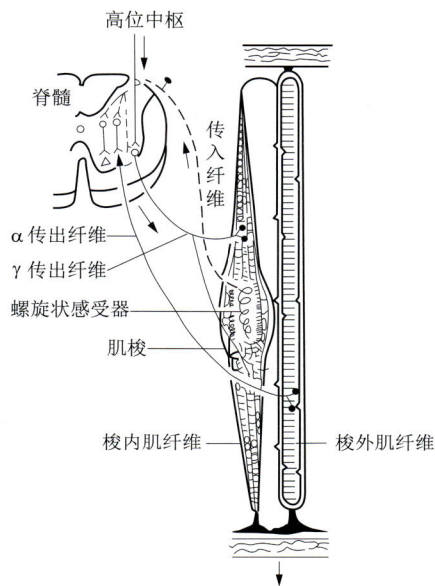

图2-63　牵张反射

锥体系病变表现为痉挛性肌张力增高，特点是其肌张力增高有选择性，上肢以内收肌、屈肌与旋前肌为主，下肢以伸肌肌张力增高占优势，上肢屈肌和下肢伸肌张力增高明显，被动运动患者关节开始时阻力较大，终了时变小即所谓折刀样肌张力增高。痉挛性肌张力增高和"痉挛"无关，后者单指一种不自主的肌收缩。

锥体外系病变表现为强直性肌张力增高，特点是肌张力的大小与肌肉当时的长度即收缩形态并无关系，在伸肌和屈肌间也没有区别。无论动作的速度、幅度、方向如何，都遇到均等的阻力。这种肌张力增高称为铅管样强直（不伴震颤），如因伴发震颤而产生交替性的松、紧变化，称为齿轮样强直（伴震颤）。

肌张力低于正常称为肌张力减低，可因损害部位不同而临床表现各异。脊髓前角损害时伴按节段性分布的肌无力、萎缩，无感觉障碍，有肌纤维震颤。周围神经损害时伴肌无力、萎缩，感觉障碍，腱反射常减退或消失。某些肌肉和神经接头病变表现为肌张力降低，肌无力、伴或不伴肌萎缩，无肌纤维震颤及感觉障碍。脊髓后索或周围神经的本体感觉纤维损害时，常伴有感觉及深反射消失，步行呈感觉性共济失调步态。小脑系统损害时，伴有运动性共济失调，步行呈蹒跚步态。新纹状体病变时伴舞蹈样运动。

四、制动对骨骼肌的影响

制动是治疗骨关节疾病的一种常用治疗手段，然而制动在保护受损组织的同时，也会对周围健康组织产生诸多不利的影响。研究表明：制动会引起肌肉生理、生化及生物力学性质等方面的改变，从而导致其功能的下降。

1. 肌肉失用性萎缩 全身或局部制动均可造成肌肉失用性萎缩，关节固定 2 周以上均可造成肌肉萎缩。石膏固定后肌肉萎缩比卧床休息要明显得多。正常人卧床时使用背肌和下肢肌肉翻身，就可以减少肌肉萎缩。而瘫痪和老年患者则会出现更多的肌肉萎缩。健康人卧床休息 7 天，大腿肌肉容积即可降低 3%，一个月肌纤维横断面积减少 10%～20%，二个月可能减少至 50%。等长收缩运动可以减轻这种肌肉萎缩，但不能消除。承担体重和步行的主要肌肉制动后萎缩最明显。伸肌萎缩超过屈肌。

除了肌肉横断面积减少，肌肉长期保持在缩短状态还可导致肌节缩短，致使肌纤维纵向挛缩，引起关节活动受限。此外还有肌肉－肌腱结合部的强度降低，在过度用力的情况下容易发生肌腱断裂。制动后慢肌纤维减少 7.5%，而快肌纤维减少 14.7%。萎缩的肌肉蛋白合成能力降低，脂肪和结缔组织相对增多。超微结构发生一系列改变，包括细胞水肿、纤维结构紊乱、细胞线粒体增大、钙激活蛋白酶增高等。

2. 肌力下降 制动对姿势肌（背肌）或者抗重力肌（下肢肌）影响较大，对上肢肌影响较小。完全卧床休息时肌肉力量降低速率为每天下降 1%（0.7%～1.5%/天），每周下降 10%～15%，3～5 周内肌力下降可达 20%～50%。膝关节手术后 27～43 天股四头肌肌力降低 40%～80%，在主要肌群中，腓肠肌力下降最为明显（20.8%），其次为胫前肌（13.3%），肩带肌（8.7%）和肱二头肌（6.6%）。肌力下降不仅与肌肉横截面减少有关，也与肌肉的神经支配有密切关系。制动后定量运动负荷时运动单元募集明显减少，EMG 显示肌电活动减弱。肌力和神经功能减退造成步态不稳和运动协调性降低。恢复活动 1 周后肌力恢复 50%，肌电恢复正常。

3. 肌肉血管密度降低 有研究表明，30 天卧床休息可以造成腓肠肌的毛细血管密度降低 38%。实际上维持毛细血管密度的运动量可以很小，高度训练的运动员在停止训练 84 天后，毛细血管密度并没有减少。

4. 肌肉改变的可逆性 制动后的肌肉功能减退可以通过渐进康复训练而迅速恢复，但恢复肌力的肌肉质量所需的时间以及超微结构的改变是否能完全恢复，目前尚无研究证实。对于骨关节固定的患者，最好在固定期间一直坚持等长收缩运动，可减轻肌肉萎缩，促进骨折愈合。

本 章 小 结

成人的骨有 206 块，每一块骨都是具有一定形态和功能的活器官。骨的主要功能是构成人体骨架、保护内脏器官、参与人体运动、贮存钙磷物质及造血等。骨可以分为密质骨和松质骨，不仅是在结构上还是在功能上，密质骨与松质骨的生物力学特性都有巨大的不同。关节软骨是组成活动关节关节面上一层致密且透明的白色结缔组织，厚 1～6mm。它具有减轻关节摩擦、吸收机械震荡、分散传导负重等功能。关节软骨是典型的黏弹性材料，掌握蠕变和应力松弛特性对于保护关节软骨、防止关节受损具有重要意义。肌腱韧带是人体最为重要的两种胶原组织，它们的组织结构类似，生物力学性质也相似。肌腱连接肌肉与骨骼，把肌肉的收缩力传至骨骼上，辅助关节运动或维持身体姿势。韧带和关节囊提供骨与骨的连接，增强关节的稳定性，引导关节正常运动，防止关节过度屈伸。人体的关节种类繁多，关节的稳定性和灵活性与关节的结构密切相关，制动对关节影响巨大，早期正确的康复治疗是解决这一问题的唯一途径。肌的主要功能是收缩，根据康复训练的目的正确选择肌力训练的形式能够增强肌力、抑制痉挛，促进肌的协同作用，保持运动的平滑和稳定。

（马少锋）

习　题

扫码"学一学"

一、单项选择题

1. 人体在步行状态时，在胫骨上的载荷属于

　　A. 压缩载荷　　　B. 剪切载荷　　　C. 扭转载荷　　　D. 复合载荷　　　E. 拉伸载荷

2. 通过对骨进行剪切实验，骨密质剪切强度（　　）骨松质剪切强度，垂直于骨纤维方向的剪切强度（　　）顺骨纤维方向的剪切强度

　　A. ＞，＞　　　　B. ＞，＜　　　　C. ＜，＞　　　　D. ＜，＜　　　　E. ＜，＝

3.（　　）负荷能够刺激新生骨的生长，促进骨折的愈合

　　A. 剪切　　　　　B. 拉伸　　　　　C. 压缩　　　　　D. 弯曲　　　　　E. 复合

4. 骨干最经常承受的载荷是

　　A. 剪切载荷　　　B. 拉伸载荷　　　C. 压缩载荷　　　D. 弯曲载荷　　　E. 复合载荷

5. 跟腱附着点的跟骨骨折，是由于小腿三头肌的强力收缩对跟骨产生异常大的（　　）引起的

　　A. 剪切载荷　　　B. 拉伸载荷　　　C. 压缩载荷　　　D. 弯曲载荷　　　E. 复合载荷

6. 恒定的压应力会引起骨萎缩，而（　　）的压力则促使骨生长

　　A. 强大　　　　　B. 弱小　　　　　C. 间歇性　　　　D. 忽大忽小　　　E. 恒定

7. 成人骨密质压缩、拉伸和剪切试验时的极限应力比较为

　　A. 压缩＞拉伸＞剪切　　　　　　　　B. 压缩＞拉伸＜剪切

　　C. 压缩＜拉伸＞剪切　　　　　　　　D. 压缩＜拉伸＜剪切

　　E. 压缩＝拉伸＝剪切

8. 当载荷或变形接近骨的（　　）时，骨就迅速疲劳

　　A. 比例极限　　B. 屈服强度　　C. 极限强度　　D. 弹性极限　　E. 塑性区

9. 对于黏弹性材料，若令应力保持一定，物体的应变随时间的延长而增大，这种现象称为（　　）

　　A. 应力松弛　　B. 蠕变　　　　C. 滞后　　　　D. 虎克定律　　E. 塑性变形

10. 当外力的作用时间是（　　）左右时，关节液是同时具有流动性和弹性的"黏弹液"，是柔软的弹性体，起着橡皮垫的作用，能够缓冲骨与骨之间的碰撞

　　A. 1/100s　　B. 1/200s　　C. 1/300s　　D. 1/500s　　E. 1/1000s

11. 当外力的时间达到（　　）左右时，关节液不再表现为"液体"，而表现为更坚硬

的"固体"了，对于冲撞的冲力不能起缓冲作用

    A. 1/500s   B. 1/100s   C. 1/1000s   D. 1/200s   E. 1/3000s

12. 肌肉结构中的收缩成分是由（　　）组成

    A. 肌小节的肌球蛋白和肌纤蛋白微丝

    B. 肌小节的肌凝蛋白和肌动蛋白微丝

    C. 肌束膜和肌纤维膜

    D. 肌原纤维本身的横桥和 Z 线

    E. 肌小节的明带和暗带

13. 下列哪一项不是维持关节稳固性的因素（　　）

    A. 肌肉   B. 骨骼

    C. 关节腔内负压   D. 关节囊

    E. 关节滑液

二、简答题

1. 影响关节灵活性与稳定性的因素有哪些？

2. 影响肌力的因素有哪些？

第三章

关节运动学

学习目标

1. **掌握** 诸关节的构成和结构特征，关节的运动形式及参与运动的肌肉，肩关节外展过程中各关节联动机制，重点肩肱节律。

2. **熟悉** 诸关节周围主要肌肉的起止点及肌肉支配神经，关节复合体组成骨的解剖特点。

3. **了解** 运动学特点、稳定性因素及生物力学特征。

4. 学会分析诸关节不同运动动作分析及参与的肌肉等。

5. 能运用动作分析技巧指导健身和康复训练。

第一节　肩关节运动学

肩是上肢连接胸或躯干的一组结构，涉及胸骨、锁骨、肩胛骨、肱骨近端和肋骨，它们之间连接构成了肩关节复合体。狭义的肩关节是指盂肱关节，广义的肩关节由盂肱关节、肩锁关节、肩胛胸壁关节和胸锁关节四个关节共同组成。这些关节在复杂的运动中共同提供上肢关节活动范围，如果出现任何病变可能会导致肩部活动受限，引起整个上肢的运动功能障碍。

一、肩关节复合体功能解剖

（一）骨骼

1. 胸骨 位于胸部前方中点，由胸骨柄、胸骨体和剑突 3 部分组成（图 3-1）。胸骨柄位于胸骨最上方，与锁骨形成关节，为一对椭圆形锁骨关节面，胸骨柄顶部，双侧锁骨关节面之间有静脉切迹。胸骨体是胸骨中央部分，为第 2 肋骨到第 7 肋骨的前面附着处。胸骨最下方顶端称为剑突，形状像剑。

2. 锁骨 呈 S 形，连接肩胛骨和胸骨，上面观锁骨形状呈内侧凸、外侧凹的曲线形（图 3-2）。当上肢处于解剖位时，锁骨长轴稍微高于水平面（内低外高）。锁骨肋骨面面对第一肋，其外侧稍后方有一肋骨结节，上有肋锁韧带附着，锁骨胸骨端与胸骨柄形成胸锁关节；平坦的锁骨外侧部分为肩峰端，与肩峰形成肩锁关节，外侧锁骨下方有个锥形结节。

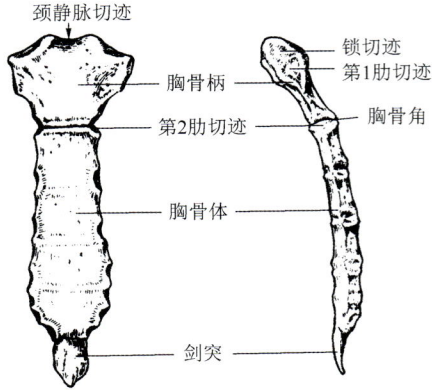

图 3－1　胸骨

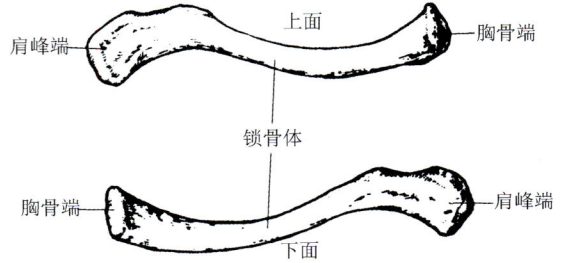

图 3－2　锁骨

3. 肩胛骨　肩胛骨有上、下、外三个角，分别称为上角、下角、外侧角，位于胸廓后侧。也有三个缘，内侧缘（脊柱缘）平行于脊柱，而外侧缘从肩胛下角斜向肩胛骨外侧角，其上缘从肩胛骨上角的外侧延伸到喙突，形状似弯弓的鸟嘴（图 3－3）。肩胛骨后面被肩胛冈分成冈上窝和冈下窝，分别被冈上肌和冈下肌作为起点。肩峰向前外侧方向延伸，基于锁骨面和肩峰形成肩锁关节。肱骨头与肩胛盂相连接，由于肩胛骨内侧缘的原因，肩胛盂向上倾斜 5°，盂窝为一个微呈椭圆形的凹陷，可以容纳肱骨头形成盂肱关节。在解剖位，肩胛骨和冠状面形成向前约 30° 的夹角，肩胛骨这个方向的平面称为肩胛平面。当抬手过头时肩胛骨和肱骨都与这个平面有关系，肩关节外展可以在冠状面和肩胛平面内做运动，多数动作会涉及肩胛平面的外展活动，肩胛盂上下缘有盂上结节和盂下结节，其中肱二头肌长头和肱三头肌分别附着于这两结节。肩胛骨前面稍微凹陷的部分称为肩胛下窝，内有肥厚的肩胛下肌附着。

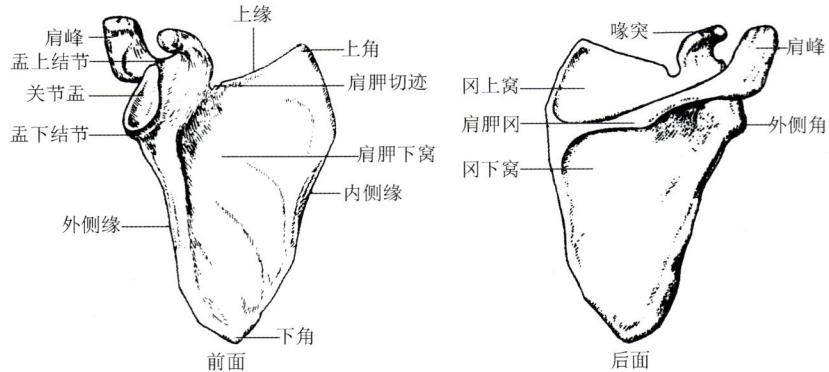

图 3－3　肩胛骨

4. 肱骨　包括肱骨头和肱骨干，肱骨头近似一个半球形，面朝内上后方，其体积接近一半与肩胛盂形成盂肱关节。肱骨头轴与肱骨干长轴形成 135° 夹角，与冠状面成 30° 后倾角，这个后倾角使肱骨头在肩胛骨平面与肩胛盂形成关节（图 3－4）。肱骨解剖颈把光滑的肱骨头和近端肱骨干分开。小结节为一个位于肱骨头下尖锐且方向向前的骨突；较大而且较圆向外侧突出的部分称为大结节，在大、小结节前面有一条较锋利的嵴，胸大肌和大圆肌就附着在此嵴上，大、小结节由结节间沟分开，称为肱二头肌间沟，沟内有肱二头肌长头肌腱通过，背阔肌附着于结节间沟底部，结节间沟的终点就是三角肌结节。大结节和小结节环绕着近端肱骨，小结节有肩胛下肌附着；大结节有上、中、下三个面，分别是冈上肌、冈下肌和小圆肌的附着点。

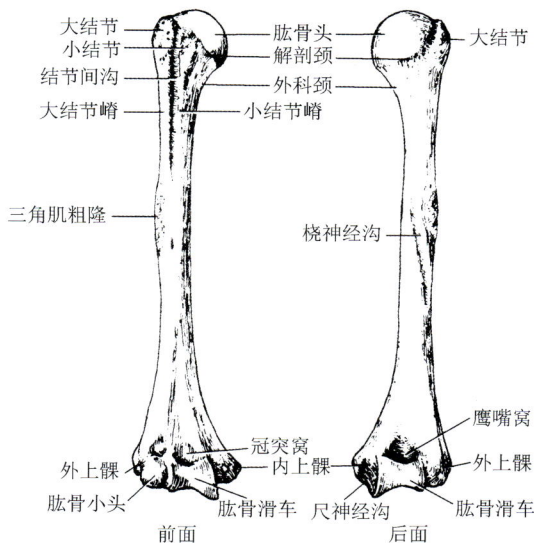

图 3-4　肱骨

考点提示　肩关节复合体的关节构成、肩胛平面及骨解剖结构。

（二）关节

肩关节复合体的各个关节力学上相互联系，功能上相互协调，每个关节在运动中所起作用不同。

1. 盂肱关节　由较大而凸出的肱骨头和小而内凹的肩胛盂组成（图 3-5），肱骨头面朝内上后方，有约 30° 后倾角，肩胛盂位于肩胛骨上外侧角，朝向外侧、前方并轻度向上，关节盂比肱骨头小得多。环绕在肩胛盂边缘的是一个软骨性关节唇，填满关节盂前上方的沟槽，加深了关节盂，并使关节面贴合更好。肱二头肌长头附着于盂唇的一部分，大概 50% 的盂窝深度由盂唇构成，盂窝深度增加了肩关节的稳定性。肱骨头和盂窝上面都覆盖有透明软骨。

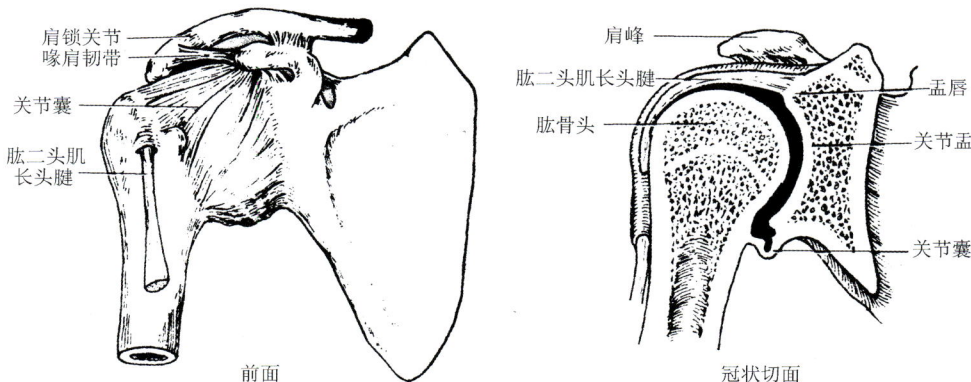

扫码"看一看"

图 3-5　肩关节

盂肱关节和肩胛骨运动相结合产生的肩关节活动范围很大。盂肱关节外展 90° 为最紧

密的关节位置。

盂肱关节被关节囊包绕，关节腔内呈负压，关节囊的内壁有滑囊，它延伸到肱二头肌长头肌腱的一部分，肱二头肌长头肌腱从关节囊出来下行到结节间沟。盂肱关节囊潜在的空间容量大小约有肱骨头两倍，松而薄的关节囊覆盖于肩胛颈和肱骨解剖颈之间，关节囊表面积为肱骨头表面积的 2 倍。关节囊比较松弛且可扩张，从而允许盂肱关节过度活动，这种过度活动可以通过被动的盂肱关节脱位来印证。在没有疼痛和创伤的情况下，肱骨头可以被显著脱离肩胛盂。在解剖位或肩外展位，关节囊下部呈放松状弯曲，成为关节囊皱襞。

2. 胸锁关节 属于鞍状关节，它的鞍形关节面和锁骨柄上锁骨切迹相关节，包括锁骨内侧端、胸骨锁骨面和第一肋的软骨端。胸锁关节是上肢的关节基础，它连接骨骼和附件。两个表面呈现方向相反的双曲形，一个方向凸起，另一个方向凹陷，就像从圆环内表面切下一段一样，一个曲面的凹陷与另一个曲面的凸起相关节（图 3-6），小的曲面是锁骨，大的曲面是胸肋骨。虽然变化较多，但是锁骨内侧端的关节面通常是凸面沿着纵轴运动，凹面沿着横轴运动。胸骨上锁骨面是一个典型的相反关节面，纵轴轻度凹陷，横轴轻度凸出（图 3-7）。

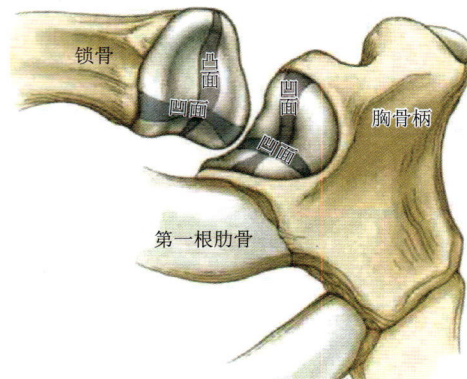

图 3-6 胸锁关节面

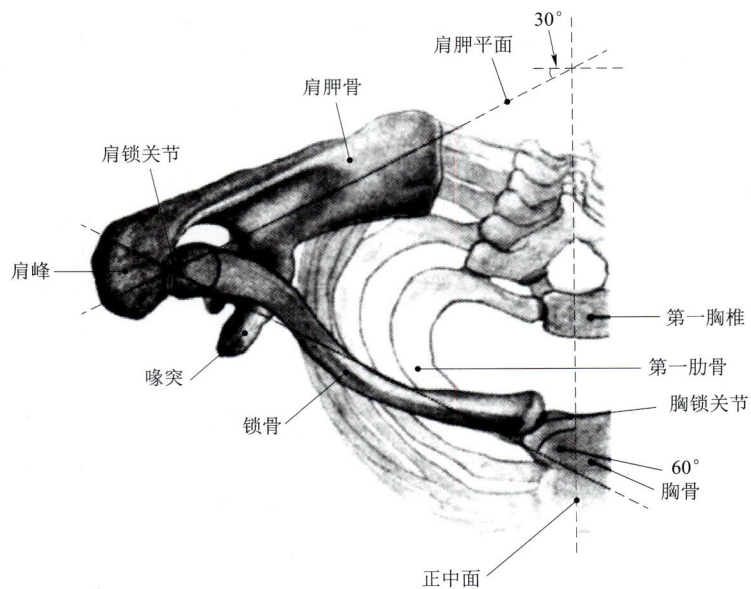

图 3-7 胸锁关节、肩锁关节、肩胛平面

胸锁关节间有一关节盘将胸锁关节分为内外关节腔，位于关节中。可调整不规则的关节面，主要起稳定和减震作用。

3. 肩锁关节 由锁骨外侧端和肩胛骨肩峰组成，二者相连接构成平面关节（图 3-7）。肩胛骨锁骨面向内且轻微朝上，为肩峰提供在关节中的恰当位置；肩锁关节面有多种形态，不规则。肩锁关节关节盘形状各异，有的缺如，由于缺乏关节面对合的内在互锁限制，肩锁关节极不稳定，并且周围韧带薄弱，容易脱位。

4. 肩胛胸壁关节 该关节不是一个真正解剖学概念上的关节，是肩胛骨前面和胸廓后外侧面的一个衔接面，是一个"假关节"，不具备完整意义上的关节基本结构。肩胛胸壁之间的间隙被前锯肌分为两个部分，在肩胛下肌和前锯肌之间的前间隙为腋窝的延续部，为疏松结缔组织，肩胛下动静脉、肩胛下神经及胸背神经干均在此间隙通过。前锯肌与胸廓外部筋膜之间为后间隙，充满蜂窝组织。在解剖位，肩胛骨的位置在 2～7 肋骨间，肩胛骨内缘到脊柱距离为 6cm。

考点提示 ▶ 肩关节复合体构成各关节的特点。

（三）肩关节周围主要韧带

肩关节周围的结缔组织及韧带比较松弛，可以使肩关节活动范围增大，肩关节的韧带主要有盂肱韧带、喙肩韧带、喙肱韧带和喙锁韧带。但由于这些韧带不够坚韧，不能保证肱骨头与关节盂关节面一直保持接触状态。

1. 盂肱韧带 由胶原纤维组成，分为上、中、下三束（图 3-8，图 3-9）。上盂肱韧带附着在盂上结节，同时它的前部也附着在肱二头肌长头以及肱骨解剖颈之上的小结节，该韧带在全范围的内收或肱骨头向下向后移位时拉紧。中盂肱韧带的近端附着在盂窝前面的上部和中部，该韧带和关节囊的前部及肩胛下肌共同形成一束，然后附着在解剖颈前面，此韧带提供了盂肱关节前方的稳定，限制肱骨向前移位和向外旋转。下盂肱韧带附着于盂窝的前下部，包括相邻的盂唇。该韧带附着于解剖颈的前下部和后下部，此韧带有三个部分：前束、后束和腋窝皱襞束。腋窝皱襞和下盂肱韧带在肩关节外展 90° 时拉紧，为盂肱关节在这个位置的前后方向运动稳定性起到了重要作用。在外展位置，前束和后束限制了肩关节的外旋和内旋。

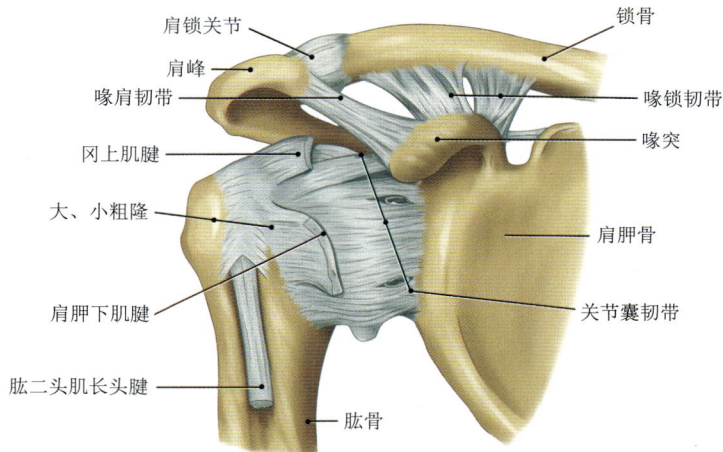

图 3-8 肩关节主要韧带

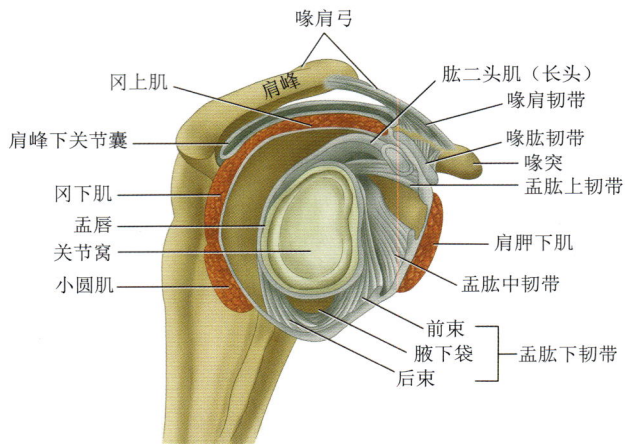

图 3-9　盂肱关节侧面观

2. 喙肩韧带　它是肩关节上部的屏障，以宽阔的基底起于喙突外缘，逐渐变窄，在肩锁关节的前部止于肩峰的内缘，将肩峰下滑囊与肩锁关节分开（图 3-8，图 3-9）。附着在肩峰的前面和喙突的外侧缘之间，形成喙肩弓的顶。喙肩弓是由喙突、肩峰和喙肩韧带组成。在健康的成年人，喙肩弓和肱骨头之间大约只有 1cm 的间隙，这个重要的肩峰下间隙中包含有冈上肌肌腱、肩峰下滑囊、肱二头肌长头和上关节囊的部分。上臂抬高时，肱骨大结节位于喙肩弓（喙肩韧带与肩峰）的下部，成为肱骨头外展的支点，会引起此区域的撞击，易产生临床症状。喙肩弓下部的滑囊和附近的疏松结缔组织，有利于浅、深两层肌肉的滑动。切除此韧带后对肩关节活动影响不大。

3. 喙锁韧带　为连接锁骨与肩胛骨喙突的韧带，起于喙突，向后上部伸展，止于锁骨外端下缘，分为斜方韧带及锥状韧带（图 3-8）。当锁骨旋转活动时，此韧带延长，上肢外展时，有适应肩锁关节 20° 活动范围的功能。喙锁韧带是稳定肩锁关节的重要结构，当肩锁关节完全脱位时需手术整复，修复此处韧带。

4. 喙肱韧带　起于肩胛骨喙突的外缘，向前下部发出，在冈上肌与肩胛下肌之间与关节囊同止于肱骨大、小结节，桥架于结节间沟之上，为悬吊肱骨头的韧带（图 3-9）。肱骨外旋时韧带纤维伸展，有约束肱骨外旋的作用。肱骨内旋时韧带纤维短缩，有阻止肱骨头脱位的作用。

5. 旋转肌腱袖　由肩胛下肌、冈上肌、冈下肌和小圆肌在肱骨近端止点的肌腱和关节囊韧带混合成纤维囊（图 3-9），此四块肌肉所组成的腱性组织，以扁宽的腱膜牢固地附着于关节囊的外侧肱骨外科颈，称为旋转肌腱袖或肩袖，有悬吊肱骨、稳定肱骨头、协助三角肌外展肩关节的功能，提供了盂肱关节旋转活动的稳定性。

考点提示▶　肩关节周围主要韧带及功能、旋转肌腱袖。

（四）肌肉及神经支配

1. 肩部肌肉　肩关节的关节囊松弛，韧带薄弱，关节盂较浅，主要依靠附近肌肉维持关节稳定。如果关节周围的肌肉发生萎缩、瘫痪，必然引起关节半脱位或脱位，从而影响肩关节功能。

（1）肩袖肌群　冈上肌、冈下肌、小圆肌和肩胛下肌合在一起称为肩袖肌群（图 3-10～3-12）。功能正常的肩关节，主要是通过肩袖肌群收缩来控制盂肱关节的活动。冈上肌、冈下肌和小圆肌位于关节囊的上方和后方，冈上肌起于冈上窝，有外展肩关节的功能，冈上肌水平方向收缩产生一个向盂窝的直接压力，当肱骨头向上滚动时，这个压力把肱骨头紧紧地扣锁在盂窝中。冈下肌及小圆肌两者收缩使肱骨外旋，肩胛下肌起于肩胛骨前面，其收缩时肱骨内旋，肩胛下肌提供盂肱关节的前方稳定度，同时也平衡其他旋转肩袖的外旋拉力，尤其是小圆肌及冈下肌。肩胛下肌、冈下肌和小圆肌在保持肩关节外展过程中产生一个使

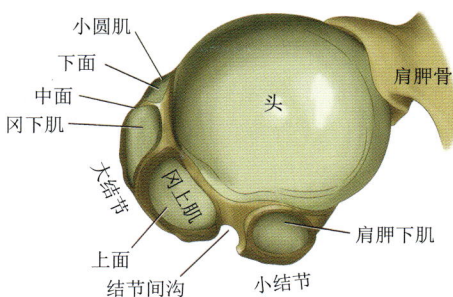

图 3-10　肩袖肌群止点的位置关系俯视图

肱骨头向下的分力，这个向下的力能够抵消在外展过程中三角肌传递到肱骨向上的力。当冈上肌或肩胛下肌腱止部撕裂时，即可导致腱袖松弛而引起习惯性肩关节脱位。也可引起肩关节外展、内收、内旋、外旋等功能的减退或丧失。当冈上肌的力量不足时，三角肌收缩的垂直力使肱骨头向上滚动或撞击喙肩弓，会影响或限制肩关节外展。在冠状面的外展，冈下肌和小圆肌将肱骨向外旋转以避免大结节和肩峰之间的撞击（注意肱二头肌长头、背阔肌和大圆肌也起到下压肱骨头的作用）。

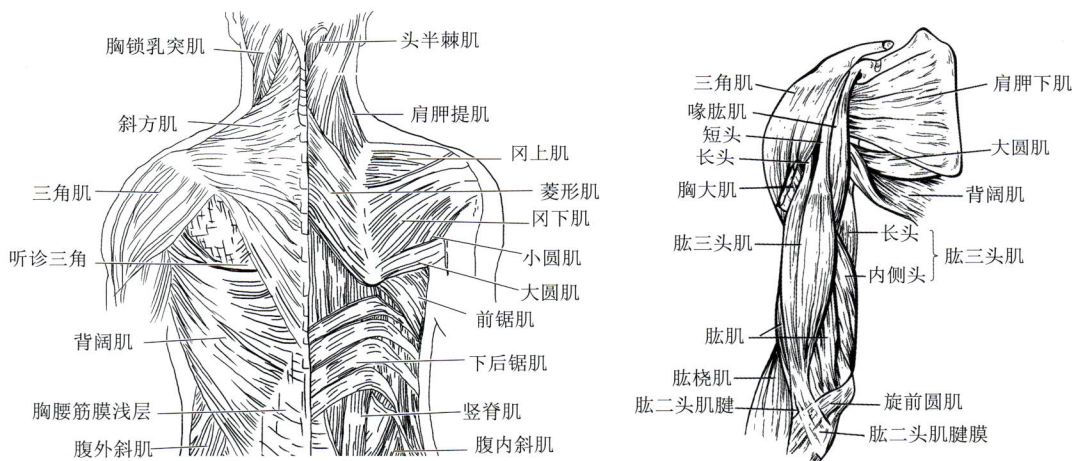

图 3-11　肩背部肌群

肩袖肌群主要起到主动外展和稳定盂肱关节的作用：①调节盂肱关节动态稳定；②控制盂肱关节的运动。这些肌肉的活动情况可以在手臂上抬过头过程中使用电生理测试客观反映出来。

（2）三角肌　根据其作用划分为前束、中束和后束，前部肌束起自锁骨外侧，中部肌束起自肩峰，后部肌束起自肩胛冈，止点是肱骨三角肌粗隆。三角肌前束的主要作用是肩关节前屈、水平内收、轻度内旋；三角肌中束的主要作用是肩关节外展；三角肌后束主要作用是肩关节后伸、水平外展及轻度外旋。

（3）斜方肌　起于枕外隆凸、上项线、项韧带、第 7 颈椎及全部胸椎棘突，分别止于锁骨外侧 1/3（上斜方肌）、肩胛冈（中斜方肌）和肩峰（下斜方肌）（图 3-10，图 3-11），斜方肌主要受第 XI 对脑神经和从上颈部发出的颈神经前支所支配。主要作用是斜方肌的上部肌束上抬肩胛骨和向上转动肩胛骨，防止负重情况下肩胛带下降；下斜方肌下沉和后缩肩胛骨；斜方肌中束后缩肩胛骨。

（4）肩胛提肌　位于颈项两侧，起自上 4 块颈椎的横突，肌纤维斜向后下方稍外，止于肩胛骨上角和肩胛脊柱缘上部（图 3-11），肩胛提肌受背侧肩胛神经支配。主要作用是上抬肩胛骨和向下转动肩胛骨。肩胛提肌可以在肩胛骨的上角内侧上方触诊到。在此肌肉上常可以发现疼痛的反应点，通常是由于姿势不良及驼背造成的。

（5）菱形肌　在斜方肌深层，起自 6、7 颈椎和第 1~4 胸椎的棘突，止于肩胛骨内侧缘下半部（肩胛冈以下）（图 3-11），由背侧肩胛神经支配。菱形肌向上和向内侧方倾斜，主要作用是上抬和后缩肩胛骨以及使肩胛骨向下转动，将肩胛下角固定在肋骨上，菱形肌瘫痪时，肩胛骨与胸壁分离。菱形肌与中斜方肌一起担任肩胛骨的后缩肌及稳定肌作用，协助避免不需要的肩胛骨动作出现。几乎所有拖拉的活动里，菱形肌几乎都会发生作用。

（6）背阔肌　起自第 7~12 胸椎及全部腰椎棘突、骶正中嵴、髂嵴后部和第 10~12 肋外侧面，止于肱骨小结节嵴（图 3-11），支配神经为脊神经臂丛的胸背神经，主要作用是完成肩胛骨下沉。

（7）胸小肌　居于胸大肌的深面，为三角形扁肌，起点在第 3~5 肋骨前表面，止点在同侧肩胛骨的喙突（图 3-12），胸小肌由胸前内侧神经支配。主要作用是下沉和前倾肩胛骨，以及完成肩胛骨向下转动，使肩胛骨前倾（矢状面）。

（8）锁骨下肌　起自肋骨软骨处，止于锁骨下表面，向内下方倾斜，几乎与锁骨平行（图 3-12），受臂神经丛上神经干的分支即第 5~6 颈神经支配。主要作用是下沉锁骨并增加锁骨的稳定性。

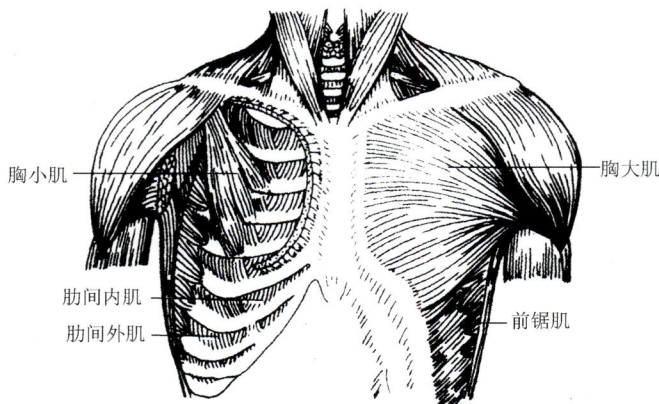

图 3-12　肩胸部肌群

（9）前锯肌　有多个起点，起于第 1~9 肋骨的外侧面，分割到三组手指般大小的区域，止于肩胛骨的脊柱缘（图 3-11，图 3-12），支配前锯肌的神经来自胸长神经。主要作用是将肩胛骨前突、向上转动以及紧靠后胸廓。这个宽阔的肌肉对肩胛骨的前伸起杠杆作用，特别是引起胸锁关节的轴向旋转。肩胛骨前伸的力通过盂肱关节，产生向前推物的作用力。如果一个人的前锯肌无力，则很难完成前推物体的动作。

（10）大圆肌　起自肩胛骨下角背面，止于肱骨小结节嵴（图 3-11，图 3-12），受肩胛下神经支配。主要作用是肩关节内收和伸直以及肩关节内旋。

（11）胸大肌　锁骨头起自锁骨内侧前缘，胸骨头起自胸骨柄及胸骨体外缘及第 1~6 肋软骨处，止点是肱骨大结节的下方（图 3-11，图 3-12）。锁骨头受外侧胸神经支配，胸骨头受外侧及内侧胸神经支配。主要作用是肩关节的内旋、屈曲和水平内收。

（12）喙肱肌　起自肩胛骨喙突、止于肱骨小结节下部（图 3-11，图 3-12），作用是使肩前屈、水平屈曲、内收，由肌皮神经支配。

（13）肱二头肌长头　该肌起于盂上结节及关节盂的后唇，向下越过肱骨头进入结节间沟（图 3-11，图 3-12），沟的前侧有横韧带防止长肌滑脱，此腱有悬吊肱骨头、防止肱骨头向外向上移位的作用。前臂旋后及肘关节屈曲时，腱的紧张力增加，但并不沿结节间沟滑动。此腱断裂后，可影响肩部的稳定。肩关节活动时长腱沿结节间沟上下滑动。肱二头肌腱鞘发炎时，由于肌腱腱鞘肿胀，外展及内外旋均受累，且活动时局部疼痛。肱二头肌除了有屈肘功能外，对于盂肱关节前屈也起一定作用。

（14）肱三头肌长头　起自肩胛骨的盂下结节，止于尺骨的鹰嘴突（图 3-12），受桡神经支配，主要作用是伸肩关节和伸肘关节。

肩关节复合体的运动主要由以上肌肉共同承担才能发挥其完整的肩关节功能，这些肌肉通过相互协作调控运动。

📋 **知识拓展**

参与盂肱关节运动的主要肌肉

外展肌　冈上肌、前三角肌、中三角肌

内收肌　大圆肌、背阔肌、胸大肌

屈肌　前三角肌、胸大肌（锁骨头）、喙肱肌、肱二头肌

伸肌　背阔肌、大圆肌、后三角肌、肱三头肌长头

上旋肌　前锯肌和斜方肌上、下束，上旋肩胛骨

下旋肌　菱形肌和胸小肌，下旋肌力较弱，通常是上旋后，拮抗上旋肌，协助肩胛骨回到中立位或解剖位

旋转肌群（肩袖肌群）　冈上肌、冈下肌、小圆肌、肩胛下肌

2. 肩部的运动神经支配　由上述肩关节复合体的主要肌肉的神经支配可以看出肩部主要是受臂丛的运动神经支配：①从后束发出的神经支，如腋神经、肩胛下神经、胸背神经和桡神经。②从外侧束分支的胸前外侧神经和从内侧束分支的胸前内侧神经。③从臂丛根、干部发出的神经支，如肩胛背神经、胸长神经、锁骨下神经肌支和肩胛上神经。斜方肌受第 XI 对脑神经和从上颈部发出的颈神经的前支所支配（图 3-13）。

考点提示　肩部主要肌肉的起止点、神经支配及主要作用。

二、肩关节复合体运动学

肩关节复合体（图 3-14）的最主要关节是盂肱关节，由肱骨头与关节盂构成。近胸端是胸锁关节，锁骨依靠其附着物与胸骨相连接，使肩胛骨与躯干保持恒定的距离。锁骨外侧端为肩锁关节，与其相关的韧带把锁骨牢牢固定在肩胛骨上。肩胛骨前面和胸壁后部组成肩胛胸壁关节即肩胸关节，其运动是由胸锁关节和肩锁关节的运动产生，可使肩胛骨在胸廓后外侧活动。

扫码"看一看"

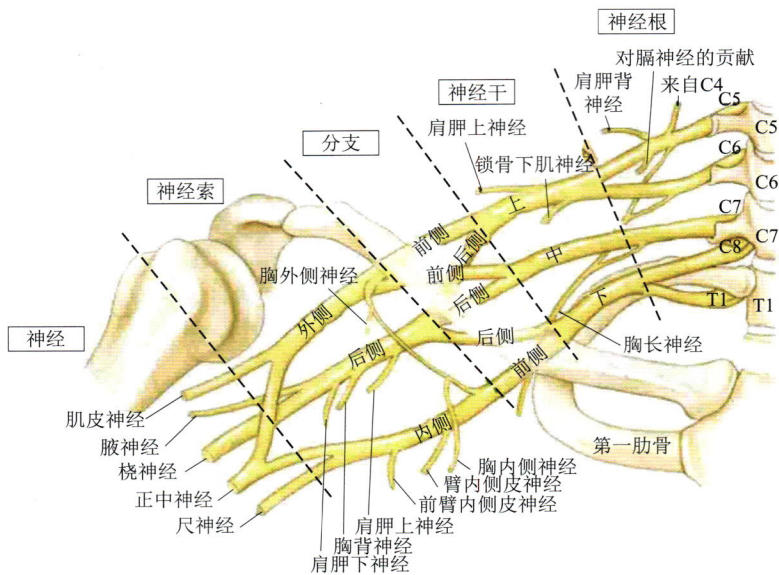

图 3-13 臂丛神经分支

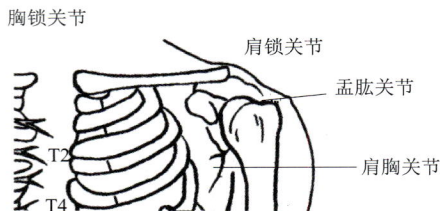

图 3-14 肩关节复合体

肩关节复合体运动是一系列关节的活动，所有环节的协调可使上肢互动范围达到最大。此运动链上任一环节出现无力、疼痛或肩关节不稳定都会导致整个肩胛带的运动功能障碍。

1. 盂肱关节运动学　盂肱关节是由肱骨头与肩胛盂形成，通常所说的肩关节指盂肱关节。当双臂处于身体两侧休息位时，肱骨头保持静态稳定。肱骨头保持静态稳定的机制主要在于：

（1）盂肱关节的球窝结构、关节囊和盂肱韧带对肱骨头和盂窝之间的约束作用。

（2）冈上肌的一小部分延伸至三角肌后部。

（3）肩胛胸壁关节对关节盂的轻度上旋作用，当肩胛骨不能上旋时，上关节囊结构中的被动张力将会减少。

（4）盂肱关节内的负压对肩关节多方向上的稳定作用，包括下方的稳定。

用针刺破盂肱关节囊将引起囊内压力由负压转为正压时可发生肱骨头下方半脱位。所以，盂肱关节力学结构改变可以造成肩关节不稳定或半脱位。

盂肱关节活动度很大，其主要运动是前屈和后伸、外展和内收、内旋和外旋（图 3-15）。

（1）前屈和后伸运动　盂肱关节前屈和后伸是指肱骨在矢状面围绕冠状轴的旋转。当肩关节前屈接近 180°时，盂肱关节达到 120°的前屈范围，这个过程伴随有肩胛胸壁关节上旋，与盂肱关节前屈和肱骨轻度内旋转有关。盂肱关节前屈 90°牵拉喙肱韧带产生张力引起肱骨内旋转力矩。肩关节的主动后伸运动可达 65°，被动运动可达 80°，被动运动过度拉伸关节囊韧带可引起肩胛骨轻度前倾，同时进一步协助肩关节后伸。

（2）外展和内收运动　盂肱关节外展和内收是指肱骨在冠状面上的运动。关节的外展运动包括肱骨头在相对向上滚动时的向下滑动，这种滚动和滑动的关节运动发生沿着或接近盂窝的垂直轴（图3-16）。内收关节运动类似于外展，但是发生在相反的方向上。

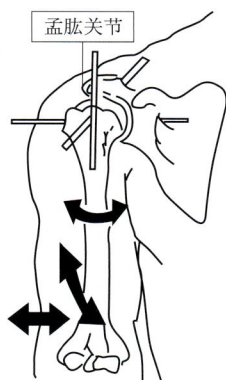

图3-15　盂肱关节运动　　　　图3-16　外展运动

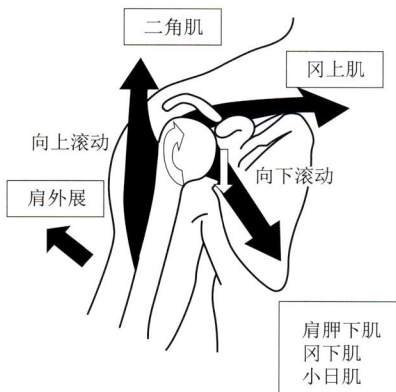

正常盂肱关节做外展运动时，外展的前30°是冈上肌收缩，30°以后是三角肌中部纤维收缩，肩关节全范围外展180°需肩胛骨上旋60°；由于胸廓阻挡解剖位内收为0°，通常临床说的肩关节内收为肩关节内收结合前屈，为30°～45°。冈上肌一部分附着在盂肱关节上关节囊，当肌肉收缩产生运动时该关节囊产生的力为盂肱关节提供了一定的动态稳定。盂肱关节外展过程中主要牵拉下关节囊从而产生张力，增强并维持肱骨头的稳定，如下关节囊过分僵硬导致粘连性关节囊炎，将限制肩关节的外展运动。

滚动和滑动是盂肱关节外展过程中必要的运动方式，盂肱关节外展运动符合凹-凸原则，该运动形式允许较大凸面在较小的凹面中运动而没有超出其范围。在肱骨外展过程中如果没有明显的向下滑动，肱骨头向上滚动就会导致肱骨头和喙肩弓挤压或撞击，成人的肱骨头在外展22°之后向上滚动，继续外展肱骨头通过约10mm宽的喙肩间隙。外展滚动过程中如果没有同时的向下滑动，将导致肱骨头撞击冈上肌肌腱和肩峰下滑囊或喙肩弓，撞击造成疼痛的同时也限制了进一步外展。外展时肱骨头的同步下滑，抵消了肱骨头过度向上滚动导致的喙肩弓间隙变窄，为冈上肌肌腱和肩峰下滑囊提供了足够的空间。

（3）内旋和外旋运动　解剖位，盂肱关节的内旋转被定义为肱骨在水平面上的旋转，该旋转通过肱骨干发生在垂直轴上，通过肱骨头和关节盂的横径。外旋同时，肱骨头在关节盂内发生向后滚动和向前滑动。内旋关节运动和外旋关节运动相似，只是滚动和滑动方向和外旋相反。内旋最大范围通常伴有肩胛骨的前伸，而外旋最大范围通常伴有肩胛骨的后缩。

（4）肩胛平面和冠状面上的外展运动　肩关节在冠状面外展和肩胛骨平面外展其功能不同，冠状面上最大限度外展肩关节时由于肱骨大结节压迫，使肩峰下结构撞击喙肩弓较低点，造成了外展的困难和不稳定性。为了在冠状面上充分外展，肱骨在外展同时需要结合外旋，从而确保大结节不会撞击到肩峰下缘。而肩胛平面的外展允许肱骨头自然后倾直接吻合盂窝，此时冈上肌近端和远端的附着点成一条直线，不需要肩关节外旋就能完成，并且避免了大结节撞击到喙肩弓。

📋 **知识拓展**

肩关节复合体各组成肩运动时的相互作用

正常肩关节活动时，肱骨、肩胛骨、锁骨正常运动相互作用

肩关节水平外展　肱骨水平外展、肩胛骨后缩、锁骨后缩

肩关节水平内收　肱骨水平内收、肩胛骨前凸、锁骨前凸

肩关节屈曲　肱骨屈曲、肩胛骨向上转动、锁骨上抬及往后转动

肩关节后伸　肱骨伸直、肩胛骨向下转动及后缩、锁骨下沉及后缩

肩关节外展　肱骨外展、肩胛骨上转、锁骨上抬及后转

2. 肩胛胸壁关节运动　肩胛胸壁关节在传统观念里并不是一个真正意义上的关节，指的是肩胛骨前面与后胸廓交接处。典型的肩胛胸壁关节运动是肩胛骨相对于胸廓的运动。肩胛胸壁关节运动在肩关节的运动中作用非常重要，发生在肩胛骨和胸壁之间的运动是胸锁关节和肩锁关节共同运动的结果。

肩胛胸壁关节的运动主要是使肩胛骨上抬与下沉、前伸与后伸、上旋和下旋（图3-17）。解释如下。①肩胛骨上抬：肩胛骨在胸壁表面向上滑动，如耸肩。②肩胛骨下沉：在肩胛骨抬高的位置，肩胛骨向下滑动。③肩胛骨前伸：肩胛骨的内侧缘沿着胸廓向外前方向滑动。④肩胛骨后缩：肩胛骨的内侧缘沿着胸廓向后内方向滑动，例如两侧肩胛骨靠拢。⑤肩胛骨上旋：肩胛下角向外上方向旋转，肩胛盂面向上，这个运动发生在上肢向上伸展时。⑥肩胛骨下旋：肩胛下角向内下方旋转，肩胛盂面向下，这个运动发生在上肢向上伸展后放下的返回过程。

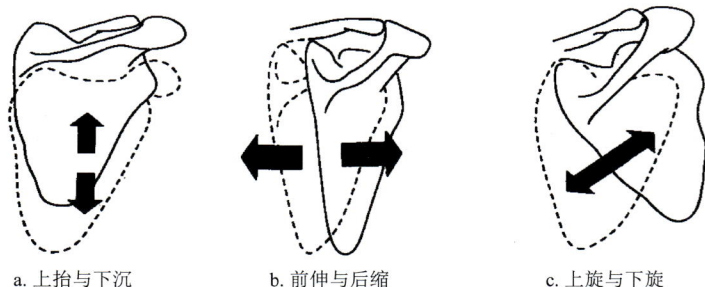

a. 上抬与下沉　　　　b. 前伸与后缩　　　　c. 上旋与下旋

图3-17　肩胛胸壁关节的动作

肩胛胸壁关节的动作包括上抬与下沉、前伸与后缩、上旋与下旋。所有动作在功能上皆与发生在肩关节复合体其他三个关节的动作相关。

（1）上抬和下沉运动　肩胛胸壁关节的肩胛骨上抬是胸锁关节和肩锁关节旋转的结果。如肩关节耸肩动作是肩胛骨随着锁骨上抬运动直接产生的结果。上抬运动肩锁关节中肩胛骨下旋运动允许肩胛骨保持其垂直位，肩胛骨上所附着肌肉可使肩胛骨沿着胸壁运动。肩胛胸壁关节中肩胛骨下沉运动，是上抬运动的反转回到原位。

（2）前伸和后缩运动　肩胛骨的前伸和后缩运动是通过胸锁关节和肩锁关节在水平面运动总和而产生。肩胛骨随着胸锁关节中锁骨的前伸而进行前伸运动；肩锁关节可通过在水平面上移动而扩大和调整肩胛胸壁前伸运动的方向和距离。所以，其中一个关节运动的减少可以被另一个关节运动的增加所代偿。例如：一个严重的肩锁关节退行性骨关节炎患

者可以利用胸锁关节前伸运动来代偿肩锁关节的活动受限，因而，就不会看到上肢向前摸物时过多的前伸运动受限。肩胛骨的后缩和前伸动作相反，肩胛骨的后缩常常是在用手向后拖物体时产生的，比如：利用滑轮拖物体、攀岩或穿衣服袖子等动作。

（3）上旋和下旋运动　肩胛胸壁关节的上旋是抬手过头动作中的一部分，在肱骨外展（如手臂上抬）时，肩胛盂支持和稳定肱骨头。肩胛骨的完全上旋是胸锁关节的锁骨上抬和肩锁关节的肩胛骨上旋运动综和。该旋转发生在平行于胸锁关节和肩锁关节的运动轴，肩胛骨总共可以有 60°的向上旋转。肩胛骨在冠状面外展时可以呈绝对的向上运动，常随着肩胛骨平面轨迹运动。

知识拓展

肩胛胸壁关节活动中的主要肌肉

上抬　上斜方肌、肩胛提肌、菱形肌

下沉　下斜方肌、背阔肌、胸小肌、锁骨下肌

前伸　前锯肌

后缩　中斜方肌、菱形肌、下斜方肌

上旋　前锯肌、上下斜方肌

下旋　菱形肌、胸小肌

主要负责前臂上抬的肌肉

盂肱关节处的肌肉　三角肌前部和中部、冈上肌、喙肱肌、肱二头肌长头

肩胛胸壁关节肌肉　前锯肌、斜方肌

旋转肌肉　冈上肌、冈下肌、小圆肌、肩胛下肌

3. 胸锁关节运动　胸锁关节是由锁骨的胸骨端与胸骨的锁切迹所构成，胸锁关节的两个关节面呈方向相反的双曲形，一个方向凸起，另一个方向凹陷，凹-凸相接。此关节提供上肢到中轴骨唯一的骨连接，胸锁关节必须要维持稳定才能允许上肢大范围的活动（图3-18）。

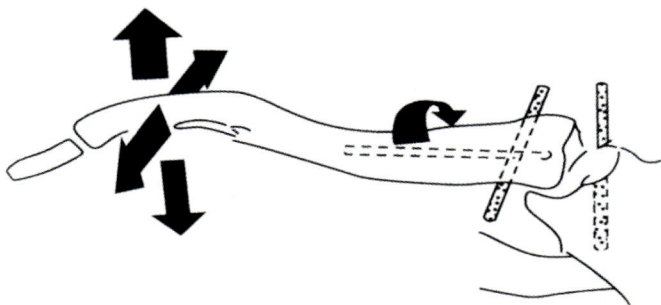

图3-18　胸锁关节运动

所有肩胛骨和锁骨的动作都源于胸锁关节，即肩关节的相关运动与胸锁关节中锁骨运动有关。锁骨的骨骼运动和冠状面、矢状面及水平面三个基本平面有关。锁骨的上抬、下沉、前伸、后缩以及旋转都与锁骨的长轴有关。因此，固定胸锁关节会明显限制锁骨及肩胛骨的活动，且会造成整个肩关节活动受限。

（1）上抬和下沉运动　锁骨上抬和下沉围绕着前后轴，该运动发生在几乎平行于冠状面的平面上。锁骨上抬最大活动范围 0°～45°，下沉最大活动范围 0°～10°，而且锁骨的上抬与下沉和肩胛骨的运动有关。

锁骨上抬和下沉运动发生在胸锁关节纵径上。锁骨上抬发生在锁骨头的凸面，它向上滚动，同时沿着胸骨凹面向下滑动（图 3-19），滚动与滑动方向相反。下沉运动，锁骨头向下滚动和向上滑动产生锁骨的下沉运动。如果锁骨完全下沉，将牵拉到锁骨间韧带和关节囊上韧带。当锁骨下沉，其内侧端上升，该运动受到关节囊上韧带张力和锁骨与第一肋上表面接触的限制。

（2）前伸和后缩运动　锁骨的前伸和后缩发生在几乎平行于水平面的平面上，锁骨旋转的垂直轴和胸骨平行，锁骨在水平方向至少有 15°～30° 的前伸和后缩活动范围。锁骨的水平运动平面与肩胛骨前伸和后缩有关。锁骨前伸后缩的关节运动沿着胸锁关节横径发生，锁骨关节凹面对应胸骨凸面运动，也即凹-凸运动。

胸锁关节后缩时，锁骨凹面的关节面，在胸骨凸出的关节面上作向后的滚动和滑动，并且方向一致；后缩的活动末端拉长了肋锁韧带的前部纤维和前部囊韧带（图 3-19）。

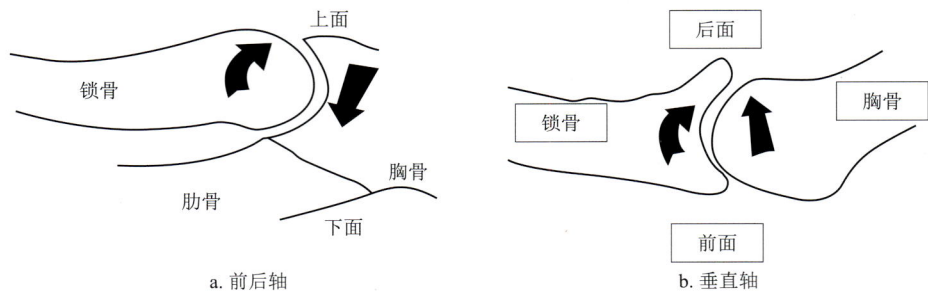

图 3-19　胸锁关节凸凹运动

胸锁关节前伸的关节运动学类似于后缩，只是运动方向相反，即锁骨凹面在胸骨凸面上做向前的滚动和滑动，并且方向一致。运动中的前伸包括最大限度前伸，使得肋锁后韧带、囊韧带后部和肩胛后缩肌群明显被牵拉，从而限制了锁骨前伸。

（3）锁骨的轴向旋转运动　当肩关节外展或屈曲时，锁骨上抬，喙锁韧带紧张，导致锁骨上方的一个点向后旋转 40°～50°，当手臂放回身体两侧时锁骨旋转回中立位置，这与锁骨曲柄样形状有关。当肩关节伸直或内收时，锁骨往前转动回到其静止位置。锁骨旋转的关节运动包括锁骨头在关节盘外侧面的自转。

4. 肩锁关节运动学　肩锁关节运动与胸锁关节相反，只允许肩胛骨发生微小运动，但是作用很大，将锁骨活动传递给肩胛骨，成为肩胛骨旋转的支点，提供了肩胛胸壁关节的最大活动范围。因为常有强大的力量经由肩锁关节向远处传达，因此，需要很多重要的稳定性结构来维持其结构的稳定性。

稳定肩锁关节的软组织包括：①肩锁关节的上、下囊韧带；②三角肌和上斜方肌；③喙锁韧带；④关节盘。

在肩锁关节运动中（图 3-20），肩胛骨的基本运动是上旋和下旋、内旋与外旋运动、前倾与后倾运动形式。肩锁关

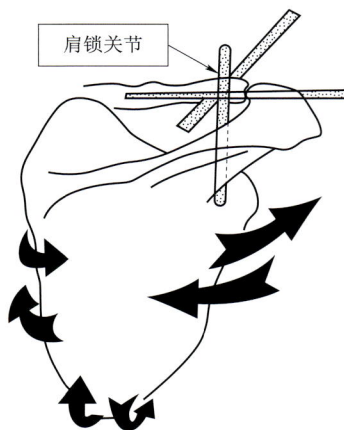

图 3-20　肩胛骨运动

节的活动范围很难测量，其位置并不是一个典型的关节位置。

（1）上旋和下旋运动　肩胛骨上旋发生在肩胛骨向上向外的位置，这个运动和锁骨外侧端有关，手臂抬高过头时肩胛骨上旋 30°。肩胛骨下旋运动发生在肩胛骨回到解剖位置的过程，这个运动的生物力学和肩关节外展、后伸有关。虽然描述肩胛骨运动多在冠状面的上旋和下旋运动，但是很多运动都是发生在肩胛骨平面。

（2）肩锁关节在水平面和矢状面的"旋转调整"运动　在肩关节运动过程中肩胛骨呈或轴状或扭转的运动，这就是所谓的肩胛骨旋转调整运动，或者称为肩胛骨在胸廓上的运动总和。

肩锁关节在水平面上的调整发生在垂直轴上，这将引起肩胛骨内侧缘向胸廓外侧轴向移开，即内旋，回到原位即外旋；在矢状面上的调整发生在内－外轴上，这导致肩胛下角向胸廓外侧倾斜或轴向移开即前倾，回到原位为后倾。肩锁关节在这两个运动平面上的活动范围是 5°～30°。在水平面和矢状面上的调整，增加了肩胛胸壁关节运动的范围和质量。

5. 肩关节复合体内关节间的交互作用　以上叙述了肩关节复合体每个单一关节的运动，然而整个肩关节动作是 4 个关节动作的合成。4 个关节必须在适当交互作用下才可产生正常的肩关节动作，交互作用的典型例子之一即是肩肱节律。

肩肱节律是指在正常的肩关节运动中，盂肱关节外展和肩胛胸壁关节上旋之间存在有运动节律或时间顺序。上臂外展与前屈活动系由肩肱关节和肩胛胸壁关节共同完成，其中最初 30° 外展和 60° 前屈是由肩肱关节单独完成。当外展、前屈继续进行时，肩胛胸壁关节开始参与，并以与盂肱关节活动成 1:2 的比例活动，这种肩关节运动伴有肩胛骨旋转的节律性变化称之为肩肱节律（图 3-21）。即肩部每活动 15°，其中 10° 由盂肱关节提供，另外 5° 由肩胸关节活动提供。

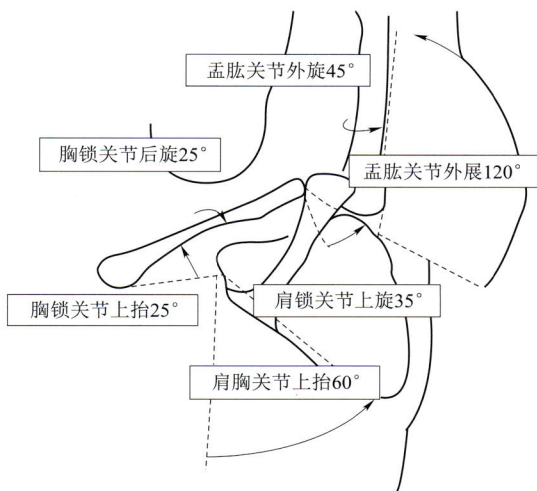

图 3-21　肩肱节律

关节外展的运动学研究集中在肩胛骨平面的运动，肩关节全范围外展 180° 时肱骨和肩胛骨运动中的关系是 120° 发生在盂肱关节外展，60° 发生在肩胛胸壁关节上旋。

肩胛骨上旋运动离不开胸锁关节和肩锁关节的联合运动。肩胛骨的上旋 60°，是通过锁骨在胸锁关节处上抬 25° 和肩胛骨在肩锁关节处上旋 35° 来完成的。锁骨在上抬的同时，锁骨自身沿其长轴后旋 20°～35°，伴后缩 15°；肩胛骨自身发生 20° 的后倾和 10° 的外旋，这有助于维持肩峰下的空间；在肩关节外展的同时，肱骨发生外旋 25°～55°，避免肱骨大结节撞击肩峰。锁骨向后旋转是因为肩胛骨在肩锁关节上旋，牵拉到喙锁韧带，引起锁骨向后旋转。

考点提示 构成肩关节复合体的各关节主要运动形式及其特点、肩肱节律。

三、肩关节复合体运动功能障碍的考量及运动功能检查

常见的肩关节运动功能障碍多见于肩周炎、肩袖损伤、肱二头肌长头肌腱炎等。肩周炎是以肩关节疼痛和活动受限为主要症状的自限性功能障碍性疾病。肩袖损伤主要由于肩部外展上举活动频繁时，受到过度牵拉、挤压、摩擦，从而引起损伤，产生局部无菌性炎症，严重者甚至可引起冈上肌肌腱断裂，而产生的功能障碍性疾病。

（一）肩周炎

1. 病因 肩周炎是以肩关节疼痛和活动受限为主要症状的常见疾病。肩周炎又称肩关节周围炎，俗称凝肩、五十肩。以肩部逐渐产生疼痛，夜间为甚，逐渐加重，肩关节活动功能受限而且日益加重，达到某种程度后逐渐缓解，直至最后完全复原为主要表现的肩关节囊及其周围韧带、肌腱和滑囊的慢性特异性炎症，是一种自限性疾病。关节可有广泛压痛，并向颈部及肘部放射，还可出现不同程度的三角肌萎缩。多见于体力劳动者，不及时治疗，有可能严重影响肩关节的功能活动。

发病原因有肩关节本身软组织退行病变、长期过度活动、姿势不良等所产生的慢性致伤力；上肢外伤后肩部固定过久，肩周组织继发萎缩、粘连；肩部急性挫伤、牵拉伤后因治疗不当等。其他的肩外因素，如颈椎病及心、肺、胆道疾病发生的肩部牵涉痛，因原发病长期不愈使肩部肌肉持续性痉挛、缺血而形成炎性病灶，转变为真正的肩周炎。

2. 运动功能检查 肩关节向各方向活动均可受限，尤以外展、外旋、后伸障碍显著，随着病情进展，由于长期失用引起关节囊及肩周软组织的粘连，肌力逐渐下降，加上喙肱韧带固定于缩短的内旋位等因素，使肩关节各方向的主动和被动活动均受限。患者不能刷牙、洗脸、梳头、脱衣等，甚至三角肌、冈上肌等肩周肌肉出现痉挛，晚期可发生失用性肌萎缩等。肘关节功能也可受影响，屈肘时手不能摸到同侧肩部，尤其手臂后伸时不能完成屈肘动作。

对肩周炎以保守治疗为主，口服消炎镇痛药、物理治疗、痛点局部封闭、按摩推拿、自我按摩等综合疗法。同时进行关节功能练习，包括主动与被动外展、旋转、伸屈及环转运动。当肩痛明显减轻而关节仍然僵硬时，可在全麻下手法松解，以恢复关节活动范围。

（二）肩袖损伤

1. 病因 指肩袖肌腱和肩峰下滑囊的创伤性炎症，既可以是急性创伤造成，也可以是由于肩关节反复旋转，或超出范围的转肩活动引起的肩袖肌腱，尤其是冈上肌肌腱和肩峰下滑囊受到肩峰、喙肩韧带与肱骨大结节的不断挤压、摩擦，反复劳损引起。

体操运动中单杠、吊环和高低杠的转肩动作，投掷标枪和垒球的出手动作，举重抓举时肩的突然升直，蝶泳时的转肩滑水，排球扣杀和大力发球，乒乓球的扣杀和提拉动作等，都是因过头抬举肩部引起肩袖损伤的典型机制。

2. 运动功能检查

（1）"疼痛弧"试验阳性　患侧肩关节主动或被动上举外展、内收上肢，在 60°～120° 范围内出现疼痛，小于 60° 或大于 120° 时疼痛反而减轻或消失，此即肩"疼痛弧"试验阳性。

（2）上臂外展节律紊乱　因冈上肌断裂失去作用，往往借助健侧上肢的帮助或向前弯腰，使患者下垂外展至 90°，或先耸肩，旋转肩胛骨，然后扭身，使上臂外展达 90° 后才能上举，这种扭转和旋转上臂的动作，称上臂外展节律紊乱。是冈上肌断裂的特有体征。

（三）肱二头肌肌腱炎

1. 病因　系肩部超范围的活动，或肩部突然猛烈过度背伸所引起的急性非感染性炎症，也常指由于肩部大范围活动过多，局部负荷过大（反复的摩擦、牵拉、挤压等），使该处的肌腱与腱鞘摩擦增加，造成腱鞘滑膜层急性水肿或慢性损伤性炎症，使腱鞘管壁增厚、腱鞘变窄，从而导致肌腱在腱鞘内滑动功能发生障碍而出现临床症状，称为肱二头肌长头肌腱炎、肱二头肌长头肌腱腱鞘炎。长期磨损的肱二头肌长头肌腱，可逐渐发生退行性的病理改变，在某一次剧烈活动中可发生肌腱的断裂。

2. 运动功能检查

（1）上肢外展、上举并向后做"反弓"动作，疼痛加剧。

（2）屈臂旋后抗阻力试验阳性：患侧上肢屈臂旋后抗阻力活动时，臂前痛即为阳性。

考点提示　肩周炎、肩袖损伤、肱二头肌长头肌腱炎如何影响肩关节的运动。

案例讨论

【案例】

患者，女性，17 岁，排球运动员。

1 个月前扣球后右肩部无力，准备抬右臂上举时疼痛，并出现耸肩动作，此后疼痛逐渐加剧。查体：肩关节外展无力，肩峰外下方压痛，"疼痛弧"试验阳性。磁共振影像检查显示肩峰下有软组织连续性中断信号。

【讨论】

影响主动肩关节外展的是什么肌肉？请根据病史信息判断是何种肌肉损伤？

本 节 小 结

肩关节复合体的构成关节通常相互协调实现上肢的稳定性与自由运动最大化。每个关节都有其特殊的功能要素，胸锁关节将肩牢固地附着于中轴骨上，并通过强韧的关节囊将鞍形关节面与关节盘牢固地固定，是肩部所有运动的基本支点。肩锁关节与坚强的胸锁关节不同，经常在当强大的向内与向下的力传递至肩部时发生脱位。所以，与胸锁关节相比，脱位与退行性骨关节炎在肩锁关节中更常见。

肩胛骨的整体运动主要通过锁骨运动来引导。但是，肩胛骨的具体运动轨迹受肩锁关节的附加运动影响。相对平浅的肩锁关节依赖关节囊韧带与喙锁韧带来实现其稳定性。肩胛胸关节是肱骨所有主动运动的重要力学平台。正常肩关节完全外展中包含了大约肩胛骨60°的上旋。上旋的肩胛骨与胸锁关节、肩锁关节处的力学关联运动同时为肱骨头的外展提供了稳定而又灵活的基础，并且实现了肩峰下空间容积的最大化。

盂肱关节是肩关节复合体中最远端且最灵活的关节。关节囊的松弛与关节窝的相对平小决定了其活动性。盂肱关节通常过多或过强的运动会在临床上出现过度松弛、脱位或半脱位的不稳定现象。

肩关节复合体的大范围运动主要由十余块肌肉控制，这些肌肉通常协同配合来增强对该区域多个关节的控制，而不是独立发挥作用。任何一个环节的功能失调都会削弱运动的力度、自由度与控制。扰乱这些受肌肉驱动环节的因素包含了外伤、结缔组织的过度僵硬、异常姿势、关节不稳定、疼痛、末梢神经或脊髓损伤以及影响肌肉和神经系统的疾病。

充分理解这些肌肉如何在肩部互相配合可以帮助临床医生和康复治疗师对异常肩姿势与运动潜在病理力学机制的评判，进而影响有效康复与治疗计划的规划。

（武宝爱　汪宗保）

第二节　肘与前臂复合体运动学

肘关节（elbow joint）由肱尺关节、肱桡关节和上尺桡关节组成（图3-22），是连接上臂和前臂的关节，肘关节的屈曲和伸展调节上肢的工作距离。前臂复合体（forearm complex）由上尺桡关节、下尺桡关节与骨间膜组成，尺骨和桡骨在前臂复合体通过上、下尺桡关节和骨间膜相连接，使手掌能够上翻（旋后）和下翻（旋前），而无须肩关节运动，完成腕和手在空间的定位。前臂复合体的旋转运动与肘关节屈曲、伸展运动可以共同实现，也可以独立于肘关节屈曲、伸展单独实现。肘关节与前臂复合体的配合，使前臂置于空间任何位置，使前臂和手按需远离躯体，极大地增加了上肢在空间放置的有效范围，对完成日常活动，如进食、梳洗、投掷等具有重要意义。

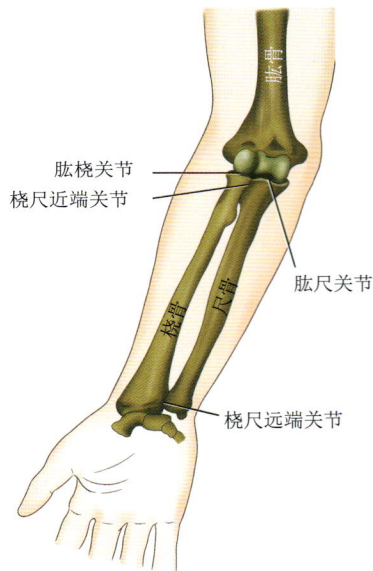

图3-22　右肘与前臂复合体

一、肘与前臂功能解剖

（一）骨

1. 肱骨干远端　在内侧形成滑车与内上髁，在外侧形成小头与外上髁（图3-23）。滑车类似于圆形的没有绕线的线轴，滑车的两端分为内侧唇与外侧唇。内侧唇朝远端比相邻的外侧唇延伸得更远。在内侧唇与外侧唇之间是滑车槽。从后往前看，滑车槽稍微向内侧呈螺旋状延伸。

滑车的前侧有冠状窝，滑车的外侧有圆形的半球状的小头，滑车和小头构成肘关节屈伸轴，桡窝位于肱骨小头前侧近端。

扫码"学一学"

扫码"看一看"

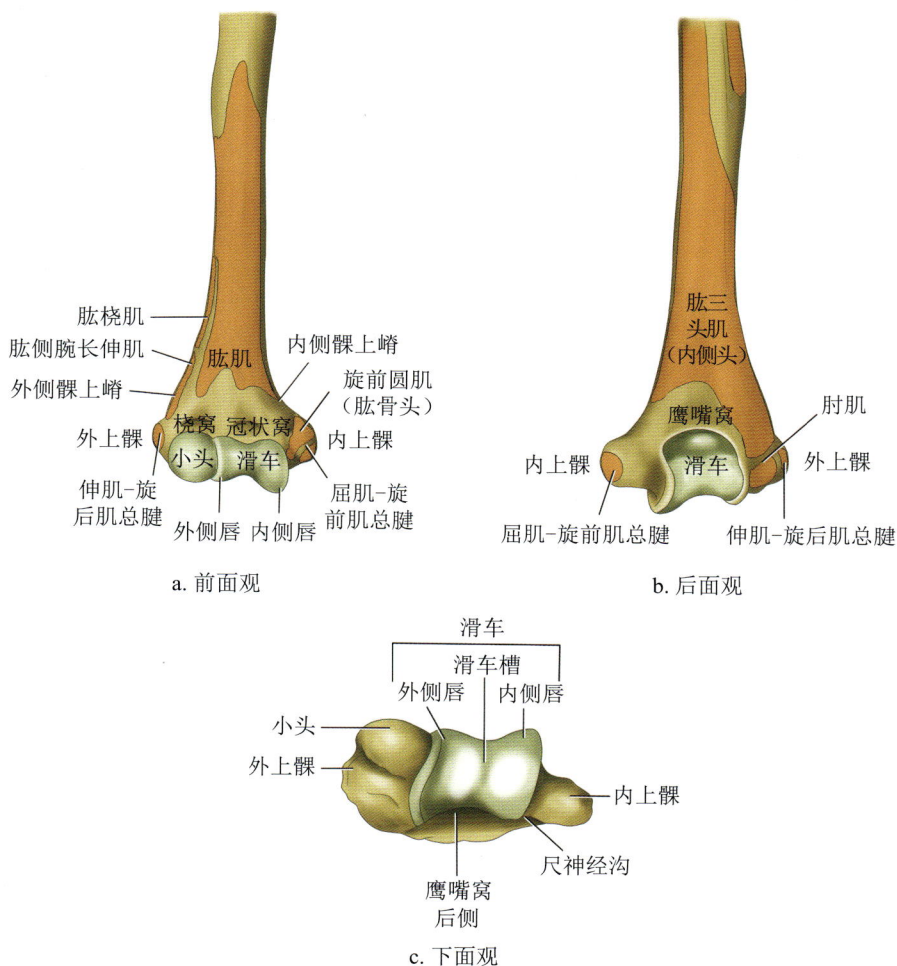

a. 前面观

b. 后面观

c. 下面观

图 3-23 右侧肱骨远端下面观

　　肱骨的内上髁从滑车的内侧伸出，这个明显且可以触摸到的结构是肘内侧副韧带以及前臂旋前肌与腕屈肌的近端。肱骨外上髁不明显，是肘外侧副韧带近端、前臂旋后肌、伸腕肌群附着点。两个上髁的近端是内侧髁上嵴与外侧髁上嵴，相对较浅并且容易触诊。

　　肱骨后面靠近滑车是鹰嘴窝，延迟冠状突和鹰嘴突与肱骨干的碰撞，增加肘关节屈伸范围。股骨远端整体向前凸起，与肱骨干成45°夹角，使滑车处于肱骨干纵轴前方。

　　2. 尺骨　近端明显突起是鹰嘴，为肘关节标志点，鹰嘴后方为肱三头肌附着点。冠状突在近端尺骨前方（图3-24～图3-26）。

　　鹰嘴和冠状突前部顶端之间是尺骨滑车切迹，凹面切迹和肱骨滑车紧密连接形成肱尺关节。凸起的薄嵴把滑车切迹沿中线分隔开来。

　　尺骨的桡切迹是一个关节凹陷，位于滑车切迹下方的外侧。旋后肌嵴从桡切迹向远端延伸并稍微弓起，是部分外侧副韧带、旋后肌的远端附着点。尺骨粗隆比较粗糙，它位于冠突的远端。尺骨粗隆由肱肌的附着点形成。

　　尺骨头位于尺骨的远端，大部分圆形尺骨头具有关节软骨。突出的茎突从远端尺骨末端的后-内侧区域远端突出来。

　　3. 桡骨　在前臂完全旋后的位置，桡骨与尺骨平行，桡骨位于尺骨外侧。

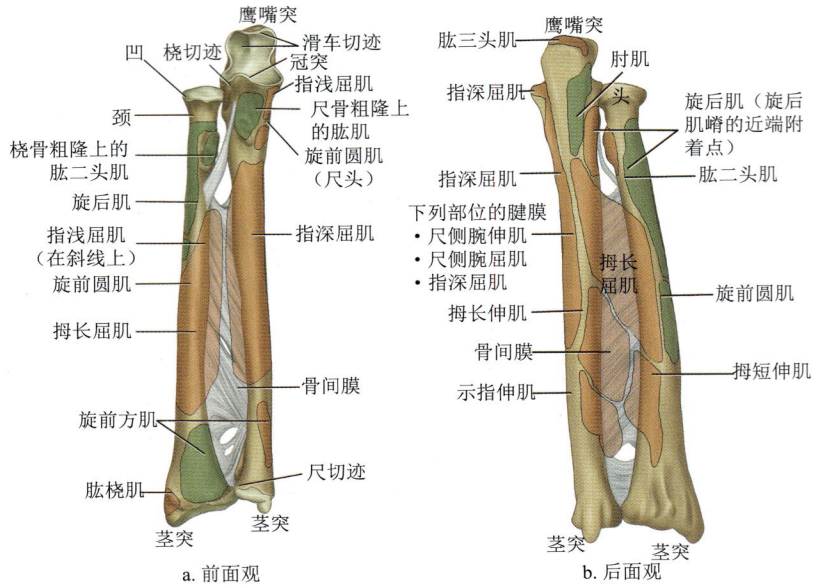

图 3-24 右桡骨与尺骨

a. 前面观

b. 后面观

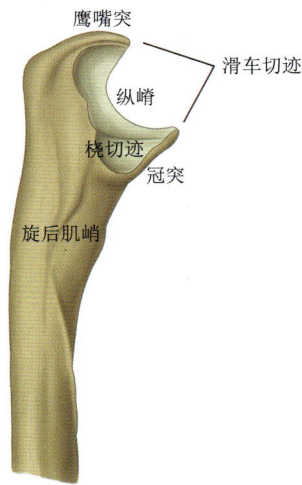

图 3-25 右尺骨桡侧观

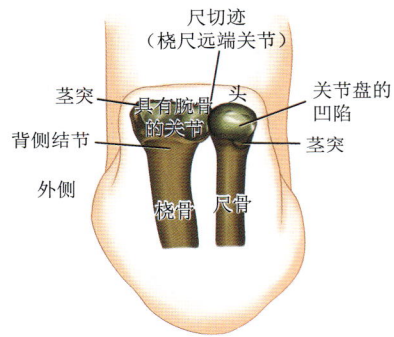

图 3-26 右桡骨与尺骨远端

桡骨近端较小，构成肘关节部分相对较小的结构。远端粗大，形成腕关节主要部分。桡骨头是桡骨近端的一个圆盘状结构，外部边缘被关节软骨覆盖。桡骨头边缘与尺骨桡切迹相接触，形成尺桡近端关节–上尺桡关节。

桡骨头上表面有一个较浅的、杯状凹窝，表面覆盖关节软骨，与凸起肱骨头形成肱桡关节。肱二头肌粗隆位于桡骨近端内侧前缘上一个粗糙区域，为肱二头肌附着点。

桡骨远端尺切迹和尺骨远端相关节，构成下尺桡关节。外侧向下明显的突起称桡骨茎突，向更远端伸展，比尺骨茎突长 1cm。

桡骨的远端与腕骨相连，构成了腕部的桡腕关节。

（二）关节

1. 肘关节　主要由肱桡关节、肱尺关节和上尺桡关节三个关节组成（图 3-27）。

肱尺关节为肱骨滑车和尺骨滑车切迹相关节，肱骨滑车与肱尺关节处尺骨滑车切迹之间紧配合，为肘提供了大部分结构稳定性。肱桡关节是肱骨小头和桡骨头窝相关节，上尺桡关节为桡骨头环状关节面和尺骨切迹相关节。

肘关节显著地在单一平面内做屈曲与伸展运动，为"不完全铰链式关节"。在外上髁附近，肘关节的屈曲和伸展运动发生在内 - 外侧旋转轴上（图3-28a）。从内侧至外侧，肘关节的轴超过滑车内侧唇的远端延长部分。滑车的不对称造成尺骨相对于肱骨向外偏。肘关节在冠状面上完全自然伸展时，尺骨的纵轴相对于肘部向外侧偏离，与肱骨的纵轴形成自然额状面的夹角，称为肘外翻或提携角。在走路时，肘外翻倾向于使被携带的物体远离大腿侧面。正常的提携角为15°±5°，女性一般比男性多5°左右。少数情况下，伸展的肘关节可能表现过度的肘外翻，角度可超过20°（图3-28b）。相反，前臂发生肘内翻（枪托）畸形的可能性比较低，在这种情况下朝着中线偏离前臂（图3-28c）。

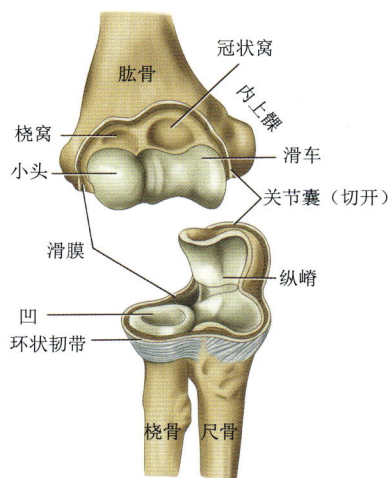

图3-27　右肘前面观

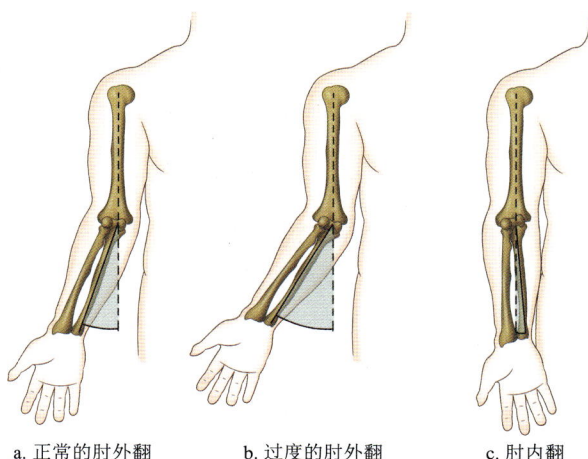

a. 正常的肘外翻　　b. 过度的肘外翻　　c. 肘内翻

图3-28　右肘屈伸运动轴

2. 前臂复合体关节　桡骨和尺骨通过骨间膜和上、下尺桡关节结合在一起。上尺桡关节为桡骨头环状关节面和尺骨切迹相关节；下尺桡关节由凸形尺骨小头与桡骨上尺切迹和关节盘相邻面构成前凹面相关节（图3-29）。

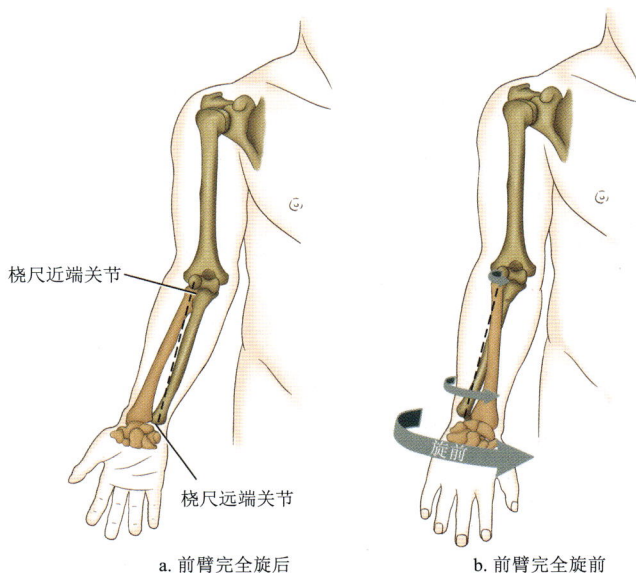

a. 前臂完全旋后　　　　　　　b. 前臂完全旋前

图3-29　右上肢前面观

扫码"看一看"

上、下尺桡关节位于前臂的两端，使得前臂能够转到旋前和旋后的位置。前臂旋后时，手掌向上或掌心向上；旋前时，手掌向下或掌心向下。前臂的旋前和旋后运动是围绕旋转轴进行的，旋转轴从桡骨小头到尺骨头，连接两端上下尺桡关节。旋前和旋后提供手在尺骨和肱骨不旋转的情况下"独立"转动的机制。旋前或旋后受限，必须依靠肩部更大范围的内外旋转代偿来完成旋转活动。

解剖位上，前臂完全旋后，尺骨和桡骨相互平行。在旋前位上，桡骨远端和手掌发生旋转，与固定不动的尺骨相交叉。尺骨在旋前或旋后中保持静止，为桡骨、腕骨、手掌提供连接和支撑。尺骨在旋前和旋后中，并非完全不动，在冠状面发生轻微移动。旋前时，轻度外展（外翻）；旋后时，轻度内收（内翻）。

（三）韧带

1. 肘关节周围韧带　肘关节囊将肱尺关节、肱桡关节、上尺桡关节包绕起来（图3-30）。关节囊非常薄，在前端用倾斜纤维组织（侧副韧带）加固。侧副韧带强化肘部关节囊，为肘关节提供稳定性源头。

内侧副韧带由前侧、后侧和横行纤维束构成（图3-31），为肘关节提供抵制和拮抗外翻的保障。前纤维束起自内上髁前部，止于尺骨冠状突内侧部，跨越旋转轴两侧，肘伸展时、屈曲时部分拉紧，提供关节稳定性。后纤维束附着于内上髁后部，止于鹰嘴内侧缘，是后内侧关节囊增厚部分，抵抗外翻、肘过度屈曲时拉紧。横纤维束从尺骨鹰嘴走行尺骨冠状突，起止于同一骨骼，不提供稳定性。除了内侧副韧带，腕屈肌和旋前肌组近端纤维也抵抗外翻，最明显的是尺侧腕屈肌纤维，为肘部动态内侧固定结构。

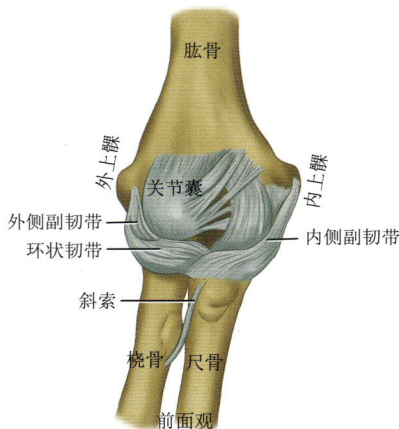

图3-30　右肘关节囊前面观

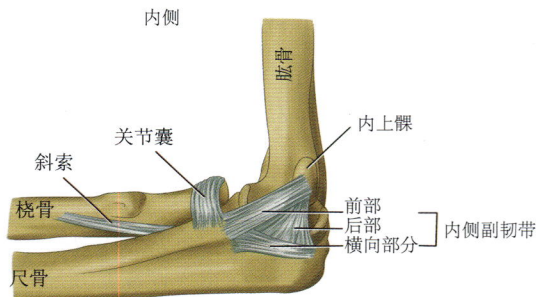

图3-31　右肘内侧副韧带

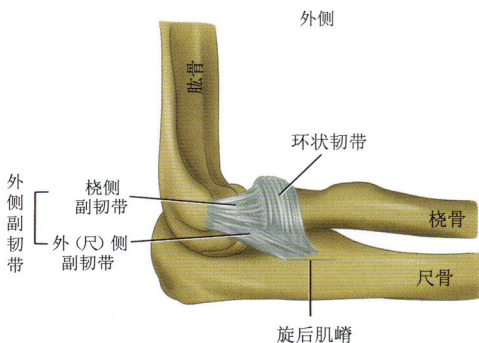

图3-32　右肘外侧副韧带

外侧副韧带起于外上髁，分为两条纤维束，桡侧副韧带、尺（外）侧副韧带（图3-32）。桡侧副韧带散开后与环状韧带混合。尺侧副韧带远端附着于旋后肌嵴。桡侧副韧带、尺侧副韧带、环状韧带在肘关节完全屈曲时拉紧。外侧副韧带所有纤维和关节囊的后-外侧面均拮抗内翻方向的力，稳定肘关节。

2. 前臂复合体的韧带和附属结构　上尺桡关节与肱尺关节和肱桡关节共用一个关节囊。在囊内，环状韧带是较厚的环形结缔组织带，附着于尺骨的桡切迹两侧，包绕桡骨头，使桡骨近端紧附于尺骨（图 3－33）。环状韧带内周覆盖软骨，减少旋前和旋后中对桡骨头的摩擦。环状韧带表面由肘关节囊、桡侧副韧带和旋后肌附着。方形韧带是短而粗壮的韧带，起于尺骨的桡切迹下方，附着于桡骨颈的内表面，为上尺桡关节囊提供结构性支持。

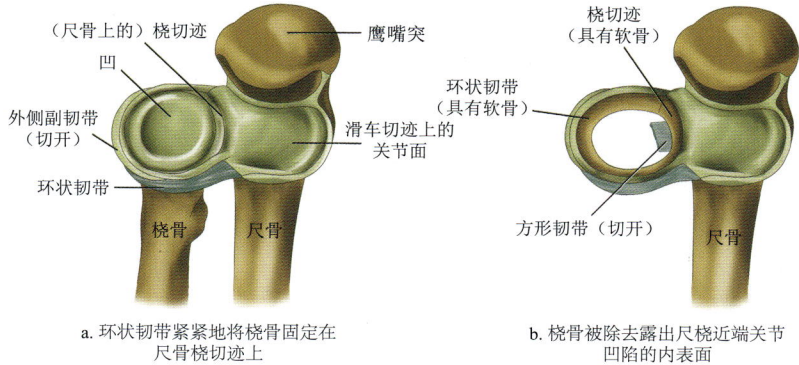

a. 环状韧带紧紧地将桡骨固定在　　b. 桡骨被除去露出尺桡近端关节
　　尺骨桡切迹上　　　　　　　　　 凹陷的内表面

图 3－33　右上尺桡关节韧带上面观

在下尺桡关节中，环状韧带（腕总韧带）是前臂深筋膜延续至腕部纤维束的增厚部分，围绕腕一周，附着于尺、桡骨远端及腕部骨突上，分为掌侧与背侧部分，构成腕管，制约和保护腕部软组织。腕深韧带包括尺侧、桡侧副韧带，防止桡腕关节过度内收、外展（图 3－34）。

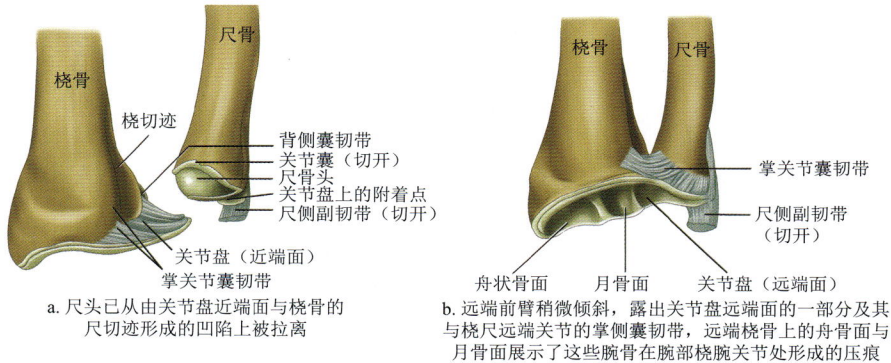

a. 尺头已从由关节盘近端面与桡骨的　　b. 远端前臂稍微倾斜，露出关节盘远端面的一部分及其
　 尺切迹形成的凹陷上被拉离　　　　　 与桡尺远端关节的掌侧囊韧带，远端桡骨上的舟骨面与
　　　　　　　　　　　　　　　　　　　 月骨面展示了这些腕骨在腕部桡腕关节处形成的压痕

图 3－34　右下尺桡关节韧带前面观

下尺桡关节韧带，在尺、桡骨下端 1cm 处，横向附着在桡骨"S"切迹掌侧和背侧到尺骨桡侧缘，与三角纤维软骨盘掌、背部结合，对下尺桡关节起稳定作用。

下尺桡关节的关节盘又称三角纤维软骨盘，呈三角形，尖端附着并终止于尺骨头凹窝及附近茎突，关节盘外侧附着于桡骨的尺骨切迹整个边缘。关节盘前缘和后缘延续形成掌侧（前缘）和背侧（后缘）尺桡关节囊韧带。

关节盘近端表面与所附着的囊韧带，将尺骨头和桡骨头尺骨切迹紧密结合，是下尺桡关节最主要的稳定因素，在旋前和旋后中尤为重要。关节盘破裂或撕裂，导致关节完全脱位或整体不稳定。

桡骨和尺骨被前臂的骨间膜固定在一起（图 3－35）。中央束带从桡骨近端到中段内侧缘起，斜向尺骨外侧远端，大约成 20°，使尺、桡骨间形成一个弹性铰链。中央束带的厚度是其他纤维的 2 倍，且具备与膝部肌腱相似的极限抗张强度。一些分散的、界定较差的纤维束与中央束带纤维走向垂直。其中一条为斜索，内侧头起于尺骨粗隆外侧，止于桡骨肱二头肌粗隆的远端。另一条未被命名的束带位于骨间膜远端末梢。

（四）肌肉和神经支配

1. 肌肉　　肱二头肌、肱肌、肱桡肌与旋前圆肌是主要的屈肘肌，每一块肌肉产生的力向前到达肘部的内–外侧旋转轴上（图3－36～图3－38）。①肱二头肌：近端附着于肩胛骨，长头起自肩胛盂上粗隆，跨过肩关节，走行于肱骨结节间沟中；短头起自肩胛骨喙突顶部。长、短头在肱骨中部三角肌和胸大肌下面汇合为肌腹，远端肌腱附着于桡骨粗隆前部和前臂屈侧深筋膜及屈肌群起点。近端固定收缩时，上臂在肩关节处前屈，前臂在肘关节处屈曲并旋后；远端固定收缩时，上臂向前臂靠拢。肘关节同时屈曲和旋后（将汤勺送至口中），肌电信号达到最高；前臂伸展保持旋前时，肌电活动相对较低。②肱肌：位于肱二头肌深层，起于肱骨前侧下半部分，远端附着于尺骨近侧末端的尺骨粗隆。平均生理横断面是肘关节所有肌肉中最大的，产生的力也是最大的，是屈肘的主要动力肌。近端固定收缩时，前臂前屈；远端固定收缩时，上臂在肘关节处前屈。③肱桡肌：肘关节肌中最长，近端附

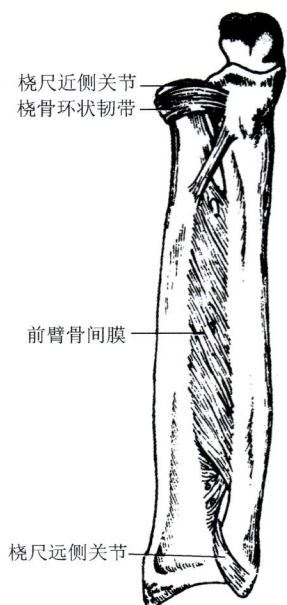

图3－35　右前臂骨间膜前面观

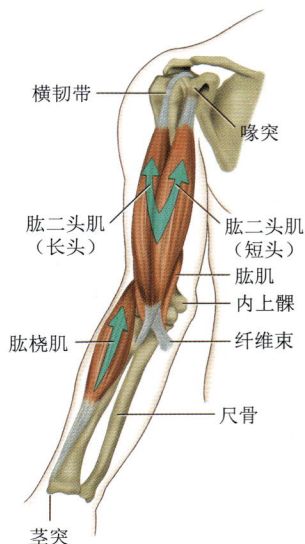

图3－36　右肱二头肌与肱桡肌前面观

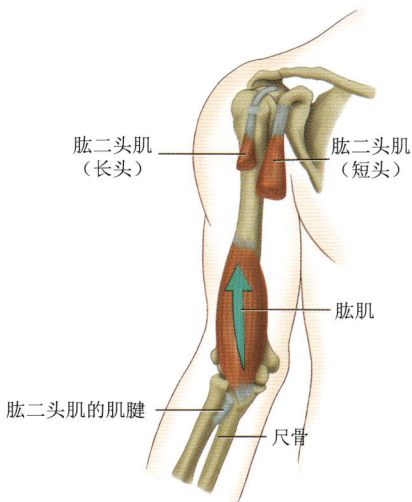

图3－37　右肱肌前面观

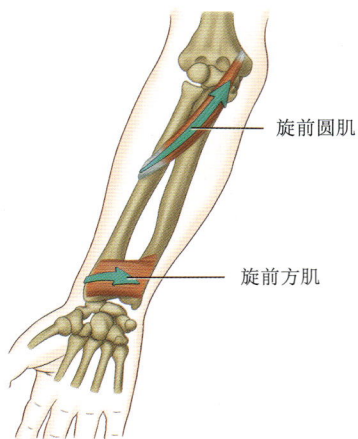

图3－38　右旋前圆肌和旋前方肌前面观

着于肱骨外上髁上嵴外侧缘，远端位于桡骨茎突附近。主要的屈肘肌，尤其是在巨大阻力下快速运动时。最大收缩可引起肘关节完全屈曲和前臂旋转至近中位。当前臂处于旋前位时，具有使前臂旋后的作用；当前臂处于旋后位时，具有使前臂旋前的作用。④旋前圆肌：起于肱骨内上髁，止于桡骨体中部外侧。主要作用使肘屈曲，当近端固定收缩时，使前臂旋前。

（1）伸肘肌　肱三头肌、肘肌是主要的伸肘肌（图3－39，图3－40）。①肱三头肌：有三个头，长头、外侧头、内侧头。长头近端附着于肩胛盂下结节；外侧头和内侧头近端附着于肱骨两侧，沿桡神经沟延伸。内侧头远端纤维附着于肘后关节囊。三头汇集至同一个肌腱并附着于尺骨鹰嘴。近端固定收缩时，前臂于肘关节处伸展，长头使上臂在肩关节处伸展；远端固定收缩时，上臂在肘关节处伸展。②肘肌：跨越肘关节后外方较小的三角形肌肉，位于肱骨外上髁和尺骨近端后方条状区域之间。对肘关节的纵轴和内－外轴方向提供稳定作用。在后伸肘关节时，维持其稳定；在主动旋前、旋后时，维持稳定。

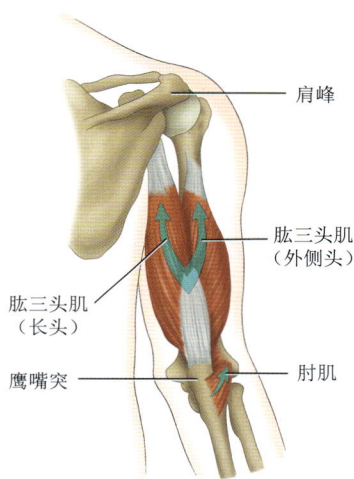

图3－39　右肱三头肌与肘肌后面观

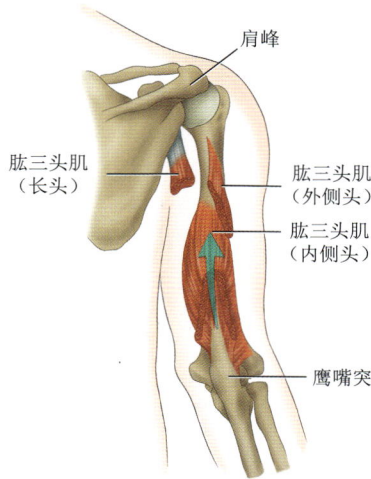

图3－40　右肱三头肌内侧头后面观

（2）前臂旋前的肌肉　主要肌肉包括旋前圆肌和旋前方肌。次要肌肉是桡侧腕屈肌与掌长肌。①旋前圆肌：是前臂旋前的主要肌肉。②旋前方肌：位于前臂前侧远端，在腕屈肌与外在指屈肌深处，连接在尺骨、桡骨远端1/4处前侧表面。

（3）前臂旋后的肌肉　主要肌肉包括旋后肌与肱二头肌。次要肌肉包括桡腕伸肌、拇长伸肌、示指伸肌。①旋后肌：近端附着点较复杂，较浅的近端纤维从肱骨外上髁、桡侧副韧带、环状韧带延伸出，较深的近端纤维从旋后肌嵴旁边延伸出，两组纤维远端连接到桡骨近端1/3处背面。在旋前时，旋后肌围绕桡骨被拉长而紧张，有使前臂旋后的功能（图3－41）。②肱二头肌：也是主要旋后肌，尤其是在肘屈曲相关高功率旋后运动中。当前臂旋前，肱二头肌肌腱包绕桡骨近端，主动收缩可使处于完全旋前的桡骨迅速旋后。

2. 神经支配　肌皮神经、桡神经、正中神经、尺神经为肘、前臂、腕与手部肌肉、韧带、关节囊、皮肤提供运动和感觉神经支配（图3－42）。

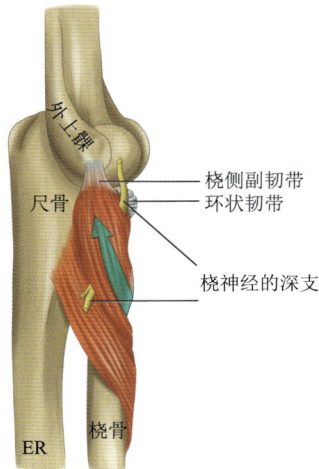

图3－41　右旋后肌侧面观

（1）神经

1）肌皮神经　源于 $C_{5\sim7}$ 神经根，支配肱二头肌、喙肱肌、肱肌，延伸至远端成为皮肤感觉神经，分布于前臂外侧。

2）桡神经　源于 $C_5\sim T_1$ 神经根，从臂丛神经后束直接延伸，走行于肱骨桡神经沟内，支配肱三头肌和肘肌。出现于肱骨远端外侧，支配附着于连接到外上髁或位于外上髁附近肌肉。在肘近端，支配肱桡肌、肱肌外侧和桡侧腕长伸肌。在肘远端，分为浅支和深支，浅支是感觉神经，分布于前臂和手掌远末端后外侧，集中于拇指虎口背侧，深支为桡神经的运动纤维，分布于桡侧腕短伸肌和旋后肌。穿过旋后肌肌内通道后，桡神经终末部分走行至前臂后方，支配腕关节尺侧伸肌和前臂用于手指活动的数块肌肉。

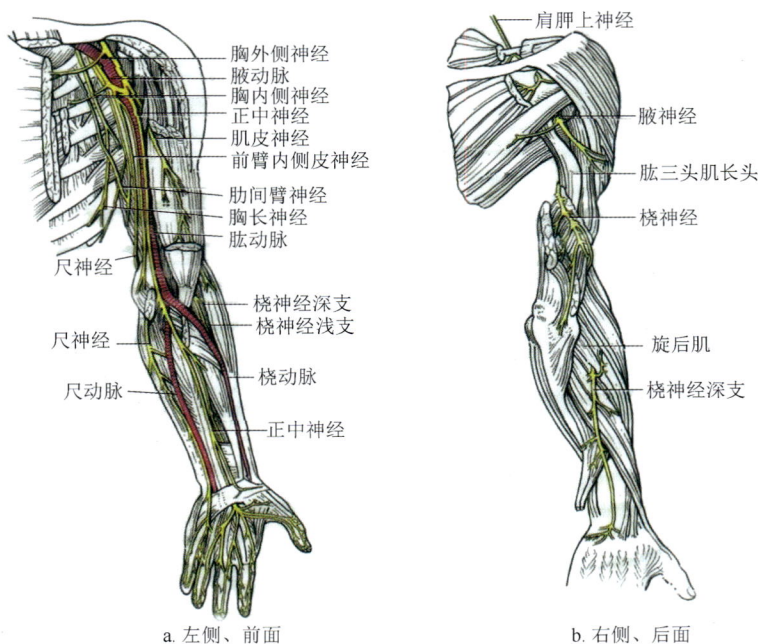

图 3-42　上肢的神经

3）正中神经　源于 $C_6\sim T_1$ 神经根，走行至肘关节处支配附着于或位于肱骨内上髁附近大多数肌肉：腕屈肌、前臂旋前肌（旋前圆肌、桡侧腕屈肌、掌长肌）、深屈肌外侧部分、拇长屈肌、旋前方肌。延伸至远端并穿过腕管，在腕横韧带覆盖下经过腕关节，支配拇指和其他手指内在的肌肉，为手掌外侧、拇指掌面、桡侧两个半指提供感觉纤维，在示指、中指远末端感觉神经尤为丰富集中。

4）尺神经　源于 $C_8\sim T_1$ 神经根，由臂丛神经的内侧束分支直接构成，也有 C_7 神经根纤维参与，经后侧通过内上髁之后，支配尺侧腕屈肌和指深屈肌内侧 1/2。在腕管外侧通过腕关节作为运动神经支配手掌内在肌肉。提供分布于手掌尺侧皮肤感觉神经，包括无名指内侧和小指。

（2）肌肉的神经支配　①屈肘肌受三个不同周围神经支配：肌皮神经支配肱二头肌和肱肌，桡神经支配肱桡肌和肱肌外侧部分，正中神经支配旋前圆肌，同时损伤才使肘屈肌瘫痪。肘伸肌（肱三头肌）和肘后肌由桡神经支配，桡神经损伤导致伸肘肌瘫痪。②前臂旋前肌（旋前圆肌、旋前方肌、内上髁次级肌肉）由正中神经支配。③前臂旋后动作由肌皮神经支配的肱二头肌和由桡神经支配的旋后肌以及其他起于外上髁和前臂背侧的桡侧伸腕肌群协同完成。④肱尺关节和肱桡关节及其周围结缔组织所接收的感觉神经分布来源于 $C_{6\sim8}$ 神经根，主要为肌皮神经、桡神经、尺神经、正中神经分支。⑤上尺桡关节和包绕肘关节的关节囊感觉神经分布来源自 $C_{6\sim7}$ 神经根，来源于正中神经。⑥下尺桡关节所接受的感觉神经分布来自 C_8 神经根，来源于尺神经。

二、肘与前臂运动学及运动功能临床考量

（一）肘关节运动学及运动功能临床考量

1. 肘关节屈曲伸展运动学及运动功能临床考量　肘关节屈曲提供重要的生理功能，如牵拉、提举、进食、梳理头发等。C_5 神经根以上脊髓损伤的患者，因屈肘肌瘫痪，导致不能屈肘。在投掷、推开、伸手够物运动中，除了肘关节屈曲还伴有肘关节伸展。肘关节屈曲性挛缩，屈肘肌显著强直，可导致伸展功能完全丧失。长期屈曲可能由骨折、肘关节炎、肘屈肌痉挛、肱三头肌瘫痪、肘关节前部皮肤瘢痕等所导致。长时间保持肘关节屈曲、肌肉收缩姿势会使肌肉异常僵硬，还可发生前关节囊和侧副韧带前部挛缩。

肘关节可实现最大的被动运动范围从过伸 5°到屈曲 145°（图 3–43）。

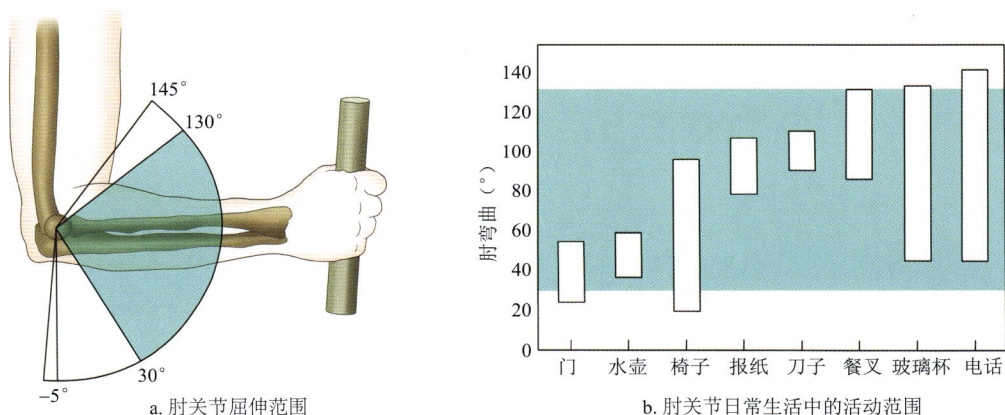

图 3–43　肘关节活动范围

肘关节平均屈曲 145°（120°～160°），上臂和前臂的软组织互相接触，阻止肘关节进一步屈曲，肌肉发达者或肥胖者屈曲范围会有所减小，手不能放在自己的肩上，称为肌性限制。瘦弱者由于尺骨冠突进入肱骨冠突窝，中止肘关节进一步屈曲。日常生活中，肘关节的运动仅使用 30°～130°屈曲的运动弧度，称为功能弧度，轻度肘运动范围受限对上肢的活动范围影响不大。

肘关节平均伸展 0°，伸展运动在尺骨鹰嘴进入肱骨鹰嘴窝内而中止，运动范围仅有很小的差异。肌肉强健者一般不能过伸，瘦弱者可能有 5°或 5°以上的过伸。

肘关节做屈伸运动时，尺骨可围绕其运动轴（尺骨的纵轴）做较小范围的轴向旋转与侧向运动。这些较小范围的轴向旋转与侧向运动，为肘关节的附属运动。

📋 **知识拓展**

肘屈曲位挛缩

肘屈曲位挛缩，正常被动伸展的肌肉或非肌肉组织紧缩，其障碍最大的表现是伸肘能力下降。肘屈曲位挛缩程度不同，伸肘功能障碍程度也不同。完全伸肘，肘中立位0°挛缩，伸肘障碍范围损失为0°。肘30°屈曲位挛缩时，伸肘范围轻微缩小。肘屈曲30°以上挛缩，伸肘功能障碍大得多。90°的屈曲位挛缩，伸肘范围缩小达到50%。将肘屈曲挛缩降至30°以下是康复的重要目标。降低肘屈曲挛缩的康复治疗包括减轻炎症和肿胀，通过夹板、连续被动活动，不断鼓励患者忍痛活动肘关节。将肘关节定位在更大伸展范围内，伸展位于内外侧旋转轴前侧，用手移动关节，增加伸肘肌肌肉力量。如果这些非手术疗法无效，可采用关节松解术。肘部屈曲挛缩最有效的方法是预防。

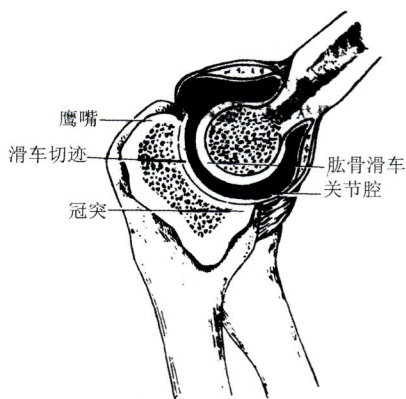

图3-44 肱尺关节

2. 肱尺关节的运动学及运动功能临床考量 肱尺关节是尺骨凹形滑车切迹围绕凸形肱骨滑车所形成的关节。在滑车上，软骨覆盖300°关节面，在滑车切迹上，软骨覆盖180°关节面，滑车和滑车切迹限制了肱尺关节在矢状面上的活动范围（图3-44，图3-45）。

充分伸展肱尺关节，肘前侧皮肤、屈肌、前关节囊和内侧副韧带的前纤维束需要具有足够的伸展性。完全伸展还需要鹰嘴突突出的尖部楔入鹰嘴窝中。鹰嘴窝周围过度异位骨化会限制充分伸展。肱尺关节的伸展由关节一致性来稳固，由被拉伸的结缔组织增大张力来稳固。

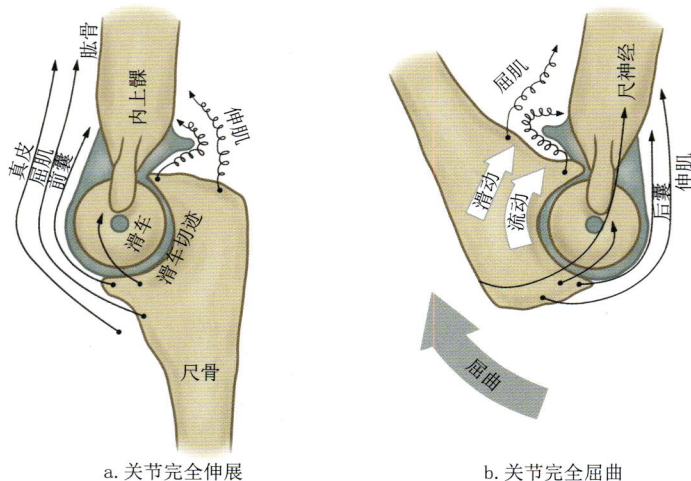

a. 关节完全伸展　　　b. 关节完全屈曲

图3-45 肱尺关节的矢状切面

肱尺关节屈曲过程中，滑车切迹的凹面在凸面上滚动或滑动，肘关节完全屈曲需要后囊、伸肌、尺神经、侧副韧带（内侧副韧带的后侧纤维）伸长。在被延长或肘屈曲活动中，尺神经的伸展可导致神经疾病。严重肘损伤时，尺骨滑车切迹会在肱骨滑车后侧脱位。这种脱位常由摔跤时单侧手臂伸出撑地所致，常伴有桡骨骨折。

> 📋 **知识拓展**
>
>
>
> ### 桡尺近端关节的脱位（"牵拉肘"综合征）
>
>
>
> 施加在前臂上的极大拉力可导致桡骨头滑到环状韧带的远端。由于韧带松弛，或桡头未骨化，韧带强度低，反应迟钝，再加上被强拉手臂，儿童尤其容易患"牵拉肘"综合征即上桡尺关节脱位。预防这种脱位的最佳办法是向父母们解释大力拉孩子的手是怎样导致脱位的，避免用力牵拉手或前臂。

3. 肱桡关节运动学及运动功能临床考量 肱桡关节是桡骨头的杯状小窝和肱骨小头所构成的关节。肘关节完全伸展放松时，肱桡关节的关节面几乎不接触；屈曲和伸展运动时，桡骨凹窝在肱骨小头凸面上的滚动和滑动；肘关节主动屈曲时，肌肉收缩牵拉使桡骨窝向肱骨小头靠近。与肱尺关节相比，肱桡关节为肘提供结构稳定很小，但提供与外翻力相抗衡的抵抗力（图3-46）。

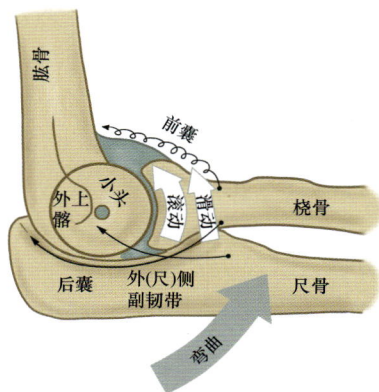

图3-46 肱桡关节的矢状切面

考点提示 肱骨干远端、尺骨、桡骨的解剖结构，肘关节（肱尺关节、肱桡关节）、上下尺桡关节解剖结构特点，肘关节及前臂复合体周围韧带及功能、肌肉及功能、肌肉神经支配，肘与前臂运动学、运动范围临床考量。

（二）前臂运动学及运动功能临床考量

1. 旋前旋后运动学及运动功能临床考量 在日常活动中，许多动作都涉及前臂的旋前和旋后，如进食、洗脸、剃须，手掌掌面均需向面部旋转，即旋后；抓硬币、从椅子上推起，手掌掌面均需向下旋转，即旋前。

前臂旋转的中立位或零基准位是"拇指向上"位，完全旋前和旋后的中间位置。前臂旋前，拇指从向上到向内，掌心向下，平均范围约75°；前臂旋后，拇指从向上到向外，掌心向上，平均范围约85°。一些日常生活活动仅需大约100°的前臂旋转，从旋前50°至旋后50°之间，不包括极限运动范围，这是前臂旋转的功能弧度。前臂全范围旋转缺失最后30°左右，仍能满足日常生活中许多常规活动。减少的旋前、旋后可分别通过肩部内旋、外旋来代偿（图3-47）。

前臂复合体旋前、旋后，需要上下尺桡关节同时运动。前臂旋转轴从桡骨小头到尺骨头，连接在两端上、下尺桡关节之间。一侧受限将限制和影响另一侧运动，也涉及肱桡关节运动。这些关节中任何一个关节的受限将限制前臂的整体旋转。如肌肉和结缔组织的绷紧会限制被动活动范围。

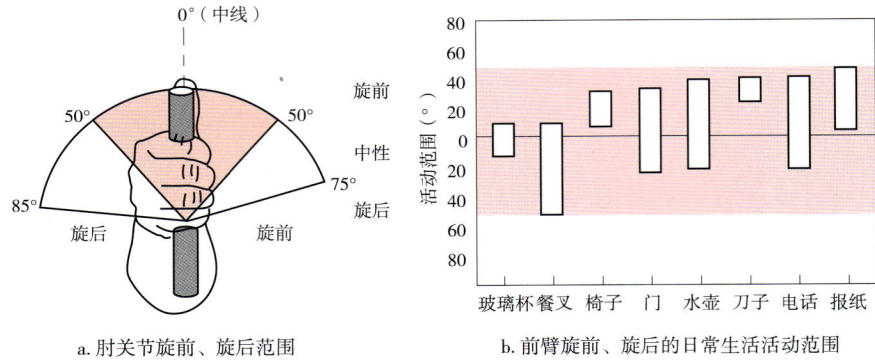

a. 肘关节旋前、旋后范围

b. 前臂旋前、旋后的日常生活活动范围

图 3-47　前臂复合体运动范围

在解剖位上，前臂完全旋后，尺骨和桡骨相互平行。旋前位时，桡骨远端和手掌发生旋转，与固定不动的尺骨相交叉。尺骨在旋前或旋后中保持静止，为桡骨、腕骨、手掌提供连接和支撑。尺骨在旋前和旋后中，并非完全不动，在冠状面发生轻微移动。旋前时轻度外展（外翻），旋后时轻度内收（内翻）。旋前和旋后提供手在尺骨和肱骨不旋转的情况下"独立"转动的机制。

前臂旋后时，上尺桡关节处桡骨小头在环状韧带和尺骨桡切迹间形成的纤维骨性环中旋转，即上尺桡关节旋后，桡骨小头被纤维骨性环限制进行滚动和滑动；下尺桡关节处桡骨远端尺骨切迹凹面以相同方向在尺骨头上滚动和滑动，即下尺桡关节旋后。前臂旋后时，关节盘近侧表面与尺骨头保持连接。旋后末端阶段，掌侧关节囊韧带伸展至最大长度，稳定下尺桡关节（图 3-48）。

前臂旋前时，上下尺桡关节运动机制与旋后相似。完全旋前，最大限度延长下尺桡关节背侧关节囊韧带，掌侧囊韧带松弛至原长的 70%。完全旋前，尺骨头关节面暴露，可以触及（图 3-49）。

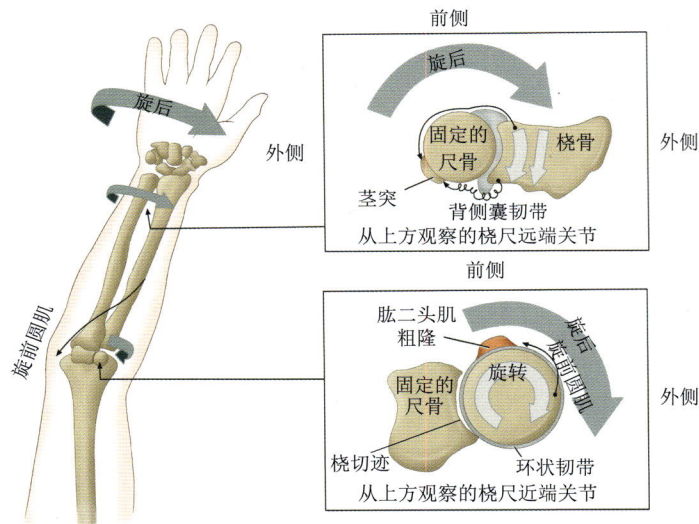

图 3-48　完全旋后的右前臂前面观

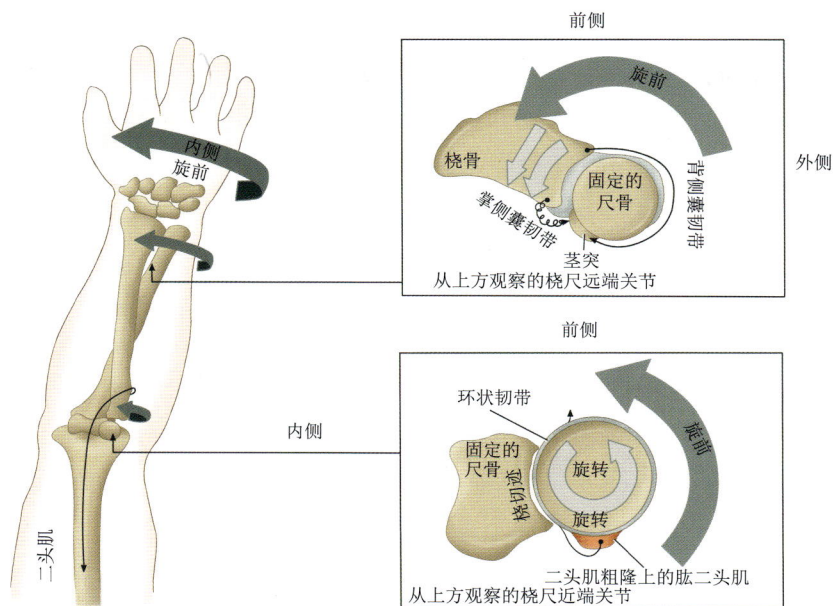

图 3-49 完全旋前的右前臂后面观

前臂主动旋前、旋后时，桡骨通过桡骨头周围在上尺桡关节处与纤维骨性环（环状韧带）相连，通过桡骨头小窝在肱桡关节处与肱骨小头连接。肘关节前臂复合体的任何运动，均涉及肱桡关节运动，所以肱桡关节活动受限，影响肘关节屈曲和伸展、前臂的旋前和旋后，导致上肢功能障碍。同时，肌肉和结缔组织的紧缩引起被动旋前、旋后运动范围减小。

📋 **知识拓展**

预防前臂旋前挛缩

前臂的旋转轴（旋前、旋后）与骨间膜中央带基本平行，只偏离 10°～12°。相对平行的排列方式，限制前臂从旋前到旋后过程中骨间膜长度（或张力）（与旋转轴平行的任何力不产生抗转力矩）。旋转轴和骨间膜非完全平行，骨间膜长度在前臂旋转全弧度过程中发生相应的变化，作为一个整体-骨间膜在旋前时最放松。利用夹板或石膏对前臂进行长期固定时，要求前臂在部分旋前中保持不动。旋前时，相对松弛的骨间膜随之紧绷，导致旋前挛缩。旋前圆肌、旋前方肌及外来手指屈肌紧绷，掌侧桡尺关节囊韧带松弛，也可能出现旋前挛缩。将前臂固定在正中位置或一定程度上的旋后位置时，骨间膜被相对地拉伸。尽管骨间膜静止张力增加很小，但随着时间的推移能够限制组织适应性的缩短。

2. 骨间膜运动学及运动功能临床考量 旋前、旋后时，骨间膜发挥重要作用，骨间膜将桡骨固定在尺骨上，使桡骨、尺骨成为一体，充当手部外在肌的一个稳定的附着点，并提供一个在近端将力传递到上肢中的机制。在完全旋前或旋后时，关节盘部分松弛，骨间膜紧张；中立位时，关节盘紧张，骨间膜松弛。手撑地，负重产生压力，80%通过桡腕部传到腕骨外侧和桡骨，20%通过腕部内侧和尺骨传到尺腕间隙。骨间膜纤维走向，部分源自远端的负荷通过骨间膜传递至尺骨，部分途经腕部的压力通过肱尺关节传递至肘部，肱桡关节和肱尺关节共同分担传递至肘部的压力，避免负荷过度集中于肱桡关节，导致关节周围软组织和骨性结构破坏。完整性被破坏导致关节退化，诱发骨性关节炎。骨间膜主要纤维走向不能拮抗作用于桡骨远侧的拉应力（提重物，所有力量均作用于桡骨），使骨间膜松弛，斜索和环状韧带可防止前臂复合体损伤。

本 节 小 结

肘与前臂复合体由肱骨、尺骨、桡骨三块骨和肱尺关节、肱桡关节和上下尺桡关节四个关节组成。

肘关节在单一平面内做屈曲与伸展运动。肘的屈和伸发生内－外侧旋转轴上。滑车的不对称造成尺骨相对于肱骨向外偏，肘外翻使被携带的物体远离大腿。正常的提携角约为 15°±5°，少数表现过度的肘外翻，角度可超过 20°。相反，肘内翻（枪托）畸形可能性比较低。肘关节可实现最大的被动运动范围从过伸 5° 到屈曲 145°。肘关节平均屈曲 145°（120°～160°），软组织互相接触，阻止肘进一步屈曲。日常生活中，肘关节的运动仅使用30°～130° 的运动弧度，轻度肘运动范围受限对上肢的活动范围影响不大。肘平均伸展 0°，在尺骨鹰嘴进入肱骨鹰嘴窝而中止，运动范围仅有很小的差异。瘦弱者可能有 5° 或 5° 以上的过伸。肘屈伸时，尺骨围绕其运动轴做较小范围的轴向旋转与侧向运动，为肘关节的附属运动。

前臂围绕旋转轴－桡骨小头与尺骨头连线旋前和旋后。前臂旋转可使手在尺骨和肱骨不旋转的情况下"独立"转动。旋前或旋后受限，必须依靠肩部更大范围的内外旋转代偿来完成旋转活动。前臂旋转的中立位或零基准位是"拇指向上"位。前臂旋前，平均范围约75°；旋后，平均范围约 85°。日常生活活动仅需大约 100°，从旋前 50° 至旋后 50° 之间，全范围旋转缺失最后 30° 左右，仍能满足日常生活中许多常规活动。减少的旋前、旋后可分别通过肩部内旋、外旋来代偿。

肘关节屈曲、伸展运动与前臂复合体的旋转运动可共同实现，肘关节与前臂复合体的配合，使前臂置于空间任何位置，使前臂和手按需远离躯体，极大地增加上肢在空间放置的有效范围，对完成日常活动如进食、梳洗、投掷等具有重要意义。

（张华锴）

第三节 腕手关节运动学

腕关节位于上肢的远端，连接前臂和手，是全身结构复杂的复合关节之一，运动灵活，是手部做精细运动的基础。

腕关节复合体由 15 块骨（尺骨远端、桡骨远端、8 块腕骨、5 块掌骨）构成 17 个关节（桡腕关节、近侧列腕骨间关节、远侧列腕骨间关节、腕中关节、腕掌关节），骨和关节周围有屈腕肌、伸腕肌、外展肌、内收肌，被包绕在 1 个广泛的韧带系统（外在韧带、内在韧带），受源自于 C_7、C_8 神经根的桡神经、正中神经和尺神经支配。腕关节的可动性主要由骨、关节结构提供，而稳定性主要由软组织（韧带、肌、肌腱）提供。肌腱穿过或附着在骨上，韧带将骨间相互连接起来。腕关节复合体的损伤十分常见，常是由于力作用于骨、关节、韧带、肌腱等所造成的桡骨远端骨折、舟状骨骨折、月骨脱位、舟状骨脱位、急慢性韧带损伤。

手是人体感知周围环境的一个重要感觉器官，是多数复杂动作的主要效应器官。根据不同的需要，29 块肌肉驱动手上 19 块骨骼和 19 个关节，产生不同的精细动作，发挥其功能。

一、腕手关节功能解剖

（一）腕关节功能解剖

腕关节是手行使功能的关键，当手抓握时，它具有提供抓握的最佳位置。当腕关节功能结构发生改变而影响其运动学特性时，均可能引起关节功能异常及手关节抓握功能受限。

1. 骨关节与功能结构 腕关节复合体的两个主要关节是桡腕关节和腕中关节，腕骨间关节和腕掌关节也位于相邻的两个腕骨和腕骨与掌骨之间。腕骨间关节通过小的滑动和旋转促成腕关节复合体运动，与桡腕关节、腕中关节活动范围相比较小，但对完成腕关节复合体运动很重要（图 3-50）。

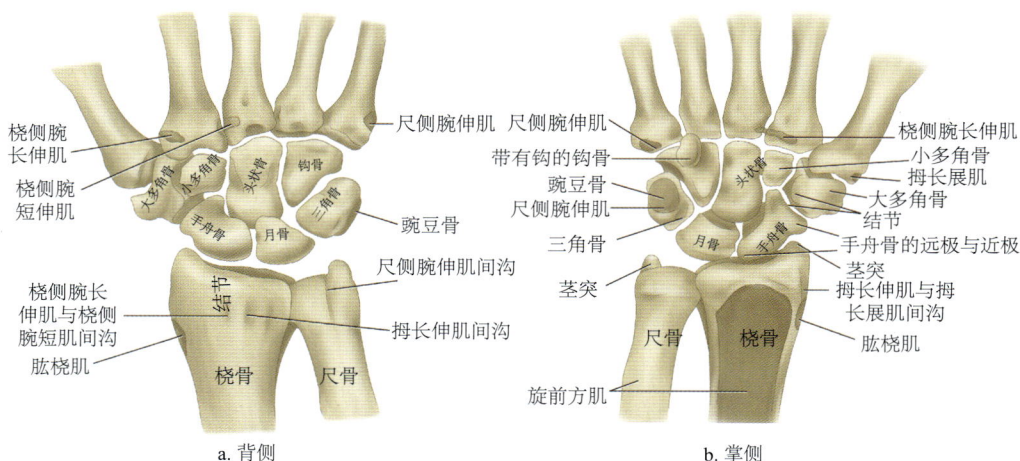

图 3-50 腕关节背侧面、掌侧面骨结构

桡腕关节（radiocarpal joint），由桡骨腕关节面和尺骨头下方关节盘作为关节窝，舟状骨、月骨、三角骨的近侧关节面构成关节头，是典型的椭圆关节（图 3-50，图 3-51）。

（1）桡骨 桡骨下端膨大与腕骨构成桡腕关节。桡骨远端膨大，前凹后凸，近似立方形，具有掌背桡尺 4 个面。远侧面光滑凹陷，为桡腕关节面，与近侧腕骨相关节。内侧面有尺骨切迹，与尺骨头相关节。外侧面向下突出，称为桡骨茎突，在桡骨远端外侧可触及，比尺骨茎突伸向远端。桡骨远端朝向尺骨（内侧）方向呈 25° 倾斜，桡骨茎突和尺骨头连线与水平面约成 15°，使尺侧内收距离比向桡侧外展距离更远。桡骨远端关节面向手掌方向成 10°，使腕关节复合体掌屈比背伸运动范围大（图 3-52）。桡骨远端由松质骨构成，易造成 Colles 骨折，改变桡尺远端关节、桡腕关节的一致性或适合性，腕关节复合体变得不稳定，还可能改变前臂的旋转轴和骨间膜的关系，限制旋前、旋后活动范围。

（2）尺骨头 尺骨下端呈柱状，末端稍膨大，称为尺骨头，尺骨头桡侧有半环形关节面，约占圆周的 2/3，与桡骨下端形成桡尺关节面。前臂旋前时尺骨头明显突出，前臂旋后

时膨大隆起逐渐变小，直至消失，这是桡骨远端绕尺骨头旋转之故。

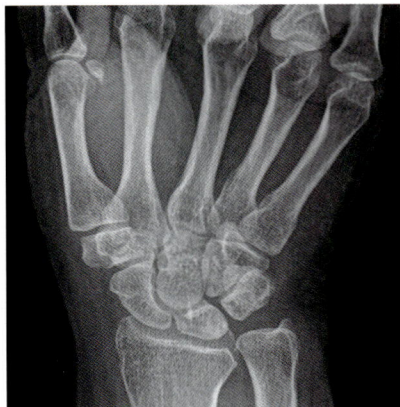

图 3-51　腕关节 X 线片

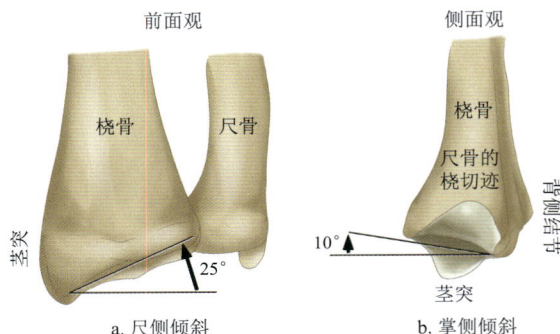

图 3-52　桡骨远端前侧面

关节盘又称三角形纤维软骨盘，附于桡骨远侧的尺侧缘、尺骨茎突之间，占据尺骨头和腕部尺侧之间大部分空间，远端尖端附着于三角骨。关节盘将桡骨、尺骨连接在一起，并将桡腕关节与桡尺关节和尺骨分开。尺骨被三角关节盘隔开，不参与桡腕关节组成，属简单关节。关节盘接受并分散穿过腕骨的力，当腕部伸展且向尺侧倾斜时，接触面积最大，是获得最大握力的位置。

（3）腕骨　在腕部有 8 块立方形腕骨，分为 2 列，每列 4 块，远侧到近侧、桡侧到尺侧，"大小头状钩，舟月三豌豆"。多数腕骨在近侧、远侧、内侧、外侧均有关节面，掌侧、背侧粗糙供韧带附着。远侧"大小头状钩"组成稳定的横截面，与掌骨形成腕掌关节，且紧密结合，被骨间韧带束在一起。近侧月骨和三角骨与桡骨形成桡腕关节；手舟骨横跨两列骨；豌豆骨是籽骨，加强腕骨原动肌屈腕肌力学优势，与三角骨形成小关节。

1）舟状骨　形似小船，"船底"位于桡骨远端。"船体"载物区与头状骨相连。舟状骨有两个凸面的极为近极和远极。近极与桡骨远端关节面相关节，远极在手掌侧倾斜伸展，且有一个圆形结节，在手掌掌基上可以触摸到。腕内收时，更为突出，外展时退缩。舟状骨是细长形状，在功能解剖上与大多角骨、小多角骨、头状骨、月骨 4 块双排腕骨相关节，并与桡骨远端相关节形成桡腕关节的一部分。舟状骨位于腕部力量传递的通路上，易骨折。舟状骨落在完全旋后的前臂上，腕部完全伸展呈放射状偏离，遭遇骨折的患者通常有紧绷的解剖鼻烟窝。解剖鼻烟窝是在拇长展肌腱、拇短伸肌腱和拇长伸肌腱之间的凹陷。大多数骨折发生在舟状骨中间凹入部分的附近。

2）月骨　是近排腕骨中央的一块骨头，楔入舟状骨与三角骨之间。可在桡骨背侧结节远侧和头状骨近侧触摸到，屈腕明显，伸腕退缩。月骨近端表面是凸形的，楔入桡骨上的凹面中，远端表面是很深的凹面，呈现新月状外形，接纳头状骨内侧一半和钩骨顶端两个凸面。月骨是腕骨中最不稳定的一块骨，由于其形状造成的，但主要是缺少与相对稳固的头状骨上的附着点，最易脱位。

3）三角骨　位于尺骨茎突远端，月骨内侧，占据腕部大部分尺骨的位置，易于触及，尤其是腕部呈放射状偏移。三角骨外侧面长而平坦，与钩状骨相关节。三角骨仅次于舟状骨和月骨，是腕骨中第三易骨折的骨头。

4）豌豆骨　形似豌豆，松散地与三角骨掌面相关节，嵌入尺侧腕屈肌肌腱，具有籽骨的特性，在手掌侧面近尺侧边缘触摸到，可侧向来回移动。

5）头状骨 是腕骨中最大的一块，位于中央，在手背该处稍凹陷，腕尺侧和桡侧外展运动轴以矢状方向通过头状骨。头状骨大头与舟状骨和月骨形成的深凹面相关节。短而粗壮的韧带把头状骨固定在钩骨和小多角骨之间。头状骨远端牢固地连接与第三掌骨基底部，较小程度地与第二、四掌骨基底部相连接。牢固的关节连接使头状骨和第三掌骨作为独立的操纵杆，为手和腕提供纵向稳定性。

6）大多角骨 在拇指腕掌关节近侧和手舟骨远侧触摸到，形状不对称。近端关节面是凹面，与舟状骨相关节。远端关节面是鞍状面，与第一掌骨基底部相关节。允许拇指有很大的活动范围。大多角骨掌面具有纤细突起结节，为横向韧带提供附着点，保证腕关节稳定性。

7）小多角骨 是紧紧楔入头状骨、大多角骨之间的一块小骨。近端面是轻微凹面，与舟状骨相关节，远端与第二掌骨基底部相关节。

8）钩骨 形状类似棱锥，是位于掌面的一个钩状突起。底部或远端面与第四、五掌骨基底部相关节。近端面是凹面，与月骨相关节。这种关节连接为手尺骨面提供灵活性。钩状结构与豌豆骨为腕横韧带内侧提供附着点。

2. 腕关节的辅助结构 腕关节周围韧带较小，难以分开，但具有运动学重要性。韧带对维持腕骨间自然排列及转移腕部力非常重要，为腕部复杂运动提供稳定。韧带由于损伤或疾病而受到损害，腕关节会变形、不稳定，形成变形性关节炎。

腕关节韧带包括掌侧韧带、背侧韧带和内在腕骨间韧带3部分。掌侧韧带包括桡腕韧带、尺腕韧带、腕骨间韧带和腕掌韧带4部分；背侧韧带包括桡腕韧带、腕骨间韧带、腕掌韧带3部分；内在骨间韧带分为近排腕骨间内在韧带、远排腕骨间内在韧带和掌骨近端内在韧带3部分；近排腕骨间内在韧带有舟月骨间韧带、月三角骨间韧带两部分；远排腕骨间内在韧带有大小多角骨间韧带、小多角骨头状骨间韧带和头钩骨间韧带3部分（图3-53）。

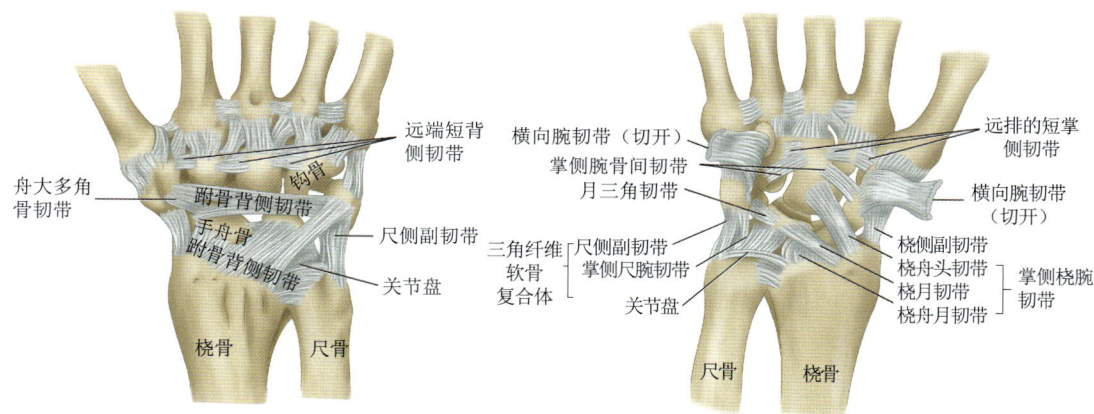

图 3-53 腕背侧、掌侧韧带

桡腕关节前后左右均有韧带加强，外侧有腕桡侧副韧带，内侧有腕尺侧副韧带，前面有桡腕掌侧韧带，掌侧韧带最坚韧。腕中关节韧带分别位于掌侧和背侧。

腕部韧带有屈肌和伸肌支持带，屈肌支持带又称腕横韧带，是腕掌侧深筋膜增厚形成的结缔组织扁带，厚1～2mm，宽2～3mm。腕横韧带在手关节掌侧，是筋膜局部增厚形成的韧带，位于腕骨沟上，横架于腕尺侧隆起（钩状骨、豌豆骨）和腕桡侧隆起（大多角骨、舟状骨）上，与深层腕骨构成腕管。此韧带不但具有保护作用，还可以加强腕部的弹性起到缓冲作用。腕掌韧带是前臂深筋膜延伸至腕前区而成，对前臂屈肌腱起固定、支持和保护作用。

3. 腕关节的肌 腕关节由主要的和次要的肌群控制。主要肌群的肌腱远端附着在腕骨或邻近的掌骨近端内侧，基本上只控制腕关节运动。次要肌群肌腱跨过腕部，伸向远端，附着在指骨上，控制腕关节和手关节运动。

三块主要的屈腕肌指桡侧腕屈肌、尺侧腕屈肌和掌长肌，次要屈腕肌指浅屈肌、指深屈肌和拇长屈肌（图 3-54）。主要屈腕肌大多起于肱骨内上髁或内上髁附近及尺骨背侧缘，长短不一。桡侧腕屈肌肌腱远端附着于第二、三掌骨掌侧基部。尺侧腕屈肌的远端肌腱附着于豌豆骨上，并连接于豆钩韧带与豆掌韧带及第五掌骨掌侧基部，包绕豌豆骨，并将其作为籽骨，增加力学优势，减少肌腱整体拉伸，增加肌力。掌长肌远端附着于手掌腱膜内。在主动屈腕时，桡侧腕屈肌和尺侧腕屈肌协同运动，并相互抵抗对方的外展和内收，使腕关节屈曲。

主要伸腕肌包括桡侧腕长伸肌、桡侧腕短伸肌、尺侧腕伸肌，次要伸腕肌包括小指伸肌、示指伸肌和拇长伸肌（图 3-54）。主要腕伸肌近端附着点位于肱骨外上髁、外上髁附

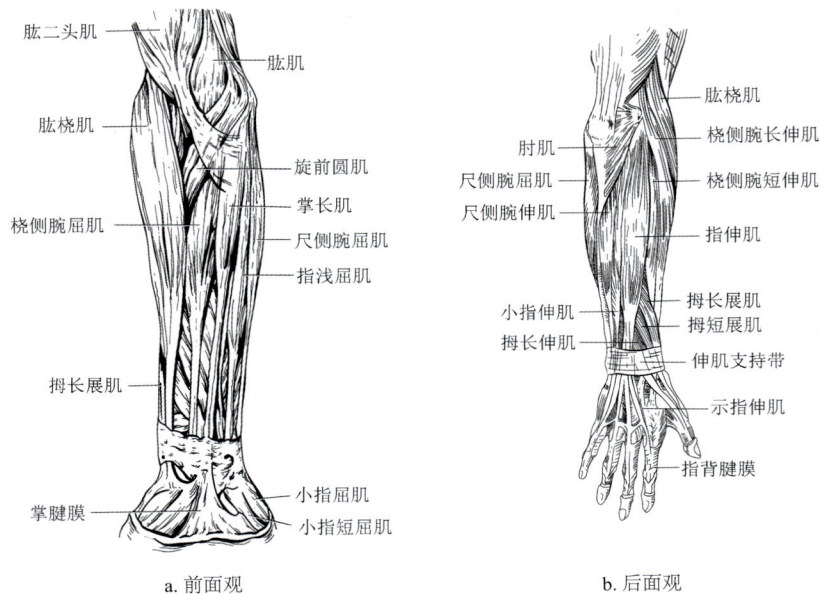

a. 前面观

b. 后面观

图 3-54　右前臂的肌肉

近及尺骨背侧缘。远端，桡侧腕长伸肌和桡侧腕短伸肌分别附着于第二、三掌骨背侧基部，尺侧腕伸肌附着于第五掌骨背侧基底部。分为深浅两层，浅层起于肱骨外上髁，深层起于桡、尺骨背面和骨间膜，分别止于掌骨和相应指骨背面。伸腕肌引起肘关节的运动，桡侧腕长伸肌和桡侧腕短伸肌在肘关节屈曲时被加强。伸腕肌主要功能是在涉及手指运动中对腕关节进行定位，伸腕伴随屈指抓握，伸腕肌群产生强大的握力。

4. 腕关节的肌腱 腕关节被周围腕肌肌腱包绕（图 3-55）。尺侧腕屈肌肌腱附着于籽骨，其他肌腱横跨腕骨嵌到掌骨。每个肌腱都有偏移范围。桡侧腕短肌和桡侧腕长肌约有37mm 的最大偏移；桡侧腕屈肌偏移 40mm，尺侧腕屈肌偏移 33mm，旋前圆肌偏移 50mm。任何肌腱的偏移都能限制腕关节的运动。肌腱滑动处，多发生腱鞘囊肿，常见于舟、月骨关节背面，位于拇长伸肌腱、指总肌腱之间；其次为腕部掌面桡侧，位于桡侧腕屈肌腱和拇长展肌腱之间，称"腕筋瘤"，多见于青壮年女性，局部气血凝聚而成，与外伤沉积和慢

性劳损有关，严重限制腕关节运动。

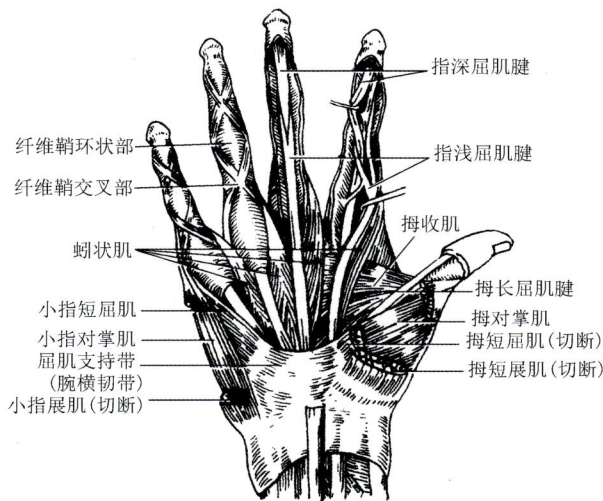

图 3-55　手部肌

桡骨茎突常发生狭窄性腱鞘炎，肌腱在腱鞘内活动受阻。过度使用腕部和拇指，使外展拇长肌、伸拇短肌不断收缩摩擦，腱鞘内水肿增厚、纤维性变，腱鞘狭窄。病变晚期，可产生摩擦音，拇指内收、握拳，腕关节向尺侧屈曲时，桡骨茎突处剧痛。

"鼻烟窝"近侧界为桡骨茎突，桡侧界为拇长展肌腱、拇短伸肌腱，尺侧界为拇长伸肌腱，窝底为手舟骨、大多角骨。内有桡动脉通过，可触及桡动脉搏动，骨折时因肿胀凹陷消失，有压痛。

5. 腕关节的神经支配　桡神经支配腕背侧的所有肌肉，包括桡侧腕长伸肌、桡侧腕短伸肌与尺侧腕伸肌。正中神经与尺神经支配腕掌侧所有肌肉，包括主要的腕屈肌。桡侧腕屈肌和掌长肌受正中神经支配，尺侧腕屈肌受尺神经支配。

桡腕关节与腕中关节接受源于 C_6、C_7 神经根的纤维，C_6、C_7 神经根是由正中神经与桡神经传导的。桡神经终端神经支通常在腕背侧形成疼痛的神经瘤。腕中关节也受通过尺神经的深支传导入 C_8 神经根的感觉神经支配。

正中神经在腕管内变得扁平，紧贴屈肌支持带桡侧端深层，在两个滑液鞘之间进入手掌。骨折、损伤、肿胀均可造成正中神经压迫，造成腕管综合征。

（二）指关节功能解剖

手有五根手指，每一个手指都有一个指骨组合。手指可以用从一到五数字表示，也可以用拇指、示指、中指、环指和小指表示。手指关节由 5 块掌骨和 14 块指骨构成 5 个掌指关节和 14 个指间关节（图 3-56）。骨和关节周围有固有肌和外来肌，肌肉的收缩运动引起关节活动，使手指关节屈伸、内收外展、对指、对掌，处于有利的抓握模式。有筋膜、肌腱、腱鞘、滑车系统，有利于指关节运动，同时提供一定的稳定性。受来源自于 C_7、C_8 神经根的桡神经、正中神经和尺神经支配，神经损伤会引起手指运动障碍和感觉障碍。

1. 骨关节与功能结构　掌骨和近节指骨构成掌指关节，掌指关节有 5 个；近节指骨和中节指骨构成近端指骨间关节，近端指骨间关节有 4 个；中节指骨和远节指骨构成远端指骨间关节，远端指骨间关节有 4 个；拇指只有 2 块指骨，构成拇指指骨间关节 1 个。

每块掌骨都具备类似的解剖特征，掌骨属于长骨，第一（拇指）掌骨最短最粗，第二掌骨最长，其余三块掌骨从桡侧到尺侧长度递减。掌骨中间为细长骨干，骨干的掌面呈轻微的纵向凹陷，调节该区域的肌肉和肌腱。近侧端为掌骨底，与一块或多块腕骨存在关节连接。第二至第五掌骨近侧端基部有小关节面，与相邻掌骨近侧端基部相连构成关节。远侧端称掌骨头，与指骨相关节。每块掌骨远侧端都有一个较大的凸头，第二至第五掌骨凸头在握拳时显露于皮下，称为指节。掌骨头的近端是掌骨颈，是最常见的骨折部位，尤其是第五掌骨。一对后结节是侧韧带在掌指关节处的附着点（图3-57）。

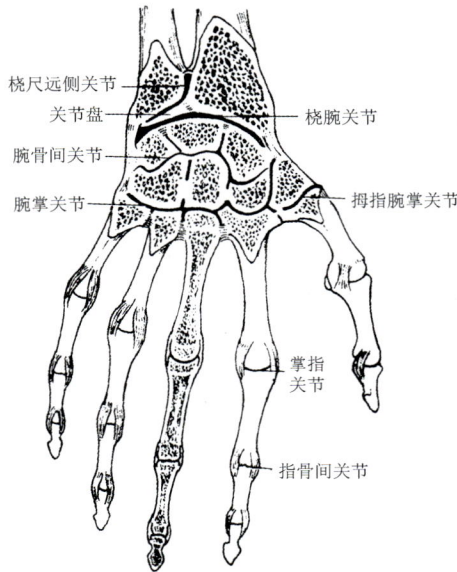

图3-56　手关节

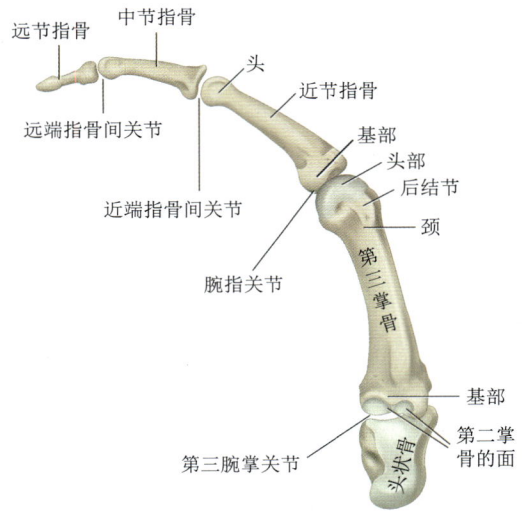

图3-57　中指指骨

当手在解剖静止位时，第二至第五掌骨并排，掌面朝前。拇指的掌骨与其他掌骨不在同一平面，相对于其他几个手指向内侧旋转约90°，拇指的掌面朝向手的中线（图3-58）。

指骨除了大小不同以外都具有相同的形态学，属于小型长骨，近端为底，中部为体，远端为滑车。拇指有2节，近、远节指骨；其余2～5指均为3节，近侧至远侧依次为近节指骨、中节指骨、远节指骨。近节和中节指骨有一个凹陷的基部、骨干和凸出的头。凹陷

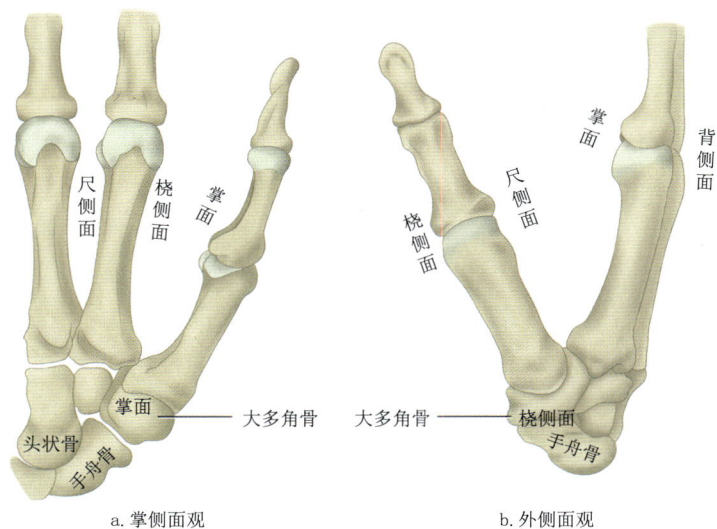

a. 掌侧面观　　　　　　　　　　　　b. 外侧面观

图3-58　手掌侧面观、外侧面观

的基部与掌骨小头相关节，骨干掌面稍微呈纵向凹陷，凸出的头呈双髁状，有髁间凹陷，与相邻指骨近端构成滑车关节。远节指骨有一个凹陷的基部，远端无滑车，掌面粗糙隆起，形成圆形的结节，称远节指骨粗隆（甲粗隆），把软组织固定到手指末端。

近端指间关节是由近节指骨头与中节指骨基底部组成的关节，近节指骨头有两个球形骨节，这两个骨节被一个较浅的中间间沟分隔开来；中节指骨基底部有两个较浅的凹面，两个凹面被一个中央嵴分开；舌榫嵌入凹槽式关节帮助引导屈伸活动，限制绕轴旋转。

远端指骨间关节是由中节指骨头与远节指骨基底部组成的关节。

2. 指关节的肌肉、肌腱　控制手指的肌肉可以分为外来肌和固有肌。外来肌的近端附着点在前臂，在某种情况下，位于最近端的变形肱骨内上髁上。固有肌近端附着点和远端附着点均位于手内。手大多数主动运动都需要手外来肌、手固有肌和腕部肌肉的密切配合才能完成。

（1）手指外来肌　手指外来肌可分为指屈肌、手指伸肌、拇伸肌三类。

1）指屈肌　包括指浅屈肌、指深屈肌和拇长屈肌，这些肌肉主要来自肱骨内上髁与前臂的近端。①指浅屈肌的肌腹位于前臂前侧、3块主要腕屈肌与旋前圆肌的深处。4条肌腱跨过腕部进入手的掌侧。在近节指骨的水平面上，每条肌腱分裂开，使指深屈肌的肌腱可以通过，每个肌腱的两个分裂部分在一定程度上重新结合，跨过近端指骨间关节，连接到中节指骨的掌侧。指浅屈肌的主要功能是使近端指骨间关节屈曲，也可以屈曲其跨越过的所有关节。除小指之外，每条浅肌腱通过相对独立其他肌腱的方式被控制，在示指尤为明显。②指深屈肌的肌腹位于前臂最深肌肉平面内、指浅屈肌的深处。每条肌腱穿过指浅屈肌的分裂肌腱，每条肌腱继续向远端延伸，连接到远节指骨的基底部。指深屈肌是远端指骨间关节唯一的一块伸肌，可以屈曲其跨越过的所有关节。示指的指伸肌可以通过相对独立其他深肌腱的方式被控制，其余三条肌腱通过各种肌肉纤维束相互连接，不允许某单个手指独立远端指骨间关节屈曲。当中指所有关节最大限度地伸展，中指拉伸而施加在指深屈肌肌腹上的过度拉力，使其他3个手指（示指、环指、小指）无法或很难完成屈曲动作。③拇长屈肌位于前臂最深的肌肉平面、指深屈肌的外侧。跨过腕部，在远端连接到拇指远节指骨基底部掌侧。拇长屈肌是拇指指骨间关节唯一的屈肌，在腕掌关节（MCP）、掌指关节（CMC）和腕关节产生屈曲力矩。

手外来肌中三块指屈肌通常一致收缩，尤其需要整个手牢固抓握时。肌肉的活动一致地屈曲手指，协同第一、四和五手指的掌指关节对屈，交替握紧和放松拳头时最明显。

指屈肌腱始于近端，作为皮肤下厚腱膜的拉伸，延伸到所保护纤维骨管（指纤维鞘）远端附着点。指纤维鞘被固定在指骨与掌板上，互不相连的组织带（屈肌滑车）嵌入到每个指鞘中（图 3-55）。指滑液鞘位于滑车深处，从远端掌褶到远端指骨间关节围绕着屈肌肌腱。鞘中分泌滑液，减少指浅屈肌与指深屈肌肌腱之间的摩擦。肌腱损伤或断裂，肌腱和邻近鞘或肌腱可能被粘连在一起。

手指的屈肌滑车在稳定肌腱相对于其下面的关节上发挥重要作用。滑车被过度拉伸或撕裂仅次于外伤、过度使用或疾病。

2）手指伸肌　包括指总伸肌、示指伸肌、小指伸肌（图 3-59）。指总伸肌与小指伸肌来自于肱骨外上髁的总肌腱，示指伸肌的近端附着在前臂的背侧。指总伸肌是具有支配性的伸肌，除了作为指伸肌外，作为腕伸肌有很好的力臂。示指伸肌和拇指的外来伸肌位于指总伸肌和小指伸肌深部（图 3-59）。示指伸肌只有一条肌腱。小指伸肌是一块较小的梭形肌肉，有两个肌腱，与指总伸肌相连。指总伸肌、示指伸肌和小指伸肌的肌腱跨过支持韧带内部具有滑液管道的腕部。位于伸肌支持带远端的肌腱在掌骨的背侧向手指方向延伸（图3-60）。

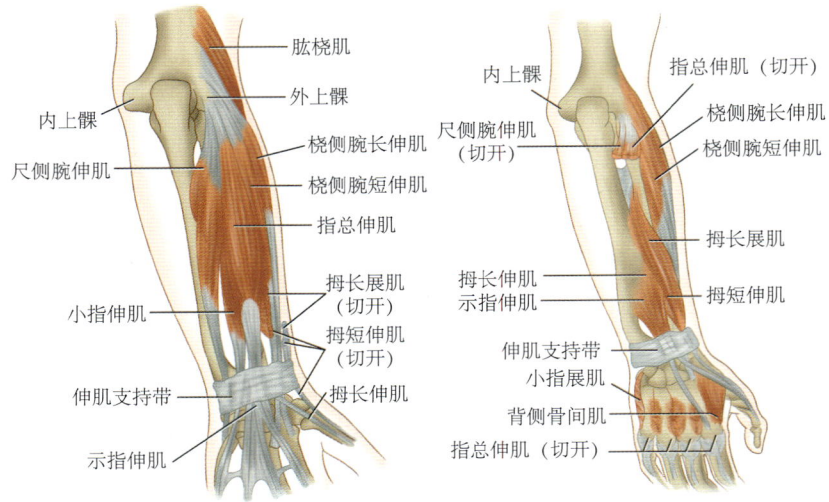

图3-59 指肌腱掌面观

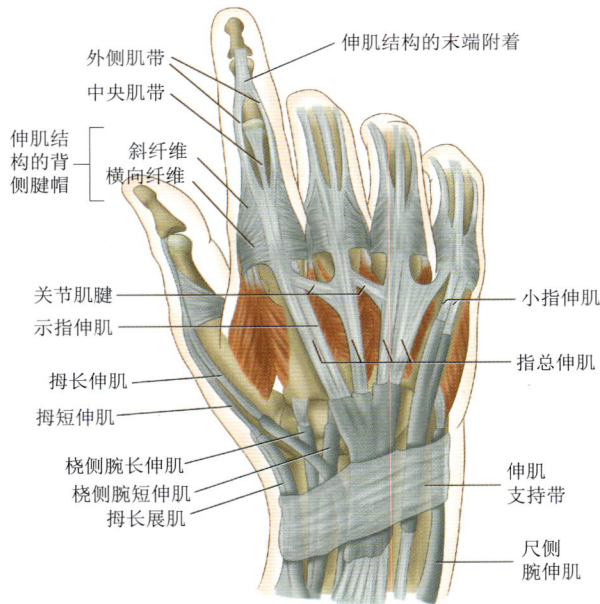

图3-60 指肌肉、肌腱、伸肌结构背面观

　　小指伸肌肌腱附着在近节指骨背侧基底部，其他肌腱扁平，延伸到中央肌带中，形成伸肌结构的支柱。中央肌带延伸附着于中指指骨背侧基底部。两条外侧纵带在跨过近端指骨间关节之前从中央肌带中叉开。远端，侧纵带融合为一条肌腱，附着在远节指骨背侧基底部。侧纵带相对近端指骨间关节的位置是通过一系列结缔组织（支持带）被稳定在每根手指两侧，有助于协调近端指骨间关节和远端指骨间关节之间的运动（图3-61）。

　　3）拇指外展肌　包括拇长伸肌、拇短伸肌和拇长展肌。拇指外展肌近端附着在前臂背侧区，在腕桡侧这些肌肉的肌腱构成"解剖学鼻咽窝"。拇长展肌和拇短伸肌共同通过手腕

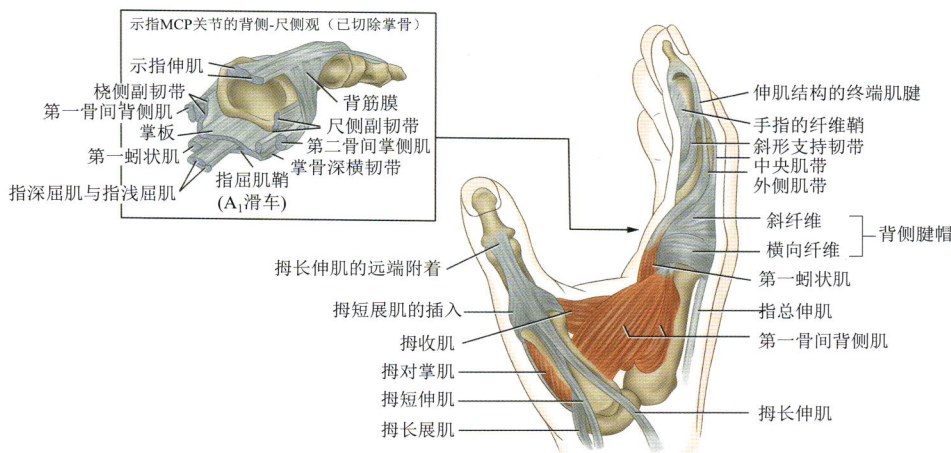

图 3-61 指伸肌、肌腱、伸肌结构背侧观

伸肌支持带内的第一背侧间隔。远端伸肌、外展肌、拇长肌主要插入桡背侧表面拇指掌骨基底，远端附件连接到大多角骨，和大鱼际肌纤维融合。拇短伸肌附着在拇指近节指骨背侧末端，拇长伸肌穿过腕背侧第三间隔的沟槽到达桡骨背侧结节内侧。拇长伸肌连接远端的拇指背侧指骨近节基底。

拇长伸肌延伸拇指指骨间关节、腕掌关节和掌指关节。拇短伸肌是拇指腕掌关节和掌指关节的伸肌，拇长展肌只在掌指关节上伸展，也是掌指关节的主要展肌。拇长展肌联合的伸展－外展反应在拇指掌骨基底的桡背侧有附着点。在拇指伸展过程中，内收肌必须被激活来稳定腕部，防止桡侧偏斜。

（2）手指固有肌 手指有 20 块固有肌，体积相对较小，但对手指的灵活控制是必不可少的。固有肌可以分为鱼际隆起肌肉（拇短展肌、拇短屈肌、拇对掌肌）、小鱼际隆起肌肉（小指屈肌、小指展肌、小指对掌肌、掌短肌）、拇收肌、蚓状肌和骨间肌 4 类。

1）鱼际隆起肌肉 拇短屈肌由两部分组成，多数肌肉构成浅头与小部分不明确纤维构成深头。深头是拇收肌斜纤维的一部分。拇对掌肌位于拇短展肌的深处。三块鱼际肌近端附着在横向腕韧带和邻近腕骨处。拇短展肌和拇短屈肌远端附着在近节指骨基底桡侧，拇短展肌远端还附着在拇指伸肌结构的桡侧，拇短屈肌远端还附着在籽骨上。拇对掌肌远端附着在拇指掌骨整个桡侧缘。

鱼际隆起肌肉主要作用是拇指定位在对屈位置上，对屈将掌指关节的外展、屈曲和内旋合并在一起，以利于帮助抓握。每块肌肉对于对屈运动中任何组成部分都是一种主要的推动力。拇对掌肌在掌骨和腕掌关节近端有附着点，收缩力全部控制掌指关节。拇对掌肌有重要的内侧旋转功能，还能独立控制掌指关节的屈和外展联合动作。

2）小鱼际隆起肌肉 小指展肌位置最浅且靠内侧，占据手尺侧末端。小指屈肌位于展肌的外侧，常与展肌融合。小指对掌肌位于展肌和屈肌深处，是最大的小鱼际肌肉。掌短肌连接腕横韧带和豌豆骨远端的部分皮肤。小指屈肌和小指对掌肌共同附着于腕横韧带与钩骨的钩上。小指屈肌近端附着点较大，连接到豆钩韧带、豌豆骨和桡侧腕屈肌肌腱。小指外展受阻或迅速外展时，尺侧腕屈肌收缩固定小指展肌的附着点。小指展肌与屈肌在远端有共同的附着点，位于小指近节指骨的基部内侧缘。展肌一些纤维与伸肌结构的尺侧缘融合在一起。小指对掌肌远端附着点位于第五掌骨尺侧缘、腕掌关节近端。

3）拇收肌　位于拇指指蹼深处，在第二与第三掌骨的掌侧，是一块二头肌肉。近端附着于手部最稳固的骨骼区。较厚的斜头源于头状骨，第二、三掌骨基部及其他邻近结缔组织。较薄的三角形横头附着在第三掌骨掌面。两个头共同的远端附着在拇指近节指骨基部尺骨侧。其他附着点包括腕掌关节附近的籽骨。

拇收肌是掌指关节的一块主要肌肉，产生最大屈与内收力矩组合。适用于拇指和示指对捏、闭合剪刀多种活动。拇收肌的横头利用很强的力臂，在拇指基部产生屈曲、内收力矩。斜头产生较大屈曲和内收力矩（图 3-62）。

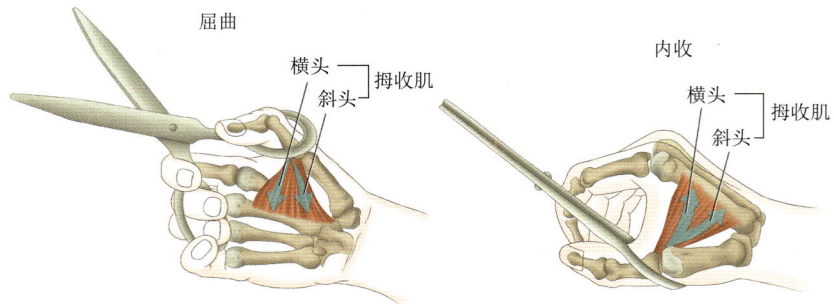

图 3-62　指伸肌、肌腱、伸肌结构

4）蚓状肌和骨间肌　蚓状肌源自于指深屈肌肌腱的四块细长肌肉。从肌腱近端附着点朝向掌侧延伸至深掌骨间韧带和腕掌关节桡侧。远端附着在伸肌结构的邻近侧束肌，是通过背侧腱帽斜韧带实现的。所以蚓状肌的收缩使腕掌关节屈、指骨间关节伸。通过附着在指深屈肌肌腱上帮助协调固有肌和外来肌之间的配合。

手的 4 块骨间掌侧肌是细长的单头肌肉，位于骨空隙中的掌侧。手的 3 块骨间掌侧肌的近端附着于第二、四、五掌骨的掌侧与侧面（图 3-63）。这些肌肉的远端附着点不同，但通常在背侧腱帽的斜纤维和近节指骨基部的侧缘。骨间掌侧肌第二、四、五腕掌关节朝着手中线内收，拇指的骨间掌侧肌位于第一掌侧骨间隙，远端附着点位于拇指近节指骨的

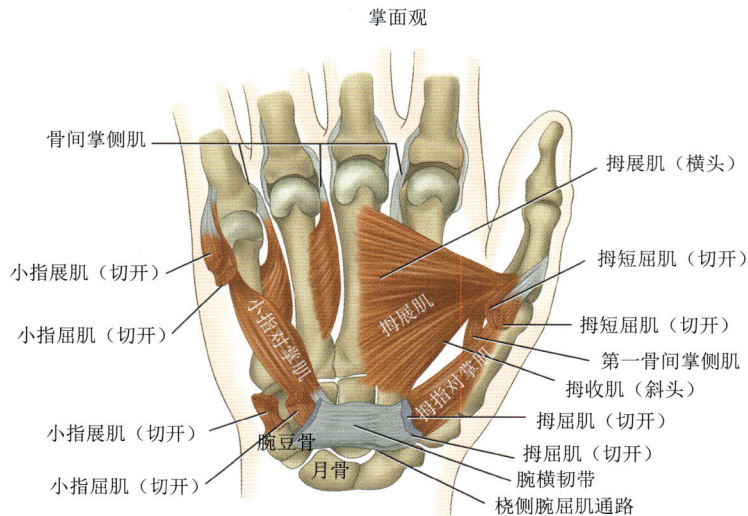

图 3-63　手深部肌肉掌面观

尺侧缘，连接到腕掌关节处的籽骨中。第一骨间掌侧肌比较小，有助于屈曲拇指腕掌关节，使第一掌骨朝着中指方向移动（图 3－64）。

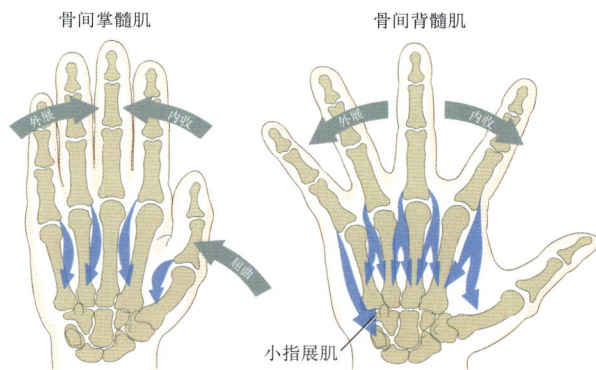

图 3－64　手骨间掌肌

（3）伸指装置　伸直装置是一个腱系统，包括指伸肌、蚓状肌、骨间肌、大小鱼际肌的腱以及筋膜和韧带的支持带系统。伸指的肌腱以及所有手固有肌都置于伸指装置中。装置作用是伸不同屈位的指，提供伸肌腱跨越关节的短路和允许指完全屈。

（4）肌腱系统　长伸肌腱越过掌指关节扩展为宽松腱，止于掌指关节囊以及近节指骨基底部。越过近节指骨分为 3 束，中央束止于中节指骨基底部。

骨间肌在每一指两侧有多个终止腱，包括止于近节骨基底部的腱、止于掌板的腱、加入侧带的腱、止于中节指骨基底部的腱。

蚓状肌的腱经掌指关节的桡侧和骨间肌腱的掌侧，止于侧带。从侧带输入的运动至少来自 4 块肌即外来伸肌（指伸肌）、2 块骨间肌、1 块蚓状肌。该运动是伸近侧和远侧指间关节。

3. 指关节肌肉与皮肤的神经支配　指关节周围肌肉与皮肤的神经支配见图 3－65～图 3－67。

（1）神经　①正中神经：支配着大多数指外来屈肌。正中神经发出 3 条指掌总神经，在掌浅弓深面和指屈肌腱浅面下行，在掌骨头水平各分为 2 条指掌侧固有神经，分布于桡侧三个半指掌侧皮肤及中、远节指骨背侧皮肤，负责鱼际和掌外侧 2/3 区皮肤的感觉。②尺神经：支配指深屈肌的内半部分。在远端，尺神经跨越腕管浅处经尺侧腕骨进入手掌。在手部，分浅支和深支。尺神经深运动分支，在钩骨沟尺侧行于掌深弓的近侧和远侧，支配小鱼际肌。深运动分支向外侧延伸，深入手部，支配掌侧骨间肌、背侧骨间肌，最后支配拇收肌。浅支行于掌腱膜深侧，向下分为两支：指掌侧固有神经到小指尺侧；指掌侧总神经，分为两支指掌固有神经分布于环、小指相对缘，负责手部尺侧缘 1/3 区皮肤的感觉，包括尺侧一个半手指大部分皮肤。③桡神经：支配手指外来伸肌。桡神经负责腕与手背侧皮肤感觉，尤其是鱼际指蹼的背侧区域周围。

（2）损伤表现　①正中神经损伤：拇短展肌麻痹，拇指对指障碍，拇指示指捏物障碍，手掌桡侧半、拇指、示指、中指、环指桡侧半掌面，拇指指间关节和示指、中指及环指桡侧半近侧指间关节远端感觉障碍。②尺神经损伤：骨间肌、蚓状肌麻痹所致环指小指爪形手畸形；骨间肌和拇收肌麻痹所致 Froment 征，即示指用力与拇指对指时，示指近侧指间关节明显屈曲、远侧指间关节过伸，拇指掌指关节过伸、指间关节屈曲，以及手部尺侧、环指尺侧和小指掌侧感觉障碍。③桡神经损伤：腕部以下无运动支，仅表现为手背桡侧及桡侧 3 个半手指近侧指间关节近端感觉障碍。

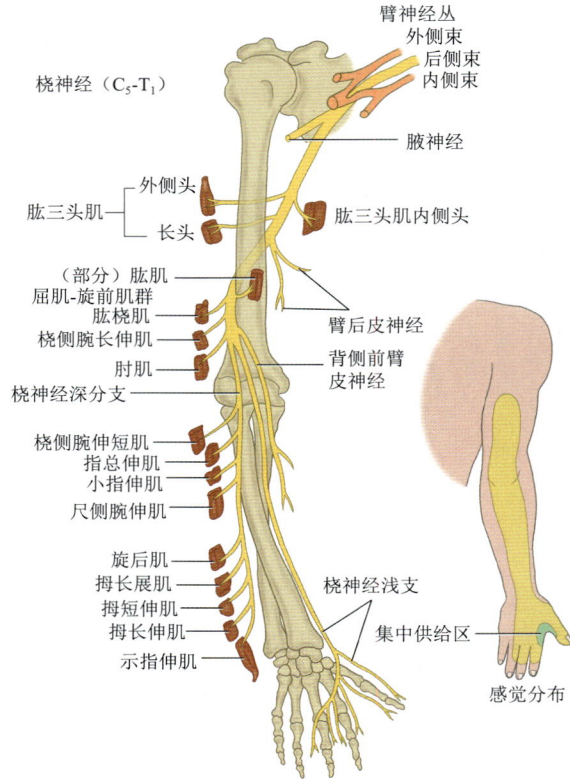

桡神经（C₅-T₁）

臂神经丛
外侧束
后侧束
内侧束

腋神经

肱三头肌
外侧头
长头

肱三头肌内侧头

（部分）肱肌
屈肌-旋前肌群
肱桡肌
桡侧腕长伸肌
肘肌
桡神经深分支

臂后皮神经

背侧前臂
皮神经

桡侧腕伸短肌
指总伸肌
小指伸肌
尺侧腕伸肌

旋后肌
拇长展肌
拇短伸肌
拇长伸肌
示指伸肌

桡神经浅支

集中供给区

感觉分布

图 3-65　桡神经

集中供给区

感觉分布

正中神经（C₆～T₁）

臂神经丛
外侧束
内侧束

肱骨部分
（无分支）

内上髁

屈肌-旋前肌群

旋前圆肌
桡侧腕屈肌
掌长肌
指浅屈肌
拇长屈肌

指深屈肌
（外侧1/2）

正中神经感觉

拇短展肌
拇对掌肌

旋前方肌

拇短屈肌

尺神经感觉

蚓状肌（外侧1/2）

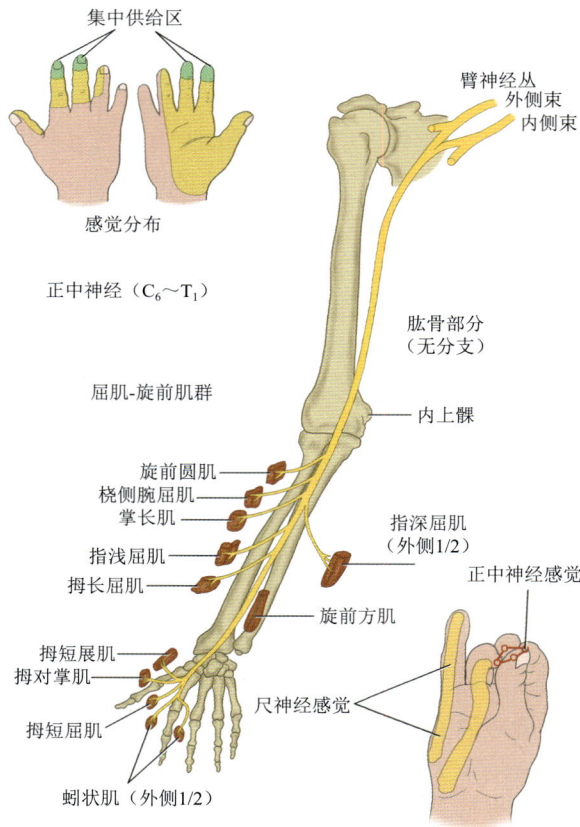

图 3-66　正中神经

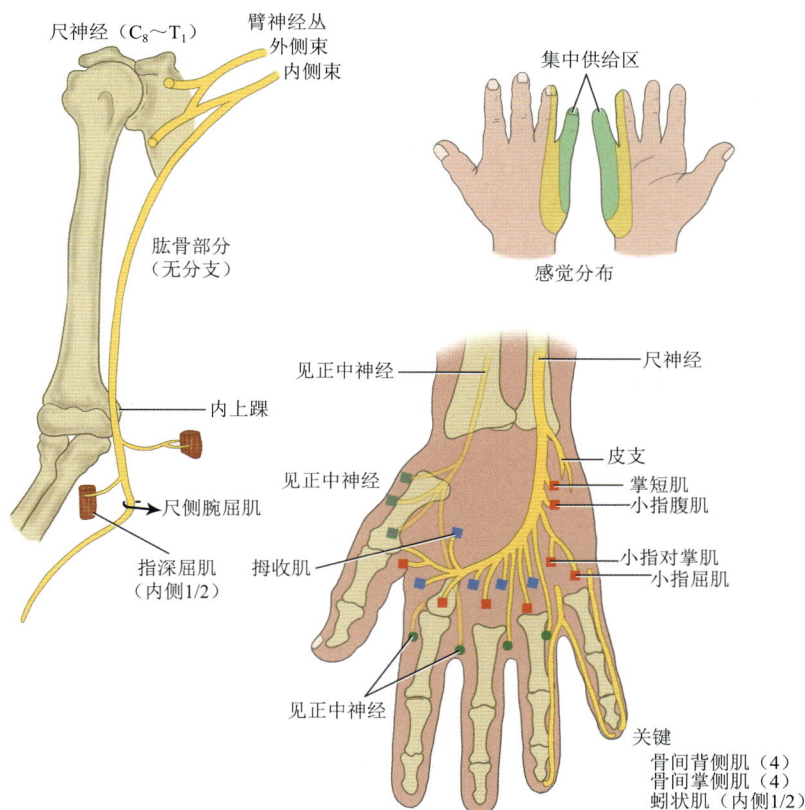

尺神经（$C_8 \sim T_1$）
臂神经丛
外侧束
内侧束
集中供给区

肱骨部分
（无分支）

感觉分布

内上踝

见正中神经
尺神经

见正中神经
皮支
掌短肌
小指腹肌

尺侧腕屈肌

拇收肌
小指对掌肌
小指屈肌

指深屈肌
（内侧1/2）

见正中神经

关键
骨间背侧肌（4）
骨间掌侧肌（4）
蚓状肌（内侧1/2）

图 3-67 尺神经

二、腕手关节运动学

（一）腕关节的运动学

腕关节的运动是由其构成关节的骨骼形状及韧带的制动与导引作用所决定的，可以在两个平面内运动：矢状面内屈曲与伸展（掌屈与背伸）、冠状面内内收与外展（尺偏与桡偏）。腕环行是腕进行环形运动，它是屈伸、内收外展的组合，不属于第三自由度。最大运动范围从外展、伸到内收和掌屈。

腕是一个双关节系统，其活动在桡腕关节和腕中关节同时发生。腕多数固有动态运动将冠状面和矢状面中的因素联合起来，伸伴随外展，屈伴随内收。腕部受到伤害后的康复过程，应考虑到固有运动的特点。

1. 运动特征

（1）屈曲与伸展　把腕部看作铰链式的中柱，中柱由桡骨、月骨、头状骨的远端，以及第三掌骨之间的连接形成（图 3-68）。在中柱内，桡腕关节是由桡骨、月骨之间的关节连接，腕中关节是由月骨、头状骨之间的关节连接，腕掌关节是由头状骨、第三掌骨之间的关节连接。腕伸的基础是桡腕关节、腕中关节同时凸凹旋转。当月骨的凸面向背侧在桡骨上滚动且同时向掌侧滑动，头状骨的头向背侧在月骨上滚动并同时向掌侧滑动，两个关节运动合并产生伸腕运动。腕完全伸展，拉长了桡腕掌侧韧带及穿过腕部掌侧的肌肉，这些拉伸结构的张力有利于把腕固定在伸展位上。腕屈与腕伸特征相似，但方向相反（图 3-69）。

扫码"看一看"

（2）内收与外展　与屈伸运动一样，内收和外展是通过桡腕关节和腕中关节的同时凸凹旋转产生的（图 3-70）。内收时，腕中关节有助于桡腕关节对腕的运动。桡腕关节中，舟状骨、月骨、三角骨在尺骨上滚动并沿着桡骨的方向滑动。全范围的内收导致三角骨接触到关节盘，钩骨对三角骨产生压力，使三角骨依靠在桡骨茎突上，在抓握运动中，这种压力有利于腕的稳定。腕的外展与内收有相似的运动学特征，当腕骨的桡侧接触桡骨茎突时，外展会受到限制，腕中关节产生更大的外展。

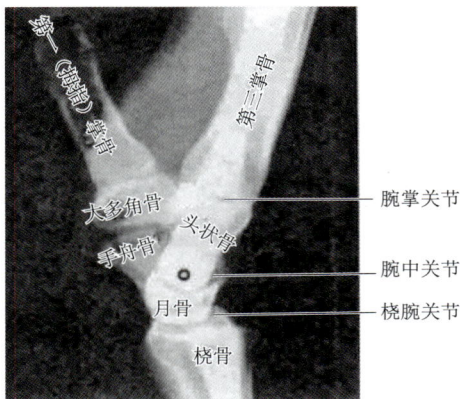

图 3-68　腕的中柱

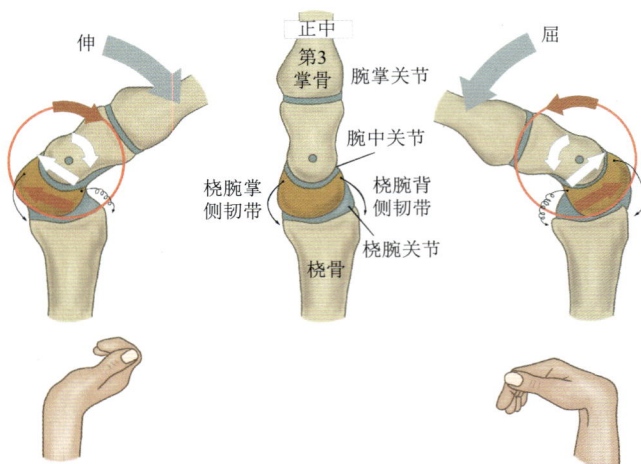

图 3-69　腕关节屈伸

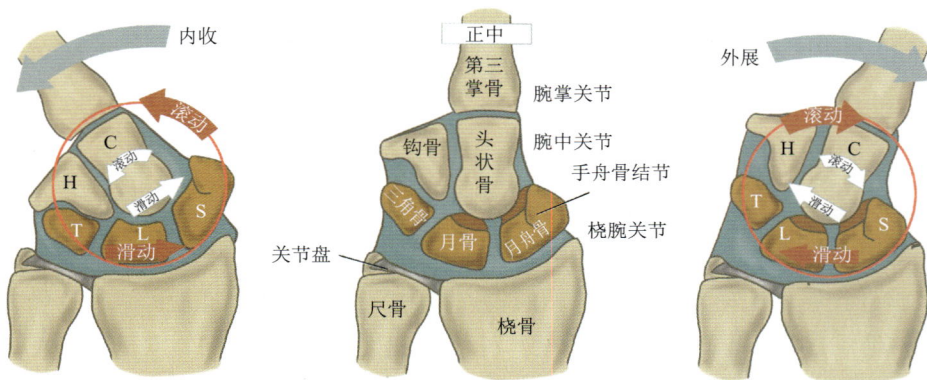

图 3-70　腕关节内收外展

（3）环转　腕部的旋转轴通过头状骨的头，进行屈伸运动时，旋转轴沿着附近的内侧-外侧的方向运行；进行内收外展运动时，旋转轴沿着附近前侧-后侧方向运行。旋转轴为静止的轴，但它在整个运动过程产生轻微的迁移。环转是屈曲伸展、内收外展的组合。

（4）腕掌关节　拇指腕掌关节关节囊厚而松弛，掌骨可从大多角骨牵开 3mm，可屈曲、伸展、内收、外展、环转、对掌。第一掌骨向内侧旋转接近 90°，拇指屈、伸运动在冠状面上，即拇指在与手掌垂直平面上离开掌心为伸展，向掌心靠拢为屈曲。拇指的内收、外展运动发生在矢状面上，即拇指在与手掌垂直平面上离开示指为外展，向示指靠拢为内收。其他腕掌关节由小多角骨、头状骨、钩骨与第二至五掌骨底构成，被包括在一个关节囊内。第二、三腕掌关节是从平面关节到复合型鞍状关节，运动范围很小。第四、五腕掌关节，运动范围也很小，但使手的尺侧缘朝着手中心稍微折叠，加深了手的凹陷，主要是通过尺侧掌骨朝向中指方向弯曲及内旋产生的。每个腕掌关节运动量不大，但对手功能是重要的，提供手横弓形态。

（5）对掌运动　是拇指向掌心、拇指指尖与其余四指掌侧面相接触的运动。对掌运动加深手掌凹陷，有利于进行抓握，是精细操作所必需的动作。

2. 运动范围

（1）屈曲与伸展　腕关节围绕额状轴在矢状面上可做屈曲、伸展运动。屈腕运动范围为 0～85°，屈腕运动在桡腕关节为 50°，在腕中关节为 35°；伸腕运动范围为 0～70°，在桡腕关节为 35°，在腕中关节为 50°，运动轴通过头状骨。屈伸活动范围因年龄、健康程度、主动和被动的不同，有很大的差异。完全屈的角度比完全伸的角度高出 10°～15°。最大的伸受到很厚桡掌侧腕韧带强度的限制。若桡骨远端高出一般水平的倾斜，会限制伸腕的范围。腕关节从完全屈曲到完全伸展，运动轴向远侧位移。完全伸腕需要桡骨、尺骨远端稍分离，若两骨牢固地连接则不能完成伸腕运动。

（2）内收与外展　腕关节围绕矢状轴在冠状面上可做内收、外展运动。内收运动范围为 35°～40°。腕中关节有内收 1/3 的运动，2/3 的内收发生在桡腕关节；腕中关节有腕外展 1/2 的运动，其余 1/2 外展发生在桡腕关节。内收和外展通过头状骨的轴进行，外展运动内收范围较大终末感比较硬，是手舟骨与桡骨茎突相接触所致，运动终末感来自桡侧副韧带的张力。

（二）指关节的运动学

手是肩关节开始的杠杆力学链的最后一个环节，具有相当灵活性和延展性。手具有许多功能，从抓握各种形状的物体到触摸探索。

手部的腕掌关节（CMC）、掌指关节（MCP）和指间关节（IP）不同的形态决定了这些关节不同的自由度。

拇指的腕掌关节是大拇指掌骨基底与大多角骨形成的鞍状关节，关节面形态一致，仅有两个自由度。内收、外展在与手掌呈直角的平面矢状面内进行，内收拇指位于手面内，最大限度的外展使拇指掌骨与手掌平面前方成 45°。4 个手指的腕掌关节的总关节腔在 4 块腕骨、腕掌关节和 4 块掌骨之间。第二、三掌骨与小多角骨、头状骨紧密连接，关节运动范围较小，几乎为不动关节，组成"不动单位"。第四、五掌骨和钩骨之间允许一个适度的运动范围，第四腕掌关节屈伸运动范围稍大。第五腕掌关节屈伸运动更灵活。每个腕掌关节运动量不大，但对手功能很重要，允许手呈杯状，提供手横弓形态改变，是抓握的根本。

4 个手指的掌指关节为髁状关节，具有两个自由度：屈曲-伸展发生在矢状面内，内收-外展发生在额状面内。附加有微小的旋内-旋外。全范围的屈与伸从第二指到第五指逐渐增大，第二指可实现 90° 的屈，第五指可实现 110°～115° 的屈。掌指关节可以被动过伸，过伸允许角度超过中间位的 30°～45°。掌指关节大约 20° 的外展与内收发生在中线两侧，中线为第三掌骨。内收-外展成对出现。掌骨圆形头与稍凹陷的近节指骨相关节，掌骨头接近 3/4 的面有关节软骨，并向掌面延伸。近节指骨基底的关节软骨通过纤维软骨掌板延伸。关节屈曲时，掌板在掌骨的掌侧向近侧滑动，使关节囊形成皱褶。内侧和外侧副韧带附着于掌骨头与指骨基部，韧带附着点之间的距离在关节屈曲时大于关节伸直时，关节伸直时可外展-内收。关节屈曲 90°，副韧带紧张，不能外展。握拳时掌指关节最稳固。

拇指的掌指关节为屈成关节，仅有一个自由度，在额状面内屈伸，比其他手指的掌指关节屈伸运动范围小。在充分屈伸时，韧带紧张，几乎没有内收–外展运动。半屈位，有侧向运动及附着于内外籽骨肌收缩产生指骨动力性旋转。

三、腕手关节运动功能临床考量

（一）腕关节运动功能临床考量

在运动学中，腕关节承受前臂传导的不同载荷，产生不同的损伤，急性损伤（如骨折、脱位或韧带断裂）、慢性损伤（如腕筋瘤、腕管综合征）。

1. 舟状骨及其易骨折性　舟状骨位于腕部力量传递的直接通路上，骨折占腕部所有骨折的 60%～70%。骨折的常见机制是舟状骨落在完全旋后的前臂上，同时腕部完全伸展并成放射状偏离。遭遇舟状骨骨折的患者通常拥有绷紧的解剖"鼻烟窝"。大多数骨折发生在舟状骨中间凹入部分附近，因为多数血管在中间凹入部分和远端进入舟状骨，中间凹入部分近端骨折可能会延迟愈合或导致不愈合。骨折未治疗，近端可能形成无血管坏死。近端骨折不需要外科手术，尤其是并未发生位移者，通常只需要 5～6 周的固定。

2. 腕伸肌过度使用综合征（侧上髁痛）　腕部最活跃的伸肌是桡侧腕短伸肌，重复有力的握力活动，如捶打、打网球，使腕伸肌近端附着点受到拉力，导致疼痛，这种情况通常被称为侧上髁痛。传统的治疗方法包括夹板、休息、拉伸活动肌肉、激光治疗法等。

3. 腕管综合征　是腕管内压力增高，正中神经受卡压，致使手掌桡侧三个半手指的感觉异常、神经性疼痛，严重时出现手指运动障碍、鱼际肌萎缩等。

腕管是由腕骨和屈肌支持带组成的相对狭窄、坚韧的骨纤维管道。腕骨构成腕管的桡、尺及背侧壁，屈肌支持带构成掌侧壁。腕管顶部是横跨于尺侧的钩骨、三角骨和桡侧的舟骨、大多角骨之间的屈肌支持带。正中神经和屈肌腱由腕管内通过。尽管腕管两端是开放的入口和出口，但其内组织液压力却是稳定的。正中神经走行在屈肌支持带下方，紧贴屈肌支持带。在屈肌支持带远端，正中神经发出返支，支配拇短展肌、拇短屈肌浅头和拇对掌肌。其终支是指神经，支配拇、示、中指和环指桡侧半皮肤。

腕管综合征非手术治疗方法很多，包括支具制动和皮质类固醇注射等。术后，目前的做法是疏松包扎，术后 2 天内限制腕关节活动。术后 2 天嘱患者开始肩、肘、腕、手和手指功能练习。术后 3 周内，可在夜间使用支具固定腕关节于中立位。术后 12～14 天拆除缝线。1 个月后恢复工作，但限制负重。术后 6～8 周，完全恢复活动。

（二）指关节运动功能临床考量

对骨关节、软组织破坏的表现如下。

1. 拇指"Z"字畸形　风湿性关节炎导致拇指发生"Z"字畸形。拇指多个相互连接的关节在互相交错方向上塌陷。相对普通的畸形涉及掌指关节的屈曲和内收，腕掌关节的过伸及指骨间关节的屈曲。拇指的塌陷从掌指关节不稳开始，病情恶化，加固关节内侧的韧带会变弱或断裂，拇指掌骨的基部会从大多角骨侧缘脱落。一旦发生关节错位，内收肌和短屈肌会把拇指掌骨僵硬地固定在手掌上。风湿性疾病可能导致肌肉发生纤维性变性，并且永久地缩短，将畸形部位固定在掌指关节上。僵硬地拇指伸出手掌时，掌指关节发生代偿性过伸畸形，变弱并且过伸的掌板几乎不能提供抵抗力、抵抗拇长伸肌和拇短伸肌产生的力量。拉伸的拇长屈肌被动张力使指骨间关节保持屈曲。拇指"Z"字形畸形采用非外科手术疗法夹板疗法，可减轻慢性炎症，将关节承受的压力降低。

2. 手指掌指关节畸形 晚期风湿性关节炎与腕掌关节畸形有关。腕掌关节和掌指关节畸形是手掌错位和尺侧倾斜，这两种畸形通常一起发生。

（1）掌指关节的手掌错位 手指屈曲抓握物体时，指浅屈肌和指深屈肌肌腱沿手掌方向偏离，导致肌腱沿手掌方向产生弓弦力。弓弦力通过腕掌关节多数关节周围结缔组织发生转移：屈肌滑车、掌板、侧韧带和掌骨头后结节。腕掌关节屈曲度越大，弓弦力就越大。在健康手中，弓弦力被安全地分散在组织的自然弹力和力量中。严重风湿性关节炎，侧韧带会断裂，近节指骨沿手掌方向移动，腕掌关节完全错位。手掌错位导致手纵弓和横弓塌陷变平。

（2）尺侧倾斜 腕掌关节尺侧倾斜畸形是过度尺侧偏移和尺侧移位或近节指骨滑动形成的，在风湿性关节炎晚期最常见，通常与腕掌关节手掌错位一起出现。重力、腕掌关节不对称结构和内侧肌腱经过腕掌关节时的拉力是手指尺侧倾斜的因素。最有影响的因素是尺骨方向的力，这个力是拇指朝向手指方向施加的。拇指接触力导致示指腕掌关节被推向尺骨方向。当指总伸肌肌腱经过腕掌关节时，关节位置加大其偏斜或屈曲，偏斜使肌腱沿尺骨方向产生弓弦力。常见的非手术治疗是夹板疗法和专门器械康复，以及为患者提供如何将跨越腕掌关节的变形力降至最小的建议，建议患者避免艰难的握力和强大的捏活动，尤其是急性炎症或疼痛阶段。过度内收的手术治疗包括将指伸肌肌腱转移到腕掌关节的前后旋转轴的桡侧。更严重的情况时，通过全关节置换术替换受损的腕掌关节，手术会减轻疼痛并修复一些功能，但不能重新获得完整的运动范围。也可行腕部融合术或关节整形术。

3. 手指"Z"字畸形 典型的手指"Z"字形畸形通常与风湿性关节炎晚期相关，鹅颈畸形和钮孔状畸形这两种畸形通常伴随腕掌关节尺侧偏斜和手掌错位。

（1）鹅颈畸形 鹅颈畸形的特征是近端指骨间关节过伸和远端指骨间关节屈曲。风湿性关节炎手部固有肌通常紧缩在一起并且发生纤维变性。近端指骨间关节掌板变弱，固有肌肌腱导致近端指骨间关节过伸。近端指骨间关节过伸导致伸肌结构侧纵韧带沿背侧成弓弦状，远离关节的旋转轴。弓弦增加固有肌力臂，伸展近端指骨间关节，恶化过伸畸形。横跨近端指骨间关节的指深屈肌肌腱被拉伸，远端指骨间关节保持屈曲状态。鹅颈畸形通常与风湿性关节炎相关，但这种畸形也可能是掌板急性外伤，或手部固有肌慢性痉挛或肌张力过高导致的。治疗方法包括阻止近端指骨间关节过伸的夹板疗法或外科手术修复掌板、全关节置换术植入一个关节。

（2）钮孔状畸形 钮孔状畸形是近端指骨间关节屈曲和远端指骨间关节过伸。指间关节塌陷的模式与鹅颈畸形形式互补，其主要原因是近端指骨间关节伸肌结构肌带异常移位和中央肌带断裂，尤其是慢性滑膜炎引起的。侧韧带滑向以近端指骨间关节为旋转轴的掌侧。从滑动的侧纵韧带转移的力使近端指骨间关节屈曲，近端指骨间关节失去伸的来源。早期的钮孔状畸形可通过夹板固定伸的近端指骨间关节进行治疗。修复中央肌带和（或）重新排列近端指骨间关节背侧的侧纵韧带需要手术。

综上所述，腕关节和手运动是相互影响的。腕的运动能增加对手指精细运动的控制。腕伸和指屈相互促进：伸腕增加屈指肌的长度，允许在腕伸的时候屈指；屈腕增加指长伸肌伸展，引起手指自动张开、手指完全伸展。腕关节结构便于伸腕肌的协作运动和更有力的指屈。屈指肌腱在腕弓深部跨过腕，靠近腕的屈伸轴，最小限度地影响腕的位置。当腕改变位置时，指屈肌腱的功能长度被改变，引起指的合力改变，影响抓握能力。腕的位置也改变拇指和指的位置，影响抓握能力。

本 节 小 结

腕关节主要是由桡腕关节和腕中关节组成，仅有屈伸和桡尺侧偏两个自由度。手部的关节可分为三组：腕掌关节、掌指关节、指间关节。腕掌关节负责调整手掌的曲度，从扁平到有深度的杯状，尤其是第一和第五腕掌关节最为重要。掌指关节仅有屈伸和内收外展两个自由度。指间关节只能屈伸，关节活动度较大，这对于握拳或手指与物体紧密贴合十分重要，当然，对于张开手指准备抓握时的完全伸直也非常重要。手部的 29 条肌肉分为外在肌和内在肌，它们相互之间的良好协调，是手部完成复杂且快速动作的基础。

（于佳宁）

第四节　脊柱运动学

一、脊柱功能解剖

（一）脊柱功能解剖

脊柱位于颈、躯干和骨盆的背面正中，为人体中轴，其上承接颅部，中间附有肋骨，下连下肢带，由椎骨、椎间盘、椎间关节和椎旁的关节、韧带及肌肉紧密连接而成，成年人脊柱的骨性结构由 24 块椎骨（颈椎 7 块，胸椎 12 块，腰椎 5 块）和骶骨 1 块、尾骨 1 块构成，借韧带、关节及椎间盘连接而成。

脊柱具有支持躯干、保护内脏、保护脊髓和运动功能的作用。它不仅支撑头颅，还起到构成和支撑胸腔、腹腔、盆腔脏器的作用；整个脊柱具有呈 S 形的生理曲度，可使脊柱如同一个大弹簧，增加缓冲震荡能力，在跳跃或剧烈运动时，可吸收震荡，防止颅骨和脑部受到损伤；脊柱还可维持躯干前屈、后伸、侧屈、旋转等运动并可配合上、下肢各种活动，通过脊柱调节，保持平衡。

考点提示 ▶ 脊柱的构成和功能。

1. 脊柱全貌　成人脊柱长约 70cm，其长度可因年龄、性别和体位不同而稍有差异，女性和老人的脊柱略短，长时间卧床与站立相比，总长度可有 2~3cm 之差，这是由于站立时椎间盘被压缩和脊柱弯曲增大所致。

（1）正面观　椎体从上而下逐渐加大，到骶骨上份最为宽阔，自骶骨耳状面以下又逐渐缩小，这与脊柱重力承担不断增加有关。耳状面以下的骶骨和尾骨，因承重骤减，椎体迅速变小。

（2）侧面观　脊柱有四个生理性弯曲，即颈曲、胸曲、腰曲和骶曲，其中颈曲和腰曲凸向前，胸曲和骶曲凸向后。在这些弯曲中，胸曲和骶曲是胚胎时已形成，颈曲和腰曲是在生后发育过程中随着抬头、站立和行走而逐渐形成。

（3）后面观　棘突在后正中线上排成一条纵嵴。其两侧有纵行的背侧沟，容纳背深肌。

扫码"学一学"

扫码"看一看"

各部椎骨棘突的倾斜度各不相同，颈椎腰椎棘突水平向后伸，而胸椎棘突长，斜向后下方，呈叠瓦状且排列紧密（图 3-71）。

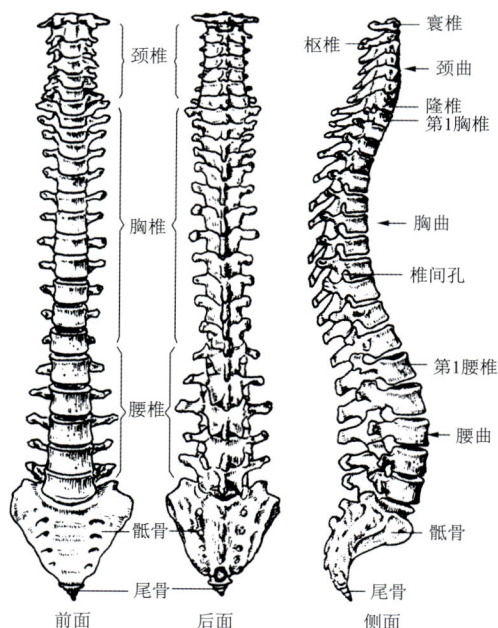

图 3-71　脊柱

知识链接

脊柱形态与人体姿势

　　人体的脊柱并不像电线杆一样笔直，许多原因可造成脊柱生理曲度发生改变。如老年人可因退行性变化、椎间盘弹性变差、骨质疏松等导致颈胸段凸度发生改变。少儿因不良的站姿、坐姿可引起头向前倾斜、驼背、脊柱侧弯等异常姿势，严重者还可以引起脊柱畸形。早期不严重者可以通过运动疗法来纠正。

　　2. 椎骨　脊柱的整体长度，3/4 是由椎体组成，1/4 由椎间盘组成。一个典型椎骨具有椎体、椎弓和突起三部分构成。

　　（1）椎体　呈短圆柱状，是椎骨负重的主要部分，内部充满骨松质，外为薄层骨密质。表面的密质较薄，上下面皆粗糙，借椎间纤维软骨与邻近椎骨相接。椎体位于前方，由颈椎至第 1 骶椎负重逐渐增加，椎体亦逐渐增大，第 1 骶椎以下，因负重力线移至髂骨和下肢，故椎体逐渐变小。

　　（2）椎弓　在椎体后方，与椎体相连的部分称为椎弓根，稍细，上、下缘各有一小切迹称椎骨上、下切迹，两个相邻椎骨的上、下切迹形成椎间孔。椎弓的后部呈板状，称椎板。左右椎板相连形成完整的椎弓，椎弓根多有皮质骨构成，尤其后端最为致密，是其最大的负荷区。椎体和椎弓共同围成椎孔，各椎骨的椎孔连成贯穿脊柱的椎管，以容纳保护脊髓。

　　（3）突起　不同节段椎体突起数量不一，腰椎数量最多，增加了乳突、副突等，脊柱的多数椎骨自椎弓发出 7 个突起：①棘突 1 个，伸向后方或后下方，尖端可在体表触摸到。

②横突 1 对，伸向两侧。③关节突 2 对，棘突起于椎板中部，向后突出，为肌肉和韧带附着处。椎弓两侧向上和向下突起形成两个上关节突和两个下关节突。

3. 脊柱的连结 各椎骨之间借软骨、韧带和关节相连，其中包括椎体间的连结、椎弓间连结及突起之间的连结。

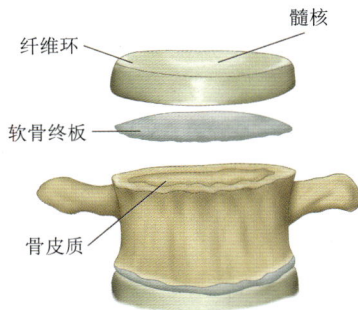

图 3-72 椎间盘的结构

（1）椎体间的连结

1）椎间盘 正常成人椎间盘是相邻两个椎体间的纤维软骨盘，是由软骨终板、纤维环和髓核构成（图 3-72）。软骨终板在椎体上、下各有 1 个，椎间盘的中央部分是胶冻状物质，柔软而富有弹性，髓核、椎间盘其外部为纤维环，由多层纤维软骨环按同心圆排列组成，坚韧而富有弹性，紧密连结相邻的两个椎体，保护髓核并限制髓核向周围膨出。

成年人共有 23 个椎间盘，第一、二颈椎之间和骶、尾骨之间没有，其余椎体之间都由椎间盘相连。23 个椎间盘厚薄各不相同，脊柱腰段的椎间盘最厚，颈段次之，胸段最薄，这与运动幅度有关。椎间盘的总厚度约占脊柱（骶骨以上部分）长度的 1/4。由于腰部纤维环的后份较薄弱，当受压力过大、弯腰过猛时，纤维环后份容易破裂，髓核向后方或后外脱出，突入椎管或椎间孔，压迫脊神经根，是引起腰腿痛的原因之一。

2）前纵韧带 紧贴椎间盘与椎体的前面，较宽且坚韧，与椎体及椎间盘牢固连结。起自枕骨大孔前缘，沿椎体前面向下至第 1～2 骶椎体，前纵韧带有防止脊柱过度后伸和椎间盘向前脱出的作用。

3）后纵韧带 位于椎管内，较前纵韧带狭窄，上方起于枢椎体，下至第 1 骶椎，紧贴各椎体与椎间盘后面，有限制脊柱过度前屈和防止椎间盘向后脱出的作用。

（2）椎弓间的连接 相邻椎弓之间的连接包括椎弓板、棘突、横突间的韧带连接（直接连接）和上下关节突间的关节连接（间接连接）（图 3-73）。

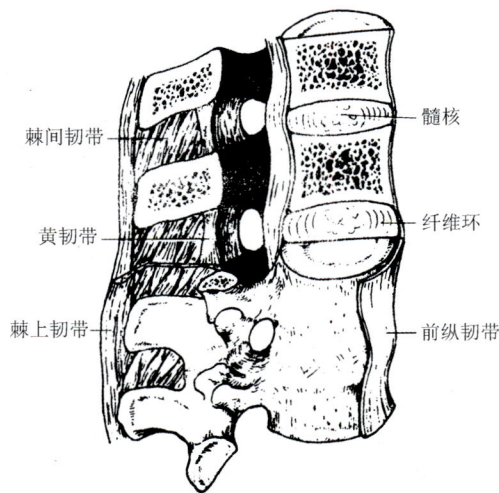

图 3-73 椎骨的连结

1）黄韧带 位于椎管内，连于相邻两椎弓板之间，主要由纵向走行的黄色弹性纤维组成，坚韧而富有弹性。起于上位椎板前面的下部，止于下位椎板后面的上部，参与围成椎管的后壁和神经根管的后外侧壁。有限制脊柱过度前屈，并维持脊柱直立位的作用。

2）棘间韧带 位于相邻各棘突之间，向前与黄韧带、向后与棘上韧带相移行。

3）棘上韧带 连结胸、腰、骶椎各棘突尖之间的纵行韧带，前方与棘间韧带相融合，都有限制脊柱前屈的作用。从枕骨隆突等处到第 7 颈椎棘突尖的棘上韧带，弹性膜层扩展成三角形板状结构，这段宽而厚的棘上韧带，称为项韧带。

4）横突间韧带 连接相邻椎骨横突之间的韧带，部分与横突间肌混合，有限制脊柱过度侧屈的作用（图 3－74）。

5）关节突关节 由相邻椎骨的上、下关节突关节面构成，关节面有透明软骨覆盖，属平面关节，每个关节只能做轻微滑动，虽然各椎骨之间活动幅度不大，但所有关节突关节同时参加活动，可产生一定角度的运动幅度。

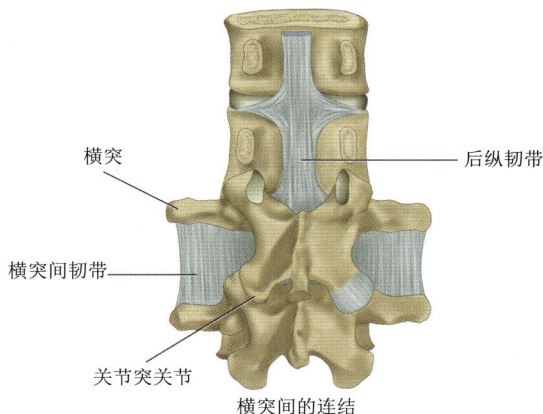

图 3－74

4. 脊柱的运动 脊柱的运动依赖于脊柱运动的基本结构来实现，称为脊柱的运动节段，或称脊柱功能单位，它包括相邻的两个脊椎骨及其之间的连接，脊柱功能单位是脊柱节段运动的基本结构单位，影响着脊柱的整体运动功能。脊柱功能单位从结构上大致可以分为前后两部分，前部包括两个相邻的椎体，其间的椎间盘、前纵韧带和后纵韧带；后部包括相应的椎弓、关节突关节、横突、棘突以及其间的韧带。

脊柱来说，虽然相邻的椎间骨运动范围很小，但就整个脊柱而言，其运动范围却很大。在各椎骨间的协同配合下，可做前屈、后伸、侧屈、旋转和环转等多种运动形式（图 3－75），同时脊柱的运动常伴随着骨盆的运动。当髋关节固定时，躯干屈伸幅度较小；当髋关节不固定时，躯干屈伸幅度则增大。

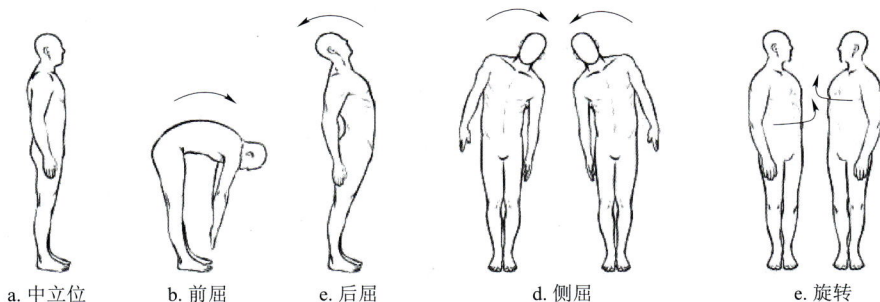

a. 中立位   b. 前屈   e. 后屈   d. 侧屈   e. 旋转

图 3－75 脊柱的运动形式

5. 脊柱的稳定系统 脊柱的稳定性是指承受内在及外在负荷的情况下，组成脊柱各个部分之间的相对移位不会引起神经损害，保持在正常的生理范围内。

脊柱稳定系统由静力性稳定系统、动力性稳定系统和控制系统三个部分构成。静力性稳定系统主要包括椎骨、椎间盘、关节囊和韧带；动力性稳定系统主要由脊柱周围的肌肉及其肌腱构成；控制系统是由神经系统将静力性稳定结构和动力性稳定结构协调控制，以实现脊柱稳定。

扫码"看一看"

脊柱的构成、功能和脊柱功能单位、脊柱稳定系统。

二、颈部

（一）颈椎的功能解剖

颈椎由 7 块椎骨构成，上承颅骨、下接胸椎。颈椎骨椎体较小，呈椭圆形。横突上有横突孔，通过动脉和椎静脉。棘突一般二分叉并且较短。关节突的关节面近似水平位。颈椎具有特殊的关节连接和不稳定的骨结构，以适应颈的支撑保护和运动功能。

以解剖为基础，可以分成两个部分：上颈椎由第 1、2 块颈椎骨及颅骨的枕骨部构成，它们是非典型的椎骨；下颈椎由第 3～7 块典型的颈椎骨组成（图 3-76）。

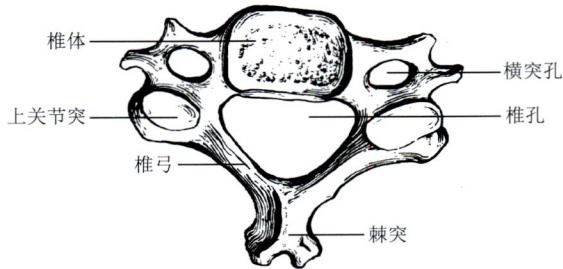

图 3-76　颈椎骨

1. 第一颈椎　无椎体，只有前弓和后弓借侧块连成环形，故又称寰椎或环椎（图 3-77）。前弓后面有称为齿突凹的关节面与第 2 颈椎的齿突形成关节。上有上关节凹，与颅骨的枕骨髁相关节，该关节可做点头动作。下面有一对下关节面，与第 2 颈椎的上关节面构成关节。在关节凹的后方，在寰椎后弓上面有一椎动脉沟，为椎动脉向内上方进入枕骨大孔时压迫所形成。

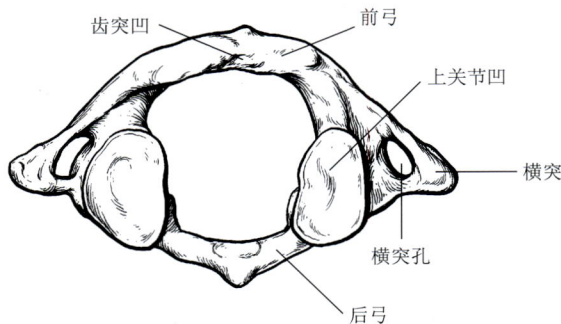

图 3-77　寰椎

2. 第二颈椎　有一向上的齿突即枢椎（图 3-78），椎体上方有一指状突起，称齿突，相当于分离出来的第一颈椎椎体。齿突前后面上各有一关节面，分别与寰椎前弓后面的齿突凹和有关韧带相连结。齿突起着轴的作用，寰椎相当自由地绕着它回转，使得头部得以转动而左、右摇头）。环枕、环枢两关节与其他椎间关节相比，他们的运动是相当自由的。

3. 第七颈椎　即隆椎（图 3-79），因为它棘突特别长而且末端不分叉而得名，在皮下可触及，是计数椎骨序数的重要体表标志点。它的横突孔较小，只通过椎静脉而无椎动脉通过。

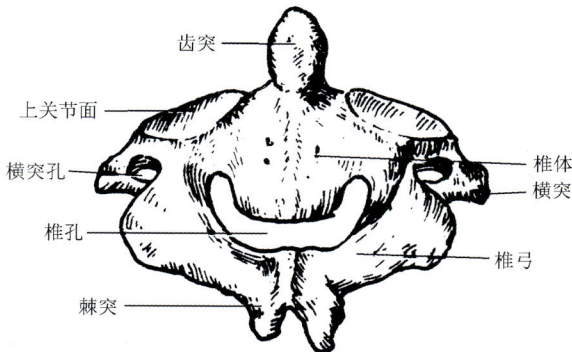

图 3-78 枢椎

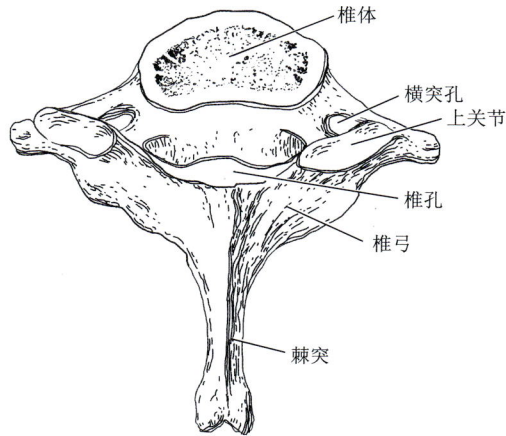

图 3-79 隆椎

考点提示 ▶ 颈椎骨的分类及其各自的特点。

2. 颈椎骨的连结 椎间盘除枕骨与寰椎之间、寰椎与枢椎之间没有椎间盘以外，其他颈椎之间均有椎间盘。椎间盘呈楔形，前缘高度约为后缘的 2 倍，形成了向前的颈曲。

（1）寰枕关节 由枕髁与寰椎上关节凹组成，为联合椭圆关节，关节囊松弛，周围有韧带增强，在额状轴上可使头屈（俯）、伸（仰），在矢状轴上可使头侧屈，也可做环转运动。

（2）寰枢关节 包括由枢椎齿突与寰椎前弓齿突凹及寰椎横韧带组成的寰枢正中关节，以及两骨相邻上、下关节面组成的左、右寰枢外侧关节。3 个关节构成联合车轴关节，以枢椎的齿突为轴，寰椎连同头部做旋转运动。寰枕、寰枢关节的联合运动，可使头部做 3 个轴的运动。

（3）关节突关节 又称椎间小关节，由相邻上、下颈椎关节突的关节面组成。关节面呈卵圆形，覆盖有关节软骨；关节囊附着于关节软骨的边缘，薄且松弛，富有弹性，从而使颈椎区的活动范围在脊柱中最大，不稳定，遭受屈曲外力时容易出现半脱位、脱位。

（4）钩椎关节 又称 Luschka 关节（图 3-80，图 3-81），称其为椎体间侧关节，属滑膜关节，钩椎关节由颈 3～7 椎体侧后方的钩突与上一椎体下面的侧方斜坡构成，左右各一。最初钩突呈水平方向，7 岁以后变为垂直方向，下部颈椎向侧方的斜度增大，因而椎间孔较小。有限制椎体向侧方位移的作用。

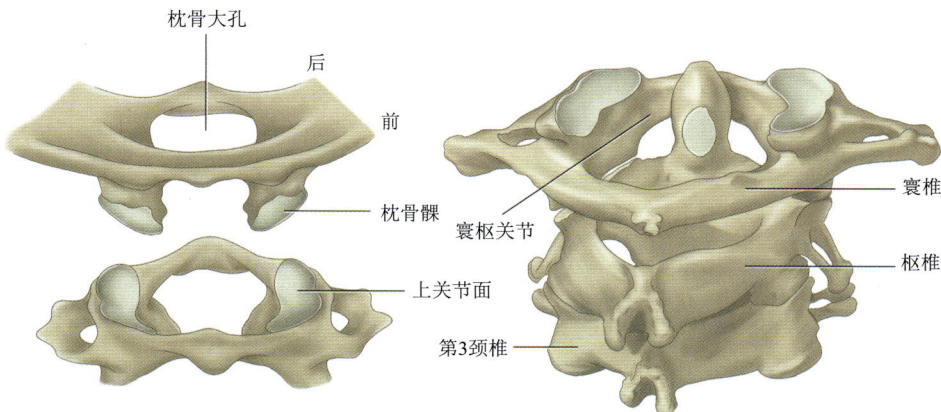

图 3-80 寰枕关节和寰枢关节

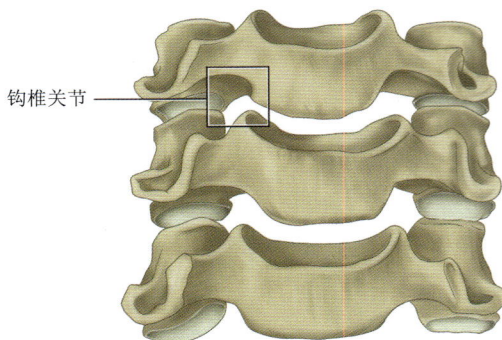

图 3-81　钩椎关节

考点提示 ▶ 寰枕关节、寰枢关节、钩椎关节的构成及其功能。

3. 颈部肌肉　颈项部的肌肉在保持头部的姿势、颈椎的稳定性和活动性方面发挥着极其重要的作用，并且为维持、控制正确的姿势和躯体平衡提供所必需的本体感觉反馈。颈项部的肌肉按解剖位置可分为颈浅肌与颈外侧肌、颈前肌、颈深肌三群。颈浅肌与颈外侧肌、颈前肌、颈深肌的起止点和功能见表 3-1。

表 3-1　颈肌的起止点、主要作用和神经支配

肌群		肌名	起点	止点	主要作用	神经支配
颈浅肌与颈外侧肌		颈阔肌	三角肌和胸大肌的筋膜	口角、下颌骨下缘及面部皮肤	拉口角及下颌向下	面神经
		胸锁乳突肌	胸骨柄前面、锁骨的胸骨端	颞骨乳突	一侧收缩使头向同侧倾斜；两侧收缩使头后仰	副神经
颈前肌	舌骨上肌群	二腹肌	下颌骨二腹肌窝、颞骨乳突	舌骨	上提舌骨，可使舌升高；当舌骨固定时，可张口	前腹：三叉神经；后腹：面神经
		下颌舌骨肌	下颌骨体内面			三叉神经
		茎突舌骨肌	茎突			面神经
		颏舌骨肌	下颌骨颏棘			第 1 颈神经前支
	舌骨下肌群	胸骨舌骨肌	与名称一致		下降舌骨和喉	颈袢
		肩胛舌骨肌				
		胸骨甲状肌				
		甲状舌骨肌				
颈深肌外侧群		前斜角肌	颈椎横突	第 1 肋上面	使颈侧屈或前屈；上提第 1~2 肋助呼吸	颈神经前支
		中斜角肌				
		后斜角肌		第 2 肋上面		

（二）颈椎的运动学

颈椎无肋骨、椎间盘相对较厚、椎板不重叠等因素，决定了其活动性是脊柱中最大的。颈椎可以进行前屈、后伸、左右侧屈和旋转活动。其中颈部前屈可达 45°，后伸可达 75°，屈伸合计 120°，侧屈合计 67°，旋转合计 144°。颈椎中立位时，上关节突朝后上方，下关节突朝前下方；屈曲时，上一颈椎的下关节突在下一颈椎的上关节突上方朝前滑动，椎间盘前窄后宽，也会朝前滑动。颈椎侧屈及旋转时，凹侧下关节突向后滑动，凸侧上关节突向前滑动。下面按上颈椎与下颈椎两部分来进行讨论。

1. 上部颈椎 枕－寰－枢复合体。包括 $C_{0~1}$ 和 $C_{1~2}$ 两个节段。

枕骨、寰椎和寰、枢椎节段的屈伸运动和侧弯运动幅度基本相同，但侧屈活动均较屈伸活动幅度小。寰、枢椎节段的轴向旋转运动幅度明显大于枕骨、寰椎。实际上整个颈椎50%左右的轴向旋转运动发生在寰、枢椎节段。枕骨髁关节面凸起，与寰椎上关节突的凹面密切对合，限制了枕骨、寰椎间的轴向旋转。而寰、枢椎侧块的关节面在矢状面上均为凸面，允许有大幅度的运动。而且由于寰枢关节的关节面在矢状面上均为凸面，而且其后部结构为弹性较大的寰枕后膜，缺乏预张力的黄韧带等原因，其活动范围较大。具体可做运动如下：

（1）屈伸 在头颈区20%～25%的运动发生于寰枕关节和寰枢关节复合体，寰枕关节约为 13.4°，寰枢关节约为 10°，枕－寰－枢复合体总的屈伸范围为 23.4°，在颅骨和寰椎之间的间隙，寰椎在前屈运动时滑向前方，而在后伸运动时滑向后方。滑动的范围部分受连接寰枢关节中部的齿状突限制。

（2）侧屈 寰枢关节基本忽略侧屈活动，寰枕关节为 7.8°。侧屈时枕髁向对侧滑动，依靠其侧方韧带和关节囊韧带的紧张来制约枕髁的滑动，以免其与齿突碰撞。

（3）旋转 寰枕关节无旋转活动，寰枢关节约为45°。研究表明，颈1、2旋转活动约占整个颈椎轴向旋转的50%，余下50%由中下颈椎3～7联合运动完成。而寰、枢椎侧块的关节面在矢状面上均为凸面，允许有大幅度的运动。而且寰、枢椎后部结构为疏松、活动性大的寰枕后膜，缺乏具有预张力的黄韧带，也促使其运动幅度增加。向一侧旋转时，对侧的枕髁在寰椎的侧块上前移，寰枕韧带紧张将使对侧的枕髁向同侧牵拉。

（4）平移 上颈椎的平移活动很小。枕骨、寰椎间平移极不显著，主要发生在寰、枢椎，寰枕关节的轴向平移和前后平移范围约为 1mm。构成寰枢关节的两椎体之间发生的平移受到寰椎的前弓、齿突和寰椎横韧带的限制，正常为2～3mm。临床上一般认为大于3mm者需考虑横韧带断裂。

2. 下颈椎 以屈伸运动为主。下颈椎的椎间小关节突均与横面呈 45°夹角，而与额面平行（图 3－82）。这些颈椎椎间关节（颈 3～7）的排列使它能够屈曲、伸直、侧弯和旋转。颈椎的屈伸以颈5、6运动幅度最大，但侧屈与旋转活动越往下越小。

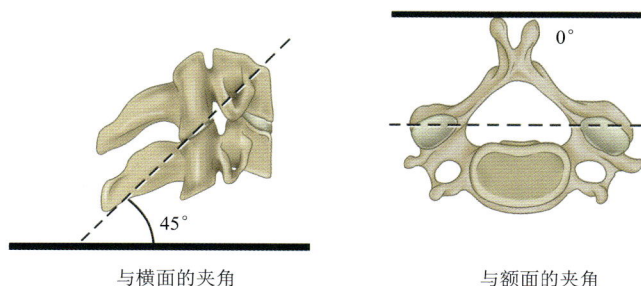

与横面的夹角　　　　　　　与额面的夹角

图 3－82 椎间关节小关节突的朝向

扫码"看一看"

三、胸部

胸椎有 12 个，相叠形成人体纵轴主柱。每个椎骨从上而下，胸椎体渐次增大。由于胸椎间盘较薄和肋骨架的限制等原因，使胸椎的活动性在脊椎中最小，稳定性最强。与颈椎和腰椎相比，胸椎引起脊柱的功能障碍很少，所以针对胸椎进行的研究与临床试验相对较少。

（一）胸椎功能解剖

胸椎特点：①椎体切面成心形，两侧有肋凹，与肋头形成肋椎关节。②椎孔大致呈圆形，较小。③椎弓根短而细。④关节突近似额状位，有利于旋转，不易发生脱位。⑤棘突细长，伸向后下方，彼此重叠，呈叠瓦状。⑥横突呈圆柱状，伸向后外方，前面有一横突肋凹，与肋结节相关节（图 3 - 83）。

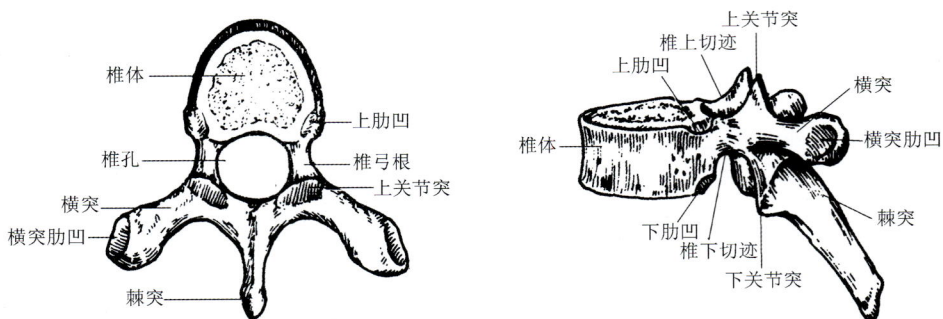

图 3 - 83 胸椎上面观和侧面观

1. 椎骨 椎体横切面呈心脏形，前方矮于后方而形成向后凸的胸曲。椎体自上至下逐渐增大，呈柱状。上部胸椎的椎体近似颈椎；中部的椎体横截面呈心形，矢径较横径长，后缘较前缘厚，全体形成一个向后凸的曲度；下部的椎体近似腰椎。

（1）横突 粗壮，伸向后外，是肋骨的支柱。自椎弓根与椎弓板的连接处伸向后外方（与站立时肋弓向后有关），末端钝圆。每个横突有关节面，其中第 1～7 胸椎横突关节面凹陷，位于其尖端的前方；第 8～10 胸椎横突关节面扁平位于其尖端之上；第 11 和 12 胸椎上横突无关节面。横突自上至下逐渐变小，至 T_{11}、T_{12} 的横突缩小而不作为浮肋的支持点。

（2）棘突 胸椎的棘突细长，向后下胸椎的棘突细长，伸向后下方，在 12 个棘突中，在中胸部即第 5～8 胸椎棘突最长，几乎垂直向下呈叠瓦状。上部及下部胸椎的棘突略为倾斜。胸椎棘突在身体直立时不甚明显，但如躯体向前弯曲时，则呈较明显的隆起，并容易摸到。12 个胸椎棘突中，上 4 个位于心包平面以上，中 4 个位于心包后，下 4 个位于心包下方。心包后方的 4 个棘突，几乎与椎体垂直，第 1、2 和第 11、12 胸椎棘突，几乎呈水平面。

（3）椎孔 横切面呈圆形，胸椎的椎孔一般较小，但上端两个和下端两个椎孔因容纳颈膨大和腰膨大，它们的椎孔较大并呈三角形。

（4）关节突 近似额状位，呈薄板状，自椎弓根与椎板连接处发出，关节面平坦，向后外方。下关节突位于椎板的前外侧面，呈卵圆形，略凹陷，向前下内方。胸椎的关节突位于以椎体前侧为中心所做圆周上，上关节面朝后外，下关节面朝前内，这种构造决定胸椎的旋转运动（图 3 - 84）。

2. 胸廓的连接 胸廓由 12 对肋骨、1 块胸骨与 12 个胸椎共同构成骨性结构，保护胸、腹腔内脏器，参与呼吸运动。

（1）肋骨与椎骨的连结　骨性胸廓上小下大，有上、下两个口。胸椎与肋骨之间有肋椎关节和肋横突关节（图3-85）。

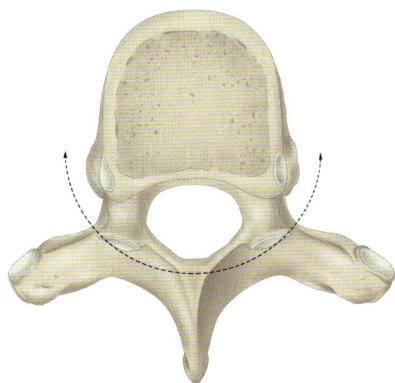

图3-84　胸椎的关节突位于圆周上

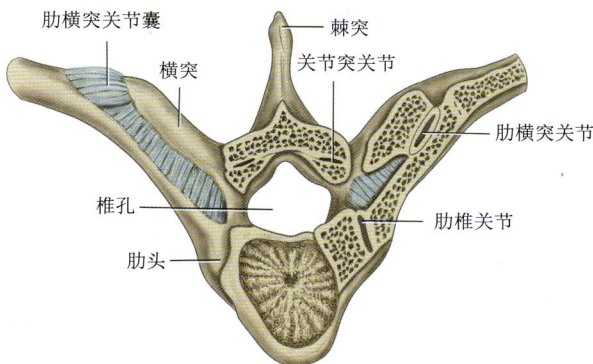

图3-85　肋椎关节和肋横突关节

肋椎关节为肋骨后端与胸椎之间的关节，包括肋头关节和肋横突关节。肋头关节由骨的肋头和相邻两个胸椎椎体旁的上下肋凹构成，属于微动的平面关节。

肋横突关节横突的前部与肋结节形成的关节，属于微动的球窝关节。这两个关节结构上是独立的，但功能是联合的，都是联合关节，沿肋颈的纵轴旋转，使肋骨上提外张，胸廓随着扩大或缩小，以完成呼吸运动。

（2）肋软骨与胸骨的连接　肋骨的前端借助软骨与胸骨相连结，第1～7对肋软骨借助肋软骨直接与胸骨相连。第8～10肋软骨，各与上位肋软骨相连，在两侧形成肋弓。第11、12肋骨前端没有软骨，且不和上一肋软骨相连，肋骨游离于腹壁肌层。

3. 肌肉　竖脊肌外侧列的胸髂肋肌、中间列的胸最长肌和内侧列的胸棘肌等肌肉分别附着于胸椎的肋骨、横突和棘突等处（图3-86）。这些肌肉与深面的短肌共同作用于脊柱、头及肋骨，做后伸、侧屈和旋转活动，并控制着躯干的前屈和维持坐、立姿势。

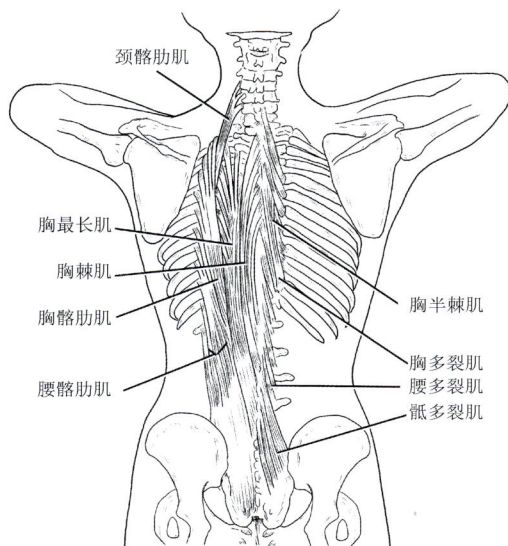

图3-86　竖脊肌胸段

123

考点提示 胸椎的结构特点、竖脊肌的胸段组成。

（二）胸椎的运动学

胸椎参与胸廓的构成，其运动幅度比颈椎和腰椎的要小。上、下位胸椎分别与颈椎和腰椎的结构相近。

1. 屈伸运动 整个胸椎区前屈30°～40°，后伸20°～25°。胸椎后伸受邻近向下倾斜的棘突间撞击限制，尤其是在中胸段，头尾方向的屈伸范围相对较大。

上位胸椎（第1～5胸椎）的平均屈伸运动范围为4°；中位胸椎（第6～10胸椎）为6°；下位胸椎（第11、12胸椎和第12胸椎、第1腰椎）为12°。上、中位胸椎的侧弯运动范围相似，为6°；下位胸椎则提高到8°～9°；而上位胸椎轴向旋转运动范围为8°～9°，愈往下愈小，在下部胸椎只有2°，这与胸椎小关节面逐渐转向矢状面相关。

2. 轴向旋转运动 胸椎区每侧具有30°的轴向旋转。例如，T_5和T_6间的旋转运动是通过近冠状面方向下T_5下关节面在类似方向的T_6上关节面上滑动实现的。在胸椎中段接近垂直的关节突关节可阻止水平面上的前后滑动。

3. 侧屈运动 胸椎区的每侧具有25°～30°的侧屈运动。与颈椎一样，胸椎的侧屈和轴向旋转是协同运动，这种协同在上胸椎明显，中下胸椎较弱。

四、腰部

📋 案例讨论

【案例】

患者，男性，33岁。因"腰腿痛1年加重5天"入院，无明显外伤史。一年前无明显诱因出现腰腿痛，疼痛向臀部及左下肢放射，曾至某医院就诊，给予药物、理疗＋牵引处理好转。此次于5天前弯腰干重活时症状加重，伴有左下肢麻木。查体：脊柱无畸形，生理弯曲存在，活动受限，$L_{3\sim5}$压痛，双下肢伸直腿抬高（左侧15°，右侧30°）时疼痛。会阴部感觉正常，四肢关节无畸形，双下肢无水肿。

【讨论】

1. 请根据本节所学内容做出最可能的诊断。需要做何种特殊检查可以帮助明确诊断。

2. 简述康复治疗原则。

腰部是我们人体直立行走支撑躯干以上体重的关键结构，是整个脊柱的最主要承重部位，也是大部分常见运动系统疾病的好发部位，如腰部软组织疾病、腰椎间盘突出症。众多生物力学研究表明大多数腰痛是由脊柱的力学结构异常，导致功能障碍性疾病。因此，临床治疗仍以尽可能恢复腰部正常的生物力学为突破点。

（一）腰椎功能解剖

1. 腰椎骨

（1）腰椎 腰椎位于骨盆之上，与骶骨相关节，椎体呈肾形。脊柱腰段由5个腰椎（从上至下分别以数字命名为L_1、L_2、L_3、L_4、L_5）通过相互之间的椎间盘连接而成，由于支撑腰椎以上身体，椎体粗大且厚，是脊柱中最大的椎体，以L_4、L_5为甚。其左右径大于前后径，宽度高于其高度，棘突也较为粗大呈垂直板状，水平后伸，相邻棘突间隙宽，在临床上 L$_3$～L$_4$、L$_4$～L$_5$ 棘突之间间隙可作为腰椎穿刺的入路。

椎体的横断面前窄后宽，在 L$_3$ 或 L$_4$ 过渡为椭圆形、前后等宽，L$_5$ 椎体前宽后窄、后缘中间比两侧稍隆起而呈橄榄形。横径和矢状径在 L$_1$～L$_4$ 区间逐渐增大，至 L$_5$ 椎体下部缩小。椎体侧面观略呈楔状，前高自上至下逐渐增加，后高自上至下逐渐减小。

（2）椎弓　椎弓包含了椎弓根和椎板，椎弓根是一个短的骨性结构，起于每个椎体上半部分，几乎与椎体垂直向后伸，椎弓根粗短。椎弓根上方有一较浅的凹陷为椎上切迹，下方有一较深的凹陷为椎下切迹。椎弓根上下切迹围成椎间孔。椎弓根的自上至下逐渐增粗，椎弓根后端较为强壮，可以应对较大应力。椎弓根向后向中间继续延伸成板状，称为椎弓板，有一个斜向下外的平面。椎板和椎弓围成的椎管横截面形状从 L$_1$ 到 L$_5$ 由圆形、卵圆形过渡到三角形。

（3）突起　腰椎关节突分别在椎管和椎间孔的侧后方左、右两侧的上、下各有一关节突，位于椎弓根的后方。上下关节突是构成关节突关节的骨性结构，上关节突宽且厚，自椎弓根后上方发出，斜向后外，关节突关节的软骨面向后内，其后缘有一卵圆形隆起称为乳状突或简称乳突。下关节突自椎板外下方发出，软骨面向前外。每个椎骨的下关节突都被其下位椎骨的上关节突相关节。而将椎体的上、下关节突交界连接处称为峡部，是压力由上关节突向下关节突转折的应力集中点，是压力及剪力最集中的部位。峡部前外侧及后内侧的皮质骨之间只有少量骨小梁，此处若发生骨折临床上称为峡部裂。

椎弓根与椎弓板交界处向外侧突出部分为横突，由肋骨的残余遗迹和横突部合成。横突较薄，呈带状，其上有腰方肌、腰大肌和腹横筋膜附着。L$_3$ 横突最宽大、最长，其上附着筋膜、腱膜、韧带、肌肉，应力较大，所受杠杆作用最大，是慢性劳损的好发部位，临床上称为第三腰椎横突综合征。

椎板最后方的突起为棘突，宽且呈垂直向后的长方形骨板，后缘较厚。末端膨大供多裂肌肌腱、韧带等附着（图3-87）。

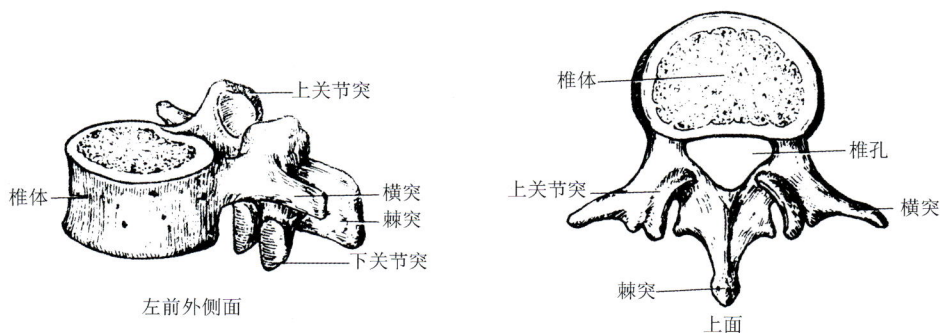

图3-87　腰椎正面观和侧面观

（4）辨认腰椎节段的重要体表标志　第3腰椎棘突与肚脐在同一平面，第4腰椎棘突或第4、5腰椎棘突间隙位于两侧髂嵴最高点的连线。左、右髂后上棘分别与第5腰椎棘突和尾骨尖的连线，构成一菱形区（图3-88），菱形的上角是第5腰椎棘突，两侧角则相当于两侧的髂后上棘点，下角为两侧臀肌的交叉点。在两侧髂后上棘连线中点上2～2.5cm处，即为第5腰椎棘突下点。

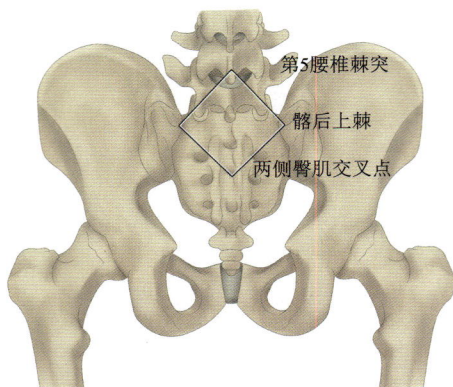

图 3-88　Michaelis 菱形区

📋 **知识链接**

菱形窝

菱形窝又称米氏菱形窝或 Michaelis 菱形区，多数人在挺直腰时明显，凹陷在髂后上棘的内侧，相当于骶髂关节，其上为坚厚的软组织所覆盖，往深处触诊时较为困难。

2. 腰椎骨的连结　腰椎骨之间的连接主要依赖于椎间盘、关节突关节、腰骶关节。

（1）腰椎间盘　椎间盘在下腰部最厚，腰椎间盘占脊柱腰部高度的 30%~36%，腰椎间盘由髓核、纤维环和软骨终板构成，软骨终板薄而透明。腰椎间盘前、后缘的高度自上至下逐渐增厚，且前高后低。

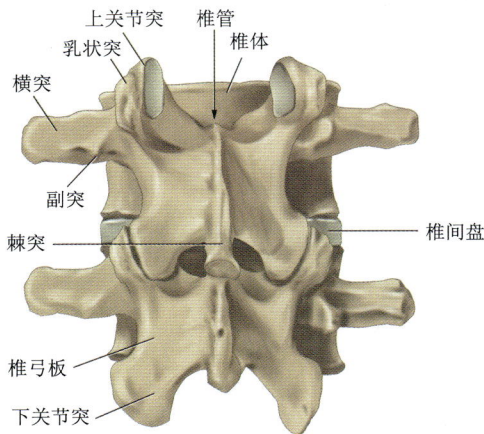

图 3-89　腰椎关节突关节

（2）关节突关节　腰椎关节突关节（图 3-89）基本呈矢状位，关节的间隙自上至下逐渐变为斜位：在 L_1、L_2 的关节突的关节间隙几乎在矢状面上，至 L_5 几乎呈冠状位。关节间隙与矢状面之间的角度自上至下变大，至 L_4/L_5 均为 43°，L_5/S_1 均为 52°。关节囊较薄且松弛，前、后方分别有黄韧带、棘间韧带加强。关节囊纤维层由黄韧带延续而成，纤维层内面有滑膜层，腹、背侧的滑膜层向关节内形成滑膜样半月板结构，以增强关节的稳定性。

（3）腰骶关节　第 5 腰椎与第 1 骶骨上方以及 L_5 的两侧下关节突与 S_1 的上关节突的关节面构成，L_5 和 S_1 交界处前方有一椎体间关节，后方有一堆小面关节。正常情况下，S_1 上方平面往前倾斜 40°，称为腰骶角。其中小面关节方向接近于额状面，有防止 L_5 在骶骨上方向前滑动的作用。临床上往往可见腰以上不当负荷引起 L_5 椎体向前过多滑脱。腰骶关节周围有前纵韧带、后纵韧带、黄韧带、棘间韧带、棘上韧带、髂腰韧带和腰骶韧带（图 3-90）。

（4）韧带　腰骨盆部的韧带较多，包括前纵韧带、后纵韧带、黄韧带、关节囊韧带、横突间韧带、骶结节韧带、骶棘韧带、骶髂后韧带、髂腰韧带等（图 3-91）。这些韧带附着于骨周围和（或）肌肉紧密结合形成复杂的韧带网络，为腰椎骨盆区提供了必要被动稳定性。这些韧带作为主要动力附着点，可稳定脊柱的肌肉。并且，韧带和关节囊有伤害感受器和本体感受器，在启动肌肉系统的反射功能和稳定性上起着重要作用。

（5）肌肉 与腰椎活动有关的肌可根据其所处位置分为前、后两组。前方的肌包括腹外斜肌、腹内斜肌、腹横肌和腹直肌等。位于腰椎后方的肌可分为深层、中间层和浅层三组。深层肌包括起止于相邻棘突的棘间肌、起止于相邻横突的横突间肌以及起止于横突和棘突的回旋肌等；中间层肌主要指起于横突、止于

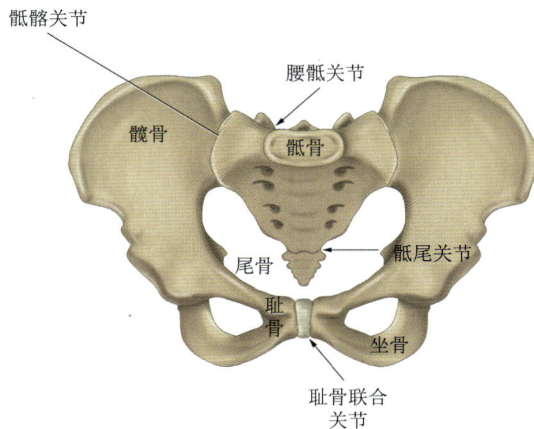

图 3 - 90 腰骶关节

上一椎体棘突的多裂肌；浅层肌即竖脊肌，为脊柱后方的长肌，下起骶骨背面，上达枕骨后方，填于棘突与肋角之间的沟内。自外向内的外侧为髂肋肌，止于肋角；中间为最长肌，止于横突及其附近肋骨；内侧为棘肌，止于棘突。一侧竖脊肌收缩，可使躯干向同侧侧屈。竖脊肌受全部脊神经后支支配。

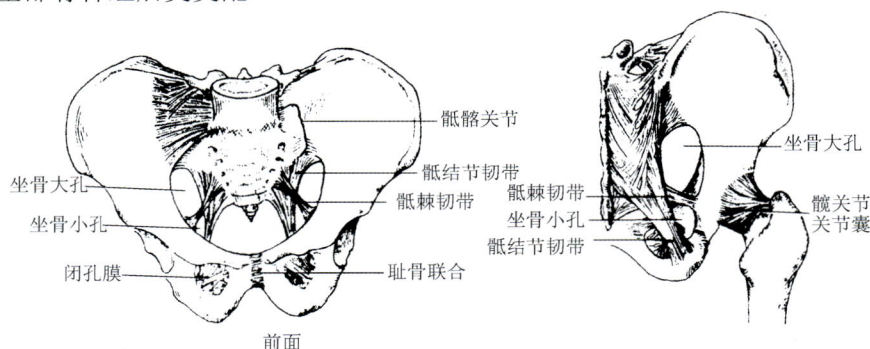

图 3 - 91 骨盆的连结

按照功能来说，腰椎周围的稳定肌可分为整体稳定肌和局部稳定肌，是脊柱的核心肌群。整体稳定肌包括腹直肌、腹外斜肌和髂肋肌胸部一部分。作用于躯干和脊柱，但没有附着在脊椎上。局部稳定肌包括腰大肌、腰方肌、腰部多裂肌、髂肋肌、棘间肌、横突间肌、最长肌的腰椎部分、腹横肌、膈肌、腹内斜肌后纤维等。与整体稳定肌群不同的是直接附着在腰椎，负责局部稳定和直接控制腰段的肌肉。

腰大肌 位于腰椎椎体侧方，横突前方，起自腰椎两旁，与起于髂窝的髂肌共同止于股骨小转子（图 3 - 92）。具有屈曲腰椎、髋关节、骨盆及轻微的外旋作用。

图 3 - 92 腰方肌和髂腰肌

腰方肌 起自第 12 肋骨下缘和第 1~4 腰椎横突髂嵴的后部，止于髂嵴上缘。起到下降和固定第 12 肋，并使脊柱侧屈和后伸的作用。

知识链接

核心肌群

核心肌群，是位于腹部前后环绕着身躯，负责保护脊椎稳定的动力性稳定结构，包含腹横肌、骨盆底肌群以及下背肌这一区域。依其功能和属性，核心肌群可分为两大群：

第一群为深层核心肌群，又称为局部稳定肌群。包括多裂肌、腹横肌、膈肌和盆底肌等，它们中有的直接与椎体连接，通过肌肉的收缩直接固定相邻椎体，有的则是通过各肌肉的协同收缩调节腹内压来维持各椎体间的稳定，并使腰椎维持在正中区域。加上神经系统精密的运动控制，故此肌群为维持腰椎稳定的第一道防线。

第二群为表浅核心肌群，又称为整体稳定肌群。包括腹直肌、腹内斜肌、腹外斜肌、竖脊肌、腰方肌及臀部肌群等，其收缩时主要功能在于控制脊柱的运动方向，并产生较大的动作力矩，因此可对抗施加在躯干上的外来负荷，维持整个脊柱的姿势，此为维持脊柱稳定的第二道防线。

考点提示 腰椎骨的特点、连接、稳定肌群。

（二）腰椎的运动学

腰椎的生理曲度呈 C 形：前凸后凹，维持生理屈度除了取决于腹壁、椎旁肌、腰大小肌的状况还取决于附着于骨盆上的一些下肢肌肉来相互作用达到平衡。抑制腰段脊柱过分前凸最关键的肌肉是腹肌，尤其是腹直肌；腰部曲度减小可以同时出现腘绳肌、臀大肌收缩使骨盆后倾共同实现，腰椎伸直必须依靠臀大肌和腹直肌的双边收缩；髋关节伸直时，由于髂腰肌、腰髂肋肌紧张，腰椎前凸增加。

腰椎节段运动是继颈椎后活动度最大的，可以在矢状面上很大幅度的屈伸运动、冠状面上较大幅度的左右侧屈运动、水平面上小幅度轴向旋转运动，三者之间的运动组合起来可以形成一定幅度的环转运动。不同关节面上的运动幅度与小关节面的取向密切相关。而且活动范围还与年龄因素有关，随着年龄增长而减少。

1. 活动范围 腰椎活动范围的大小主要与关节突关节、关节囊、韧带、椎间盘的弹性密切相关，而且受肌肉的状态、神经支配的一定影响。由于关节突关节面形状的限制，不同节段关节突关节相互之间关节接触面形状从上而下为了适应人体腰部功能也会发生变化。关节突关节有平移（滑动）和分离两种基本运动形式。如果双侧关节突关节同时向上滑移，腰椎可以前屈；相反，同时下滑，则可后伸。腰椎前屈后伸同时包括了双侧关节突关节的矢状位上前后旋转和上下滑移。如果双侧关节突关节出现相反的运动，则表明腰椎产生轴向旋转（图 3-93）。

腰椎节段的关节突关节屈伸运动范围自上至下逐渐增加，从 L_1/L_2 节段 12° 的活动范围逐渐增加到 L_5/S_1 节段的 20°，下腰椎活动度比上腰椎活动度大，但是，L_4 和 L_5 之间的屈伸范围最大，约 24°。腰椎节段关节突关节的侧屈活动范围平均约为 6°，L_4~L_5 侧屈范围最大，L$_5$/S$_1$ 节段的侧屈活动范围约 3°。腰椎节段关节突关节的轴向旋转运动运动范围较小，约为 2°，明显较颈椎和中上段胸椎活动小，腰椎的旋转范围只有胸椎的一半，但 L$_5$/S$_1$ 节段轴向旋转范围较其他腰椎节段稍大，约 5°。

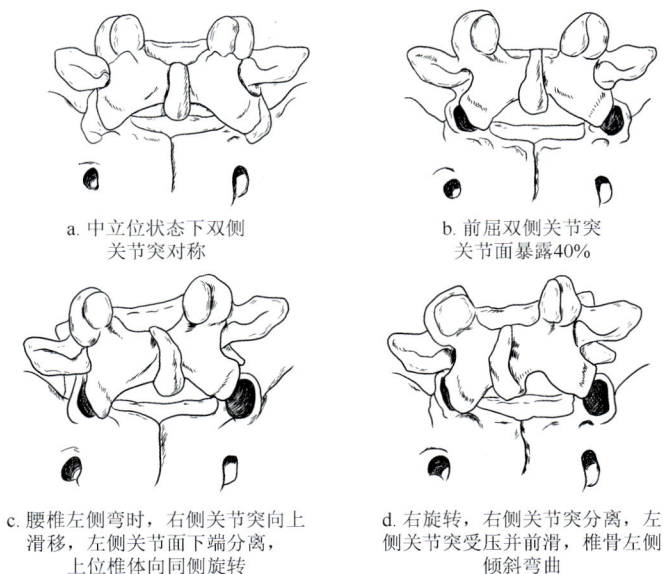

a. 中立位状态下双侧
关节突对称

b. 前屈双侧关节突
关节面暴露40%

c. 腰椎左侧弯时，右侧关节突向上
滑移，左侧关节面下端分离，
上位椎体向同侧旋转

d. 右旋转，右侧关节突分离，左
侧关节突受压并前滑，椎骨左侧
倾斜弯曲

图 3-93　腰椎不同运动方向时关节突关节的基本运动形式

2. 腰椎节段运动　腰椎前屈主要是腰大肌、腰小肌和腹直肌提供动力，腹直肌可防止腰椎过度前凸。一般情况下弯腰前屈可以达到 120°，但是，弯腰的大部分动作是髋关节的屈曲，而不是腰椎单独运动的范围，与髋关节的活动范围叠加容易被误解成腰椎节段的屈曲活动。腰椎活动包含了挤压椎间盘、关节突关节活动范围，同时受到由浅入深的韧带——棘上韧带、棘间韧带、黄韧带、后纵韧带等被动牵拉和关节突关节骨性结构、关节囊限制了前屈，可前屈约 45°，占整个弯腰活动的 1/4～1/3。腰椎前屈时腰椎间盘受到向前挤压，上位椎体向前倾斜和轻度向前滑动，椎间盘前方高度降低，后方高度增加。腰椎后伸动力主要是竖脊肌，限制后伸的结构有椎间盘后缘的支撑、前纵韧带的被动牵拉和关节突等骨性突起的限制，后伸范围约 30°。上位椎体向倾斜和轻度向后滑动，椎间盘后方高度降低，前方高度增加。

腰椎前屈过程始于腹肌和腰肌，加上躯干上部体重使前屈进一步加大，力矩逐渐增加，髋后部肌肉、竖脊肌活动增多对骨盆前倾起到控制作用。当脊柱前屈完全后，竖脊肌不再起作用，该位置时依靠脊柱后部韧带、筋膜被动拉紧和椎间盘支撑维持姿势。当躯干由完全前屈位向直立位运动时，韧带、筋膜和肌肉的作用顺序相反，先由骨盆后倾转为后伸脊柱。躯干从前屈位向后伸位运动时，竖脊肌等背部肌肉做铰链式收缩牵拉。在运动阻力达到一定程度时，膈肌和腹横肌收缩以通过增加腹内压来保证腰背肌肉的稳定收缩。

腰椎侧屈的主要肌肉为竖脊肌、腰方肌、腰大肌、半棘肌和腹外斜肌。侧屈时椎间盘一侧受到压缩变薄，另一侧变厚，髓核移位。侧屈活动范围仍然会受到椎间盘和关节突关节结构限制。

（三）腰椎的生物力学

L$_4$～L$_5$ 和 L$_5$～S$_1$ 节段承受的力学载荷最大，运动的幅度也最大，其独特的生物力学机制与临床上这两个节段疾病较多的现象有密切关系，如腰椎间盘突出症主要发生在 $L_4 \sim L_5$，$L_5 \sim S_1$ 仅次之。

1. 作用于腰椎的力　腰椎所受力学载荷主要由体重、肌肉活动、外加载荷等产生。作用于腰椎的载荷形式根据其方向可分成压缩、牵拉、弯曲、剪切、扭转和复合载荷。根据实验研究表明，关节突关节承载的压缩负荷约占腰椎总负荷的 18%，最大后伸位时可达到 33%，最大前屈位时负荷全部消失。在承受切应力时，关节突关节约承载 1/3 的总负荷。

脊椎应力载荷的来源既源于机体自身包括重力、肌肉作用力、腹内压力，来自外来的冲击力或惯性作用力等。惯性冲击力的大小不仅取决于身体重量，还有加速度的影响。高速行驶的车上被甩出时可以产生对脊柱冲击力，这种高能量足以致脊柱骨折。

腰椎周围肌肉的作用可以让脊柱处于直立、侧屈、前屈后伸、旋转姿势性体位。由于躯干的肌肉与脊柱长轴平行，背肌在保护和拉动脊柱时，为了保持其稳定性和平衡，也会同时产生作用于脊柱的压力。

腹内压增加，可后伸腰椎，减小向前的弯曲力矩，并使腰背肌活动减少对于脊柱的压力。我们在日常生活中深吸气憋住呼吸可以增加腹压，轴向扭转躯干动作也可以导致腹压异常升高，可以产生主观脊柱稳定感，但是一定程度上会增加椎管内的压力。

2. 腰椎骨的力学适应　腰椎骨为了发挥适应人体的生物力学特点，骨小梁会按照应力的轨迹进行排列（图 3-94），其中椎骨的轴向应力最大，垂直方向上的骨小梁最坚固，使得脊椎承载各种应力能力增加。水平方向上的骨小梁支撑避免垂直方向的骨小梁弯曲形变。倾斜方向的骨小梁一方面向上、下关节突关节面延伸，起到支撑作用于关节面上的应力。腰椎椎体从上至下可承载应力逐渐增加。作用于腰部的每一块肌肉都是附着于椎弓的不同点位上；棘突、横突、副突和乳状突是肌肉附着点的作用力杠杆，最长的杠杆是横突和棘突。作用于棘突、横突和关节突上的负荷都被传递到椎弓板上，椎弓根将作用于椎弓不同点位的所有应力传递到椎体上。如果作用于腰椎上的所有肌肉向下牵拉时，其作用力也会通过椎弓根传递到椎体上，椎弓根被迫弯曲，椎弓根下部受到压缩，上部受到牵拉。如果椎骨向前滑移，椎弓的下关节突移动就会被下位椎弓上的上关节突所限制，它们之间的作用力也会通过椎弓根传递到椎体上。

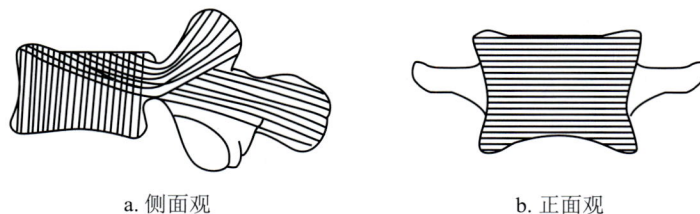

a. 侧面观　　　　　　　　b. 正面观

图 3-94　腰椎骨的骨小梁排列走向

3. 腰椎间盘的力学变化　脊柱作为负荷的受载结构，外部载荷对椎体和（或）椎间盘产生应变，由于椎体较硬的物质构成较椎间盘具有更大的弹性模量。由此，椎间盘容易成为变形体，产生应变来转换、分散所受的载荷。不同体位对椎间盘的压力存在明显差异（图 3-95），减少椎间盘压力对一部分关节盘源性腰痛有重要的预防和指导治疗作用。

椎间盘在力学功能上主要是承受和分散载荷，限制活动过大。受到压缩后通过椎体上下缘的透明软骨板作用于髓核和纤维环，髓核内部产生的流体静压使纤维环向外膨胀，外层纤维环同时承受张应力，轴向压应力较小；内层纤维环承受较小的张应力，但承受了一部分压应力。

图 3-95 不同姿势体位对腰椎间盘的压力差异

一般来讲，纤维环的前、后方的抗拉强度最高，而侧方相对较低，抗拉能力最弱的是纤维环的中央部分和髓核。据研究，腰椎运动节段承受压缩负荷时，椎间盘髓核和纤维环两者承载的载荷比为3:1，纤维环后侧及后外侧是应力明显集中，腰椎后伸位较直立位和前屈位更明显。腰椎间盘厚度在后侧及后外侧仅是前侧和左右两侧的1/2，受载能力较弱。而且纤维环对抗扭转负荷的能力也较弱，这是由于纤维环层间纤维相互斜行交叉，扭转负荷时仅由一半纤维载荷；同时，外层纤维所受扭转负荷大于内层纤维。又由于后纵韧带的限制，纤维环的后正中破裂少见。这样长期载荷受压可引起后侧及后外侧纤维环损伤、破裂而导致腰椎间盘突出、脱出，甚至游离于椎管内，从而压迫马尾或（和）神经根产生相应的控制区域临床症状。

4. 腰椎的临床功能考量 腰椎间盘突出症（Lumbar disc herniation，LDH）是因腰椎间盘变性，纤维环破裂，髓核突出压迫或刺激脊神经根、马尾神经等所表现出的以腰腿放射性疼痛、下肢及会阴区感觉障碍为主要症状的疾病，严重时可引起下肢瘫痪。其发病机制极其复杂，病因仍然尚未完全明了。多数观点认为腰椎间盘突出症是在椎间盘退变的基础上多种因素综合作用的结果（图 3-96）。椎间盘退变过程是本身的结构成分、代谢、营养供应、生物力学等多种因素的共同作用结果。

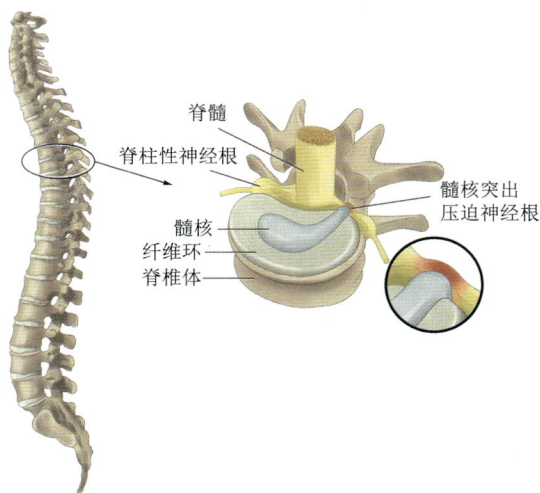

图 3-96 椎间盘突出

最常见的腰椎间盘突出通常与不良坐姿或不当的负荷动作使用技巧有关。如腰部往后弓呈圆形时，会增加髓核后移的概率，过度或慢性劳损而导致椎间盘纤维环张力反复牵拉破裂。突然弯腰抬举重物时，髓核也会向后突出。若弯曲的动作发生在腰椎过度屈曲时，而不是由髋关节屈曲去分担，受压下的髓核就会向后移动。在抬举物体时，肌肉力量会进一步使椎间盘受压，产生更大的压力。纤维环的后部纤维变紧而前部纤维松弛向前膨出。椎间盘被压向后，但也有国外学者根据 CT 扫描研究发现一部分受压的神经根可在前屈动作时解除，后伸时受压，原因是测得前屈状态下中央椎管面积和神经根管面积均增加，而后伸时则减小（图 3−97）。

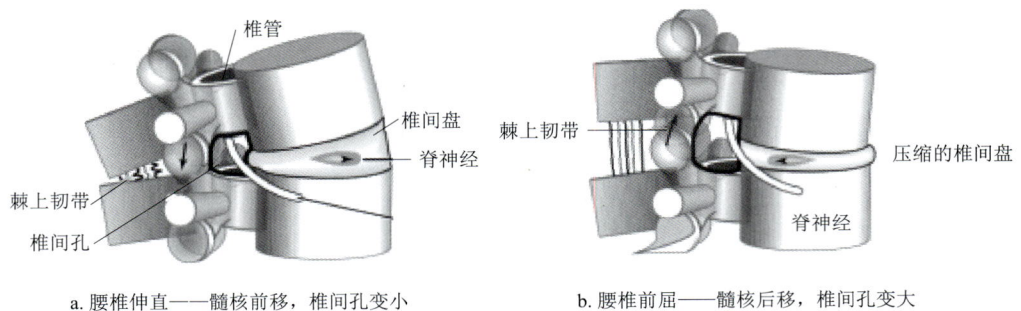

a. 腰椎伸直——髓核前移，椎间孔变小   b. 腰椎前屈——髓核后移，椎间孔变大

图 3−97

对于腰椎间盘突出症的保守治疗，除了卧床休息、腰围制动、中西药治疗、理疗、手法关节松动外，还有牵引、姿势性治疗、动力稳定性核心肌力训练。

根据椎间盘受压的力学原理，腰椎间盘突出症的许多治疗方法需要考虑到腰椎运动机制。根据以上内容，椎间盘往后突出的患者会以伸直的运动方案做治疗。理论上腰椎伸直会有助于髓核向前推移，回到椎间盘中央而不至于压迫神经。研究发现与前屈位相比，后伸位可以降低髓核的压力，由此可以判断后伸位可以降低脊柱的负荷。现在我们知道后伸姿势降低髓核压力仅仅是将负荷转移到关节突关节和后部纤维环上。

临床上常用的一种方案——腰椎牵引治疗腰椎间盘突出，除对肌肉、小关节有恢复作用，重要的是可减轻对椎间盘的挤压或远离神经压迫，突出的髓核尽可能回纳至椎间盘原来的中央位置。注意若多采用屈髋屈膝仰卧位以放松腰肌方式来进行腰椎牵引可更好地缓解腰腿痛症状。这是由于屈髋屈膝仰卧位时腰肌放松使腰曲消失，腰椎载荷最小，所以，临床上腰椎间盘突出患者一般不采用平身仰卧。

有些腰痛的姿势性治疗是通过骨盆前倾或后倾动作，骨盆的动作会让腰椎轻微屈曲及伸直。腰椎的屈曲和伸直会造成很多生物力学影响。选择屈曲或伸直必须依据患者的病理表现及目标而定。举例来说，椎间孔狭窄的患者必须教其骨盆后倾动作，引起腰椎前屈会让椎间孔变大。此方法可以减少因为神经根挤压造成的疼痛。相反，椎间盘向后突出的患者，教其骨盆前倾动作，可以避免髓核往后移动，限制或避免施加压力在邻近的神经上。

治疗椎间盘突出症时有一项重要的腰背肌训练起着不能忽视的作用，腰椎间盘突出症压迫神经根时可使下肢肌肉发生萎缩，肌力减退。充分有效腰背肌锻炼，可大大减小后部韧带的张力，促进肌肉及其筋膜循环，消除肌肉疲劳，增强脊柱稳定性，避免或减轻棘上韧带、棘间韧带及椎间盘和小关节劳损，有效防止腰背痛的发生。康复训练时注重训练腰背肌的基础上，兼顾腹部、双下肢功能运动，调整腰椎两侧和下肢肌张力，使得腰椎周围核心肌力达到平衡，脊柱的稳定性才会好，以缓解症状。通过训练腰背肌和腹肌，能有效增强肌力，提高脊柱稳定性。

训练时同时应考虑由于体位的不同会对脊柱负荷存在差异，肌力训练改善脊柱稳定性时应考虑不同体位。俯卧位时后抬下肢和上背部可增加竖脊肌的活动，然而作用于腰椎间盘上的应力会增加，此体位锻炼腰背肌不够恰当。正确的体位应在腹下放置枕垫使脊椎间尽量保持平衡，更好地减少椎间盘应力。仰卧位时常用直腿抬高双下肢进行腹肌锻炼，但这种方法因腰肌的活动加强而将腰椎拉向前凸，腹肌活动会下降。屈髋屈膝位仰卧起坐训练能在限制腰肌活动情况下有效训练腹肌，不过腰椎间盘的应力大大增加。正确的方法是仰卧位时屈髋屈膝，使头部、肩胛或臀部抬离床面以减少腰部运动，方可明显减少腰椎上的负荷（图3-98）。

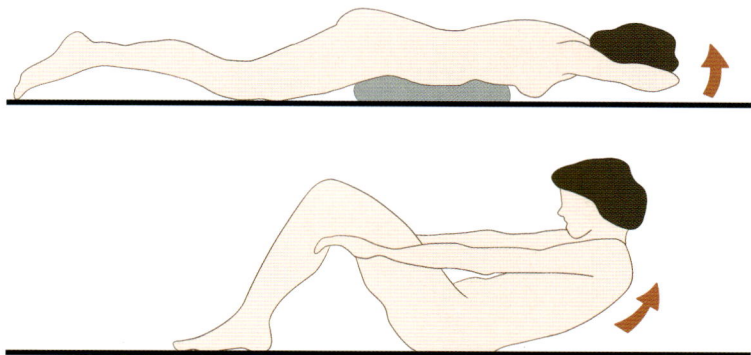

图3-98 正确的腰背肌和腹肌训练方法

腰椎在静态下轻度前屈和运动中轻度后伸都是对腰椎有利的，过度前屈不利，长时间的完全前屈严重削弱腰肌稳定脊柱的能力，主张既不要太多的前屈，也不要太多的后伸。

日常生活中，理想的姿势是没有的，任何姿势必须与间歇性姿势调整需要相结合，除非是胎儿的姿势。最好的建议是挺直腰背（适度前屈），头部和脊柱可以达到很好的平衡，这样使支持肌肉放松。

考点提示 ▶ 腰椎的运动学、生物力学及其临床应用。

本 节 小 结

脊柱是人体的中轴线。参与胸腔、腹腔和骨盆的形成，支持头颅。脊柱的结构提供身体头、颈部、胸部、腰部一个稳定轴，也间接影响下肢。脊椎由7块颈椎、12块胸椎、5块腰椎和骶、尾骨构成。每块椎骨由椎体、椎弓根、椎板、横突和棘突构成。脊柱可以传导重力，吸收震荡，缓冲暴力，平衡机体，维持姿势，保护胸腔、腹腔及盆腔内的脏器等功能。此外脊柱还有很好的灵活性，虽然在相邻两椎骨间运动范围很小，但多数椎骨间的运动累计在一起，就可进行较大幅度的运动，在机体运动中，可行屈、伸、侧弯、旋转和回旋等活动。颈部和腰部活动度大，胸部因肋骨附着构成胸廓而活动度小。此外，脊柱还有保护柔软的脊髓及脊神经的功能。脊柱的任何部位发生骨折都会造成脊髓损伤，进而导致四肢瘫痪或者截瘫。

寰枕关节、寰枢关节构成的复合关节使颈部在3个平面上大范围的活动，头颈区域的关节活动度超过脊柱其他区域的活动度，可以做俯仰、侧屈、旋转。而当生活中长期伏案工作、睡高枕等不良的生活姿势，或是颈神经受到压迫时，控制头颈动作的肌肉就会产生炎症及出现头痛。在日常生活中应保持正确坐姿，避免长时间低头工作，平时适当地活动颈部或者行颈部自我牵引。

胸椎位于脊柱中部，支撑头和躯干并保证它们的运动幅度，保护心、肺、大血管，提供呼吸运动所需的关节运动范围，供呼吸肌以及躯干肌和上肢肌的附着。胸椎部因胸椎间盘薄和肋弓的作用使活动受到限制，比颈椎和腰椎的稳定性强，整体的活动范围也较颈椎和腰椎小。胸椎关节的活动范围以侧弯和旋转活动为主。当脊柱外形的某段生理弯曲改变时，邻近的脊柱可发生代偿性弯曲，常见脊柱侧弯。同时由于屈背、头向前等不当的姿势可以使胸椎后凸，也就是常见的驼背。

腰椎位于脊柱下部，上接胸椎，下连骶椎，腰椎前部有椎体借助椎间盘和纵韧带连接而成，后部由椎弓、韧带和肌肉等连接。是脊柱的主要承重部位，也是疼痛的多发部位。由于肌肉紧绷或无力、韧带受损、椎间盘突出压迫到神经根、关节炎等是常见的原因。在体位不同时，椎间盘和关节突关节等结构所承载负荷的大小也不同。在身体承受外来负荷时，体位不同时产生的弯矩除物体以外还要加上该平面以上体重的弯矩，随着后者弯矩加大，腰椎承受的总弯矩更大。所以，提携物体时，身体直立比前屈所受载荷小。同时恢复腰背肌的正常功能会极大程度地减轻患者的疼痛并改善其功能。

（魏珊珊　汪宗保）

第五节　骨盆与髋关节运动学

一、骨盆

骨盆由左右髋骨、骶骨和尾骨借左右骶髂关节、耻骨联合和骶尾联合以及韧带连接成盆状结构，将躯干与下肢连接起来，具有保护盆腔脏器和传递来自头、臂、躯干的力到达下肢，将足接触地面产生的反作用力上传到脊柱。在行走过程中，骨盆在所有三个平面中作为一个单元移动，允许相对平稳的运动。骨盆的运动依赖于脊柱和髋关节的运动，所以在分析骨盆运动的时候，必须以脊柱和髋关节的运动为出发角度。

（一）骨与关节

骨盆由骶骨、尾骨和左右侧的两块髋骨构成，每块髋骨又由髂骨、耻骨和坐骨组成。构成骨盆的骨各自相关节，包括腰骶关节、双侧骶髂关节、耻骨联合及骶尾连接（图3-99）。

1. 腰骶关节　骨盆通过第1骶椎（S_1）和第5腰椎（L_5）相关节。此关节和其他各椎体关节一样，都是通过椎间盘连接，并由前纵韧带和后纵韧带相连。和其他椎体连接不同的是，腰骶关节还有两条韧带即髂腰韧带和腰骶韧带以加强关节稳定性。骶骨上面与水平面的夹角称为腰骶角，在躯干正常直立位约30°。肥胖、骨盆前倾等原因导致腰椎前倾的情况下腰骶角增大，L_5与S_1之间的剪切应力增加，容易导致腰椎间盘的损伤和腰椎滑脱的发生。

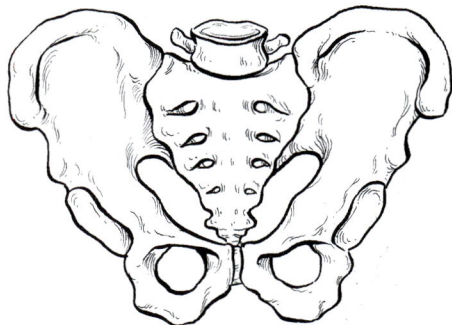

70°～75°
男性

图3-99　骨盆的前面观

2. 骶髂关节　是滑膜关节，由骶骨与两侧髂骨构成。通常认为骶髂关节是平面关节，但关节面却很不规则，正是这种不规则的关节面保证了骶髂关节的稳定性，因为其主要功能是传递上肢和躯干的重量到髂骨而不是运动。因此骶髂关节的活动范围很小，骶骨与髂骨仅可相对上下滑动和少量前后运动。在骨盆固定躯干向前倾斜的运动中，骶岬向前下移动而尾骨向后上方移动，同时伴有髂嵴靠拢和坐骨分离，造成骨盆出口变大。逆倾斜是相反的运动，即骶岬向后上方移动，尾骨向前移动，髂嵴分离，坐骨靠拢。这运动使骨盆入口增大。这两种运动临床上常见于下肢和骨盆被站立架固定而进行躯干前后倾运动训练，如有关节病变可因此运动导致疼痛。

在妇女妊娠期间松弛激素的分泌造成韧带松弛，允许骶髂关节和耻骨联合的运动幅度增加。如此，骨盆入口变大适应胎儿，并在分娩时骨盆出口变得更大。但韧带过度松弛能产生剧烈的疼痛以及可能产生骶髂关节和耻骨联合的自发性脱位。哺乳后，松弛激素的分泌中止，韧带再次紧张。经常发现骶髂关节和耻骨联合再连接左右不对称，而造成慢性下腰部和髋部的疼痛。

3. 耻骨联合　两侧耻骨通过纤维软骨盘相连接，容许有极小的运动。其主要意义是保证了由骶骨和髂骨构成的刚性骨环在骶髂关节运动时可以松动。在跳跃落地或强力的屈髋动作突然受阻等暴力冲击下，可能造成骶髂关节或耻骨联合的损伤或脱位。

（二）肌与韧带

1. 骨盆的运动　骨盆姿势的变化会随着腰椎和髋关节动作的改变而改变。这些关节的动作可以让骨盆产生前倾（骨盆在矢状面上绕总髋轴旋转，使耻骨联合转向前下方）、后倾（骨盆在矢状面上绕总髋轴旋转，使耻骨联合转向前上方）、侧倾（骨盆在额状面上沿矢状轴旋转，使一侧的髂嵴降低）和水平旋转（也称侧向扭转，骨盆在水平面上绕垂直轴旋转）等动作。

> **考点提示**　骨盆的运动形式。

2. 骨盆的肌　通常所说的盆底肌并不影响骨盆的运动，参与骨盆运动的肌主要为躯干和髋关节的肌，而且往往成对共同作用。腰背肌收缩把骨盆后侧向上提的同时屈髋肌收缩使骨盆前侧向下拉，骨盆前倾；腹肌收缩把骨盆前侧向上提的同时，臀大肌和腘绳肌收缩使骨盆后侧向下拉，骨盆后倾。骨盆侧倾时非支撑侧在重力作用下降低，肌收缩的作用主要是控制姿势、限制骨盆倾斜的程度。如右侧下肢处于支撑相时，左侧骨盆在重力作用下降低，此时竖脊肌和腰方肌收缩，躯干左弯，牵拉左侧骨盆控制其不过分下降；而右侧髋外展肌（臀中肌和臀小肌）收缩，牵拉右侧骨盆向下，共同限制骨盆过度倾斜。所有上述控制骨盆的肌通常协调收缩，共同控制骨盆姿势，以保证躯干及上肢功能的正常完成（图3－100）。

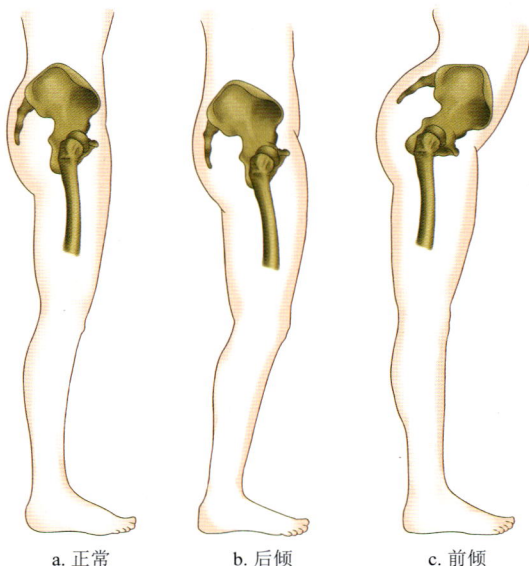

a. 正常　　b. 后倾　　c. 前倾

图3－100　骨盆前后倾动作

3. 骶髂关节的韧带 在骶髂关节的后方，骶髂骨间韧带填充了骶粗隆和髂粗隆之间的间隙。这些韧带有多种方向的纤维并覆盖了关节全长的一半。多层骶髂后韧带覆盖骨间韧带和骶骨的后面。这些韧带附于髂骨粗隆（到臀后线），向内下方连于骶骨。在骶髂关节的腹侧为骶髂前韧带，它较薄以及没有像后方的韧带那样广阔。前、后骶髂韧带将骶骨悬在髂骨上，当所负的重量将骶骨压向下时，这些韧带的作用就像避震器。此外，这些韧带的长度限制了逆倾斜运动。强厚的前纵韧带覆盖在腰椎的前方，向下附于骶骨和髂腰韧带。

骶结节韧带和骶棘韧带为宽而长的韧带，连接在骶骨和坐骨结节以及坐骨棘之间。这些韧带有极好的杠杆作用来防止由于重力的作用使骶岬向前下方倾斜。这些韧带的长度限制了向前下倾斜运动的量。

骶髂关节的骨性结构和强厚而广泛的韧带系统形成了关节的自锁机制。当压力增加导致骶骨在髂骨表面向下运动和后韧带紧张，紧张的后韧带将两侧的髂骨更向中间靠拢，像钳子一样将骶骨夹得更紧而阻止髂骨的下降。

（三）骨盆的生物力学

两个对称的髋骨和骶骨借两个骶髂关节和前方的耻骨联合连成一体，形成一个骨关节环，称为骨盆环。两髋臼连线将骨盆环分为前后两部分。骨盆后部是主要的承重部分，故称承重弓，由骶股弓和骶坐弓组成。当人站立时，躯干的重力从骶骨经两侧骶髂关节传至髂骨后部，再向下传递至髋臼，形成骶股弓承重。坐位时重力由骶骨经骶髂关节，向下传至髂骨后部，再向下经坐骨上支至坐骨结节，形成骶坐弓负重。骨盆前部由两侧耻骨上、下支与耻骨联合构成的弓形结构连接两侧的承重弓称为联接弓或约束弓，临床上简称为前环，其作用是防止承重弓向中线离位或分离，是稳定和加强承重弓的力学因素。

人体处于不同体位时骨盆的关节所受应力不同。当单腿站立或迈步时，支撑腿向上传递体重作用于地面的反作用力，同侧髋关节上升，对侧则因下肢重力的作用而下降，于是在耻骨联合处出现剪力。与此同时，骶髂关节即会发生与同侧耻骨方向相反的活动。但是由于耻骨联合和骶髂关节牢固的结构，实际上无论在耻骨联合或骶髂关节均不会出现任何活动。若创伤后耻骨联合脱位或骶髂关节损伤即会出现移位或异常活动，以致每迈出一步均可引起疼痛。

平卧时，骶骨后面、骶尾部和两髂后棘部所承受的部分躯干的重力，不足以造成骨盆环的活动，但髋关节屈曲或伸直使伸髋或屈髋肌处于紧张状态，会影响骨盆环的倾斜度，引起骶骨岬、坐骨结节和尾骨位置的改变。

二、髋关节运动学

髋关节是一个典型的杵臼关节，由凹状的髋臼与凸状的股骨头构成，具有内在稳定性。通过髋关节的头、臼软骨面相互接触传导重力，支持人体上半身的重量及提供下肢的活动度。髋关节是可动关节中最为稳定的关节，其结构能够完成日常生活中所需的大范围动作，如走、坐和蹲等。球窝关节排列紊乱可导致关节软骨和骨内的应力分布发生改变，引起退行性关节炎等损害，并因关节承受巨大的力而逐渐加剧。

（一）髋关节功能解剖

髋关节是人体最大、关节窝最深、最典型的球窝关节，既坚固又灵活，由髋臼和股骨头构成，主要功能是负重及多方位运动，吸收和减轻震荡，在机体活动中起到杠杆作用（图3-101）。

扫码"看一看"

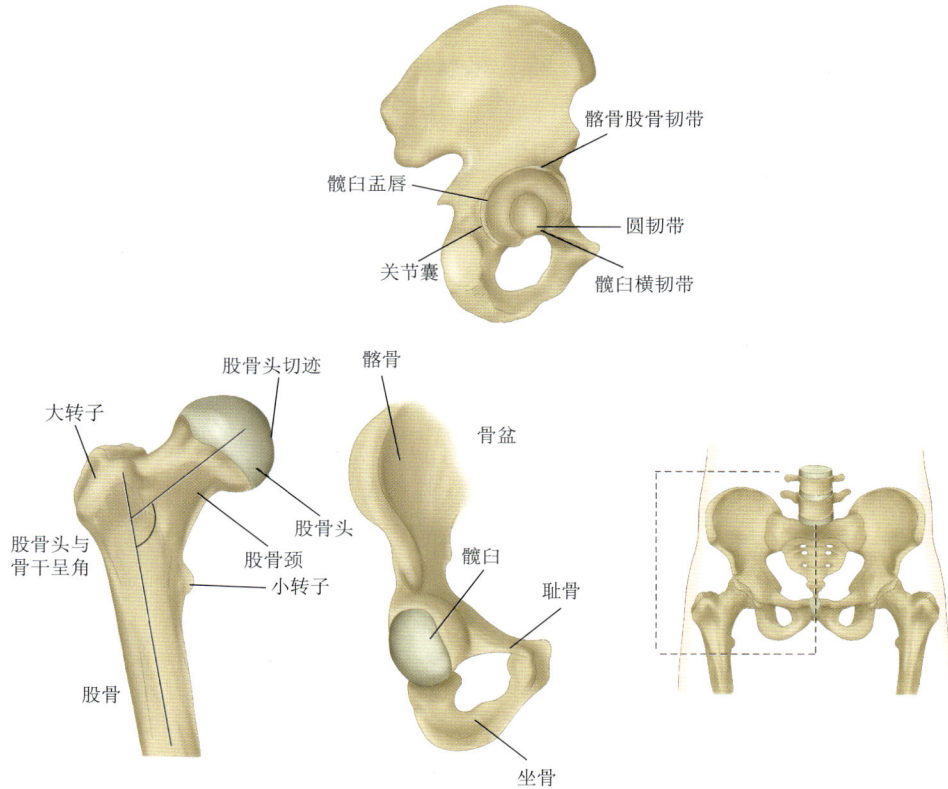

图 3-101　髋关节构造

1. 骨关节与功能结构

（1）髋臼　髋臼由髂骨、坐骨和耻骨连接而成。髋臼朝向前下外方，内下方软骨缺如，形成髋臼切迹，切迹有髋臼横韧带相连。髋臼的边缘有纤维软骨性质的关节唇，使髋臼变深，以防脱位，这就保证了关节的稳定性，但也限制了关节的活动范围（图 3-101）。

髋臼侧壁为马蹄形关节，软骨衬垫于前、上和后三面，髋臼中间部位被关节软骨所深陷，不形成关节面，称为髋臼窝。窝内有股骨头韧带、一个可移动的脂肪垫和滑膜。髋臼窝允许股骨头韧带做必要的运动，当髋关节负重时髋臼窝更是重要的滑液储存地。步行时髋臼各关节面轮流受到股骨头关节面的挤压，在未被挤压时，髋臼窝内的滑液回到关节软骨面之间被吸入软骨。这种交替的挤压和放松保证了关节软骨的营养，而因为各种原因导致的髋臼或股骨头某部位持续受力则会导致关节软骨的退变。

髋臼顶部是髋关节的主要负重区，厚而坚强；后 1/3 能维持关节稳定，较厚。此两部均须相当暴力才能引起骨折。下 1/3 与上、后部比较，显得较薄，造成骨折需要的暴力较小，此部如果发生断裂，对以后髋关节功能影响也较小。

（2）股骨头　股骨头略呈球状，但并非正圆形，当股骨头在髋臼内旋转时，只是在中立位负重的条件下才取得最大的适应和接触面。除圆韧带进入处外被软骨所覆盖，股骨头中央的软骨较厚，周缘部分较薄。软骨厚度的不同造成股骨头不同区域有不同的刚度和强度，这种力学上的差异，将影响应力从髋臼经股骨头到股骨颈的传递。

（3）股骨颈　股骨颈为一管状结构，横断面略呈扁圆状，内下方骨皮质最坚厚，颈中心几乎为空。股骨颈连接股骨头与股骨干，形成颈干角和前倾角两个角度。

1）颈干角　股骨颈与股骨干之间所形成的角度，称为颈干角。在婴儿时期约 150°；至成人，其正常范围在 110°～140°，但大多数皆在 125°～135°。由于股骨颈及颈干角的存在，使粗隆部及股骨远离髋臼，以适应髋关节大幅度活动的需要。颈干角正常时，股骨头的负荷与股骨颈所承受的应力之间达到生理平衡；当颈干角减小（髋内翻）时，股骨头的负荷减少，但股骨颈所承受的应力则大增；反之，当颈干角增大（髋外翻）时，股骨头负荷增加，但股骨颈所承受的应力则相应减少，以致可使剪应力完全变为压缩力。无论髋内翻或髋外翻，均可引起股骨近端负荷及应力的改变，继发结构异常和功能障碍（图 3－102）。

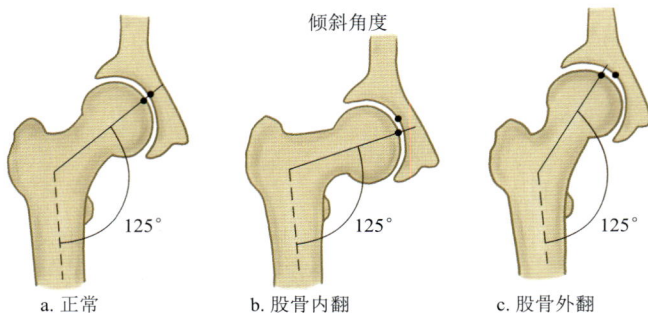

图 3－102　股骨颈干角

考点提示▶ 颈干角及其生理学意义。

2）前倾角　下肢在中立位时，股骨头与股骨干不在同一冠状面上，股骨头居前，股骨颈向前倾斜，与冠状面形成一个角度，称为前倾角。在婴儿期，为 20°～30°。随着年龄增长而逐渐变小至成人平均为 12°～15°。女性稍大于男性。前倾角＞12°，将使股骨头部分裸露，走路时为保持股骨头处于臼窝内，使腿有内旋倾向。前倾角＜12°，走路时有外旋倾向。前倾角为臀中肌提供一个在矢状面上的杠杆臂，使肌效能成倍增加，这个杠杆臂越长，为保持直立姿势所需的臀中肌力越小，但过度前倾，则有碍于髋关节的外旋活动，且有造成脱位的潜在趋势（图 3－103）。

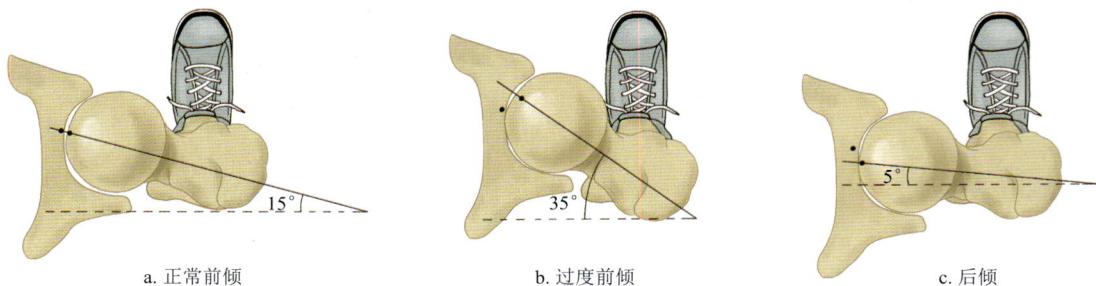

图 3－103　股骨前倾角

小儿出生时前倾角一般在 30° 左右，随着骨生长和肌收缩牵拉使其逐渐变小，在 6 岁时减小到 15°。这是临床上采用保守方法治疗小儿足内收步态的原理。先天性髋关节脱位往往伴有过度前倾，和足内收与足外展一样，都会因为不正确的应力而导致髋关节软骨磨损增加，从而更容易发生骨性关节病。

考点提示▶ 前倾角及其生理学意义。

（4）股骨近端的内部骨结构　股骨近端的内部骨结构完全适应生理应力的类型和大小，包括骨小梁的分布方向和量。正常情况下，股骨头主要承受压缩应力，形成主要压缩骨小梁。其次是股骨头和股骨颈亦承受剪应力，在颈上方形成主要抗张力骨小梁。两组骨小梁约呈 60°交叉，两组交叉之间承受应力最小，故骨小梁亦减到最低程度，此区称为 Ward 三角。在此两组骨小梁之间，分别有次要抗压缩骨小梁和次要抗张力骨小梁。由大转子下行至外侧骨皮质有一些骨小梁，称为粗隆部骨小梁。

颈干角的改变引起股骨近端负荷与应力的改变，终将导致骨小梁的重新调整。当髋外翻时，由于压缩力增加，使抗压缩骨小梁增加，抗张力骨小梁减少，以至消失；当髋内翻时，则抗张力骨小梁增加，抗压缩力骨小梁减少。因而，可以由骨小梁结构的改变，反映出股骨近端负荷与应力的变化。

2. 髋关节的关节囊、韧带和血供

（1）髋关节关节囊　关节囊由坚韧的纤维组织形成，内衬以滑膜，附着于髋臼唇外缘及髋臼横韧带，向下包绕股骨头和股骨颈，止于股骨颈基底部，只有股骨颈后外侧的一小部分露于囊外，因此股骨颈骨折除基底部骨折外均为囊内骨折。当髋关节伸直位时，关节囊紧张，可将股骨头限制在髋臼内部，而关节囊在屈曲、内收及轻度内旋时会松弛。所以，当其过度屈曲又受到向后的暴力时，由于股骨颈后面有一部分在关节囊外，关节囊在屈曲、内收及轻度内旋时的松弛会减弱对股骨头的限制作用，加之其后方的耻股韧带和坐股韧带又比较薄弱，因而髋关节比较易于发生后脱位。

（2）髋关节韧带　髋关节共有 4 条韧带，其中最强大者为髂股韧带，起于髋臼上缘的髂骨部分，跨越关节囊前方，分两股分别止于股骨颈基底部前方及小转子前方，又称 Y 形韧带。关节囊前下方有耻股韧带，后方有坐股韧带。韧带之间形成薄弱区，遭受外力时，股骨头可经由此薄弱区脱出，圆韧带为关节内韧带，由髋臼进入股骨头，有供给血运及稳定股骨头的作用（图 3-104）。

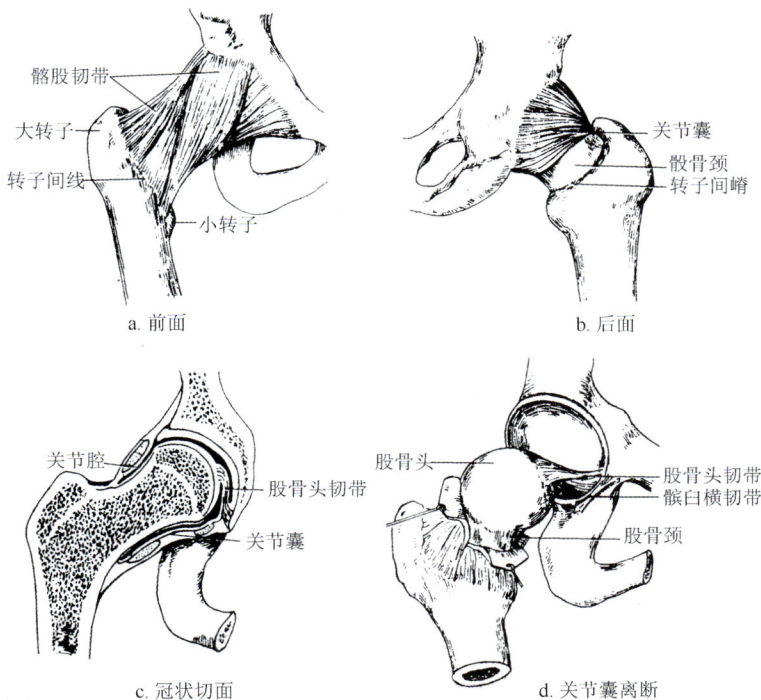

图 3-104　髋关节及其连结

当屈髋关节时所有这些韧带都松弛，但当伸髋时变得紧张。在站立位时，髂股韧带能防止骨盆在股骨上向后运动（髋的过伸）。耻股韧带限制外旋运动，坐股韧带限制内旋，耻股韧带和坐股韧带的张力限制髋关节的外展。

（3）股骨头的血供　股骨近端的血液供应主要来自旋股内动脉，少部分来自旋股外动脉。两者形成一个囊外动脉环；另发出颈升分支进入关节囊，形成囊内动脉环，最后进入骨内。当囊外动脉环不完整时容易发生股骨头缺血坏死。

3. 髋关节稳定性　髋关节的稳定结构由骨性稳定结构及其周围的韧带软组织维持。

（1）髋关节骨性结构特点　髋臼前部低，后部隆起，下部有深而宽的缺口，有横韧带通过并封闭，形成半球形凹窝，周边有软骨组织形成的唇盂缘，加大了髋臼深度，使其面积超过球形的一半。其顶部是主要负重区，厚而坚实，后部亦较厚，可加强关节稳定性。与髋臼匹配的股骨头直径较大，与髋臼结合面差小，决定了髋关节是一个稳定的关节。

（2）髋关节囊及周围韧带结构特点　髋关节囊紧张而坚韧，上方附着于髋臼周缘和髋臼横韧带，下方附着于股骨颈下部，几乎完全包绕了股骨颈，限制了股骨头在关节内的运动。髋关节囊周围有许多坚强的韧带加强固定，髂股韧带、耻股韧带、坐股韧带分别从髋关节的前方、前下方和后方覆盖并稳定关节囊，髋臼周围的髋臼横韧带可以防止股骨头的脱出，关节囊内的股骨头韧带，不但可提供股骨头的血供，还可以加强股骨头与髋臼的连接，股骨颈周围的轮匝韧带与髋臼周缘紧密套合，提高了股骨头的稳定性。

（3）髋关节周围肌　髋关节是人体最有力、最发达的自由关节，其周围肌数目也是最多的人体关节，这些肌的存在进一步加强了关节稳定性。

（二）髋关节运动轴和运动

髋关节可以围绕以股骨头为中心的无数轴而运动，但为了便于分析，而选择互相垂直的三个轴为代表。

1. 髋关节运动轴

（1）股骨的解剖轴和机械轴　股骨的解剖轴是一条通过股骨干的直线，而机械轴则为髋关节中心和膝关节中心的连线。在直立位，机械轴通常是垂直于地面的。

（2）冠状轴　在站立时，屈伸的轴是水平的冠状轴。左右股骨头中心点的连线称总髋轴。当站立位骨盆向前或向后转动或在仰卧位上拉两膝靠近胸腔时，这运动发生在总髋轴周围。

（3）矢状轴　在站立时，收－展的运动轴为水平的矢状轴。肢体对骨盆的运动如提腿向外侧，或骨盆对下肢的运动如躯干向站立侧的腿方向倾斜。不管是肢体或骨盆运动，正确的名称应使用髋关节的外展或内收。髋关节的外展为45°左右，常伴有骨盆的抬高。髋关节的内收为两条腿接触或0°，但腿可能交叉到30°～40°的内收位。这不是纯平面的运动（因为一条腿必须在屈位，而另一条腿在伸位），在跑步、转向和交叉大腿时，这是一个重要的运动。

（4）垂直轴　站立时，内旋和外旋的轴是垂直的。垂直轴和股骨的机械轴是一致的。内旋是大转子向前移动接近骨盆的前部，外旋是与内旋相反方向的运动。

2. 行走时髋关节的运动范围　股骨头与髋臼的结合方式、股骨头的大小、髋臼的深度、股骨头与髋臼结合的面差、关节囊周围的韧带、关节囊周围的肌决定了髋关节具有很牢靠的稳定性，成为人体负重和行走的主要关节。与肩关节相比，两者同为三轴关节，但由于股骨头深藏于髋臼内，关节囊紧张，又有坚韧的韧带限制其活动，故髋关节的运动幅度远不及肩关节，而是具有较大的稳定性，以适应支撑功能，髋关节可做屈、伸、收、展、旋内、旋外和环转运动。关节囊前面的髂股韧带限制了髋关节的伸、展运动，其伸髋范围仅为35°，由于髋关节内侧和外侧有大量的肌附着，且肌力量甚大，极大地约束了大腿的内收外展运动。

正常人髋关节的运动范围终末感通常是坚硬的，因为有韧带性的限制；但屈髋关节同时屈膝例外，因为此运动被腹部的脂肪组织所限制，在严重的肥胖症，这种限制能影响其功能如系鞋带以及拾取和携提物体的能力；屈髋同时伸膝的运动被腘绳肌的长度限制（表3-2）。

表 3-2　髋关节的基本运动

关节运动	运动轴	运动幅度	动作举例
屈伸	冠状轴	140°	前后踢腿
外展内收	矢状轴	45°	侧踢腿
旋内旋外	垂直轴	40°～50°	交叉步跑
环转			单腿画圈

（三）髋肌的功能作用

髋关节作为人体直立行走负重的关键下肢关节，稳定性对它的重要性是不言而喻的，作为下肢关节，它行使着重要的运动功能，如行走、弹跳、弯腰、摆腿，这些运动要求髋关节具有一定的活动度。髋关节是三轴关节，可做屈、伸、内收、外展、旋内、旋外、环转等运动，关节的运动轴与其周围的肌配布是一致的。因此，髋关节周围肌可分为 6 组，除了围绕冠状轴和矢状轴排列有屈伸、内收、外展肌外，还有排列在垂直轴相对侧的旋内旋外两组肌。髋关节周围肌数目多，可分为多群，各群肌共同作用行使髋关节的功能（表3-3，图3-105）。

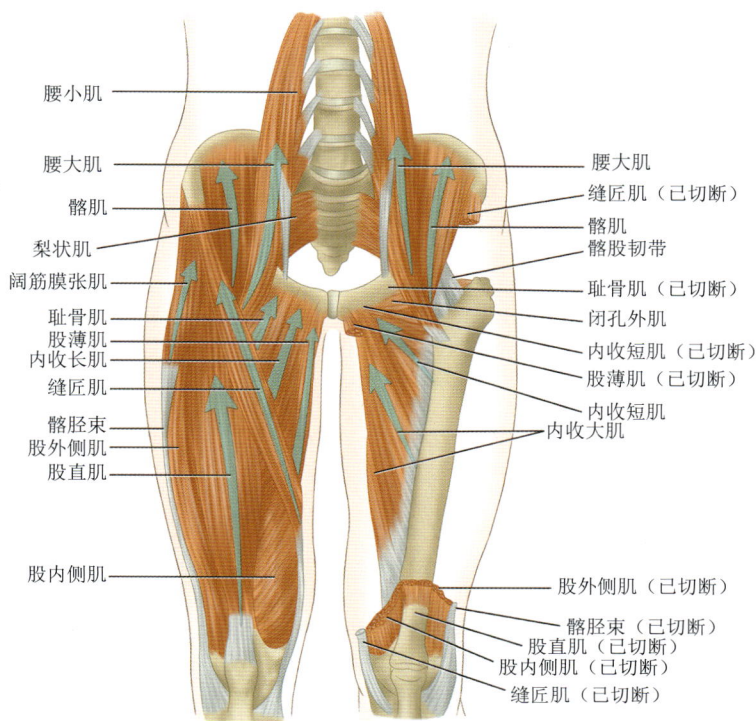

图 3-105　前侧髋关节区域的肌肉

1. 髋关节肌的组成

（1）屈伸运动　髋关节屈曲主要由髂腰肌、股直肌、阔筋膜张肌、缝匠肌完成，其拮抗伸肌臀大肌、半膜肌、半腱肌及股二头肌长头。因为球窝关节能在冠状轴上做较大的屈伸活动范围，髋关节屈曲角度为140°，由于股二头肌、半腱肌、半膜肌止点位于胫骨上端，当髋关节屈曲时，膝关节处于伸直位将限制髋关节的屈曲范围，大约在80°。由于髂股韧带较坚韧且位于关节囊前方，限制髋关节的后伸，向后伸的角度为35°。髂股韧带防止髋关节过伸的功能对于维持人体直立姿势有重大的意义。

（2）收展运动　髂腰肌是髋肌中主要的屈髋肌，在下肢固定时可使躯干屈，如仰卧起坐。髋关节的屈伸活动与下肢其他关节相偶联，形成人的直立行走，下肢的活动几乎都伴有髋关节的屈伸活动，髋肌的后群肌臀中肌、臀小肌及阔筋膜张肌与大腿的内侧肌群相互拮抗形成髋关节的内收、外展运动。由于球窝关节在矢状位上运动特征及对侧大腿的限制，使髋关节的内收、外展运动范围总和只有45°。如髋关节屈曲，关节囊周围的韧带将松弛，则内收、外展角度将增大。髋关节的内收外展运动将有利于人体的变向运动。

（3）旋转运动　髋关节也能做旋转运动，由旋内和旋外两组肌拮抗完成，旋内肌有臀中肌的前部肌束、臀小肌及阔筋膜张肌，旋外肌有髂腰肌、臀大肌、闭孔内肌、梨状肌、股方肌、闭孔外肌及臀中肌、臀小肌的外侧部，旋外肌的力量明显强于旋内肌，所以髋关节的旋外范围大于旋内。髋关节在轴位的旋转运动受关节窝的影响，所以其角度约为50°，髋关节的旋转功能可使人体下肢具有多向运动性。

髋关节是人体稳定性最高的间接关节，关节的结合形态、韧带的附着、强大的肌保护都使髋关节成为人体负重行走的主要关节之一，由于稳定性与灵活性的彼消此长，因此髋关节的活动范围相对肩关节较小，但仍可满足人体运动的需要，可做多轴运动。

表3-3　主要髋关节肌起止点、神经支配和功能

肌名称	起点	止点	神经支配	功能
髂腰肌	髂骨内面和$T_{12}\sim$$L_5$椎体	股骨小转子	腰丛、股神经（$L_1\sim L_4$）	屈髋、外旋髋
股直肌	髂前下棘	胫骨粗隆	股神经（$L_2\sim L_4$）	屈髋、伸膝
缝匠肌	髂前上棘	胫骨粗隆、胫骨内侧	股神经（$L_2\sim L_3$）	屈、外旋、外展髋；屈膝
耻骨肌	耻骨上支	股骨耻骨肌线	股神经（$L_2\sim L_4$）	内收、屈髋
阔筋膜张肌	髂前上棘	胫骨外侧髁	臀上神经（$L_4\sim L_5$）	屈、外展、内旋髋关节
臀大肌	髂骨后面、骶骨、尾骨	股骨后上面、髂胫束	臀上神经（$L_5\sim S_2$）	伸、外旋髋
半膜肌	坐骨结节	胫骨内侧髁后面	坐骨神经（$L_5\sim S_2$）	伸髋、屈膝
半腱肌	坐骨结节	胫骨近端前内侧面（鹅足）	坐骨神经（$L_5\sim S_2$）	伸髋、屈膝
股二头肌	长头：坐骨结节；短头：股骨嵴外侧	腓骨小头	长头：坐骨神经（$S_1\sim S_3$）短头：腓总神经（$L_5\sim S_2$）	长头：伸髋、屈膝短头：屈膝
深部外旋肌：梨状肌、上孖肌、下孖肌、闭孔内肌、闭孔外肌、股方肌	骶骨、坐骨结节、坐骨和耻骨支	大转子及附近区域	闭孔外肌：闭孔神经余：$S_1\sim S_2$神经分支	外旋髋关节
臀中肌	髂骨外侧面	股骨大转子外侧面	臀上神经（$L_4\sim S_1$）	外展髋关节
臀小肌	髂骨外侧面	股骨大转子前侧面	臀上神经（$L_4\sim S_1$）	外展、内旋髋关节
股薄肌	耻骨	胫骨近端前内侧面（鹅足）	闭孔神经（$L_2\sim L_3$）	内收髋关节
长收肌	耻骨	股骨粗线	闭孔神经（$L_3\sim L_4$）	内收髋关节
短收肌	耻骨	股骨粗线和耻骨肌线	闭孔神经（$L_3\sim L_4$）	内收髋关节
大收肌	坐骨和耻骨	股骨粗线	闭孔神经和坐骨神经（$L_3\sim L_4$）	内收髋关节

2. 髋关节肌的功能特点

（1）髋肌负重和不负重的功能　研究髋关节肌必须分负重和不负重两种情况。负重的闭链运动可能更重要，如单腿站立、攀登、坐位站起等。此时髋肌需有力收缩以固定肢体远端，不但引起髋关节运动，也影响骨盆运动。若有轻度或中度肌功能减退在闭链运动中即可表现出来，而在仅对抗一侧下肢重量的开链运动却可能表现"正常"。因此，评估髋关节肌不能仅评估开链运动下的肌肉功能，更应加强负重闭链运动下的功能性运动中肌肉功能的评估。

（2）肌的不同部分可能具有不同的作用　如臀大肌和臀中肌其覆盖面很大，所以肌的一部分所产生的动作可能与其他部分不同，但这些肌都有一个由所有肌纤维收缩产生的主要作用。臀大肌的主要作用为伸，而臀中肌为展。根据其位置，臀大肌上部的肌纤维可展而下部的肌纤维可收，臀中肌前部的肌纤维可内旋而后部则为外旋。

（3）关节角度改变肌的作用　由于关节的角度可改变三个不同轴髋肌的杠杆作用，从而使某一运动肌的效能增加或减少。由于髋关节有较大的运动范围和较长的肌力臂（运动臂或肌拉力线到关节运动轴的垂直距离），所以这些杠杆作用的改变常见于髋区。臀中肌和阔筋膜张肌都认为是伸髋位时的内旋肌，但当髋关节屈90°时内旋的杠杆作用就增加了。在髋关节的某些位置，肌的拉力线改变非常明显（如从运动轴的前方变到运动轴的后方）而使这块肌就能产生拮抗作用，如梨状肌当髋伸展时为外旋肌，髋屈时变为内旋肌。这种作用反转的另一例子即为大腿内收肌群。当伸髋时拉力线在髋关节轴的前方，而屈髋时则在轴的后方。当髋关节屈位如攀登动作大腿内收肌群为有力的髋伸肌；但当髋关节伸位时，大腿内收肌群为屈髋肌。

（4）在髋区的双关节肌的作用　髋肌包括仅作髋关节的单关节肌和跨过两个关节作用或潜在作用于这两个关节的双关节肌。根据肌长度-张力关系的原理，双关节肌的效能受到被跨越的两个关节的位置影响，如股直肌在屈膝时屈髋，其屈髋作用大为增强，这是因为这时肌处于较佳的收缩范围内；同样股直肌在伸髋时伸膝，则更为有效。腘绳肌则在伸膝的同时伸髋能发挥更大的效能；同样在屈髋的同时屈膝，腘绳肌则为有效的屈膝肌。

（5）屈髋肌的作用

1）在直立位屈髋　当人直立一条腿屈髋（即膝部向胸壁靠拢），用触诊可探到髂腰肌、股直肌、缝匠肌和阔筋膜张肌发生收缩，阔筋膜张肌的内旋作用被缝匠肌的外旋作用补偿。股直肌的伸膝作用被重力，还可能有其他屈肌所阻止。髂腰肌被认为具有内旋和外旋的功能，但从所有实践效果看，它是一块单纯的屈肌。髂腰肌、股直肌、缝匠肌和阔筋膜张肌以一定的比例共同作用产生单纯的屈髋。在屈髋动作的早期内收肌也可能作用，特别在抗阻力时。当伸髋（肌被拉长）时，屈髋肌最大等长收缩力矩最大，在屈髋时则减小。

2）在坐位屈髋　因为在坐位髋关节已经屈曲90°，因此屈髋肌要在缩短的情况再作用来产生附加的屈曲动作。当髋关节屈成锐角时，虽然缝匠肌和阔筋膜张肌强力收缩，但在这位置，这两块肌已经丧失了许多增加张力的能力，因此没有髂腰肌的协助不能产生进一步的屈髋。事实上，从单独髂腰肌麻痹患者的临床观察发现，在坐位时，仅屈髋肌就能产生足够张力屈髋超过90°。这些患者能产生屈髋而走路，但在坐位，他们必须要手去提腿。从向后躺坐位回到端坐位时，屈髋肌特别是髂腰肌将控制脊柱和骨盆与股骨之间的位置。双侧的髂腰肌麻痹时，一旦头、臀、躯干的重心线落到髋关节的后方患者即倒向后，因此当患者坐在没有椅背的椅子上必须用手支持防止向后跌倒。

从观察主要参与身体平衡的肌群麻痹所做的姿势调节得出这样一个总的原则，那就是：当躯干直立（不管是坐还是站立），躯干总是倒向麻痹侧，其运动是由较强拮抗肌的向心或离心收缩来控制。

3）坐起和直腿抬高　髋肌还有一项必须做的检查是在仰卧位时坐起或抬高一条或两条腿的肌的动作。在这些运动中，腹肌协同屈髋肌完成所需要固定骨盆和脊柱的作用。在起坐过程中，颈屈肌和腹肌为向心收缩直至躯干出现屈曲（即肩胛骨离床），随后它们保持等长收缩，而髂腰肌是产生从固定的股骨上抬高躯干和骨盆（即进一步坐起）的主要肌。由头颈躯干重力产生的力矩很大，因而需要髂腰肌产生较大的力。假如腹肌没有足够的强度来保持腰的屈曲位，腰大肌的力就会拉腰椎形成过伸位（脊柱前凸）。反复这种动作就可能发生微创伤和背部疾病。所以应该教会背部损伤的患者从仰卧起坐时应侧身用手推起来。

直腿抬高，特别是两侧同时抬高，产生相似力作用于腰椎。在抬腿开始时，髂腰肌产生的力约为 240kg（包括阔筋膜张肌、股直肌、缝匠肌和内收肌所产生的附加力），传递到腰椎和髂骨的起点。这屈髋肌力是大的，因为它必须与下肢重量的力矩相应。假如腹肌不能稳定屈髋肌的近侧起点，骨盆就向前倾斜而腰椎拉成过伸位。

（6）伸髋的肌作用　髋关节屈伸轴的后面有 5 个重要肌肉，髋关节在任何位置它们都是伸髋肌。这些肌有臀大肌、股二头肌长头、半膜肌、半腱肌和内收肌（在屈髋位）。屈髋如直立时，躯干前倾，坐骨结节移向髋关节屈的后方，从而使附于坐骨结节的伸髋肌获得更好的杠杆作用。检查髋伸肌应在两种运动中进行，即下肢固定躯干运动或躯干固定下肢运动。在许多活动中，躯干和下肢往往同时运动。

1）俯卧伸膝时，伸一侧髋关节　被检查者俯卧在检查台上一侧髋屈于检查台的边缘，可观察到伸髋的范围约为 90°。当内旋或外旋改变伸髋肌的条件，此时发现外旋会增加臀大肌的伸髋力，而同时内旋时则会减弱臀大肌的伸髋力，却增加半膜肌和半腱肌的伸髋力。

2）俯卧屈膝时，伸一侧髋关节　当屈膝伸髋摸腘绳肌时，它们明显缩短和变厚。在这种结合屈膝伸髋的运动中，长度 – 张力关系是最不理想的，这些肌可能已接近或到达功能不全位。保持屈膝在锐角位做完全伸髋动作时，大腿后区就会有不舒服的压缩感觉，儿童或青年人可能不会主诉这些不舒服，但老年人就会有极度不舒服的感觉并可能出现痉挛，所以应注意避免。

因为当腘绳肌在它们的缩短范围内收缩产生的张力极小，所以屈膝伸髋时就必须臀大肌强力收缩。当单独测试臀大肌时，有人提议用屈膝伸髋的方法进行。虽然臀大肌在屈膝伸髋能发挥最大的效能，但此时腘绳肌仍以最大能力收缩，所以绝不能测试到臀大肌的单一作用。

3）俯卧屈膝时，两侧髋关节伸　在俯卧一侧伸髋时，骨盆仍保持其相对稳定，仅需要伸脊柱肌轻度协同收缩，但两腿同时抬高（后伸）时骨盆的杠杆作用（因为伸髋肌收缩和下肢的重量）就变得明显，所以需要伸脊柱肌特别是腰部的伸脊柱肌大大增加活动。这些肌的高度紧张是可以看到和摸到的。

4）在坐位的伸髋肌　坐位或立位时的躯体和骨盆前倾都受伸髋肌控制。伸髋肌离心收缩允许屈体去捡回一个在地板上的物体，而向心性收缩则产生回到直立位的动作。伸髋肌麻痹的患者除非用上肢将骨盆支撑固定在下肢上，否则人就会向前跌到。这种伸髋肌的动作同样见于上、下扶梯，从坐位上起立和行走中。这些动作常与股四头肌（伸膝）和腘绳肌（伸髋）同时收缩相关。

在坐位时前倾、立位时弯腰触脚趾、爬梯或从椅子站起来的功能动作中，腘绳肌均为主要的伸髋肌，做上述的快速动作或有中等或大的阻力时，臀大肌也将参与活动。

（7）展髋肌　臀中肌、臀小肌、阔筋膜张肌和臀大肌上部纤维能外展髋关节。在某些位置时，其他肌也有外展髋关节功能如缝匠肌（在外展时）、梨状肌和闭孔肌（在屈髋位）和髂腰肌（在外展位时）。展髋肌具有良好的杠杆优势，因为大多数的外展肌是止于大转子或股骨干，离髋关节的旋转中心点有一定距离，而且它们肌力线与关节轴形成较大的角度。

由于杠杆作用的优势，所以相对较小的展肌可产生较大的力矩。当伸髋肌在伸长时收缩将产生最大的力矩，当肌肉缩短时其力矩线性下降。

（8）一侧站立　单腿站立时，在闭链运动中展髋肌主要的功能是保持骨盆的水平。在一腿站立时（发生在走路的每一步中），85%的身体重量（头、臀、躯干和对侧下肢）必须用展髋肌以股骨头为支点，加以平衡，形成第一类杠杆。因为股骨头到体重垂线的距离（重臂）长于肌肉止点到股骨头的距离（力臂），所以展髋肌必须产生一个大于85%体重的力才能保持平衡，两个向下的力即重力和肌的拉力共同形成一个在股骨头和髋臼之间的很大压力。在单腿站立位，关节的压力经计算大约是体重的2.5倍。在行走的站立相，足跟着地时，对股骨头的两相合力或压力为超过体重的4倍，在单脚支持中期，减为体重的1.3倍，单脚支持末期（即足跟离地时）又增高为体重的3.4倍。

（9）在内收髋时的肌作用　腿在伸、屈或旋转位时做抗阻的内收髋关节动作时，5块内收肌（耻骨肌、长收肌、股薄肌、短收肌和大收肌）同时收缩。

内收肌的截面积远远超过外展肌，看起来似乎不太合理，因为在直立位时展髋肌用来抗重力，而重力本身引起内收。需要内收的动作如两膝夹一个物体和爬竿等，这些动作相对较少，似乎不太需要如此大的截面积。其实，内收肌有这样大的截面积在于它们不仅能内收还能屈、伸和旋转髋。一般认为与展肌的协同收缩起稳定作用，因此这些肌在步行时均可见到肌电活动。

（10）内收肌的旋转作用　过去内收肌都认为是髋的外旋肌，但肌电图研究证明它们是内旋肌，在坐位或站立时可以检查出这作用（注意避免屈髋动作）。虽然内收肌止于股骨后面的粗线，但旋转轴不是通过股骨的解剖轴而是通过股骨头到股骨内侧髁的机械轴。当股骨内旋时粗线接近耻骨，而外旋时粗线与耻骨的距离加大。在断离关节的骨盆和股骨的标本上，测量坐骨结节和粗线中点的距离就可看到这种现象。

（11）髋关节旋转中的肌作用　从前面的讨论中，很明显地知道在髋关节周围大多数肌都具有旋转作用，用哪一块来旋转决定于关节的位置如屈、伸、展和收。如臀大肌在髋伸直时，有外旋髋关节的功能，但屈髋时其上部肌纤维就有内旋作用。6块小的外旋肌（梨状肌、上孖肌、下孖肌、闭孔内肌、闭孔外肌、股方肌）均有一个很好外旋拉力角，但在屈髋这些肌的外旋功能减弱；到屈髋90°时，它们拥有相当的外展功能，梨状肌可从伸髋时的外旋肌转变为屈髋时的内旋肌。在屈髋时，臀中肌、臀小肌的前部和阔筋膜张肌能增加内旋的杠杆作用。

（四）髋关节的生物力学

髋关节在不同位置时受力情况不同，站立时同时受重力及外展肌的拉力；单足站立和行走时，由于人体重心在两侧股骨头连线之后，重力对关节产生扭矩作用，此时外展肌产生反向力矩以维持平衡，股骨近段不仅受到压应力和张应力，还接受横向环行应力和剪切应力。

1. 髋关节静力学

（1）双腿站立时的静力学分析 在双腿站立位，重力线通过耻骨联合的后方，由于髋关节是稳定的，因此通过关节囊和韧带的稳定作用，无须肌肉收缩就能达到直立。所以，直立时作用在股骨头上的反作用力为压在上方体重的 1/2。因为每个下肢的重量为人体重的 1/6，所以每个髋关节上的载荷就是余下 2/3 体重的一半，即 1/3 体重。然而，如果髋关节周围肌为防止晃动并保持身体直立姿势，这个力的增加还将与肌活动数目成正比。

（2）单腿站立时的静力学分析 单腿直立时，上部身体重力线在三个平面内偏移，产生了绕髋关节的力矩，这个力矩必须由肌力平衡，这样就增加了关节的反作用力。力矩值取决于脊柱的姿势、未负重腿和上肢的位置，特别是骨盆倾斜度。如躯干侧倾越过髋关节时反作用力最小。

一侧下肢负重时，髋关节负担为除去一侧下肢重量的体重加上外展肌肌力。此时在负重髋关节股骨头上部一处形成类似平衡杠杆系统中的支点，在额状面，由股骨头到髋外展肌的力臂与其到骨盆侧的重力臂的比约为 1:3，故两端的承重比为 3:1，即外展肌需承受 3 倍于体重的重量；在矢状面上，人体重心在髋关节轴后方，髋受到使其向后旋转的弯力矩。人体为了保持平衡，需要外展肌紧张，发挥平衡作用。若重心远离负重髋关节，即力臂延长，则需外展肌力增大，承力增加；若重心移向负重的髋关节，则承力减少；重心全部移到负重的髋关节上，则外展肌承力为零，髋仅承受部分体重的压力。

2. 髋关节动力学 做各种动作时，常需髋肌平衡体重，因此会对髋关节产生相当大的压力。因为在此过程中，若以髋关节为支点，则从支点到身体重心的力臂远大于支点到髋肌的力臂，髋肌的力量远大于人体重量，因此关节受力便会大于体重。髋肌除了增加稳定性外，还可以调节股骨的受力状态。正常人站立时，若肌（如臀中肌）未紧张，股骨颈将受到一个弯曲力矩，会在上方产生张应力，在下方产生压应力。因此，若负荷过大，很容易产生张应力破坏。而肌产生的收缩作用，会抵消上方张应力部分，避免股骨颈骨折。

（五）临床考量

在临床上，很多髋部疾病都是由机械应力与组织耐受力之间不平衡所引起的，为了降低机械应力，达到新的平衡，经常采用的治疗方法是减少关节的负荷，或扩大关节的负重面积，这已成为髋关节治疗学上的一种基本原理。

一种最直接的减少负荷的方法是减少体重，体重每减少 1kg，则髋关节的受力可减少约 3kg。使用手杖或拐，是降低髋关节负荷的最有效而常用的方法，手杖通过一个长的杠杆臂而起作用，可显著降低患髋的负荷。行走时躯干向患髋倾斜（跛行），是减少负荷的一种代偿运动，这样可以将身体重心转移更靠近患侧股骨头中心，以缩短其杠杆臂，从而减少为保持躯干平衡所需的外展肌力，结果使股骨近端的负荷降低。例如当展髋肌麻痹时，单腿站立保持骨盆平衡已是不可能，但这些人常能瞬时保持骨盆平衡，足以允许其跛行，原因是他们将头、躯干、臀的重心外移超过髋关节的运动轴所致。再比如截瘫（双下肢肌麻痹）的患者可学习多种补偿的方法来控制在功能动作时的髋部。首先，患者可将身体的重心移到髋关节轴的后方，借髂股韧带来保持骨盆的伸直位。其次，由于限制髋关节过伸的髂股韧带十分强厚，这就使得截瘫的患者在膝和足用夹板或矫形器固定的情况下得到站立时的平衡。当然，为了运用行走的平衡技巧，还可借助于平行杆或双拐来运动下肢或抬高躯干。这些运动的有效代偿肌是背阔肌。在闭链运动中背阔肌的止点（肱骨）和起点（下位胸椎

扫码"看一看"

棘突、胸腰筋膜和髂嵴）距离缩短，产生髋部的提高，这样同时可使一条腿向前移动，两侧收缩则可使整个身体抬高摆向前方，即"摆过步"态。这是最快的拐杖步态，但需要较大的能量消耗以及强有力和控制良好的上肢。

本 节 小 结

　　为完成日常生活需要，髋关节要求具备一定的活动度和稳定度。一些功能性活动如走、跑、跳等，需要较大的活动范围，同时，髋关节还需提供较高的稳定度，以支撑体重、重力、肌肉收缩所造成的各方向的不稳定。因此，髋关节能够保持足够的稳定和灵活，是由其骨骼结构、韧带支撑以及周围肌群等外围组织提供的平衡所达成的。

　　骨盆的运动依赖于脊柱和髋关节的运动，所以在分析骨盆运动的时候，必须以脊柱和髋关节的运动为出发角度。

　　髋关节位于躯体中间，其功能异常时可能造成上下运动链亦出现问题。其实，临床很多下背或下肢的问题，病症都在髋关节。所以说，髋关节的排列及功能正常，常常是治疗下背及远端肢体功能性异常的基础。

（李圆圆　李古强）

第六节　膝关节运动学

　　膝关节是全身中结构最复杂、最大、所受杠杆作用力最强的一个关节，它有 3 块骨（股骨、胫骨和髌骨）、2 个运动自由度、3 个互相关节的面（内侧胫股关节、外侧胫股关节和髌股关节），这三个互相关节的面均围在同一个关节囊内。膝关节在承重和移行的活动中所受到的压力和应力极大。其运动范围虽不及肩、髋关节广泛，却具有更为精确、复杂的规律。膝关节的损伤十分常见，常是由于力作用于股骨和胫骨的长杠杆臂而产生较大的力矩造成的。目前在体内很难再找到比膝关节更符合同时维持稳定还要维持活动性等条件的解剖机制了。

一、膝关节功能解剖

　　当人体处于站立位姿势时，膝关节具有支持体重而不需肌的收缩；在坐、蹲、攀登等运动中，它可升降重心，着地足的膝关节还允许身体的旋转。步行时，膝关节支撑相当于体重 4～6 倍的垂直的力。膝关节功能结构发生改变而影响膝关节的运动学特性时，可能引起关节功能异常及膝关节所受应力的增加。

（一）骨关节与功能结构

　　膝关节包括股骨、胫骨及髌骨，其中股骨和胫骨属于长骨，髌骨位于关节前方，其上附有股四头肌和髌韧带。髌骨在膝关节运动中起重要作用，它可增加股四头肌的力臂，帮助关节运动达到有效的力学效应。

　　膝关节主要有胫骨关节面及髌骨关节面。关节表面均覆盖有关节软骨，提供关节润滑及避免关节面之间相互摩擦（图 3–106）。

扫码"学一学"

扫码"看一看"

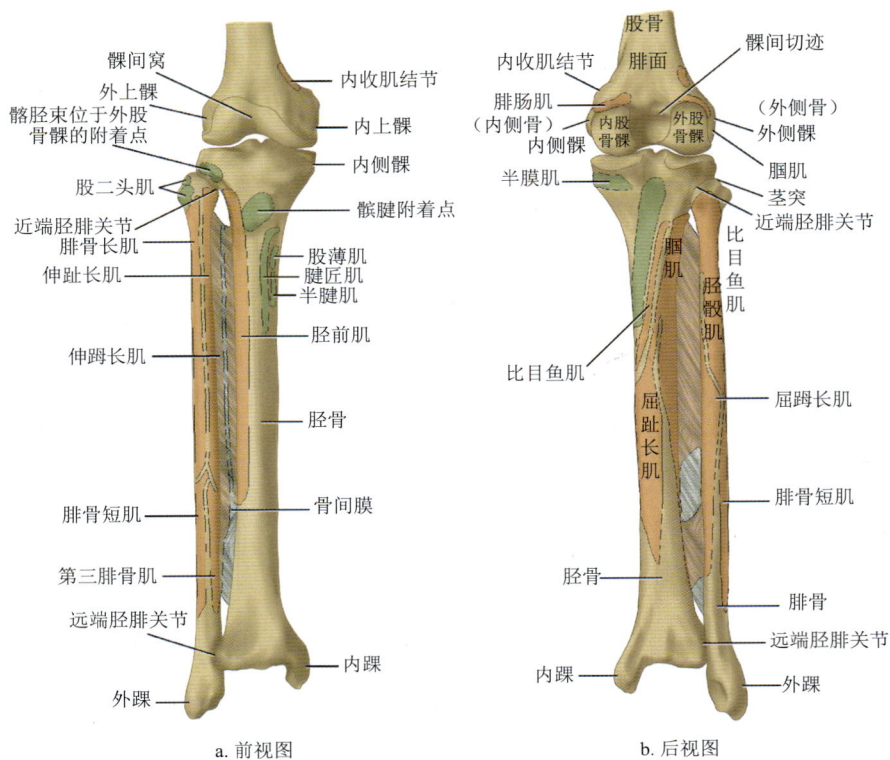

图 3-106　右膝关节解剖

1. 胫股关节的形态与运动的关系　胫股关节分为内侧胫股关节和外侧胫股关节。股骨的内、外侧髁与胫骨内、外上髁分别组成内、外侧胫股关节。外侧胫股关节面的前 1/3 为一逐渐上升的凹面，后 2/3 为逐渐下降的凹面。内侧胫股关节面为碗形的凹陷。这样，凸起的股骨关节面和凹陷的胫骨关节面彼此吻合，使膝关节在矢状面上做屈伸活动；而外侧胫骨关节面的凹陷结构使外侧胫股关节面无法完全吻合，这就使膝关节的屈伸活动不是同轴运动而是具有多个瞬时活动中心的运动。

胫股关节以一种不寻常的方式达到最大的稳定性和两个自由度的运动。股骨内、外侧髁的前方与髌面相连，后方被髁间窝分开，并与较小的胫骨髁相关节。胫骨的髁间隆起和楔形的内、外侧半月板增加了关节面的适应性。股骨髁的纵向关节面相当于胫骨髁关节面长度的两倍。因此，膝关节的屈伸运动并不是纯的屈戌运动。髁可进行滚动和滑动两种运动，这两种运动之间的比，随运动的范围不同而变化。在开始屈膝时以滚动为主，在屈膝的终末时则有更多的滑动。因为股骨外侧髁关节面的长度大于内侧髁，所以两髁的运动也不同。

2. 髌股关节　髌骨是一块籽骨，位于关节囊上，并与股骨髁前下方的鞍状关节面（滑车面）相关节。髌骨的关节面有一明显的纵嵴将其分为内侧和外侧关节面。关节面的形态有相当大的变异，而且骨的形状并不一定与关节软骨面一致。髌骨有下列作用：通过增加与运动轴的距离（力臂距离）来增强股四头肌的杠杆作用和力矩；当屈膝时提供股骨髁关节面的骨性保护；减少对股骨髁的压力和分散股骨髁上的力；在抗阻屈膝时，能减轻股四头肌腱损伤性压力（该腱能抵抗大的张力但不能抗压力或摩擦力）。

股四头肌可引导髌骨的运动。在远侧，髌骨经强厚的髌韧带附于胫骨粗隆。致密的纤维性支持带附于髌骨的两边。在外侧，深、浅支持带与髂胫束和股外侧肌稳定了髌骨。

当屈膝时，这些结构向后外移动产生对髌骨的侧向斜力。正常时，这种运动被内侧稳定结构（髌股韧带、内侧半月板髌韧带和股内侧肌的斜纤维）所产生的平衡力阻止。在上方，股直肌和股中间肌止于髌骨的基底部。这样，髌骨受到静态（筋膜）和动态（肌）力的影响。

髌骨为膝提供两个重要的生物力学功能，它在整个运动范围内借助延长股四头肌力臂来帮助膝伸直，并以增加髌骨与股骨间的接触面来改善股骨上的压应力分布。

3. 膝内翻和膝外翻 从前方看，伸直的膝可看到在股骨干和胫骨干之间有一向外开放的角。角的大小是可变的；通过两骨的纵轴测量，一般认为其平均值为 170°左右。这角是由于股骨干的内收位和胫骨垂直将体重传送到足和地面的代偿方向所致。这样，当要一条腿负重时，力朝向膝关节的内侧边。如果角小于 170°，称为膝外翻。相反，如果角接近 180°或向内侧开放，这种畸形称膝内翻（图 3-107）。

4. Q 角 股四头肌腱和髌韧带在髌骨的中心形成一个角。是股四头肌肌力线和髌韧带力线的夹角，即从髂前上棘到髌骨中点的连线为股四头肌肌力线，髌骨中点至胫骨结节最高点连线为髌韧带力线，两线所形成的夹角为Q角，正常值为11°～18°。Q角大于 20°认为有较高的髌股关节异常发生率，如髌骨软骨软化和髌股关节轨迹异常。当髌骨在髌面上移动时，关节面的形态、外侧滑车面和内侧软组织稳定结构可防止向外侧的过度移位。如髂胫束紧张或股内侧肌无力所致的不平衡可引起髌骨在股四头肌收缩时向外侧移动，这将导致关节接触区和压力的改变而产生疼痛和功能障碍。

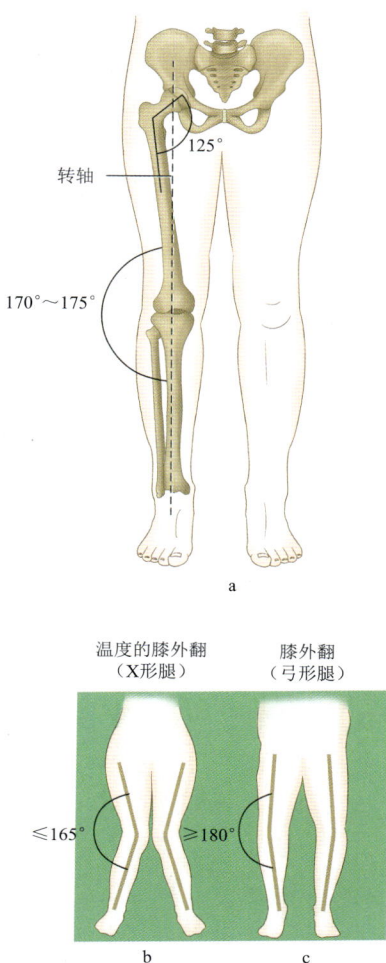

图 3-107 膝关节的冠状面偏移

注：a. 膝外翻；b 和 c. 过度的冠状面偏移

考点提示 ▶ Q 角的生理学意义。

（二）膝关节的辅助结构

膝关节的关节囊（韧带）及韧带系统是保护膝关节及稳定的重要结构。

1. 关节囊 膝关节囊薄而松弛，有很多隐窝，附着于股骨髁和胫骨髁的上下。关节囊上起自股骨髁间线，但两侧仅高于关节边缘 1.25cm，故股骨的内外上髁均在囊外，下止于胫骨关节面远侧边缘的 0.3～0.6cm，周围与韧带相连接。膝关节周围有许多的滑膜囊，这些滑膜囊有的与关节腔相通，有的单独存在。当膝关节屈伸时，滑液会从一个凹室流入另一个凹室来润滑关节面。因此，当受伤或其他因素导致关节腔内充盈过多的液体时，半屈膝体位可以减少关节腔内的压力，有利于减轻疼痛。

2. 半月板 半月板是垫在膝关节股骨与胫骨之间半月形的纤维软骨盘，填充在两侧胫骨髁上。内侧半月板较大，状似"C"形，外侧缘与关节囊和胫侧副韧带紧密相连，所以胫侧副韧带的损伤常合并半月板撕裂。外侧半月板较小，状似"O"形，外侧缘亦与关节囊相连。两个半月板的前端常借膝横韧带相连（图3-108）。

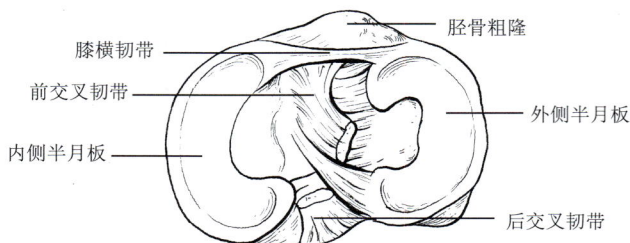

图3-108 膝关节半月板

半月板唯一骨性附着是通过它们的角连于胫骨的前、后髁间区和通过冠状韧带连于半月板的周缘和胫骨的边缘之间，冠状韧带是关节囊的一部分。因此，半月板并不附于胫骨的关节面，是可动的。此外，在前部，半月板借半月板髌韧带与髌骨相连，故伸肌装置可借此调节半月板在关节全部的活动；在后部，半月板分别借纤维组织与半膜肌、腘肌相连，使两者得以调节内、外侧半月板在关节后部的活动。

半月板的作用是增加胫股关节的适应性和分散压力。膝关节的负重区在内、外侧胫股面几乎是相等的，在膝关节过伸时负重面最大。屈膝时，负重区在胫骨上向后移动，并变小。外科切除半月板减少了表面区域并造成在股骨髁和胫骨髁的压力增加，这可能导致随后产生骨关节炎。

被动和主动的力使半月板在胫骨上运动和控制其运动。在伸膝时股骨髁将半月板推向前方，使股骨髁与胫骨髁的接触面向前移动是被动的力。相反，半月板在屈膝时移向后方是主动的力。此外，半月板的移动或变形是根据轴旋转时股骨髁运动的方向。韧带和肌的附着也可直接牵动半月板。例如，半月板髌纤维在伸膝时使半月板向前移动，而屈肌的附着（半膜肌和腘肌）使半月板向后运动。若半月板不能随股骨髁一起移动，如发生在突然的扭转或强有力的运动，这时半月板可能被股骨髁压碎或撕裂。

一般来说，当膝关节屈曲、回旋再突然伸直时，半月板正好位于股骨、胫骨内外侧髁的突起部位间，容易受挤压而损伤。因此，在进行较剧烈运动前，一定要做好准备活动，保持正确的膝关节姿势和用力顺序。平时须加强膝关节周围肌力的训练，以增强膝关节的稳定性。

考点提示 半月板的矛盾运动。

3. 膝关节的韧带 膝关节韧带较多，有关节囊外韧带和关节囊内韧带。由于膝关节的屈伸运动没有骨性阻碍，因此较多的韧带附着，能够保证膝关节运动的稳定性（图3-109）。

（1）髌韧带 位于膝关节的前方，为股四头肌肌腱的延续部分，自髌骨向下止于胫骨粗隆，髌韧带扁平而强韧，其浅层纤维越过髌骨连于股四头肌肌腱，从前方加固和限制膝关节过屈。

（2）副韧带 胫侧副韧带呈宽扁束状，位于膝关节内侧偏后方，从内侧加固和限制膝关节过伸；腓侧副韧带位于膝关节外侧稍后方，起自股骨外侧髁至腓骨头，从外侧加固和

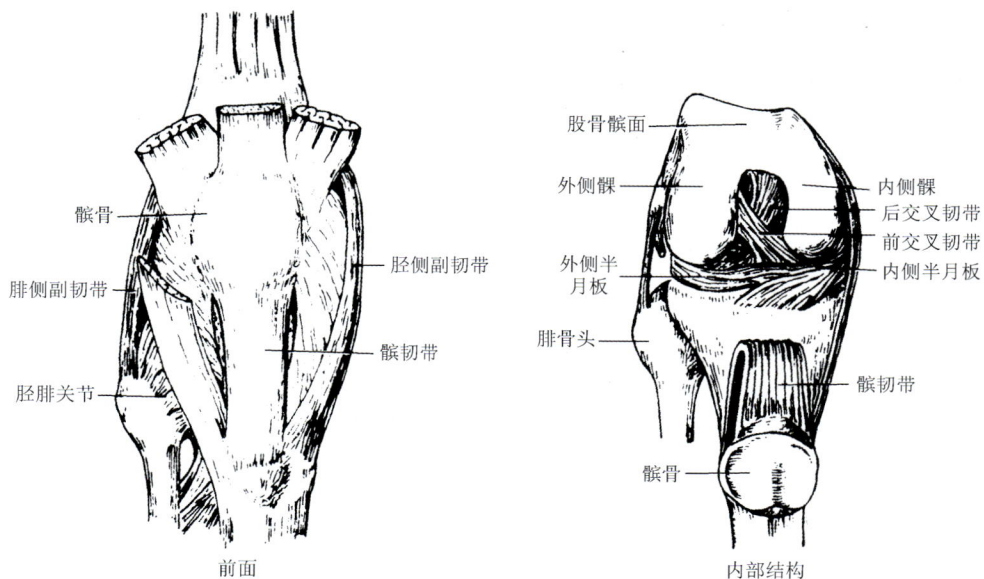

图 3-109　膝关节的韧带

限制膝关节过伸。强厚的内侧（胫侧）和外侧（腓侧）副韧带防止膝关节在额状面的被动运动。胫侧副韧带防止胫骨在股骨上的外展，腓侧副韧带防止胫骨内收。其次，当伸膝时副韧带阻止胫骨的前、后移位。副韧带在股骨髁附着处偏于屈伸轴的后上方。这种偏移造成在伸膝时韧带紧张而屈膝时变得松弛。所以副韧带提供了终末旋转后膝关节的稳定性，又允许在屈膝时的轴旋转。股骨髁的后面具有较大的凸度而且有髁间窝，当屈膝时减少了关节面的适配性，因此易化了轴旋转。

（3）交叉韧带　交叉韧带是稳定膝关节的重要组织。前交叉韧带自胫骨髁间前窝向外后上方，呈散开状止于股骨外髁内侧面的后部；后交叉韧带自胫骨髁间后窝斜向内前上方，止于股骨内髁的外侧面，二者相互交叉。前、后交叉韧带位于膝关节的中央、股骨的髁间窝内。虽然交叉韧带与关节囊紧密相关，但它们表面覆以滑膜，所以并不是关节囊内结构而是囊外结构。在整个膝关节的屈伸运动中，交叉韧带并非全部同时紧张，它们始终保持相对恒定的长度，而产生髁面的滑动。前交叉韧带（ACL）切断，可允许胫骨在股骨上向前脱位（前屈征）。ACL 还能限制膝关节的内、外旋转。后交叉韧带（PCL）能够限制胫骨在股骨上的后移位（后屈征）。相反，在闭链运动中，当在跑步足着地时，PCL 有助于防止股骨髁在胫骨髁上的向前移位。PCL 正常仅允许小量的被动运动。

考点提示▶ 前交叉韧带损伤的可能因素。

二、膝关节的运动

膝关节的运动特点是由其构成关节的骨骼形状及韧带的制动作用所决定的。主要是伸屈运动，在屈曲位兼有旋转运动，同时有很小范围的内外翻的被动运动。膝关节的屈曲范围取决于与大腿后面接触的小腿肚肌的大小，通常在 120°～130°。由于受跨过髋和膝两个关节的股直肌（它起自髂前下棘）的限制，当伸髋时屈膝，运动范围减小。过伸的运动范围较小，正常不超过 15°（表 3-4）。

表 3 – 4　膝关节的基本运动

关节运动	运动轴	运动幅度	动作举例
屈伸	冠状轴	120°～130°	后踢腿跑
旋转（屈膝时）	垂直轴	约 50°	足内、外侧背踢球
髌骨上下滑动			

正常被动屈膝的终末感是软的，因为来自小腿肚和大腿软组织的接触，若小腿大腿不接触则来自延伸的股直肌。伸或过伸的终末感是坚硬的，因为来自韧带和关节囊结构的张力；若屈膝 90°，伸膝较为自由或被腘绳肌的长度所限制。

1. 伸展与屈曲　膝关节的伸展与屈曲是在矢状面上的运动。在伸屈时，股骨髁与胫骨髁的相对运动大部分过程是滑动方式，其运动轴横贯内、外髁，为额面轴，随滑动而变动，伸展时轴偏前，运动的半径亦长；屈曲时轴偏后，运动的半径渐变短，最前与最后方半径之比为 9:5。此额面轴的轨迹是心形，称为伸屈运动的瞬时中心曲线。在伸展的最后 20° 时，股骨髁与胫骨髁的相对运动变为滚动方式，但股骨内外髁的滚动幅度不一致，外髁在最后 20° 时开始，而内髁则在最后 10° 开始，因此，自然形成股骨髁在最后伸直时发生内旋（即小腿的外旋），此阶段内每 0.5° 的股骨内旋，此伸膝运动的终末旋转可使膝关节更趋稳定，称之为膝关节的扣锁机制。相反，当自伸直位开始屈曲时，在最初 20° 伴有股骨的外旋（即小腿的内旋），滚动式的运动较滑动式的运动稳定。

2. 旋转运动　旋转运动只有在膝关节屈曲位才存在。旋转轴（垂直轴）位于胫骨髁隆突的内壁。胫骨平台的内髁关节面形如一椭圆体的截面，其纵轴正指向隆突内壁。在屈膝位时侧副韧带放松，外侧者更明显，也容许股骨外髁在胫骨平台上有较内侧为大的旋转幅度。此旋转轴并非固定不变，随着屈曲角度的增加而略向后移。在伸屈运动的同时还伴随有旋转运动，自伸而屈时，小腿内旋，反之外旋。旋转范围因屈曲位置不同而异，以 90° 屈曲位最大，外旋约 40°，内旋约 30°。

3. 膝关节的终末旋转　当伸膝关节时，胫骨在固定的股骨上外旋大约 20°。这种旋转运动在伸膝的最后 20° 发生，称膝关节的终末旋转。这是纯粹的机械现象，发生于被动和主动的伸膝运动中，不能随意产生或阻止。在闭链运动中如从椅子上站起来，股骨在固定的胫骨内旋时也能见到终末旋转。这种螺杆机制提供一个机械的稳定来抵抗发生在矢状面的力。它允许人类在直立时不需要股四头肌收缩以及在伸膝降低肌力情况下抵抗前－后向的力。虽然膝关节终末旋转的量不大，但它对正常的膝关节功能如同轴旋转一样是必需的。成功的膝关节康复，必须评估和修复这两个运动。

考点提示　膝关节终末旋转产生的原因。

4. 附加运动　膝关节的紧锁位是完全伸直的，在这位置终末旋转使韧带和关节囊结构紧张，牢固地稳定关节。在这位置正常不产生任何附加运动。但若膝关节屈 25° 或更大时，胫骨可从股骨上牵开几个毫米，向前、后、内侧和外侧滑动 1～3mm 以及内收和外展。过度的滑动可能提示软组织结构如韧带、半月板或关节囊松弛。

三、膝关节的肌

运动膝关节的肌，按位置属于大腿肌。它们起自股骨或骨盆，肌束跨越膝关节，止于小腿骨。近固定和远固定收缩时，可使膝关节运动。按膝关节的运动形式，将运动膝关节的作用肌分为屈肌、伸肌、旋内和旋外肌等 4 个肌群（表 3-5）。

表 3-5　主要膝关节肌的起止点、神经支配和功能

肌名称	起点	止点	神经支配	功能
股直肌	髂前下棘	胫骨粗隆	股神经（$L_2 \sim L_4$）	屈髋、伸膝
股中间肌、股内侧肌、股外侧肌	股骨粗线、股骨前面、内侧面和外侧面	胫骨粗隆	股神经（$L_2 \sim L_4$）	伸膝
半膜肌	坐骨结节	胫骨内侧髁后面	坐骨神经（$L_5 \sim S_2$）	伸髋、屈膝
半腱肌	坐骨结节	胫骨近端前内侧面（鹅足）	坐骨神经（$L_5 \sim S_2$）	伸髋、屈膝
股二头肌	长头：坐骨结节；短头：股骨嵴外侧	腓骨小头	长头：坐骨神经（$S_1 \sim S_3$） 短头：腓总神经（$L_5 \sim S_2$）	长头：伸髋、屈膝 短头：屈膝
腘肌	股骨外侧髁	胫骨内侧髁	胫神经（$L_4 \sim S_1$）	启动屈膝
腓肠肌	股骨内外侧髁	跟腱、跟骨粗隆	胫神经（$S_1 \sim S_2$）	屈膝，踝跖屈
跖肌	股骨外上髁	跟腱、跟骨粗隆	胫神经（$S_1 \sim S_2$）	屈膝，踝跖屈

（一）膝关节肌的组成

1. 使膝关节屈的作用肌　主要有股二头肌（伸和外旋髋关节以及屈和外旋膝关节）、半腱肌（伸和内旋髋关节以及屈和内旋膝关节）、半膜肌（屈和内旋膝关节以及伸和内旋髋关节）、腓肠肌、跖肌和腘肌（内旋和屈膝关节）等。各肌的肌拉力线从膝关节冠状轴的后方跨越，近固定收缩时，可使小腿在膝关节处屈；远固定收缩时，可使大腿在膝关节处屈。

2. 使膝关节伸的作用肌　股四头肌位于大腿前面，是人体中体积最大的肌肉之一。该肌由股直肌、股内侧肌、股外侧肌和股中间肌 4 块肌组成。这 4 块肌形成单一而强厚的腱止于髌骨、膝关节囊和胫骨上端的前面。肌肉发达而脂肪组织较少的人，股直肌、股内侧肌和股外侧肌均清楚看到，但另外一些人这些肌的境界就不很清楚。股中间肌位置较深，不能从体表看到。

髌骨在股四头肌的总腱内，该腱附于髌骨的上和两侧缘。髌韧带作为股四头肌腱的延续从髌骨尖延伸到胫骨粗隆。在髌骨的两侧，腱纤维从内、外侧支持带中伸展出来，附于胫骨髁。

悬垂直腿上举、负重深（半）蹲等可发展股四头肌的力量。俯卧反弓伸展练习可发展股四头肌的伸展性。

3. 使膝关节旋转的作用肌　使胫骨在股骨上内旋的肌有半腱肌、半膜肌、腘肌、股薄肌和缝匠肌。使胫骨在股骨上外旋的肌有股二头肌，阔筋膜张肌可能起有协助作用。在坐位抗阻外旋小腿时，可探知股二头肌是一块强有力的外旋肌。当俯卧屈膝稍超过 90° 外旋膝时，股二头肌将单独收缩。

缝匠肌、股薄肌和半腱肌肌腱的止点是在胫骨内侧髁稍下方的前内侧面上，其腱纤维与小腿深筋膜互相交织形成鹅足。一般认为这三块肌对膝关节的内侧稳定很重要。

屈和旋转的开链运动对足的置放和运动十分重要，而且仅需少量的肌力消耗（除在

行走或跑步时的小腿减速运动）。但当屈膝肌作用于其他关节或在闭链运动中就需要大的肌力。

　　腘绳肌是主要的伸髋肌，当俯卧伸躯干时，它们强烈收缩来固定骨盆；在坐位和直立时弯腰去触摸足时，它们也收缩来保持骨盆在股骨上。腘绳肌、缝匠肌和股薄肌对髋关节和膝关节还具有旋转作用，而腘肌仅为膝关节的旋转肌。在行走时的站立相，足站到地面上后，在支持腿上必须旋转髋关节和膝关节使身体向前移动。这些旋转肌就始发和控制这旋转动作。在跑步、转身、急转方向或站立在不稳定的基础上保持平衡（如站在不平的地面上或摇晃的船）的动作中，旋转肌所需的肌力就明显增加。在有跪或蹲的动作或运动（如园艺工作、焊接、挖掘或踢足球）均需要来自旋转肌强有力的肌力来始发和控制髋和膝在固定的胫骨上运动来适应必须的躯干和上肢的扭转动作。由于屈膝肌主要作为旋转肌或肢体的减速肌发挥其作用，所以它们的损伤（如腘绳肌拉伤）较为常见。

　　腘肌虽小，但其截面积大于股薄肌或缝匠肌的截面积，约为半腱肌截面积的 70%。腘肌认为是屈膝肌，但这作用的杠杆机制极差。

　　腘肌是在伸直的膝关节产生解锁的旋转动作。因为伸膝的终末需要胫骨在股骨上的外旋，所以开始屈膝就需要一个相反的胫骨内旋，这是由腘肌来完成的。当膝关节接近 90°时腘肌出现动作电位，只要保持屈膝的姿势其肌电活动也一直存在。当屈膝时，体重驱使股骨髁在胫骨平台上向前滑动，虽然后交叉韧带具有阻止这种半脱位的作用，但事实上是腘肌的主动收缩来稳定膝关节的位置。

　　后交叉韧带附于股骨的内侧髁，而腘肌借强有力的腱附于股骨的外上髁，所以当屈膝负重时在防止股骨髁向前滑动中，腘肌是后交叉韧带一个重要的补充。

　　半腱肌、半膜肌、股薄肌和缝匠肌的肌拉力线从膝关节垂直轴的前内侧跨越。近固定收缩时，可使小腿在处于屈位状态下的膝关节处旋内；股二头肌和腓肠肌外侧头的肌拉力线从膝关节垂直轴的后外侧跨越。近固定收缩时，可使小腿在屈位状态下的膝关节处旋外。

考点提示　膝关节运动作用肌的分析。

（二）膝关节肌的功能特点

　　作用于膝关节单关节肌仅为 5 块：股外侧肌、股中间肌、股内侧肌、腘肌和股二头肌短头。其余的肌则跨越髋关节和膝关节（股直肌、缝匠肌、股薄肌、半腱肌、半膜肌、股二头肌长头和阔筋膜张肌的髂胫束）或跨过膝关节和踝关节（腓肠肌）。所以髋关节和踝关节的运动或位置都会影响到膝关节的活动范围和这些肌所产生的力（被动和主动功能不足）。

　　在一般的运用情况下，双关节肌极少用来同时运动两个关节。双关节肌的通常作用是用来克服一个关节来自重力或其他肌肉收缩的阻力。假如双关节肌在两个关节同时缩短，完成其所有的运动范围，那么该肌将缩短一个很长的距离，并在缩短的过程中很快丧失其肌力。一般来说该肌在其中一个关节逐渐延长而在另一个关节产生运动，藉此来保持良好的长度－力关系。

　　1. 伸髋－屈膝　假使人俯卧或直立位伸髋再屈膝，腘绳肌必须在这两个关节同时缩短，就很困难完成此屈膝动作。在做这种运动时有些人还会诉说腘绳肌痉挛。所有的人将很快丧失其强度，缩短长度几乎耗尽。限制腘绳肌完全缩短的另一个因素是股直肌的限制。此时股直肌在髋、膝两处同时被延伸导致股直肌的痉缩，使骨盆前倾，造成臀部将不自然地抬高。

2. 屈髋－伸膝 在仰卧或坐位时做直腿抬高（屈髋，膝保持伸直状态），在动作进行的一定范围内并无困难。随后主要的困难来自腘绳肌不能进一步延伸，部分来自股直肌肌力的减弱，因为它在髋、膝两处同时缩短。若腘绳肌的收缩或痉挛限制了直腿抬高（如30°），那么在步行时每步的距离将减小，当伸髋时一侧的膝关节可完全伸直，但对侧的小腿不可能向前移动到像正常时那么远（屈髋伸膝）。此时将缩短步伐并常用屈膝行走。

3. 屈髋－屈膝 当屈膝时，再屈髋可使腘绳肌在髋部延长，得到较好的长度－张力关系。当屈膝和屈髋时，屈髋肌和腘绳肌协同收缩产生功能性有用的运动。

4. 伸髋－伸膝 这是最有用的结合，它发生在如从坐位站起来、爬梯、跑步和跳跃等动作中。当股四头肌伸膝时，腘绳肌做伸髋动作，使腘绳肌在膝部伸长。在这运动中运用了长度－张力曲线的一个有效部分。

在闭链运动中，腘绳肌和股四头肌协同收缩来提高躯干（伸膝、伸髋）或降低躯干（屈膝、屈髋）。当一个人从坐位上站起来，股四头肌向心收缩来伸膝而腘绳肌向心收缩来伸髋。当人坐下去时这两群肌为离心收缩来控制屈膝（股四头肌）和屈髋（大腿后群肌）的比例。

5. 踝跖屈－屈膝 腓肠肌能同时做这两个动作。若在这两个关节做全部的动作，那么该肌必须缩短很长的距离，肌力将迅速下降。这不是一个十分有用的运动。

6. 踝跖屈－伸膝 股四头肌伸膝而腓肠肌（和比目鱼肌）跖屈踝关节。当股四头肌伸膝时，腓肠肌在膝部延长，这对跖屈踝关节十分有利。这种功能结合常见于抬高脚趾尖、跑步和跳跃等动作。

（三）膝关节稳定性的维持

在人体移动以及进行复杂运动时，膝关节不仅提供了支撑时的稳定性，也保证了下肢运动时的灵活性。膝关节的骨性特点、关节囊、韧带和关节肌为膝关节这种稳定性与灵活性的矛盾与统一提供了可能。

1. 膝关节的骨性特点 膝关节是屈戌关节，主要在冠状轴上做屈伸运动。因为组成膝关节的股骨下端、胫骨上端和髌骨特有的骨性结构，导致了该关节的稳定性较大。

2. 膝关节囊的紧张 膝关节囊的复合结构使关节囊强大而紧张，增加了膝关节的稳定性。

3. 膝关节周围肌和韧带的强大 膝关节周围有多而强大的韧带和肌，能够限制、引导膝关节的运动，使其稳定性大增。关节内侧的稳定性由内侧副韧带和缝匠肌提供；外侧由外侧副韧带和髂胫束提供；前方由股四头肌和交叉韧带提供；后方由腘绳肌和交叉韧带提供。

4. 膝关节的螺旋扣锁机制 膝关节完全伸直时，关节所有韧带拉紧，膝关节锁定。胫骨相对于股骨的一切运动都几乎停止，这是膝关节最为稳定的姿态。

📋 **知识链接**

膝关节周围肌对膝关节稳定的维持作用

直立位时，人体的重心线落在膝关节前方，有迫使膝关节被动伸直的趋势，此时关节外韧带紧张以维持关节的稳定，另一方面，臀大肌及小腿三头肌同时作用，牵拉股骨及胫骨上端向后，以防膝关节发生屈曲动作。

直立位时，踝关节处于90°位，当踝关节背屈并使之稳定在90°左右的同时，小腿三头肌也必然要牵拉股骨下端及胫骨上端向后，不使膝关节发生屈曲动作。因此，腓肠肌对膝关节而言，虽为协助屈膝的作用，但当足固定于地面时，其作用即变为牵拉股骨下端向后，使膝关节维持在伸直位，小腿三头肌的另一头比目鱼肌则牵拉胫骨上端向后，成为腓肠肌的协同动作。

单足负重时（如稍息位）该侧膝关节趋向于更多的伸展，通过扣锁机制使膝关节更加稳定，此时股四头肌是松弛的，但在双足同时负重时，则膝关节往往处于轻度屈曲位，依赖股四头肌的作用以维持其稳定，从而避免在扣锁机制时完全伸直引起的不适。

四、膝关节的生物力学

扫码"看一看"

在运动学中，膝关节承受着很大的力、很快的速度及不同的载荷频率。这些因素不同的组合便产生不同的损伤类型，如骨折或韧带断裂急性损伤，运动技术伤如疲劳骨折、末端病等。要合理安排训练，预防伤病发生及实施合理的治疗及康复，都必须认真研究这些因素的作用情况及组织对它们的适应情况。

膝关节特别适合于做生物力学分析，因其可简化为单平面运动及单肌肉活动。

（一）运动学

运动学规定运动范围，描述 3 个面上的关节面运动：额面（冠状面）、矢状面（正中面）及水平面。

胫股关节的运动范围在矢状面最大，膝完全伸直到完全屈曲的范围是 0°～140°。在水平面的运动范围与屈伸程度相关。完全伸直时，由于股骨髁与胫骨髁交锁，几无运动。随屈曲增加，横面上的运动开始增加。屈 90°，膝外旋 0°～45°，内旋 0°～30°。屈曲过 90°亦减少。额面内可得到同样的模式，完全伸直时，几乎不可能内收外展。当膝屈曲 90°时，侧向运动增加，但最大也只有几度。

运动范围与功能密切相关。运动学研究表明：完全最基本的日常生活活动（走路、上下楼梯、坐下等），膝至少屈曲 90°；完成几乎全部日常生活活动，膝屈曲应达到 115°（或117°）且完全伸直；而要进行体育活动，则需全部达到正常范围，有些项目，如体操、田径等则需要超常范围的异常关节活动。由慢走到跑步，站立相膝的屈曲需要逐渐加大。平地走路时，整个周期膝没有完全伸直，运动范围为 5°～75°。

（二）动力学

动力学用来分析作用在关节上的力，包括静力分析（statics）和动力分析（dynamics）。静力分析是研究平面状态下作用在关节上的力，动力分析是研究作用在身体上但总和不为零的力。

扫码"看一看"

1. 胫股关节的静力分析 对所有关节在任何位置和任何承载形式下均可进行静力学分析。包罗关节上所有作用力的完整静力学分析是复杂的。因此常采用简化方法分析主要作用力。用这种方法只能获得最小值。这个方法称为简化分离体图法（simplified free body technique），只限于分析作用在分离上的 3 个主要的同面力。这 3 个力通常是地面反作用力（W）、髌腱拉力（P）、关节反作用力（J），若已知这些力的大小、指向、作用线和作用点 4 个特性，可把它们作为矢量标明在图上。若已知 3 个作用力的点及 2 个力的方向，在平衡状态下就能得到所有的其余特性。在这种情况下就可画出力三角形（triangle of force），而算出所有 3 个力的大小。举例说明分离体图及力三角的应用：爬梯时一腿上举，估算另一负重腿胫股关节上关节及力的最小值。条件如图 3-122 的位置，把 3 个力画在分离体图上。因为下肢处于平衡状态，故所有 3 个力的作用线必汇交于一点。因两个力的作用线已知，故可定出第三个力的作用线（因已知作用点）。把力 P 和力 W 的作用线延长至相交，从交点到力 J 作用点画线得力 J 作用线，这样就可画出三角形。首先画出力 W 矢量，然后从矢量 W 箭头画出力 P，然后从矢量 W 起点画出力 J 作用线，力 J 与力 P 的交点是矢量 P 的头部和矢量 J 的起点（因小腿处于平衡，三角形必须闭合），现在可从图上换算出力 P 和力 J 的大小。这个例子中，髌腱拉力是体重的 3.2 倍，关节反作用力是 4.1 倍体重。由此可以看出，主要肌力对关节反作用力值的影响远远大于由体重产生的影响，若考虑到其他肌的作用，关节反作用力值还会增大。

2. 胫股关节的动力分析　在动力分析时除了静力分析所有考虑的因素之外，还要考虑两个因素：①所研究那部分身体的加速度；②该部分身体的质量惯性矩（质量惯性矩用来表示加速物体所需的力矩值，与物体形状有关）。

动力分析也用来分析走路时胫股关节反力、肌力和韧带力的峰值。Morrison（1970）计算了男女走平路时通过胫骨平台传递的关节反作用力。他同时用肌电图记录了肌肉活动，来确定步态周期各期中哪些肌肉在胫骨平台上产生关节反作用力的峰值。恰在足跟着地后，关节反作用力为体重的 2～3 倍，并与腘绳肌收缩有关。腘绳肌对膝有减速和稳定作用。膝屈曲位站立相开始时，关节反作用力约为体重 2 倍，并与股四头肌收缩有关，此肌防止膝屈曲。关节反作用力峰值发生在站立相后期足尖离地前。该力为体重的 2～4 倍，并与腓肠肌收缩有关。在摆动相后期，腘绳肌收缩引起的关节反作用力约等于体重。然而，值得注意的是：在步态周期中，从摆动到站立相，关节反作用力从外侧胫骨平台移向内侧。在站立相，当出现峰力值时，主要由内侧平台承受；在摆动相，当力很小时，主要由外侧平台承受，胫骨内侧平台的接触面约比外侧大 50%。内侧平台上的软骨也比外侧平台的厚 3 倍，如此，内侧平台有较大的尺寸和厚度，使其更易于承受较高的力。

在正常膝中，关节反作用力是由半月板和关节软骨共同承受。Seedhom 等人（1974）在尸体上研究膝的应力分布，结果表明，在受载状态下，胫股关节在去除半月板后所受的应力比有半月板的高 3 倍，且集中于平台中心处的软骨。因此从生物力学观点出发，半月板在关节镜下仅去除不稳定部分或缝合，对改善胫股关节应力分布及延缓骨关节病的发生将是有益和积极的。

在胫股关节中韧带所受的力低于作用在胫骨平台上的力，而且主要是拉力。走路时，后交叉韧带承受最高的力，约为 1/2 体重，峰力值刚好发生在足跟着地之后和站立相后期。

髌骨为膝提供 2 个重要的生物力学功能，在整个运动范围内增加股四头肌力臂来改善股骨上的压应力分布。正常膝在不同角度伸直时，需要的股四头肌力不同，最后 15° 要求最大，切除髌骨的膝在完全主动伸直时，所需的四头肌力比正常约增加 30%。在某些患者中，可能超过了股四头肌的能力，这对年龄较大的人更为明显。

在大多数活动时，股四头肌收缩和体重均能使髌股关节受力，而且屈曲越大，股四头肌力值越大，髌股关节压力值越高。走平路时，关节反作用力值为体重一半；上下楼时，约为体重的 3.3 倍。因为髌骨软骨病的患者，做需大屈膝活动时会疼痛。但在坐位，小腿自由下垂伸膝抗阻力时，膝在最后完全伸直时，髌股关节反作用力值低，而股四头肌肌力继续增加。可用此在屈膝小于 20° 时训练髌骨软骨患者的股四头肌而不至于引起太大疼痛。

五、膝关节运动功能临床考量

膝关节内侧副韧带损伤在体力劳动和体育运动中较为常见。膝关节无论是伸直位还是屈曲位，强迫小腿外展的暴力，使膝关节突然外翻，即可引起膝内侧副韧带损伤。膝关节微屈时，暴力直接作用于膝外侧，也可引起膝内侧副韧带损伤。如果损伤严重膝内侧副韧带完全断裂，则疼痛剧烈，患肢不能负重而丧失功能。急救时在受伤现场进行及时的局部制动、冷敷、加压包扎和抬高患肢是十分必要的，伤后1～2日可在粘膏支持带保护下开始练习股四头肌静力收缩（5分钟）、直腿抬高练习（采用10次最大负荷量，抬腿10次）、等长伸膝练习15次。

关节囊韧带中部断裂时，常合并内侧半月板边缘撕裂，或合并前交叉韧带断裂。如果三者同时存在，即成为所谓奥多诺休三联征，使膝关节的稳定性遭到严重破坏。若膝内侧副韧带从股骨上撕裂，附着处的骨膜被掀起，骨膜下血肿将产生肌化，形成骨刺、骨针或骨斑，则被称为佩利格尼林－施蒂达病。

膝关节伤病康复训练的目的是解除病痛，恢复关节的立、走和持重等功能，伤后康复训练如不能及时介入，会出现一系列失用综合征（如肌肉萎缩、关节萎缩、骨质疏松、继发性骨折），关节还可能会挛缩至某一体位，使患者期待的下肢功能恢复成为泡影。训练应遵循生物力学原理进行，才不致出现失用综合征。

本节小结

膝关节的稳定性主要由韧带和周围的肌群提供，骨关节结构则提供较少的保护，但能提供较大的活动范围，当然，也容易受到伤害。较大的力量加上骨关节结构的限制可能是造成膝关节伤害发生率较高的原因。当膝关节受到较大的外翻和轴向旋转力量时，会造成承重膝关节的伤害，以及内侧副韧带、后内侧关节囊和前十字韧带的损伤，尤其是当膝关节伸直的时候。因此，预防膝关节运动损伤是一项非常重要的课题。

（李古强）

第七节　踝足关节运动学

人体在站立、行走、下蹲等动作中，踝关节的稳定性与灵活性十分重要，踝关节的稳定性是由骨性结构和韧带系统以及通过踝关节的肌的动力作用共同完成的。长期以来，人们一直认为踝关节和足的功能远比手的功能少，因此，常把踝关节与足视为连接下肢与地面的一个并不复杂的附属结构。但近年来，通过对踝、足的结构解剖、生理功能、动静力学、运动学及生物力学作用等多方面的广泛的综合研究，发现踝、足有比手更为精细的结构，因而能够完成很多较为复杂的功能。如踝、足的内在结构和复杂动力学组织能吸收各种振动、提供机体运动时的稳定性，并在直立和步行情况下推动身体前进。为了完成正常的运动功能，足和踝还能在不同时刻和不同位置上承受身体速度、运动方向和路面条件等复杂变化引起的较高负荷的作用。

扫码"学一学"

一、踝关节

（一）踝关节功能解剖

踝关节又称距小腿关节，由胫、腓骨的下端关节面和距骨滑车连接而成。距骨的马鞍形顶与胫骨下平台所构成的关节为主要关节。外踝较内踝低并偏后方 1cm 左右。内踝顶端分成两个钝性突起，有内踝韧带附着。内、外踝与韧带一起共同维持踝关节侧方的稳定。胫骨下端关节面与距骨体滑车关节面相适应，在矢状面，胫骨下端关节面前后方向上有一隆起的嵴适应距骨体滑车。

腓骨与外踝的重要性日益受到更多的重视，腓骨可以传导 1/6 的体重。外踝构成踝穴的外侧壁，其本身的轴线与腓骨干纵轴之间相交成向外的 10°～15°，以适应距骨外侧突（图 3-110）。

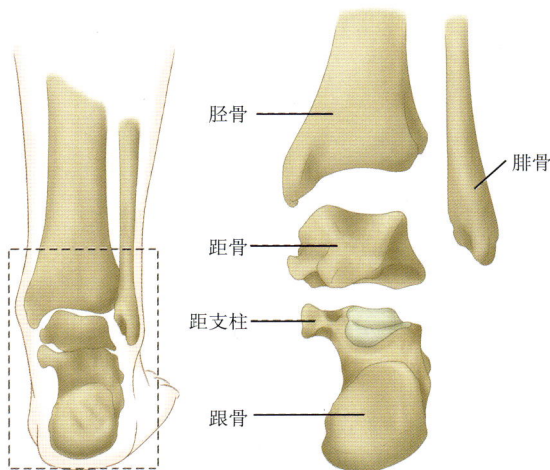

扫码"看一看"

图 3-110　踝关节结构

1. 骨关节与组成

（1）关节窝　踝关节的关节窝极具结构功能特征，呈叉状（又称踝穴），由胫骨下关节面、内踝关节面及腓骨外踝关节面共同围成，其叉状关节窝在加强踝关节稳定性上起着十分重要的作用。

（2）关节头　踝关节的关节头由距骨体上关节面和距骨两侧的关节面所组成。关节面的形状为滑车状。距骨体的滑车关节面具有前宽后窄的特点，为增加踝关节的运动形式奠定了结构基础。

2. 关节的辅助结构　踝关节韧带与其关节囊在结构和功能上互相关联。踝关节的关节囊前后薄而松弛，有利于感觉的活动；其两侧厚而坚韧，形成韧带，起到维持关节稳定的作用（图 3-111）。

（1）内侧韧带　内侧韧带呈三角形，故又称三角韧带，被认为是踝关节最强壮的韧带。自前向后又分为胫距前韧带、胫跟韧带，其中胫距前韧带向前向足部的延续为胫舟韧带。三角韧带又可分为深、浅两部，浅层靠前起自内踝之前丘部、止于载距突的上部；深层靠后主要由胫距后韧带组成，起于内踝后丘、止于距骨内结节及前方。三角韧带限制距骨向外侧移动，当三角韧带完整时距骨向外移位不超过 2mm，因此，能够限制足过度外翻。

（2）外侧韧带　外侧韧带自前向后又分为距腓前韧带、跟腓韧带和距腓后韧带，距腓

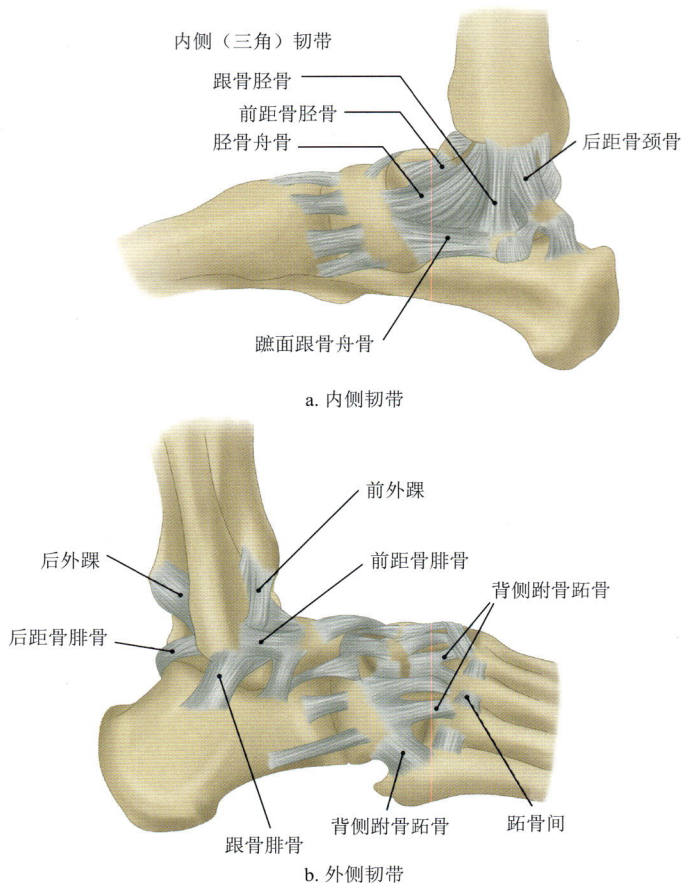

图 3-111 踝关节韧带

前韧带薄弱，在踝关节跖屈位有限制足内翻活动的作用，而在踝关节中立位时，有对抗距骨向前移位的作用。跟腓韧带较坚强，在踝关节90°位限制足内翻活动、腓跟韧带短裂后，当被动使足内翻时，距骨在踝穴内发生倾斜，外侧降低、内侧升高。距腓后韧带最强，可限制踝关节过度背屈活动。距腓前、后韧带加强关节囊，而跟腓韧带与关节囊之间相互分开。

（3）下胫腓韧带　下胫腓韧带又分为下胫腓前韧带、骨间韧带、下胫腓横韧带，其中骨间韧带是骨间膜的延续，最坚固。骨间膜由胫骨斜向外下止于腓骨。当踝关节背屈活动时，腓骨轻微上移，并向外后方旋转，骨间膜由斜行变得较水平。下胫腓韧带亦有维持关节稳定的作用。

（二）踝关节运动

1. 运动轴　踝关节的运动轴为从后下外指向前上内，基本与内、外踝尖端下方的连线一致；在冠状面上平均向外倾斜8°，横断面上平均向外旋转6°。该轴线方向决定了踝关节的多维复合运动：背伸时伴有外旋、外翻；跖屈时伴有内旋、内翻。

2. 踝关节运动　为了方便起见，三向运动可描述为背伸（足背朝向小腿前面的运动）和跖屈（足底朝向小腿后面的运动），这是由于使用屈和伸可导致误解。

踝关节的活动包括矢状面、冠状面和横断面三部分。矢状面活动，即跖屈和背伸是踝关节最重要的功能。由于踝关节轴倾斜，所以在屈伸的同时伴有足或小腿水平面旋转。小腿固定时，踝关节背伸时足外旋，跖屈时内旋。踝关节最大背伸和跖屈时踝关节均内翻，

三角韧带是限制距骨外旋的主要因素。

3. 胫腓连结 胫腓骨之间由胫腓关节（胫骨外侧髁与腓骨头之间的滑膜关节）和胫腓连结（包括骨间膜和胫腓前、后韧带）。后者属韧带连结，这些连结的运动范围很小，但对正常的背屈和跖屈的运动是必要的。在胫腓关节运动受到股二头肌腱、外侧副韧带、腘肌腱、胫腓韧带和筋膜的限制。踝关节在背屈时，胫腓关节有少量向上的滑动，当膝关节损伤或外科固定限制胫腓关节的运动，可引起踝关节背屈的受限。

胫腓韧带连结在背屈和跖屈运动中产生了腓关节的小量移动。内踝和外踝是由胫腓韧带连结的胫腓前、后韧带牢固地连结。但距骨的滑车的前部宽于后部，而内、外踝与距骨在整个背屈和跖屈的过程都保持适应。如此的形态不一致就需要在胫腓韧带连结做外展和旋转的运动，同时也影响到胫腓关节。当用强力压迫内外踝来阻制这小的运动，背屈将受到限制。

（三）踝关节肌

踝关节的骨性结构决定了其侧方稳定而前后方向稳定差，这也决定了踝关节的主要运动方式为屈伸、内外翻，在骨性结构的周围附着了大量的韧带和肌肉（表3-6），决定了踝关节在一定运动范围内也具备了较高的稳定性。

表 3-6 踝关节周围各肌起止、作用和神经支配

肌肉名称	起点	止点	神经支配	功能
腓肠肌	股骨内外髁	跟骨结节	胫神经（S_1，S_2）	屈膝、踝跖屈
比目鱼肌	胫腓骨后面	跟骨结节	胫神经（S_1，S_2）	踝跖屈
跖肌	股骨外侧髁	跟骨结节	胫神经（L_4，L_5，S_1）	屈膝（极弱）、踝跖屈
胫后肌	胫腓骨、骨间膜	足舟骨周	胫神经（L_5，S_1）	踝内翻，跖屈
趾长屈肌	胫骨后面	2～5趾远端	胫神经（L_5，S_1）	屈2～5趾、协助踝跖屈和内翻
踇长屈肌	腓骨后面、骨间膜	踇趾远端	胫神经（L_5，S_1，S_2）	屈踇趾、协助踝跖屈和内翻
胫前肌	胫骨外侧面、骨间膜	内侧楔骨和第一跖骨基底部	腓深神经（L_4，L_5，S_1）	踝内翻、背屈
趾长伸肌	胫腓骨、骨间膜	2～5趾远端	腓深神经（L_4，L_5，S_1）	伸2～5趾、协助踝背屈
踇长伸肌	腓骨、骨间膜	踇趾远端	腓深神经（L_4，L_5，S_1）	伸踇趾、协助踝内翻、背屈
腓骨长肌	腓骨远端外侧、骨间膜	内侧楔骨和第一跖骨基底面	腓浅神经（L_4，L_5，S_1）	踝外翻、协助踝跖屈
腓骨短肌	腓骨远端外侧	第5跖骨基底面	腓浅神经（L_4，L_5，S_1）	踝外翻、协助踝跖屈
第三腓骨肌	腓骨远端、中部	第5跖骨基底面	腓深神经（L_4，L_5，S_1）	协助踝外翻、背屈

1. 踝关节的背屈肌

（1）踝关节背屈肌的组成 踝关节的背屈肌，由内侧向外侧依次为胫骨前肌、长伸肌、趾长伸肌和第3腓骨肌。肌腱附着点远离关节，距运动轴较远，杠杆臂长，所以比较省力。上述肌中，胫骨前肌的肌腹因远离踝关节额状轴，所以其背屈肌力最大，其次为踇长伸肌。除此之外，胫骨前肌和踇长伸肌的肌腹还位于足关节矢状轴的内侧，故有内收和足外翻的功能。而且胫骨前肌距足关节矢状轴较远，其肌力也较之踇长伸肌要大。趾长伸肌和第三腓骨肌的肌拉力线及肌腱走行于踝关节额状轴前上方，也有背屈功能，同时这两块肌的肌腱还位于足关节矢状轴的外侧，因此有使足关节外展和足内翻的功能。而且由于第3腓骨肌距关节矢状轴较远，故其肌力较趾长伸肌要大。因此可见，上述4块背屈肌在背屈功能

上是协同的，而在内收外展，足内翻和足外翻功能上却是拮抗的。

（2）踝关节背屈肌的功能　胫骨前肌为踝关节的主要背屈肌，有良好的杠杆作用，仅作用于上踝关节，其截面积为伸趾肌总和的 2 倍。当胫骨前肌麻痹而伸趾肌完好时，伸趾肌仅能产生有限的背屈功能。单独的趾长伸肌作用能产生踝部的强力外翻。如果上述 4 块背屈肌的麻痹可导致步行摆动相时足下垂，就需要过度的屈髋、屈膝来防止足趾接触地面。

在许多重要的开链运动中前群肌运动足和足趾，如在步行的摆动相时伸足趾避免足趾接触地面、在驾驶时足的安放、持续敲击音乐节拍、穿鞋时足趾的运动等。由于足的重量仅为 0.9kg 左右并且肌又具有良好的杠杆作用，因此开链运动足仅需要很小的肌力。在单腿站立闭链运动中，可看到和摸到这些肌的较强力的收缩。这里可以看到在所有足肌之间恒定相互作用来保持重心落在一个小的支持基础上。

2. 踝关节的跖屈肌

（1）踝关节跖屈肌的组成　踝关节的跖屈肌共有 6 块，它们是小腿三头肌、胫骨后肌、姆长屈肌、趾长屈肌、腓骨长肌和腓骨短肌。这些肌肉的肌腱都位于踝关节额状轴的后方或下方。其中小腿三头肌为跖屈最有力的原动肌，该肌的三个肌腹中，有一个是单关节的，即比目鱼肌，它的解剖横断面为 20cm^2，收缩距离为 4.4cm；另外两个肌腹为双关节肌，即腓肠肌，它的解剖横断为 23cm^2，收缩距离仅为 3.9cm，三肌腹向下在小腿远侧端汇合成跟腱，止于跟骨后方的跟骨结节。比目鱼肌的功能为跖屈踝关节，是单一的；而腓肠肌的功能则为踝关节跖屈和膝关节屈，因此其跖屈效果与膝关节的屈曲度关系密切。若伸膝位将腓肠肌被动拉长时其屈力强，这是由该肌有效的牵张作用的结果。

当小腿三头肌麻痹时，患者不能用足趾站立，严重影响到步态，登楼的步伐减弱变慢，跑、跳的活动无法进行。虽然小腿深层肌和腓骨肌的肌腱都在踝关节运动轴的后方，但不能代偿小腿三头肌的功能。

当两侧小腿三头肌麻痹时，因没有足够的肌力来阻止踝背屈和足的下陷，因此丧失站立的平稳功能而不能站立。虽然他们不能站稳，但如果能够不停地移动他们的足，意图找到他们重心的支撑点，同时假使他们抓住了稳定的物体或靠在墙上的话，还是能够站稳的。双侧截肢的患者用假体站立时也有同样的问题，就是因为假体无肌来控制足和踝关节的紧锁位。

（2）踝关节跖屈肌的功能　在背屈或跖屈时，胫骨后肌为距下关节的内翻或旋后肌。而其他的肌产生该运动有一定范围或仅在开链运动中。小腿三头肌收缩产生跟骨的内翻。但胫骨前肌、趾长屈肌、长屈肌从外翻位到自然位仅有较弱的内翻作用。

胫骨后肌在足底广泛地止于载距突、舟骨粗隆、楔骨、骰骨和趾骨的基底部，这提示胫骨后肌在足弓的动力性支持中起着重要作用。当行走、单腿站立、跑步、跳跃时，肌肉收缩来适应足弓稳定的需要。除稳定后足、中足和前足关节外，胫骨后肌收缩还能使足舟骨稍向内下的运动，将其稳定在距骨上。这运动能防止小腿三头肌巨大的力矩所产生在距舟关节和跗骨间关节的运动。胫骨后肌麻痹后，距骨向下的力拉长了内侧足底韧带，使足弓下降而产生平足畸形，此时体重经足舟骨落到地面上。

趾长屈肌和长屈肌的主要功能是在行走、跑步和足趾站立时的闭链运动中。在上述运动中，屈肌收缩来支持足纵弓，并在行步的离地相时将产生的力作用于地面。

在开链运动中，不管是背屈或跖屈，腓骨长、短肌和第三腓骨肌是主要的距下关节的外翻肌。但它们的主要作用发生在闭链的单腿站立、行走、跑步和跳跃等运动中。在这些运动中，腓骨肌提供足弓的主要支持，调节足对地面的适应性和控制着地脚与小腿位置。腓骨肌麻痹，踝关节就不稳定，并可能发生踝内翻的扭伤。

虽然腓骨肌属跖屈肌，但对此运动的杠杆作用极差。但正常的跖屈力矩需要腓骨肌强力收缩来稳定跗骨，使小腿三头肌的力有效地经足传到地面上。

（四）踝关节生物力学特性

踝关节与足部的一系列关节加上膝关节的旋转轴构成了一个有 3 个自由度的关节，使足部在任何位置可适应不同的不平整的路面行走。

1. 踝关节的载荷　完全负重时距骨滑车关节面 2/3 与胫骨下端关节面相接触。静止情况下以全足放平站立负重时，踝关节承受的压缩应力相当于体重的 2 倍，以前足站立时相当于体重的 3 倍。如果距骨在踝关节内有轻度的倾斜，关节面所受到的应力由于承载面积变小而明显增加。

在正常情况下，无论踝关节背伸或跖屈，距骨在任何位置上均与踝穴内各关节有紧密的接触。这种紧密的接触对于踝关节均匀的承重分配具有重要的意义，因此损伤后必须要修复。在踝关节运动时，其紧密的匹配通过距骨的旋转与滑动以及腓骨的平移而得以维持。踝关节跖屈时，距骨内旋；踝关节的背屈时，距骨外旋，同时伴有腓骨向后外侧的移动和外旋。

2. 踝关节稳定性的维持　踝关节是人体负重最大的关节，站立行走时全身的重量全落在该关节面上，日常生活中的行走和跳跃等活动，主要依靠踝关节的背屈、跖屈运动，因此，踝关节的稳定性和灵活性是对立统一的。

（1）背屈时的稳定性　正常关节滑车面后长于前，所以，跖屈大于背屈。屈的控制因素有骨、韧带及肌肉。背屈时距骨颈上面与胫骨远端关节前唇接触，关节囊后部拉紧，后侧韧带及肌肉紧张，阻止踝进一步的背屈。

（2）跖屈时的稳定性　跖屈时，距骨后结节接触后唇，阻止跖屈过度。前关节囊及侧副韧带前部分亦有阻止作用。正常距骨在踝穴中，胫骨前后唇阻止距骨前后移动和过度屈伸。

（3）横向稳定性　即侧方稳定性，其控制因素一是距骨体嵌入踝穴内，二是副韧带正好位于距骨侧方及下胫腓联合韧带，均可起到稳定作用。

生理载荷下踝关节的稳定性分析结果显示，踝关节内翻时的稳定以及约 1/3 的旋转稳定，是由关节面的接触面积维持的。外侧韧带损伤通常发生在踝关节的跖屈位，由暴力所引起的强烈内翻内旋所致。由此可见，在踝关节内翻时的稳定作用中，外侧韧带较之关节面接触的意义更大。

3. 踝关节的动力学　正常步态时，踝关节的反作用力等于或大于髋、膝关节，但因踝关节的负重面积大，经踝关节传导的单位面积上的应力却低于髋或膝关节。

踝关节在跳跃活动中的起跳和蹬地阶段起主要作用。踝关节力量的强弱直接决定完成动作时支撑整个身体的稳定性，包括决定上位环节作用的效率以及它参与"工作"的早晚。如果踝关节具有足够的力量，便可"提前"参与"工作"，从而缩短整个动作完成的时间，提高动作的速率。如在跳高时，起跳腿踝关节及时、充分的提踵，可提高身体重心的初始高度，并直接影响到腾空后的姿势和效果。

有研究表明，跑步的蹬伸和缓冲时，踝关节的活动是由小腿三头肌肌腱的弹性形变与复原进行的。它可在腾空之前的制动阶段，通过肌腱的形变而储备能量。

（五）踝足关节运动功能临床考量

踝关节是运动中最常见的损伤部位。临床上以踝关节扭伤较常见，原因是外侧韧带较内侧松弛，所以容易扭伤。常见症状为患肢疼痛、肿胀、皮下青紫等。这种损伤多由间接外力所致。如行走时踏入凹处使踝关节突然内翻、内收，即可损伤外侧副韧带，严重者可合并踝关节骨折。如不及时治疗，会导致韧带松弛、关节不稳定，引起关节面反复撞击，继发软骨损伤、骨赘增生等，最终发展为骨性关节炎。

踝关节扭伤后应立即用拇指压迫痛点（韧带的断裂部）、止血，同时做内翻强迫试验及踝抽屉试验，检查是否有韧带全断裂。如有条件，可用冰敷或氯乙烷喷湿的棉花球压迫以加速止血，然后寻找大的棉花块或海绵垫压迫包扎，抬高患肢，转运到专科医院，进一步治疗。

二、足和足弓

足是由 26 块骨以及关节、肌肉、韧带、神经、血管等构成的一个整体。双足的主要功能是作为一种半刚性基柱为躯干提供牢固的支撑。从功能重要性出发，足踝关节可以分为必要关节、重要关节和不重要关节三大类。必要关节是双足直立行走所必需的，包括踝关节（背伸跖屈）、距下关节（内外翻和前后旋）、距舟关节（内外翻和前后旋，行走时缓冲力量）、第 2～5 跖趾关节（屈曲足趾，站立晚期足趾偏心性伸直分担距骨头负重）。重要关节有一定的功能，如增加活动度或缓冲冲击力等，但并不向其他关节传导应力，包括跟骰关节（使足适应不平坦路面）、骰骨—第 4、5 跖骨关节（站立中期足外侧半缓冲冲击力）、第一跖趾关节（中立位以外的主动屈曲和被动伸直是重要的）、第一近侧趾间关节（活动虽不重要，但保持其中立位有重要意义）。不重要关节之间有坚强的韧带相连，活动度和对足踝功能的影响都甚小。

（一）骨关节

1. 距下关节（跟距关节）解剖和活动

（1）结构特点　跟骨的上面有三个关节面（后、中、前）与距骨下面相应的关节面相关节。跟骨后关节面凸起，而跟骨中、前关节面则凹下，这样就可阻止距骨在跟骨上的前、后移位。

在距骨中、后关节面之间有一条沟，形成跗窦。这条沟通踝部的内、外侧。跗窦的全长有跟距骨间韧带牢固地将两骨连结。在跗窦内的韧带和脂肪组织富有感受器、神经纤维可直至小脑。可设想跟距骨间韧带是"距下本体感觉中心"，来完成闭链运动的快速反射。

距下关节可分为前、后两部分，各有自己独立的关节囊，二者间由跗骨窦和跗骨管分开。前距下关节由凹陷的跟骨前、中关节面和凸出的距骨前、中关节面组成；后距下关节由凸出的跟骨上关节面和凹陷的距骨下关节面组成。这种关节面凹陷或凸出的交叉变化使之能做复杂的扭转活动：只有在前中关节面能做出与后关节面活动相反的活动时才能活动。

（2）距下关节旋转轴和运动

1）距下关节旋转轴　从跟骨的后外面向前、上、内通过跗窦的线来代表距下关节的三向轴。该轴在矢状面上向背侧倾斜 42°，在横断面上向内倾斜 16°，其中矢状面定义是跟骨中点到一二趾中点间平面。

2）距下关节运动　距下关节轴指向内、前、上方，其活动主要是内翻和外翻（额状面）、内收和外展（横断面），以及跖屈和背伸（矢状面，较小），而且是三平面活动同时发生，即内翻、跖屈和内收同时出现，外翻、背伸、外展同时出现。距下关节平均活动度是内翻20°～30°，外翻5°～10°，步行所需活动范围10°～15°。有研究发现距下关节呈螺钉样活动，即距骨在跟骨上扭转的同时有横向移位；螺旋角为12°，即距骨每旋转10°前移1.5mm。基于这个原因，多数文献都将距下关节描述成单轴关节。

2. 跗横关节解剖和活动　跗横关节又称为中跗关节或 Chopart 关节，包括距舟关节和跟骰关节，二者虽各有其独立活动，但需要共同完成其功能活动。足作为弹性结构，在其触地时能化解冲击力；作为坚固结构，在足趾离地时能有效地推动身体前移；在这种弹性结构与坚固结构的转变中，跗横关节起着关键作用。

（1）结构特点

1）距舟关节　距舟关节由凸出的距骨头、凹陷的舟骨近端面和韧带组成。有学者将距舟关节成为"足臼"，它能够引导距骨头活动，使其除屈伸活动外还能滑动、滚动和回旋。

2）跟骰关节　跟骰关节由跟骨前突和骰骨近端组成，呈马鞍状。关节轴从前上到后下，为52°。跟骨关节面上内角呈一骨嵴覆盖骰骨上缘。骰骨下内侧角有一骨性突起与跟骨冠状凹相关节，增加足在内翻位的关节稳定性。

（2）跗横关节旋转轴和活动

1）跗横关节旋转轴　跗横关节有 2 个轴线：纵轴与地面成15°，矢状面上向内侧倾斜9°，描述的是额状面内的活动；斜轴与地面成52°，矢状面上向内倾斜57°，描述的是矢状面和横断面内的活动。

2）跗横关节活动　有研究表明：距舟关节沿向内倾斜的轴线活动：当足从外翻位向中立位、内翻位活动时，舟骨相对于距骨出现跖屈、内收和内翻。当下肢从内旋向外旋位活动时，舟骨相对于距骨也会出现跖屈、内收、内翻。

📋 **知识链接**

跗横关节运动时足部生物力学的影响

跗横关节的重要性不在于非负重时活动轴的位置，而在于步态周期各时段的活动变化。Elfiman 发现距舟关节和跟骰关节轴线关系的变化会引起跗横关节复合体的锁定和解锁。距下关节外翻使两关节轴平行，关节间解锁允许之间产生相对活动，使足富有弹性能适应不平地面，分散负重受力；距下关节内翻使两关节轴交叉，关节间锁定，限制其活动，作为坚固结构有效传导外力。站立相第一阶段（足跟触地到足放平于地面）的特点包括胫骨内旋、踝关节背伸和距下关节持续外翻。此时距舟关节和跟骰关节轴平行，中足活动度增加、吸收冲击力。第二阶段（足放平于地面到身体超过负重足）胫骨内旋、踝关节背伸、跖筋膜拉紧；胫骨内旋拉紧弹簧韧带和跟骰足底韧带，胫后肌和跟腱的收缩使距下关节逐渐内翻，距舟关节和跟骰关节轴线交叉，锁定并稳定中足。第三阶段（踝关节开始跖屈到足趾离地），通过跖屈肌和胫后肌的收缩，以及卷扬机机制引起的跖筋膜拉紧和足弓抬高，使距下关节内翻进一步稳定中足关节，为推进期能量的有效转移创造一个坚固的杠杆。

3. 跗跖关节 骰骨和 3 块楔骨与 5 块跖骨基底部关节形成跗跖关节。由于楔骨与第 2 跖骨和邻近的跖骨牢固榫接，因此仅允许做小量屈伸运动，其他的跗跖关节可沿中足的弧度做小量旋转。第 4、5 跗跖关节最灵活，其背屈和跖屈以及旋前和旋后的总运动量分别为 9°和 11°。

4. 跖趾关节和趾骨间关节 这些关节与手的相应结构对应，而有功能的差异，掌指关节（MCP）允许屈 90°过伸 0°～30°，但跖趾关节（MTP）相反，过伸 90°屈仅为 30°～45°。这种大幅度的过伸被用来足趾站立和步行（在站立相末期 MTP 过伸），趾的收展运动运动量小于手部，肌肉的控制也比手部差。

趾骨间关节与手部也相似，第一踇趾只有一个关节，而其他趾为二个，即近侧和远侧趾骨间关节。

（二）足部韧带

足部骨间联结十分稳固，除关节囊外，尚有许多小韧带起到加强作用。主要有跟舟跖侧韧带、跖长韧带、跟骰跖侧韧带（跖短韧带）、跖骨头横韧带等。

（三）足部肌

控制足部活动的肌来自足内肌和足外肌。

1. 足内肌 足内肌多集中在足底，可分为 4 层（表 3-7）。这些肌与跖腱膜、足的韧带和腱之间有广泛的连接。这些组织形成了动、静力结构的强力复合体。虽然肌可做外展、内收和屈趾等动作，但它们主要的功能是在行走和跑步时支持足弓，补充长屈趾肌的力和在摆动相中对抗屈肌来保持趾伸直。若足趾不能保持伸直位，走动时不能发挥力的作用。

表 3-7 足底的固有肌

	起点	止点	神经支配
第一层			
踇展肌	跟结节、跖腱膜	踇趾近节趾骨基底部	足底内侧神经（L_4～L_5）
趾短伸肌	跟结节、跖腱膜	第 2～4 趾	足底内侧神经（L_4～L_5）
小趾展肌	跟结节、跖腱膜	第 5 趾近节趾骨基底部	足底外侧神经（S_1～S_2）
第二层			
跖方肌	跟骨跖面	趾长屈肌腱	足底外侧神经（S_1～S_2）
蚓状肌	趾长屈肌腱	第 2～5 趾的趾背腱膜	第 1 蚓状肌足底内侧神经 第 2～4 蚓状肌足底外侧神经
第三层			
踇短屈肌	骰骨和外侧楔骨	踇趾近节趾骨基底部	足底内侧神经（L_4～S_1）
踇肌收肌（2 个头）	第 2～4 跖骨基底部跖趾韧带	踇趾近节趾骨基底部	足底外侧神经（S_1～S_2）
小趾短屈肌	第 5 跖骨基底	小趾近节趾骨基底部	足底外侧神经（S_1～S_2）
第四层			
骨间背侧肌	第 1～5 跖骨邻近骨面	第 2～4 趾的趾背腱膜	足底外侧神经（S_1～S_2）
骨间足底肌	第 3～5 跖骨内侧面	第 3～5 趾的趾背腱膜	足底外侧神经（S_1～S_2）

2. 足外肌 足外肌分别来自小腿的前、后及外侧间隔。足的活动除足内肌外，主要还借许多足外肌的协同作用来完成。如腓骨长肌及胫骨前肌肌腱经足底，协同支持足弓；胫

骨后肌、腓骨长短肌、伸踇及趾肌和屈踇及趾肌等，均协同完成足的站立、起步、行走、跑跳等功能。

（四）足弓

足骨可分为三段，后足（距骨和跟骨）、中足（足舟骨、骰骨和三块楔骨）、前足（跖骨和趾骨），这些骨及其附属韧带形成了 3 个弓即内侧纵弓、外侧纵弓和横弓。

1. 内侧纵弓　由跟骨、距骨、舟状骨、3 块楔骨和内侧 3 根跖骨所组成，舟骨是很高点，犹如拱顶主石。该弓弹性好，有缓冲作用；活动度较大，所以足扭伤机会相对较多。

2. 外侧纵弓　由跟骨、骰骨和外侧第 4、5 跖骨形成。跟骨内侧结节形成后支点，第 5 跖骨头为前支点。很高点是跟骰关节，弓形一般呈扁平状，在站立和行走时消失，弹性差，主要作用是承载重力，所以正常足的外缘是承受身体重力的主要部分。

3. 横弓　从跖骨头的水平来看足的宽度，跖骨头在足前不是横平的，是从内侧到外侧凸向背侧的弓形，称横弓，它可增强足前部的持重力和弹性。

从结构上，足弓具有一些机械弓的特性如楔形的骨，但缺乏防止弓下陷所需的外周支撑（固定的支撑），但韧带连接于跗骨和跖骨的跖面和背面把这些足弓的骨连成具有坚实拱梁特性的结构。当承重时，拱形梁弯曲，其压力作用于拱顶，张力则在拱底部的跖面。当重量连续增加，最后可导致梁柱的塌陷。假如使用一连接杆连于拱底的两端，阻止这两端分开这样就能承受更大重量。从机械上这就是构架，一种变异的弓。在足部，这连接杆即为跖腱膜、足固有肌和足外肌的收缩。

在足底，所有的足外肌和大多数的足固有肌都经过足弓下面。当闭链运动时肌收缩，所产生的力可紧张足弓。在足底有广泛的附着点的胫骨后肌和腓骨长肌对横弓起着重要作用，同时也能紧张纵弓。踇长屈肌和踇展肌跨越内侧纵弓，小趾展肌行于外侧纵弓的全长。趾短屈肌、趾方肌和趾长屈肌行于跖中部全长能紧张纵弓。踇收肌则影响横弓。与手指肌相比较，足趾的肌在开链运动中功能有限，但在行走和跑步的闭链运动则具有重大的意义。

（五）足和足弓运动功能临床考量

足底筋膜炎或跟刺是临床常见的运动损伤之一。跑步运动员和舞蹈家（均属有氧训练）发病率高。患者主诉行走中足跟附近疼痛，跳和跑时疼痛加剧。在跖腱膜近侧附着处（跟结节）有压痛，跖趾关节被动过伸牵拉腱膜时或深压跖腱膜的附着处时也产生疼痛。

疼痛的原因认为是足弓的支持机制反复受重压而造成跖腱膜累积性微损伤（也有突然的扭伤所致）。常由多种因素结合所致，包括支持足弓的肌无足够的强度、明显增加足弓的负荷、足不良对线等。其中足的不良对线较常见，例如内翻的跟骨需要在跟距舟关节的旋前补偿使距骨头与地面平行来承受体重，但这种不良的对线一直到足弓超负荷，补偿运动和肌的收缩不再提供支持时才会产生疾病。仔细询问病史常有活动强度的明显增加或在疼痛发生前有改变跑步的路面或换鞋史。

治疗原则是若无症状，可以不治疗；若疼痛，可以设法减少跖腱膜的牵扯力。具体方法是用粘膏固定将足弓提高保护。如果同时有足弓下陷，可用矫正鞋垫将足弓垫起，或将足跟内侧垫高使足轻微内翻。

本 节 小 结

　　踝关节与足部的主要功能有 2 个，一个是承重和适应地面。足部在站立初期必须有足够的柔软度以缓冲体重压力，以及适应不同类型的地面，这主要由结缔组织和肌肉来完成，在足旋前时缓慢地降低内侧纵弓，以协助吸收体重所产生的下压力量。另外一个是在步态中期和终末期，足趾离地时足部变得较为坚硬以承受较大的推地力。踝足的功能与整个下肢的功能有着极强的关联性。髋关节、膝关节，甚至是背部的功能性问题都可能与来源于踝足的问题相关。因此，恢复踝足的最大功能，可以矫正整个下肢肌肉骨骼系统的问题。

（于守娟）

扫码"练一练"

习　题

一、单项选择题

1. 肩关节复合体的构成关节，不是真正意义上的关节

　　A. 盂肱关节　　　　　　　　　　　　B. 肩胸关节

　　C. 胸锁关节　　　　　　　　　　　　D. 肩锁关节

　　E. 肩胸关节和肩锁关节

2. 与肩关节旋内无关的肌肉是

　　A. 小圆肌　　　B. 背阔肌　　　C. 胸大肌　　　D. 肩胛下肌　　　E. 大圆肌

3. 使肩关节灵活性加大的有关结构是

　　A. 由纤维软骨构成的盂唇　　　　　　B. 坚韧的肱二头肌长头腱

　　C. 由 4 块肌的肌腱构成的肩袖　　　　D. 薄弱而松弛的关节囊

　　E. 肩部韧带

4. 肩关节外展时，近端关节面为凹面的肩胛盂相对固定，关节面为凸面的肱骨头滚动的同时，滑动

　　A. 向上，向下　　　　　　　　　　　B. 向下，向上

　　C. 向上，向上　　　　　　　　　　　D. 向下，向下

　　E. 向下，向前

5. 肩袖损伤检查"疼痛弧"试验阳性中的弧度在（　　　）范围内出现疼痛

　　A. $60°\sim120°$　　　　　　　　　　B. $0°\sim30°$

　　C. $30°\sim60°$　　　　　　　　　　D. $100°\sim120°$

　　E. $120°\sim180°$

6. 在解剖位，肩胛骨和冠状面形成向前约（　　　）的夹角。肩胛骨这个方向的平面称为肩胛平面

　　A. $20°$　　　B. $30°$　　　C. $40°$　　　D. $60°$　　　E. $80°$

7. 肩关节最薄弱的部位是

　　A. 前上部　　　B. 前下部　　　C. 后上部　　　D. 后下部　　　E. 前下外部

8. 穿过肩关节囊的结构是

　　A. 肱二头肌长头腱　　　　　　　　　B. 肱三头肌长头腱

    C. 喙肱关节   D. 冈上肌肌腱

    E. 大圆肌腱

9. 肘关节从生理学和运动学角度讲，它包括两种截然不同的功能，屈伸运动和前臂

    A. 外展   B. 内收   C. 旋转运动   D. 内翻   E. 外翻

10. 肱肌和肱三头肌内侧头的远端分别附着于肱骨中远端的（　　　）面

    A. 上下   B. 远近   C. 中间   D. 前后   E. 外侧

11. 肱骨干远端内侧是滑车和内上髁，而外侧是肱骨小头和外上髁。滑车看起来像一个圆形的、没有绕上线的线轴，在它两边的内外侧唇，内侧唇凸出和延伸比邻近的外侧唇

    A. 更高   B. 更低   C. 更上   D. 居中   E. 更下

12. 在肘关节完全的（　　　）位置，桡骨与尺骨平行且位于其外侧

    A. 旋后   B. 旋前   C. 屈曲   D. 伸展   E. 过伸

13. 肱二头肌粗隆是位于桡骨近端（　　　）边缘上的一个粗糙的区域，它是肱二头肌在桡骨上的肌肉附着点

    A. 前方   B. 外侧   C. 前外   D. 前内   E. 后侧

14. 在肘关节完全伸展时，正常的提携角约为（　　　），女性一般比男性多 5°

    A. 25°±5°   B. 20°±5°

    C. 15°±5°   D 10°±5°

    E. 5°±5°

15. 由于手腕撑地，产生的力约有（　　　）通过腕部传到前臂而位于腕骨外侧和桡骨

    A. 80%   B. 60%   C. 40%   D. 20%   E. 10%

16. 骨间膜的主要纤维走向并不能拮抗作用于桡骨远侧的

    A. 压应力   B. 拉应力   C. 剪切力   D. 扭力   E. 重力

17. 前臂旋转的中立位是"拇指（　　　）"位，即完全旋前和旋后的中间位置。平均而言，前臂旋前约为 75°，旋后约为 85°

    A. 向上   B. 向外   C. 向内   D. 向后   E. 向前

18. 肌皮神经的感觉神经，分布于前臂的

    A. 内侧   B. 前侧   C. 后侧   D. 外侧   E. 掌侧

19. 将汤勺送至口中，肘关节同时进行运动

    A. 屈曲和旋前   B. 伸展和旋后

    C. 伸展和旋前   D. 屈曲和旋后

    E. 屈曲和掌屈

20. （　　　）是所有肘关节肌肉中最长的，其近端附着于肱骨外髁上嵴的外侧缘，远端位于桡骨的茎突附近

    A. 肱肌   B. 肱桡肌   C. 肱二头肌   D. 肱三头肌   E. 伸拇长肌

21. 肱桡肌的最大收缩可引起肘关节的完全屈曲和前臂旋转至近

    A. 旋前位   B. 旋后位   C. 中立位   D. 解剖位   E. 屈曲位

22. 主要的伸肘肌是肱三头肌和

    A. 肱桡肌   B. 肱肌   C. 肘肌   D. 旋后肌   E. 肱二头肌

23. 肱三头肌的内侧头在肱骨近端后方的附着点较阔，所占据的位置与肱骨前方的（　　　）相似，其部分远端的纤维附着于肘后关节囊

A. 肱肌　　　B. 肱桡肌　　　C. 肱二头肌　　　D. 旋前圆肌　　　E. 喙肱肌

24. 在许多用力推开动作中，肘关节的伸展通常伴随某种程度的肩关节的

A. 内收　　　B. 外展　　　C. 后伸　　　D. 前屈　　　E. 内旋

25. 肩关节的内外旋辅助前臂的旋转，往往是肩关节内旋时，伴有前臂的（　　），而肩关节外旋时，伴有前臂的（　　）

A. 旋前，旋后　　　　　　　　B. 旋后，旋前

C. 外展，内收　　　　　　　　D. 内收，外展

E. 屈曲，伸展

26. （　　）是主要的前臂旋前肌，同时也是次要的屈肘肌

A. 肱桡肌　　　B. 旋后肌　　　C. 肱二头肌　　　D. 旋前圆肌　　　E. 旋前方肌

27. 腕关节复合体由（　　）块骨组成

A. 13　　　B. 14　　　C. 15　　　D. 16　　　E. 17

28. 腕骨在腕部有（　　）块立方形腕骨

A. 6　　　B. 7　　　C. 8　　　D. 9　　　E. 10

29. "鼻烟窝"近侧界为

A. 尺骨头　　　　　　　　　　B. 桡骨茎突

C. 拇长展肌腱　　　　　　　　D. 拇短伸肌腱

E. 拇长伸肌腱

30. 腕关节主要是由桡腕关节和（　　）关节组成

A. 腕掌关节　　　B. 掌指关节　　　C. 指间关节　　　D. 腕中关节　　　E. 腕骨间关节

31. 手是人体感知周围环境的一个重要感觉器官，有（　　）个关节，产生不同的精细动作，发挥其功能

A. 21　　　B. 20　　　C. 19　　　D. 18　　　E. 17

32. 腕关节复合体受来源于（　　）神经根的桡神经、正中神经和尺神经支配

A. $C_{7\sim8}$　　　B. $C_{6\sim7}$　　　C. $C_{5\sim6}$　　　D. $C_{4\sim5}$　　　E. $C_{3\sim4}$

33. 掌骨和近节指骨构成掌指关节，掌指关节有（　　）个

A. 3　　　B. 4　　　C. 5　　　D. 6　　　E. 7

34. 手指有（　　）块固有肌，体积相对较小，但对手指的灵活控制是必不可少的

A. 21　　　B. 20　　　C. 19　　　D. 18　　　E. 17

35. 腕骨在腕部从远侧到近侧、桡侧到尺侧的腕骨排列顺序是

A. 大小头钩，舟月三豌　　　　　　B. 小大头钩，舟月三豌

C. 大小头钩，月舟三豌　　　　　　D. 大小头钩，舟三月豌

E. 大头小钩，舟月三豌

36. 拇指外展肌包括拇长伸肌、拇短伸肌和

A. 拇长展肌　　　B. 远端伸肌　　　C. 外展肌　　　D. 拇长肌　　　E. 内展肌

37. 桡神经损伤，腕部以下无运动支，仅表现为手背桡侧及桡侧（　　）个半手指近侧指间关节近端感觉障碍

A. 3　　　B. 4　　　C. 5　　　D. 6　　　E. 7

38. 桡神经支配腕（　　）侧的所有肌肉，包括桡侧腕长伸肌、桡侧腕短伸肌与尺侧腕伸肌

　　　　　A. 内　　　　　　B. 外　　　　　　C. 背　　　　　　D. 尺　　　　　　E. 桡

39. 正中神经与尺神经支配腕（　　）侧所有肌肉，包括主要的腕屈肌

　　　　　A. 内　　　　　　B. 外　　　　　　C. 背　　　　　　D. 尺　　　　　　E. 掌

40. 尺神经损伤，骨间肌、蚓状肌麻痹所致环指和（　　）指爪形手畸形

　　　　　A. 拇指　　　　　B. 示指　　　　　C. 中指　　　　　D. 小指　　　　　E. 无名指

41. 腕管综合征是腕管内压力增高，（　　）受卡压，致使手掌桡侧三个半手指的感觉异常、神经性疼痛，严重时出现手指运动障碍、鱼际肌萎缩等

　　　　　A. 尺神经　　　　B. 桡神经　　　　C. 正中神经　　　D. 腕管　　　　　E. 屈肌腱

42. 腕部最活跃的伸肌是桡侧（　　），重复有力的握力活动，如捶打、打网球，使腕伸肌近端附着点受到拉力，导致疼痛，这种情况通常被称为"侧上髁痛"

　　　　　A. 拇长展肌　　　B. 远端伸肌　　　C. 腕短伸肌　　　D. 拇长肌　　　　E. 内展肌

43. 腕管综合征非手术治疗方法很多，包括支具制动和（　　）等

　　　　　A. 皮质类固醇注射　　　　　　　　　B. 局麻药注射

　　　　　C. 镇痛药注射　　　　　　　　　　　D. 针灸

　　　　　E. 热疗

44. 典型的手指"Z"字形畸形通常与风湿性关节炎晚期相关：鹅颈畸形和钮孔状畸形。这两种畸形通常伴随（　　）尺侧偏斜和手掌错位

　　　　　A. 腕掌关节　　　B. 掌指关节　　　C. 指间关节　　　D. 腕中关节　　　E. 腕骨间关节

45. 手部的关节可分为三组：腕掌关节、掌指关节和

　　　　　A. 腕掌关节　　　B. 掌指关节　　　C. 指间关节　　　D. 腕中关节　　　E. 腕骨间关节

46. 舟状骨近端骨折不需要外科手术，尤其是并未发生位移，通常只需要（　　）周的固定

　　　　　A. 3～4　　　　　B. 4～5　　　　　C. 5～6　　　　　D. 6～7　　　　　E. 7～8

47. 脊柱描述错误的是

　　　　　A. 保护椎管内脊髓和神经　　　　　　B. 缓冲震荡

　　　　　C. 承载和负重　　　　　　　　　　　D. 运动

　　　　　E. 平衡功能

48. 脊柱运动范围最大的是

　　　　　A. 颈椎　　　　　B. 胸椎　　　　　C. 腰椎　　　　　D. 骶椎　　　　　E. 尾椎

49. 胸椎主要功能

　　　　　A. 前屈　　　　　　　　　　　　　　B. 后伸

　　　　　C. 形成胸腔，保护心肺　　　　　　　D. 侧屈

　　　　　E. 旋转

50. 对椎间盘功能的描述，不正确的是

　　　　　A. 保持脊柱的高度　　　　　　　　　B. 限制椎体的活动度

　　　　　C. 对纵向负荷起缓冲作用　　　　　　D. 保持椎间孔的大小

　　　　　E. 维持脊柱的生理曲度

51. 最易引发腰椎间盘突出的体位是

　　　　　A. 过度前屈　　　　　　　　　　　　B. 过度后伸

　　　　　C. 过度扭转　　　　　　　　　　　　D. 弯曲和压迫加轴向旋转

　　　　　E. 过度侧屈

52. 第一颈椎与枕骨形成的关节是
    A. 寰枕关节
    B. 寰枢关节
    C. 肩关节
    D. 关节突关节
    E. 以上都不是

53. 颈部的屈伸主要位于
    A. 寰枢关节   B. 上颈椎   C. 寰枕关节   D. 下颈椎   E. 椎间小关节

54. 头的旋转运动发生在
    A. 关节突关节
    B. 寰枕关节
    C. 腰骶关节
    D. 寰枢正中关节
    E. 钩椎关节

55. 腰椎间盘突出症最多见于
    A. 腰1～2   B. 腰2～3   C. 腰3～4   D. 腰4～5   E. 腰5～骶1

56. 患者，男性，32岁。因汽车抛锚，在弯腰推车后，感到右下肢麻木疼痛，提示何
结构可能受到了损伤
    A. 前纵韧带   B. 椎间盘   C. 棘上韧带   D. 后纵韧带   E. 黄韧带

57. 寰枢关节叙述正确的是
    A. 可使头部做前俯、后仰和侧屈运动
    B. 两侧关节间隙常不对称
    C. 可使头部做旋转运动
    D. 属于联合关节
    E. 由寰椎两侧的下关节面与枢椎的上关节面构成

58. 下列不属于椎弓间的连接的是
    A. 前纵韧带   B. 黄韧带   C. 棘间韧带   D. 横突间韧带   E. 棘上韧带

59. 能防止脊柱过度后伸的韧带是
    A. 项韧带   B. 棘间韧带   C. 棘上韧带   D. 前纵韧带   E. 黄韧带

60. 计数椎骨棘突的标志
    A. 隆椎棘突   B. 枢椎齿突   C. 胸骨角   D. 肩胛骨下角   E. 颈静脉切迹

61. 在基本站姿下骨盆主要动作描述正确的是
    A. 前倾，脊柱过度伸直
    B. 后倾，脊柱过度屈曲
    C. 侧倾，脊柱向同侧屈曲
    D. 旋转，脊柱向同侧旋转
    E. 旋转，髋关节向同侧稍外旋

62. 能够让骨盆前倾的肌群是
    A. 腰背部肌和腹肌
    B. 竖脊肌和屈髋肌
    C. 竖脊肌和腹肌
    D. 腰方肌和腹直肌
    E. 髂腰肌和腰方肌

63. 能够让骨盆后倾的肌群是
    A. 腰背部肌和腹肌
    B. 竖脊肌和屈髋肌
    C. 竖脊肌和腹肌
    D. 腹肌和臀大肌
    E. 腹肌和臀大肌及腘绳肌

64. 股骨颈与股骨干之间所形成的一定的角度，具有什么重要意义

A. 适应髋关节活动范围　　　　　　B. 减少体重压力

C. 增加扭矩力　　　　　　　　　　D. 缓冲地面反作用力

E. 为髋关节周围的肌群提供坚硬的止点

65. 能够限制髋关节外旋和外展的主要韧带是

A. 髂股韧带　　　　　　　　　　　B. 坐股韧带

C. 耻股韧带　　　　　　　　　　　D. 髂股韧带和坐股韧带

E. 髂股韧带和耻股韧带

66. 髋关节的屈伸运动是围绕（　　　）运动

A. 冠状轴旋转　　　　　　　　　　B. 矢状轴旋转

C. 垂直轴旋转　　　　　　　　　　D. 沿着冠状轴平移

E. 绕着矢状轴滑动

67. 膝关节前十字韧带的主要功能是

A. 限制股骨相对于固定的胫骨后移

B. 限制股骨相对于固定的胫骨前移

C. 限制胫骨相对于固定的股骨后移

D. 限制股骨相对于固定的胫骨后外移位

E. 限制股骨相对于固定的胫骨前外移位

68. 股四头肌的共同止点位于

A. 胫骨平台　　　　　　　　　　　B. 胫骨粗隆

C. 股骨外上髁　　　　　　　　　　D. 股骨内上髁

E. 鹅足肌腱

69. 限制膝关节外翻的主要力量为

A. 内侧副韧带　　　　　　　　　　B. 外侧副韧带

C. 前十字韧带　　　　　　　　　　D. 后十字韧带

E. 腘斜韧带

70. 半月板最重要的功能是

A. 吸收髌股关节间的压力

B. 吸收及分散胫股关节间的压力

C. 避免髂胫束与股骨外上髁的摩擦力

D. 显著减少股骨与胫骨之间的关节接触面积

E. 增加胫股关节面的润滑作用

71. 膝关节的终末旋转是

A. 膝关节的主动伸直，导致髌骨上移

B. 膝关节的主动屈曲，导致髌骨下移

C. 终末旋转机制能够协助膝关节固定在伸直的位置

D. 内外侧副韧带同时紧张，导致膝关节终末旋转的出现

E. 股四头肌与腘绳肌同时紧张，导致膝关节终末旋转的出现

72. 髋关节后伸同时膝关节屈曲的主动肌是

A. 半腱肌　　　　　　　　　　　　B. 股二头肌长头

C. 半腱肌及股二头肌长头　　　　　D. 股二头肌短头

E. 股二头肌及股薄肌

73. 跨越膝关节冠状轴前方的肌，能够执行何种动作

    A. 膝关节屈曲   B. 膝关节伸展

    C. 膝关节内旋   D. 膝关节外旋

    E. 膝关节伸直同时内旋

74. 膝关节过伸是

    A. 胫骨相对于固定的股骨内旋   B. 胫骨相对于固定的股骨外旋

    C. 膝关节伸直时的角度为－3°   D. 膝关节出现"X"形腿或内翻畸形

    E. 膝关节出现"O"形腿或外翻畸形

75. 髌骨的最重要功能是

    A. 避免膝关节过伸

    B. 协助半腱肌半膜肌将髌骨内旋

    C. 增加股四头肌内在力臂，增强膝关节伸直力矩

    D. 避免出现过大角度的膝关节屈曲

    E. 避免膝关节出现过大的旋转

76. 哪个动作可以把腘绳肌拉伸到最长位置

    A. 髋关节屈曲及膝关节屈曲   B. 髋关节屈曲及膝关节伸直

    C. 髋关节后伸及膝关节屈曲   D. 髋关节后伸及膝关节伸直

    E. 髋关节中立位及膝关节伸直

77. 发生在胫距关节处的主要动作是

    A. 背伸及跖屈   B. 背伸及内翻

    C. 内外翻   D. 内收及外展

    E. 旋前及旋后

78. 腓肠肌的主要功能是

    A. 伸展膝关节和跖屈踝关节   B. 屈曲膝关节和跖屈踝关节

    C. 屈曲膝关节和背伸踝关节   D. 伸展膝关节和背伸踝关节

    E. 仅有跖屈踝关节的作用

79. 肌骨后肌的主要功能是

    A. 踝关节的外翻及跖屈   B. 踝关节的内翻及背伸

    C. 踝关节的内翻及跖屈   D. 踝关节的外翻及背伸

    E. 仅有踝关节的跖屈作用

80. 胫骨前肌的主要功能是

    A. 踝关节的外翻及跖屈   B. 踝关节的内翻及背伸

    C. 踝关节的内翻及跖屈   D. 踝关节的外翻及背伸

    E. 仅有踝关节的跖背伸作用

81. 腓骨长肌的主要功能是

    A. 踝关节的外翻及跖屈   B. 踝关节的内翻及背伸

    C. 踝关节的内翻及跖屈   D. 踝关节的外翻及背伸

    E. 仅有踝关节的跖背伸作用

82. 位于踝关节冠状轴后方的肌肉能够产生什么动作

A. 跖屈　　　　B. 背伸　　　　C. 内翻　　　　D. 外翻　　　　E. 旋后

83. 位于踝关节冠状轴前方的肌肉能够产生什么动作

A. 跖屈　　　　B. 背伸　　　　C. 内翻　　　　D. 外翻　　　　E. 旋后

84. 胫距关节最稳定的闭锁姿势是

A. 完全跖屈　　B. 完全背伸　　C. 完全内收　　D. 完全外展　　E. 内翻及跖屈

85. 足弓的主要功能不包括

A. 缓冲作用　　　　　　　　　　B. 承载重力

C. 保护足底血管和神经免于受压　D. 保护腹腔脏器

E. 推进作用

86. 哪条肌肉出现无力后，会导致垂足畸形

A. 胫骨前肌及趾长伸肌　　　　　B. 肌骨后肌及趾长屈肌

C. 腓骨长肌及腓骨短肌　　　　　D. 腓肠肌及趾长伸肌

E. 腓骨长肌及比目鱼肌

二、问答题

1. 何谓肩肱节律？

2. 肩关节的韧带与支持结构的功能

3. 肩关节的主要运动形式，哪些肌肉参加作用？

4. 简述肩关节的结构特点及如何运动？

5. 正常盂肱关节外展运动时，启动的前 30°是何肌肉起收缩作用？30°以后何肌肉起收缩作用？肩关节外展 180°时是否需要肩胛骨的运动配合？如果需要，是多大范围的何种运动？

6. 肘关节屈伸运动学及临床考量。

7. 上下尺桡关节的旋后运动学。

8. 肘关节的感觉神经分布。

9. 患者，男性，40 岁运动员。近一个月来，右手掌桡侧三个半手指的感觉异常、神经性疼痛，并出现小鱼际肌萎缩。

请分析原因，并提出解决方案。

10. 患者，男性，63 岁，农民，风湿性关节炎多年，近年来逐渐出现左手畸形，呈鹅颈样改变。

请分析原因，并提出解决方案。

11. 何谓脊柱功能单位？

12. 何谓脊柱的稳定系统？

13. 简述枕–寰–枢复合体的结构和功能特点？

14. 哪种体位最适合进行下部腰椎牵引并分析下原因？

15. 日常生活中有没有理想的脊柱姿势？关于脊柱的姿势你的建议是什么？

16. 腰椎间盘突出通常与不良坐姿或不当的负荷动作使用技巧有关，腰椎在日常生活中前屈和后伸对椎间盘结构和神经根是如何影响的？

17. 第三腰椎横突综合征的生物力学原理是什么？

扫码"学一学"

第四章

运动控制

学习目标

1. **掌握** 正常直立标准姿势；不同级别中枢神经系统参与的姿势反射及运动控制；异常姿势控制的特征；步态周期；步态的基本参数；异常步态的特征。

2. **熟悉** 姿势控制与运动控制的基本概念；步态各个时相的肌肉控制；步态的定性和定量分析。

3. **了解** 运动控制的影响因素；异常姿势控制的康复治疗措施；足下垂的矫正方法。

4. 具备判断正常及异常姿势与运动控制的基本能力。

5. 有人文关怀精神和良好的心理素质，对患者有同情心和耐心，充分理解患者的痛苦和困难，设法帮助改善、鼓励患者充分发挥潜能，促进康复。

案例讨论

【案例】

患者，女性，60岁，脑出血恢复期。查体：神志清楚，左侧中枢性偏瘫，偏身感觉减退，站立位能伸手够物并保持平衡，但在外力推动下不能站稳。

【讨论】

1. 此类患者最常见的异常步态是哪种步态？
2. 简述康复治疗方案。

第一节 姿势控制

姿势是身体各部在空间的相对位置，它反映人体骨骼、肌肉、内脏器官、神经系统等各组织间的力学关系。正常的姿势依赖于肌肉、韧带、骨骼、关节、筋膜等组织的支持和良好的姿势习惯以及正常的平衡功能。正常身体姿势应具备如下特征：具有能使机体处于稳定状态的力学条件；肌肉为维持正常姿势所承受的负荷不大；不妨碍内脏器官功能；表现出人体的美感和良好的精神面貌。姿势是人类实现各类活动的基础，由多系统参与，并受多种因素的影响。加强对姿势控制的认识有助于分析各类运动控制障碍的病因、表现特征和治疗方案等。

一、正常姿势控制

（一）姿势控制

姿势控制是指控制身体在空间的位置以达到方向性和稳定性的双重目的。姿势方向性是指保持身体节段间和身体与任务环境间适当关系的能力；姿势稳定性是指控制身体重心与支撑面关系的能力，也称为平衡。人的直立标准姿势，从各个方向进行观察要符合以下特征：

1. 后面观　从后面看，头后枕部、脊柱和两足跟夹缝线都应处于一条垂直线上；与脊柱相邻的两肩和两侧髂嵴，对称地处于垂直脊柱的水平线上（图4-1a）。

2. 侧面观　从侧向看，耳屏、肩峰、股骨大转子、膝、踝应五点一线，位于一条垂直线上。同时可见脊柱的4个正常生理弯曲，即向前凸的颈曲、向后凸的胸曲、向前凸的腰曲和向后凸的骶曲（图4-1b）。

3. 前面观　从前面看，双眼应平视前方，两侧耳屏上缘和眶下缘中点应处同一水平面上，左、右髂前上棘应处同一水平面上（图4-1c）。

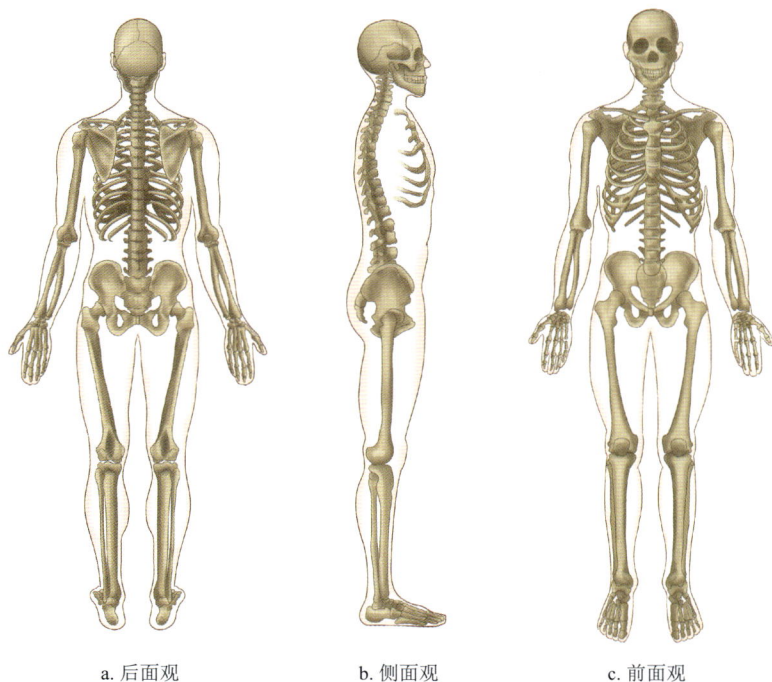

扫码"看一看"

a. 后面观　　　b. 侧面观　　　c. 前面观

图4-1　直立标准姿势

（二）直立姿势平衡的维持机制

为了保持直立姿势平衡，人体重心必须垂直地落在支撑面的范围内。站立支撑面为包括两足底在内的两足之间的面积。站立支撑面的大小影响身体直立平衡。当身体的重心落在支撑面内，人体就保持直立平衡，反之，重心落在支撑面之外时就失去平衡。一般认为，直立姿势平衡需要感觉输入、中枢整合、运动控制三个环节的参与。

1. 感觉输入　正常情况下，人体通过视觉、前庭觉、躯体觉传入的信息来感知站立时身体所处的位置和周围环境的关系。因此，适当的感觉输入，特别是视觉、前庭和躯体信息对平衡的维持和调控具有前馈和反馈的作用。

如果人体的本体感觉受限，在维持姿势平衡中视觉起主要作用。

2. 中枢整合 视觉、前庭、躯体感觉信息传入到多级平衡觉神经中枢中进行加工整合，并形成产生运动的策略。当体位或姿势变化时，中枢神经系统将三种感觉信息进行整合，从中选择出准确定位信息的感觉输入，放弃错误的感觉输入。判断出人体重心的准确位置和支持面情况。

3. 调控运动（输出） 中枢神经系统在对各种感觉信息进行加工整合后下达运动指令，运动系统通过不同的协同运动模式控制姿势变化，将身体重心调回到原来稳定的支撑面或重新建立新的平衡姿势。当平衡发生变化时，人体可以通过三种姿势性协同运动模式来调控：踝调节机制、髋调节机制及跨步调节机制。

（1）踝调节 正常人体站在一个比较坚固和较大的支持面上，受到一个较小的外界干扰（如较小的推力）时，身体重心以踝关节为轴进行前后转动或摆动（类似钟摆运动），以调整重心，保持身体的稳定性（图4-2a）。

（2）髋调节 正常人站立在较小的支持面上（小于双足面积），受到一个较大的外界干扰时，稳定性明显降低，身体前后摆动幅度增大。为了减少身体摆动使重心重新回到双足的范围内，人体通过髋关节的活动来调整身体重心和保持平衡（图4-2b）。

（3）跨步调节 当外力干扰过大，身体的摇摆进一步增加，重心超出其支撑面稳定极限，髋调节机制不能调控平衡的变化时，人体启动跨步调节机制，自动地向用力方向快速跨出或跳跃一步，重新建立身体重心支撑点，重新确定稳定站立的支持面，避免摔倒（图4-2c）。

正常人可以通过跨步调节重新建立平衡。

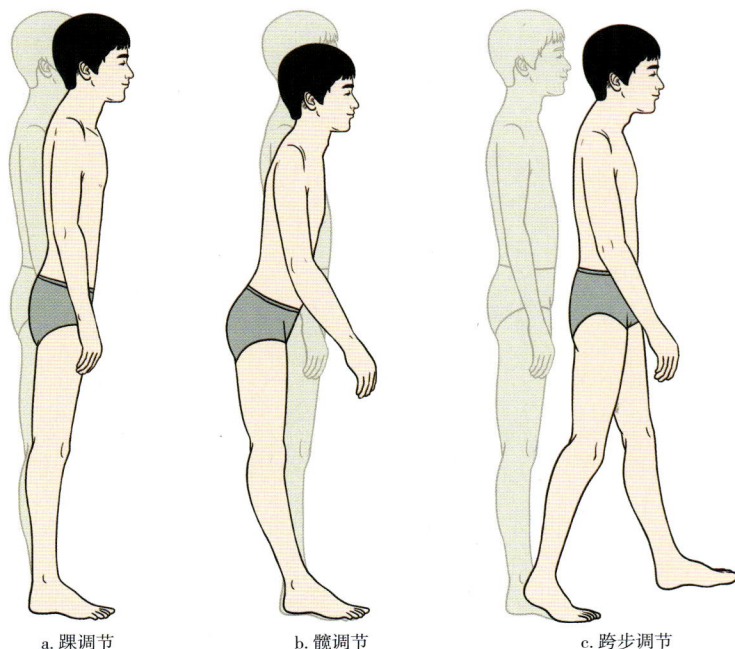

a. 踝调节　　　　　　　b. 髋调节　　　　　　　c. 跨步调节

图4-2　踝调节、髋调节及跨步调节

二、运动控制的调节

运动控制是指机体在神经系统控制下进行协调性肌收缩，使肢体精确完成特定功能活动，是人和动物最基本的能力之一。运动控制具有双重作用：一是维持稳定姿势，为随意运动提供基础；二是准确、高效地实现随意运动。在个体中，感觉器官、神经系统、运动系统都是运动控制系统的组成部分，任何一部分病变都可出现运动功能的缺失。本节主要介绍神经系统对运动控制的调节，神经系统对躯体运动的控制极其复杂，需要通过不同中枢水平活动的密切配合，才能使各肌群之间相互协调。

（一）低位中枢的控制

中枢神经系统通过调节骨骼肌的肌紧张或产生相应的运动，以保持或改变躯体在空间的姿势，这种反射称为姿势反射。

脊髓是神经系统对躯体运动最初级的调节中枢。脊髓前角包括α、β和γ运动神经元，其轴突经前根离开脊髓后直达所支配的肌肉。α运动神经元是躯体骨骼肌运动反射的最后通路，不仅接受来自皮肤、肌肉和关节等外周传入的信息，也接受从脑干到大脑皮质等高位中枢下传的信息。γ运动神经元支配骨骼肌的梭内肌纤维，在一般情况下，当α运动神经元活动增加时，γ运动神经元也相应增加，从而调节肌梭对牵拉刺激的敏感性。在维持正常的姿势和运动方面起着重要的作用。脊髓姿势反射包括牵张反射、屈肌反射。

1. 牵张反射　指在脊髓完整的情况下，一块骨骼肌如受到外力牵拉使其伸长时，能反射性地引起受牵扯的同一肌肉收缩。牵张反射的感受器包括肌梭和腱器官，前者是一种感受肌长度变化或感受牵拉刺激的特殊梭形装置；后者是感受张力变化的装置，其作用是当肌受到牵拉时，首先兴奋肌梭的感受装置发动牵张反射，引起受牵拉的肌收缩以对抗牵拉，当牵拉力量进一步加大时，则可兴奋腱器官使牵张反射受抑制，以避免被牵拉的肌受到损伤。牵张反射分为两大类型，包括腱反射和肌紧张。

> **考点提示**　肌梭是一种感受器，受γ运动神经元支配。

（1）腱反射　又称位相性牵张反射，指快速牵拉肌腱时发生的牵张反射。例如，叩击膝关节下的股四头肌腱时，会引出膝反射。腱反射的减弱或消失，常提示反射弧的传入、传出通路或脊髓反射中枢的损害或中断。腱反射的亢进，提示高位中枢的病变，如踝阵挛多见于锥体束损害。

> **考点提示**　上运动元神经受损腱反射亢进。

（2）肌紧张　又称紧张性牵张反射，指缓慢持续牵拉肌腱时发生的牵张反射。肌紧张是维持躯体姿势最基本的反射活动，是姿势反射的基础。肌紧张的收缩力量并不大，只是抵抗肌被牵拉，表现为同一肌内的不同运动单位进行交替性的收缩，而不是同步性收缩。因此，不表现为明显的动作，所以肌紧张能持久维持而不易疲劳。

牵张反射的主要生理意义在于维持站立姿势。也可以通过牵张反射获得较大的肌肉收缩力。例如，起跳前的膝屈动作，利用牵拉跳跃动作的主动肌，加强支配该肌的α运动神经元的兴奋性，使肌肉收缩更有力。对于任何需要较大收缩力的运动来说，在一定范围内，尽可能快速牵拉肌肉是必要的。为了能更大地增加肌肉力量，在牵拉与随后的收缩之间的延搁时间愈短愈好，否则牵拉引起的增力效应就将消失。

考点提示 肌肉收缩前的初长度为其静息长度的 1.2 倍时产生的肌力最大。

2. 屈肌反射 是指当皮肤或肌肉受到伤害性刺激时，引起受刺激一侧的肢体快速地回撤。屈肌反射表现形式有两种：一是由于肢体局部皮肤和皮下组织的触、压、热、冷等感受器在接受刺激之后，引起肢体的轻度回缩。二是由于强烈疼痛刺激或伤害性刺激而引起整个肢体屈肌肌群的收缩，使肢体产生迅速的回缩活动。后者是一种保护性的反应，能够保护四肢免受进一步的伤害和损伤。

（二）脑干对运动的控制

脑干包括延髓、脑桥和中脑。脑干有许多的神经核以及跟这些核相联系的前行和后行神经传导通路，还有纵贯脑干中心的网状结构。脑干网状结构是中枢神经系统重要的皮质下整合调节机构。脑干能完成一系列反射，通过调节肌紧张以保持一定的姿势，参与躯体运动的协调。由脑干整合而完成的姿势反射有状态反射和翻正反射。

1. 状态反射 指头部空间位置的改变及头部与躯干的相对位置发生改变时，反射性地引起躯干和四肢肌紧张性的改变。状态反射又分为：紧张性颈反射、紧张性迷路反射、阳性支撑和抓握反射。

（1）**紧张性颈反射** 是颈部扭曲时，颈部关节韧带或肌受刺激时对四肢肌紧张性的调节反射。紧张性颈反射包括对称性紧张性颈反射和非对称性紧张性颈反射。①对称性紧张性颈反射是指当头部后仰时引起上下肢及背部伸肌紧张性加强，头部前倾时引起上下肢及背部伸肌紧张性减弱，屈肌及腹肌的紧张相对加强。这类反射在正常状态下，常由于高位中枢的抑制而表现不明显，在婴儿期一段时间内（原始反射）和成人脑损伤时会出现。②非对称性紧张性颈反射是指当头部侧倾或扭转时，引起头转向侧上下肢伸肌紧张性反射性加强，肢体容易伸展，另一侧上下肢伸肌紧张性减弱，屈肌张力增高，肢体容易屈曲。其上肢与头的朝向如同拉弓射箭姿势一样，故又称为拉弓反射。在个体发育过程中，这一反射是婴儿学会翻身的必要条件，也是伸手抓物时视觉固定的基础。

（2）**紧张性迷路反射** 是内耳椭圆囊和球囊的传入冲动对躯体伸肌紧张性的调节反射。即仰卧位时全身伸肌紧张，俯卧位时四肢屈肌紧张。Bobath、Brunnstrom 等人主张利用姿势反射调整肌张力、改善动作或姿势，其机制与脑干等水平的反射密切相关。例如：脑卒中患者为了防止诱发和强化下肢伸肌痉挛，早期摆放患者体位的时候，应尽量避免仰卧位。

（3）**阳性支撑反射** 四肢着地就会挺着不动（伸肌紧张）。刺激足跖部皮肤及牵拉骨间肌可引起此种反射。脑瘫、偏瘫患者常可见到阳性支撑反射，表现为下肢伸肌群活跃，脑卒中患者恢复早期不提倡过早步行。

（4）**抓握反射** 指通过压迫刺激手掌或手指腹侧，引起手指屈曲内收活动的反射，也是婴儿期一段时间内的原始反射，直到随意抓握出现后，该反射逐渐消失。脑瘫、偏瘫患者可出现此反射。例如：在患侧手掌放置东西时，可出现腕关节及手指屈曲倾向，有的患者在主动伸展手指时，经常伴发较强的抓握反射，导致手中物体无法松开。脑卒中患者恢复早期不提倡长时间手握物。

2. 翻正反射 是指大多数动物处于不正常体位时，通过一系列协调运动将体位恢复常态的反射活动。翻正反射比状态反射复杂，它有赖于中脑的协调。翻正反射可分迷路反射、颈翻正反射和躯干翻正反射。

（1）**迷路翻正反射** 通过迷路接受空间感觉而诱发的反应。与躯干位置无关，当遮住

扫码"看一看"

双眼，切断颈髓后根，只要迷路正常，头就能调整成正常位置。可保持终生。

（2）颈翻正反射　头向任何方向转动时，都会刺激颈部的本体感觉器，由此伴发一连串躯干的反射性翻身运动称为颈翻正反射。

（3）躯干翻正反射　即使头部位置不正常，但躯干亦能力图保持正常位置的反射。是通过体表面触觉刺激而诱发的非对称性反射。如仰卧位时被动地使头向一侧转动且保持该状态，则躯干节段会先上半身翻转，刺激了腰部的感受器而引起下半身随之转动，从而完成翻正动作。

（三）高级中枢对运动的控制

各种运动和感觉信号在高位中枢进行整合后可以引发对躯体姿势与随意运动的调节，使运动得以平稳和准确地进行。

1. 大脑皮质对运动的控制

（1）大脑皮质的运动区　德国神经学家 Brodmann 将人类大脑皮质分为 52 个区域，其运动区集中在 4 区和 6 区，即大脑的中央前回和旁中央小叶的前部，是控制躯体运动最重要的区域。大脑皮质运动区接受来自关节、肌腱及骨骼肌等深部的感觉冲动，感受身体在空间的姿势、位置及身体各部分在运动中的状态，并根据这些运动器官的状态来发出指令控制全身的运动。

（2）运动传导通路　来自于高级中枢的轴突沿两条主要的通路下行到脊髓，一条在脊髓外侧柱内，称为椎体系，该通路受皮质直接控制；另一条在脊髓腹内侧柱内下行，称为锥体外系（表 4-1）。

扫码"看一看"

表 4-1　椎体系和锥体外系

	椎体系	锥体外系
起源	4 区、6 区、3-1-2 区、5 区、7 区	全部皮质（主要是额顶叶感觉运动区）、脑干、基底神经节、小脑
传导束	皮质脊髓束－脊髓前角运动神经元 皮质核束－脑神经运动核	网状脊髓束、顶盖脊髓束、前庭脊髓束、红核脊髓束、纹状体－黑质－纹状体环路、皮质－纹状体－背侧丘脑－皮质环路、皮质－脑桥－小脑－皮质环路
作用	调节四肢远端肌的精细运动	调节肌紧张，肌协调，运动幅度

2. 大脑水平的姿势反射　无论是静态姿势，还是随意运动时的姿势，都需要抵抗重力进行相关肌群的自动性活动，以保持平衡。大脑水平的反射活动从出生后 6～18 个月内出现，并且终生保持。大脑水平的平衡反应如下：

（1）视觉翻正反射　指通过视觉保持头部直立位置的反射。如将动物两侧迷路破坏，仍可通过视觉翻正反射保持头部正常位置，如将双眼遮住则不能保持。

（2）先行性姿势调整　指人体不受突发外力作用时的准备性肌收缩。

（3）倾斜反应　让被试者在支持面上保持某种姿势，当改变支持面的倾斜角度时而诱发的肢体姿势反应。乘船或汽车急转弯时可以诱发该反应。

（4）防御反应　指在水平方向急速运动时产生的平衡反应。该反应包括坐位、立位、膝立位反应等。当人体不能通过以踝、髋策略进行平衡后则通过跨步反应来改变支撑面以达到平衡，另外，上肢出现保护性伸展反应。

（5）降落伞反应　是指人在垂直位置急剧下落时，则四肢外展、伸展，足趾展开，呈现出与地面扩大接触面的准备状态。

3. 基底神经节对运动的控制　基底神经节有重要的运动调节功能，它与随意运动的产生和稳定、肌紧张的调节及本体感觉传入冲动信息的处理都有关系。基底神经节参与运动的设计和程度编制，就是将一个抽象的设计转换为一个随意运动。它们发出的冲动经丘脑外侧腹核到达运动皮质，运动皮质再发出冲动经皮质脊髓束和皮质脑干束传送到脊髓和脑干的运动神经元。

4. 小脑对运动的控制　小脑对调节肌紧张、维持姿势、协调和形成随意运动均起着重要作用。由于小脑皮质没有像大脑皮质中的连合纤维和联络纤维，小脑内外侧各部之间并不相互联系，因此可将小脑分为三个功能区，即前庭小脑、脊髓小脑和皮质小脑。

（1）前庭小脑　主要功能是平衡眼球运动和控制躯体平衡。前庭小脑也接受经脑桥核中转的来自外侧膝状体、上丘和视皮质等处的视觉传入的信息，通过对眼外肌的调节而控制眼球的运动，进而协调头部运动时眼的凝视运动。除此之外，前庭小脑还主要接受前庭器官输入的与位置改变和直线或旋转加速度运动有关的平衡感觉信息。由于传出冲动主要影响躯干和四肢近端肌肉的活动，因而具有控制躯体平衡的作用。

（2）脊髓小脑　功能是调节正在进行过程中的运动，协助大脑皮质对随意运动进行适时地控制。当运动皮质向脊髓发出运动指令时，同时经皮质脊髓束的侧支向脊髓小脑传递有关运动指令。除此之外，来自肌肉与关节等处的本体感觉传入信息以及视、听觉等传入信息也到达脊髓小脑。脊髓小脑通过对这两方面的反馈信息加以整合和比较，发现运动执行情况和运动指令间的误差。一方面向大脑皮质发出矫正信号来修正运动皮质的活动，使其符合当时运动的实际情况；另一方面经脑干–脊髓下传通路调节肌肉的活动，纠正错误运动，使运动能按运动皮质预定的目标准确进行。此外，脊髓小脑对肌紧张也有调节的功能，小脑对肌紧张的调节具有抑制和易化双重作用，分别通过脑干网状结构抑制区和易化区而发挥作用。在进化过程中，小脑抑制肌紧张的作用逐渐减退，而易化作用逐渐增强。

（3）皮质小脑　主要功能是参与随意运动的设计和程序的编制。完成一个运动，需要启动多个不同关节同时执行相应的动作，这种协调性动作需要皮质小脑的设计，并需要皮质小脑在设计和执行之间进行反复的比较，并经过反复的训练才能使动作完成得非常协调和精确。

人体运动的发动是一个非常复杂的过程。随意运动的设想起源于皮质联络区，运动的设计在大脑皮质和皮质下的基底神经节和小脑皮质中进行，被设计好的运动信息传送到运动皮质区，再由运动皮质发出指令经由运动传出通路到达脊髓和脑干运动神经元。在此过程中，运动的设计需在大脑皮质和皮质下的两个运动脑区之间不断进行信息交流；而运动的执行需要脊髓小脑的参与，并且利用其与脊髓、脑干和大脑皮质之间的纤维联系，对来自肌肉、关节等处的感觉传入信息与大脑皮质发出的运动指令反复进行比较反馈，以修正大脑皮质的活动。外周感觉反馈信息也可直接传入运动皮质，通过反馈信息对运动偏差不断纠正，使动作变得平稳而精确。

三、影响运动控制的因素

运动的产生由三个因素相互作用：个体、任务及环境。运动是围绕任务和环境的要求来组织的。个体在特定的环境接到任务指令，而运动的产生又受任务和环境的制约。

（一）个体

在个体中，运动通过大脑结构和程序合作而出现。个体内在因素包括知觉、认知和运动系统。

1. 个体的知觉 知觉对运动是必需的。知觉是直接作用于感觉器官的事物的整体在脑中的反应，是人对感觉信息加入解释和意义的更高水平的加工处理过程。感觉/知觉系统能够提供关于身体状态和调节运动不可缺少的环境特征信息。

2. 个体的认知 个体的运动通常不是无目的的运动，对于运动来说，认知过程也是必需。认知包涵了运动控制中有目的注意力、动机和情感等。

3. 个体的运动系统 运动系统包括骨、骨连接和骨骼肌三种器官组织。人在运动时需要骨、肌肉和关节的参与，在做协调性和功能性运动时，必须对其进行系统的控制。

（二）任务对运动控制的影响

在人类的活动中，通常需要我们执行大量的运动任务，任务的本质决定了所需的运动类型。任务不同，完成任务所需要的运动形式不同。

1. 按功能分类 分为床上运动任务、转移任务和日常生活活动等。

（1）床上运动任务 即在床上变换体位。

（2）转移任务 坐位和站位之间的转换，床椅之间的转移。

（3）日常生活活动 即洗漱、穿衣、修饰、进食、如厕等。

2. 按调节神经控制机制的主要特性分类 分为间断性任务和连续性任务。

（1）间断性任务 如从站到坐或躺下，动作的开始和结束比较明显。

（2）连续性任务 如跑步，任务的开始和结束并不是其内在特点，而是由执行者随意决定的。

3. 按支撑面的稳定性分类 分为稳定性和移动性任务，两者对平衡能力及专注力是有不同要求的，前者更容易，而后者更困难。

（1）稳定性任务 例如在固定的椅子上坐下读书。

（2）移动性任务 例如在不平坦或移动的支撑面上步行。

4. 按操作分类 分为不需要操作的任务和需要操作任务。与不需要操作的任务相比，额外需要操作的任务增加了对稳定性的要求。例如，站立、站立并举起一件轻的物体，或站立并举起一件重的物体对任务稳定性的要求是从低到高的。

5. 按运动的多样性分类 分为开放性运动任务和闭合性运动任务。

（1）开放性运动任务 如定向越野运动中，需要参与者在一个不断变化并不可预知的环境中采取相适应的行为。

（2）闭合性运动任务 如打太极，形式相对固定的，环境可预知且相对固定，变化少。

（三）环境对运动控制的影响

个体的运动是在满足任务要求的前提下在环境中进行的，除了任务特性外，运动也受环境特征的约束。根据影响运动的环境特征将环境分为规则性和非规则性。

（1）规则性 指运动必须与环境特征相一致，即动作本身的环境。例如拿水杯，水杯的大小、形状、重量决定了运动方式。

（2）非规则性 可能影响任务的执行，但不必要与环境特征相一致。例如活动时，背景噪声可能分散注意力等。

环境通过感觉/知觉系统来影响运动，感受器对外界周围环境及内在环境进行感知，将这些感知信息进行综合分析后形成运动。不同环境中完成同样的任务需要的运动形式不同，例如在上坡和下坡过程中行走会产生不同的姿势和随意运动；在平坦的大路上行走和在陡峭的悬崖边行走会不由自主地产生不同的姿势，这些都体现了环境对运动的影响。

四、异常姿势控制

调节姿势控制的各个环节出现障碍均可导致异常姿势。神经损伤的性质、部位和范围的差异导致不同的姿势控制问题。同样产生的异常姿势还因个体的年龄、发病前的身体状况和代偿而有所不同。

（一）共同运动

共同运动又称协同运动或联带运动。指偏瘫患者做某项活动时引发的一种近似定型的，多组肌肉以相同反应强度共同参与的非正常的随意运动，作为锥体束受损的指征之一。

1. 上肢屈肌共同运动表现 患者抬起手臂，抬起后保持手臂悬空，伸手取物或抬手到后边时肩胛骨上提、后撤；肩外展、外旋；肘屈；前臂旋后；腕屈；指屈、内收；拇指屈曲；肌张力过高。

2. 上肢伸肌共同运动表现 肩胛骨牵伸、下压，肩内旋、内收，肘伸伴旋前，腕微伸，指屈曲，拇指屈曲。

3. 下肢屈肌共同运动表现 骨盆上提、后撤，髋外展、外旋，膝屈曲，踝背屈并内翻，趾伸。

4. 下肢伸肌共同运动 髋伸、内旋并内收，膝伸、踝跖屈伴内翻，跖屈曲内收。

（二）肌紧张过强而运动过少

这类疾病的典型代表是帕金森病，其主要症状是静止性震颤。表现为安静时出现，活动时减轻，睡眠时消失，手指有节律的抖动，每秒 4～6 次，呈"搓药丸样"，严重时可发生于头、下颌、唇舌、前臂、下肢及足等部位。全身肌紧张增高、肌强直、随意运动减少、动作缓慢、面部表情呆板。运动症状主要表现在动作的准备阶段，而动作一旦发起，则可以继续进行。帕金森的病因是双侧黑质病变，多巴胺能神经元变性受损。

（三）肌紧张不全而运动过多

这类疾病有舞蹈病和手足徐动症等，其主要表现为不自主的上肢和头部的舞蹈样动作，伴肌张力降低等症状。其病因是双侧新纹状体病变，新纹状体内抑制性神经递质 γ－氨基丁酸能神经元变性或遗传性缺损，引起间接通路活动减弱而直接通路活动相对增强，导致运动皮质活动增强，出现运动过多的临床表现。

（四）小脑共济失调

小脑蚓部病变可引起头和躯干的共济失调，导致姿势异常。坐位时患者将双手和双腿呈外展位分开以保持身体平衡，站立不稳，步态蹒跚，行走时两腿分开呈共济失调步态。上蚓部病变时患者向前倾倒，下蚓部病变时患者向后倾倒。小脑半球控制同侧肢体的协调运动并维持正常的肌张力，一侧小脑半球受损，行走时患者向患侧倾倒。

（五）感觉性共济失调

深感觉障碍使患者不能辨别肢体的位置及运动方向，表现为站立不稳，迈步的远近无法控制，落脚不知深浅，踩棉花感。睁眼时有视觉辅助，症状较轻，黑暗中或闭目时症状加重。

（六）姿势性震颤

这种震颤在随意运动时不出现，当运动完成，肢体和躯干主动保持在某种姿势时才出现，如当患者上肢伸直、手指分开，保持这种姿势时可见到手臂的震颤。肢体放松时震颤消失，当肌肉紧张时又变得明显。姿势性震颤以上肢为主，头部及下肢也可见到。常见于特发性震颤、慢性酒精中毒、肝性脑病、肝豆状核变性等。

（七）运动性震颤

运动性震颤又称意向性震颤，是指肢体有目的地接近某个目标时，在运动过程中出现的震颤，越接近目标震颤越明显。当到达目标并保持姿势时，震颤有时仍能持续存在。多见于小脑病变，丘脑、红核病变时也可出现此种震颤。

（八）舞蹈样运动

多由尾状核和壳核的病变引起，为肢体不规则、无节律和无目的的不自主运动，表现为耸肩转颈、伸臂、抬臂、摆手和手指伸屈等动作，上肢比下肢重，远端比近端重，随意运动或情绪激动时加重，安静时减轻，入睡后消失。头面部可出现挤眉弄眼、噘嘴伸舌等动作。病情严重时肢体可有粗大的频繁动作。见于小舞蹈病，也可继发于其他疾病，如脑炎、脑内占位性病变、脑血管病、肝豆状核变性等。

（九）手足徐动症

表现为由于上肢远端的游走性肌张力增高或降低，而产生手腕及手指做缓慢交替性的伸屈动作。如腕过屈时，手指常过伸，前臂旋前，缓慢过渡为手指屈曲，拇指常屈至其他手指之下，而后其他手指相继屈曲。多见于脑炎、播散性脑脊髓炎、核黄疸和肝豆状核变性等。

五、姿势控制障碍的临床处理

帕金森病（震颤麻痹）是一种常见的中老年的神经变性疾病，目前尚无根本性治疗方法，无法治愈，生存期 5～20 年。临床表现以静止性震颤、运动迟缓、肌强直和姿势步态异常等为主要特征，早期如能及时就诊和正确治疗，大多数患者在早期可继续工作或生活质量较好。到晚期，由于病程进展患者出现严重的肌强直、全身僵硬、活动困难，最终导致卧床不动，常常死于肺炎、压疮等各种并发症。但病情进展个体差异很大，只有少数患者数年内就会迅速进展致残，一般经过合理治疗的患者，病程进展相对较慢。

（一）运动疗法

帕金森病的运动治疗主要针对其 4 大运动障碍即震颤、肌强直、运动迟缓和姿势步态异常的康复，以及由此产生的继发性功能障碍的预防。

1. 松弛训练　肌强直、肢体僵硬是帕金森病的一个典型特征。本体感觉神经肌肉促进（PNF）技术，有节奏地进行，从被动帮助到主动运动，开始在小范围运动，逐步进行到全运动范围，能够松弛强直肌群，还能克服因少动带来的损伤效应，是一种有效的方法。临床上用摇动或转动椅子都可以降低肌强直，也可在垫上完成缓慢有节奏的转动运动。

2. 维持和改善关节活动度训练　主要关节部位是颈、肩、肘、腕、指、髋、膝关节，关节活动度训练是每天不可缺少的项目，主动训练为主，如主动不足可被动训练。重点是牵拉缩短的、绷得紧紧的屈肌，防止挛缩的发生，维持正常的关节活动度。

3. 姿势训练　帕金森病患者由于躯干、四肢和颈部肌肉强直常呈现一种特殊的姿势，即头部前倾、躯干俯屈、肩内收、肘关节屈曲、腕关节伸直、前臂内收、髋关节和膝关节弯曲。对这种异常姿势，可利用镜子让患者通过视觉对照镜子自我矫正。训练的重点放在活动伸肌上，上肢通过 PNF 法进行肩屈曲、外展、外旋训练，促进上躯干伸展，纠正脊柱后凸。下肢通过 PNF 进行髋伸展、外展、内旋训练来纠正髋、膝关节屈曲姿势。

知识链接

本体感觉神经肌肉促进技术

本体感觉神经肌肉促进技术（PNF）以发育和神经生理学原理为理论基础，强调整体运动而不是单一肌肉的活动，其特征是以多肌肉参与的、多关节、多轴位、螺旋和对角线助动、主动和抗阻运动，类似于日常生活中的功能活动，并主张通过言语和视觉刺激以及一些特殊的治疗技术来引导运动模式，促进神经肌肉的反应。PNF 模式是根据肢体近端关节的运动来命名的：头、颈、躯干和四肢均有两个对角线模式，分别简称 D1 模式和 D2 模式。每一个对角线又由两个互为拮抗的运动模式所组成，并且以近端关节的运动来命名，分别成为屈曲模式和伸展模式。这样对四肢来说，每个肢体总共有 D1 屈曲、D1 伸展、D2 屈曲、D2 伸展 4 个运动模式。

4. 平衡训练　帕金森病患者由于重心转移困难而不能维持坐位、跪立位及站立位的稳定。在进行平衡训练时，应有意识地在以上三种体位下做前、后、左、右重心转移训练；在这四个方向轻推或拉患者，使之脱离平衡状态，让患者自己恢复平衡状态。逐渐增加活动的复杂性，增加重心转移的范围或附加上肢的作业。另外，还可以增加垫上臀部的前后移动训练和坐 – 站的转移训练。要注意让患者意识到自身姿势与平衡方面所存在的问题，给出预防跌倒的具体建议和办法，如撤除地毯、爬楼梯时使用扶栏、穿平底鞋等。

5. 协调训练　帕金森病患者两上肢、两下肢之间及两上肢与两下肢之间的交互协调运动困难，使患者难于同时做两个或两个以上运动。可让患者进行上、下肢反向运动或上肢翻转交叉再复原运动的训练。

6. 步态训练　帕金森病患者步行时启动慢、前冲及小碎步，姿势调整差和姿势反射差等。训练的目标是加快启动速度和步行速度，加大步幅及步宽。确保躯干运动和上肢摆动之间的相互交替的协调；注意步行过程中重心的顺利转移及正常的步态；可进行按指令行走的程序步行及练习高跨步等训练。

（二）物理因子治疗

1. 水疗　温水浸浴和旋涡浴治疗，对缓解肌强直有一定疗效。

2. 热疗　光浴、红外线、短波透热、蜡疗等热疗，可缓解肌强直。

3. 离子导入治疗　额 – 枕法钙或镁离子导入、眼 – 枕法碘或溴离子导入，对改善脑部血液循环和调整中枢神经系统功能有效果。

4. 神经肌肉电刺激治疗　利用两组电流交替刺激主动肌及拮抗肌，可起到放松作用，同时促进肢体血液循环、肌力的恢复。

5. 肌电生物反馈　将电极片贴在肌张力过高的肌肉皮肤表面上，检测其肌电位，经放大，以声音、图像或曲线表示其高低，以此反馈给患者，患者通过控制声音、图像或曲线的高度，设法使之下降。经多次训练，达到放松肌肉的目的。

（三）辅助装置的应用和环境改造

为预防畸形，可让患者穿戴必要的矫形支具。如穿衣困难可以借助穿衣辅助器，为防止患者跌倒，给患者配备合适的助行稳定用具，注意调整助行器的高度。鼓励患者坐位时尽量保持腰部挺直，尽量去掉房间内的地毯和垫子，防止患者被绊倒，卫生间尽量无障碍，墙壁上安装把手等。

（四）其他方面

除了上述几个方面的治疗，其他治疗还包括面肌训练、呼吸功能训练、心理治疗、认知训练、传统康复治疗（中药、针灸、推拿等）；日常生活活动能力训练（穿脱衣服、洗澡、修饰、如厕、进食、移动和转移）、健康宣教。

帕金森病是一种慢性进展性疾病，不管是药物治疗还是康复治疗，只能减轻症状及功能障碍，提高患者生活质量，而不能改变疾病的最根本问题。为了尽可能达到上述目标，患者必须长期坚持治疗，能够每天主动进行有规则的训练和避免长期不活动。因此家属及患者共同参与到训练中是很重要的。

第二节　步态运动学

Patla 有说服力地展现了步态在我们生命中的重要性："没有哪种可以代表独立和良好生活质量的概念，能够超过可以在自己的力量下从一个地点行走到另外一个地点的。我们在儿童时期就拥有这个能力，并且在我们的整个生命过程中不断培养和维持它。"直立行走是人类区别于猿的重要标志，也是与其他动物有区别的关键特征。步行是个体空间移动的基本需求，因此是人们日常生活最常见的动作。

一、步行周期

1. 步行　是指通过双脚的交互移动来安全、有效的转移人体的一种活动，是上肢、躯干和下肢各关节及肌群之间协调完成的周期性运动。

2. 步态　是步行的行为特征，是一个人行走时的表现形式，又称行走模式。

3. 自然步态　是人在正常的条件下移动身体，交替迈出脚步的定型的姿态。人在学会步行以后，首先是在父母或其他人的保护下完成步行，经过不断强化，达到自动化状态，最后形成模式化运动。

4. 步行周期　指一侧足跟着地起至该侧足跟再次着地时所用的时间或指完成一个完整步行过程所需要的时间，是行走步态的基本功能单元。在每个步行周期中，每一侧下肢都要经历一个与地面由接触到负重，再离地腾空向前挪动的过程，依据双下肢在步行时的位置，可将步行周期分为两部分：支撑相（单支撑相和双支撑相）和摆动相。支撑相分期：足跟着地、全足底着地、支撑相中期、足跟离地、足趾离地。摆动相分期：摆动初期（加速期）、摆动中期、摆动末期（减速期）（图 4-3）。

（1）**单支撑相**　指一侧下肢足跟着地到同侧足尖离地的过程，单位为秒，一般占一个步行周期的 40%。支撑相大部分时间是单足支撑。

（2）**双支撑相**　双足支撑是步行的最大特点。在一个步行周期中，一侧下肢完成足跟抬起到足尖向下蹬踏离开地面的时期内，另一侧下肢同时进行足跟着地和全足底着地动作，所以产生了双足同时着地的阶段。一般占一个步行周期的 20%。双支撑相的时间与步行速度成反比，速度越快，双支撑相就越短，由走变为跑时，双支撑相变为零。双支撑相的消失，是走和跑的转折点，因此双支撑相的消失也成为竞走比赛时判断是否犯规的标准。步行障碍时往往首先表现为双支撑相时间延长，以增加步行的稳定性。

扫码"看一看"

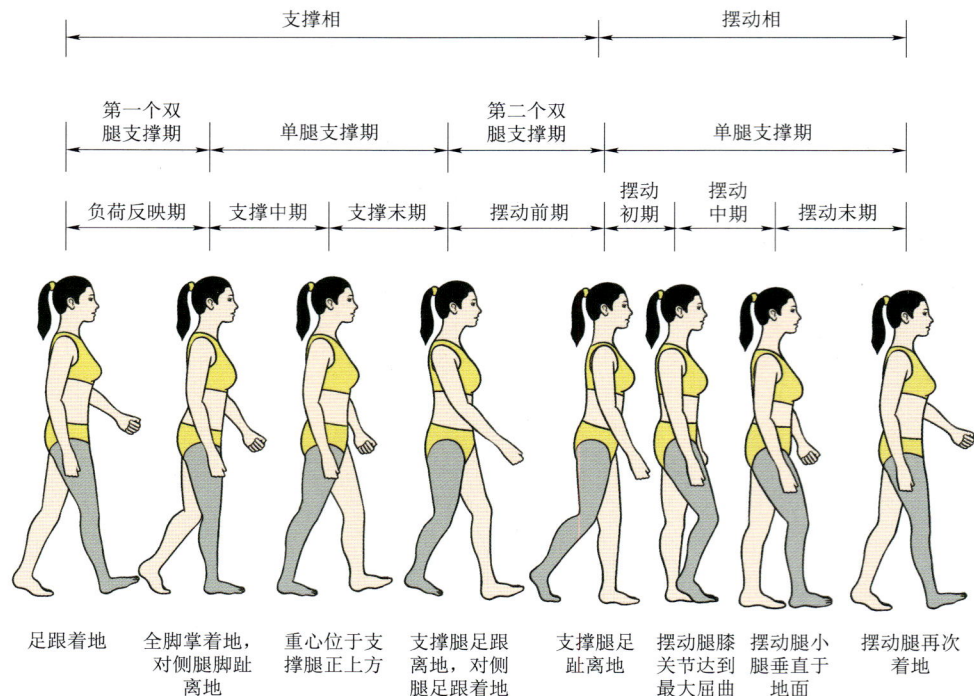

图 4-3 正常步行周期示意

考点提示 一个步行周期中有两个支撑相和一个摆动相。

（3）摆动相 指在步行中始终与地无接触的阶段，从一侧下肢的足尖离地，到同侧足跟着地的阶段，单位为秒，一般占一个步行周期的40%。

二、肌肉控制

步行的动力主要源于下肢及躯干各肌群之间的协调性运动。肌肉收缩是人体活动的动力的基础因素。在一个步行周期中，肌肉活动具有保持平衡、吸收震荡、加速、减速和推动肢体运动的功能。

（一）躯干肌群中参与步行的主要肌肉

竖脊肌是背部深层肌，纵列于脊柱两侧，下起骶骨，上止于椎骨、肋骨、枕骨，作用使脊柱后伸、头后仰和维持人体于直立姿势。在步行周期支撑相初期和末期，竖脊肌活动达到高峰，以确保行走时躯干保持正直。

（二）下肢主要参与步行的肌肉

1. 臀大肌 使髋关节后伸，摆动相末期开始收缩，支撑相中期即足底全面与地面接触时达到高峰。在摆动相后期臀大肌收缩，其目的是使向前摆动的大腿减速，约占步行周期的85%，大腿的运动方向改变为向后，为下一个步行周期做准备。在支撑相末期，臀大肌起稳定骨盆、控制躯干向前、维持髋关节伸展位。

2. 髂腰肌 屈曲髋关节，髋关节在足跟离地至足趾离地期间达到峰值。从支撑相中期开始至足趾离地前，髂腰肌离心性收缩来对抗髋关节伸展，最终使髋关节从支撑相末期由伸展转为屈曲，髂腰肌第二次收缩活动始于摆动相初期，使髋关节屈曲，以保证下肢向前摆动。

3. 股四头肌 为全身最大的肌肉，为膝关节强有力的伸肌。股直肌起自髂前下棘；股内侧肌、外侧肌分别起自股骨粗线内、外侧唇；股中间肌起自股骨体的前面；四个头向下形成一根肌腱，包绕髌骨的前面和两侧，向下续为髌韧带，止于胫骨粗隆。股直肌还可屈髋关节。摆动相末期股四头肌开始收缩，直至支撑相负重期达最大值。此时股四头肌离心性收缩来控制膝关节屈曲度，避免支撑相中期出现因膝关节过度屈曲而跪倒的情况。股四头肌的第二个收缩活动始于足跟离地后，足趾离地后达峰值，此时股四头肌发挥双重作用：一是作为髋关节屈肌，提拉起下肢进入摆动相；二是作为膝关节伸肌，通过离心性收缩来调控小腿在摆动相初、中期向后的摆动，从而使下肢向前摆动成为可能。

4. 缝匠肌　是全身最长的肌，起自髂前上棘，经大腿的前面，斜向下内，止于胫骨上端的内侧面，能使髋、膝关节屈曲，并使屈曲的膝关节旋内。在支撑相末期和摆动相初期屈膝、屈髋。在摆动相末期和支撑相初期，使膝关节旋内。

5. 腘绳肌　股二头肌、半腱肌、半膜肌三块肌肉统称腘绳肌，均起于坐骨结节，跨越髋、膝两个关节，分别止于腓骨头和胫骨粗隆内下方、胫骨内侧髁，功能为伸髋屈膝。摆动相末期开始收缩活动，足跟着地时达到活动高峰并持续到支撑相。在摆动相末期，屈曲膝关节，腘绳肌离心性收缩使小腿向前的摆动减速，为足跟着地做准备。足跟着地时及着地后，腘绳肌使髋关节伸，协助臀大肌伸髋，同时通过稳定骨盆，防止躯干前倾。

6. 胫骨前肌　起自胫骨外侧面，止于内侧楔骨内侧面和第1跖骨底，能使踝关节背屈、足内翻。足跟着地时，胫前肌离心性收缩以控制踝关节跖屈度，防止在足放平时出现足前部拍击地面的情况。足趾离地时，胫前肌收缩，再次控制踝关节的跖屈度，保证足趾在摆动相能够离开地面，使足离地动作顺利完成。

> **考点提示**　胫骨前肌无力会出现跨步步态。

7. 小腿三头肌　包括腓肠肌和比目鱼肌，起于股骨的内、外侧髁，以跟腱止于跟结节，能屈曲踝关节和膝关节。在行走、跑、跳中腓肠肌提供推动力。在支撑相，能固定踝关节和膝关节，以防止身体向前倾斜。

三、步态分析方法

在对步态进行分析之前，应了解正常步态及其相关知识，只有这样才能比较和分析正常和异常步态模式。正常步态是在中枢神经系统控制下通过骨盆、髋、膝、踝和足趾产生的一系列活动完成的，步态周期中躯干则保持在两足之间的支撑面上。正常步态具有稳定性、周期性、方向性、协调性以及个体差异性，当疾病发生时，以上的步态特征可有明显改变。步态是后天学习而获得的，因此，它具有个体特性。

（一）基本参数

步态分析中常用的基本参数包括步长、步幅、步频、步速、步行周期、步行时相等，其中步长、步频和步速是步态分析中最常用的三大要素，是有关行走的生物力学分析所涉及的最基本知识，进行步态分析者应当熟练掌握。

1. 步长　指行走时一侧足跟着地到紧接着的对侧足跟着地所行进的距离，又称单步长。以厘米为单位表示。健全人自然步速平地行走时，步长为50～80cm。步长与身高有关，身材愈高，步长愈大。左、右步长基本相等，它反映步态的对称性与稳定性（图4-4）。

2. 步幅　指行走时，由一侧足跟着地到该侧足跟再次着地所进行的距离，又称跨步长。以厘米为单位表示，正常人的步幅即跨步长，是步长的两倍，为100～160cm。

3. 步宽 指两脚跟中心点或重力点之间的水平距离，以厘米为单位表示。通常以足跟中点为参考点。正常人为 5～10cm。步宽也称之为支撑基础，反映行走时身体的稳定性（图 4-4）。

4. 步频 是指单位时间内行走的步数，又称步调，通常用步/分表示，正常人平均自然步速时的步频为 95～125 步/分。东方男性的步频平均为（112.2±8.9）步/分，女性平均为（123.4+8.0）步/分。步频的快慢反映了步态的节奏性。

考点提示 ▷ 步频是步态运动学分析中最基本、最敏感的指标。

5. 步速 指行走时单位时间内在行进的方向上整体移动的直线距离，以米/秒表示。步速＝步幅÷步行周期。正常人通常行走的速度为 65～95m/min。步行速度与步幅和步频相关，步幅增加、步频加快，步行速度亦加快，反之亦然。

6. 足偏角 在行走中足底中心线与人体前进的方向所形成的夹角。正人足角 7°～8°，左右足分别计算（图 4-4）。

7. 步行时相 人们通常把步行周期中一系列典型的姿位变化划分出一系列时段，称之为步态时相。一个步行周期可分为支撑相和摆动相。一般用该时相所占步行周期的百分数作为单位来表达。

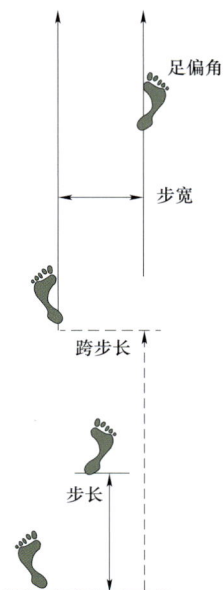

图 4-4 步态基本参数

（二）步态分析方法——定性分析

步态分析是对人体行走方式进行客观记录并对步行功能进行定性和（或）定量分析，是康复评定的重要组成部分。临床工作中对患有神经系统或骨骼肌肉系统疾病而可能影响行走能力的患者需要进行步态分析，以评估患者是否存在异常步态以及步态异常的性质和程度，为分析异常步态原因和矫正异常步态、制订治疗方案提供必要的依据。

1. 观察法 为美国加利福尼亚 RLA 医学中心设计提出的步态目测观察分析表，步态目测观察表的内容：横向栏目为步态周期的各个分期，纵向栏目按躯干、骨盆、髋、膝、踝及足趾的顺序，将 47 种异常表现依次列出，表中黑色格子表示与步行周期相对应的关节运动情况，无须观察。空白格和灰色格则表示要对这一时间里是否存在某种异常运动进行观察和记录。其中空白格的内容需要重点观察，在有异常存在的格中打上勾。注意观察踝关节运动时，应当重点观察单支撑期有无踝关节内翻的情况；在首次着地期应重点观察足首次着地的方式（表 4-2）。

表 4-2 RLA 步态观察分析表

观察项目		负重		单腿支撑		摆动腿向前迈进			
		首次着地	承重反应	站立中期	站立末期	迈步前期	迈步初期	迈步中期	迈步末期
躯干	前屈								
	后伸								
	侧弯（左右）								
	旋前								
	旋后								

续表

观察项目		负重		单腿支撑		摆动腿向前迈进			
		首次着地	承重反应	站立中期	站立末期	迈步前期	迈步初期	迈步中期	迈步末期
骨盆	一侧抬高								
	后倾								
	前倾								
	旋前不足								
	旋后不足								
	过度旋前								
	过度旋后								
	同侧下降								
	对侧下降								
髋关节	屈曲 受限								
	屈曲 消失								
	屈曲 过度								
	伸展不充分								
	后撤								
	外旋								
	内旋								
	内收								
	外展								
膝关节	屈曲 受限								
	屈曲 消失								
	屈曲 过度								
	伸展不充分								
	不稳定								
	过伸展								
	膝反张								
	内翻								
	外翻								
	对侧膝过度屈曲								
踝关节	前脚掌着地								
	全足底着地								
	足拍击地面								
	过度跖屈								
	过度背屈								
	内翻								
	外翻								
	足跟离地								
	无足跟离地								
	足趾或前脚掌拖地								
	对侧前脚掌蹺起								

续表

观察项目		负重		单腿支撑		摆动腿向前迈进			
		首次着地	承重反应	站立中期	站立末期	迈步前期	迈步初期	迈步中期	迈步末期
足趾	过度伸展（上翘）								
	伸展不充分								
	过度屈曲								

（1）观察顺序　在了解病史和体格检查的基础上，对受检者进行观察，嘱患者以自然和习惯的姿势和速度步行来回数次，即最省力的步行姿态。由远端至近即从足踝关节观察开始，依次评定膝关节、髋关节、骨盆及躯干。在评定每一个部位时，应按步行周期中每一个环节发生的顺序进行仔细观察，将首次着地作为评定的起点。先观察矢状面，再从冠状面观察患者的行走特征。目测观察后，针对患者在单腿支撑、双支撑以及迈步等环节中存在的主要问题进行总结，归纳分析出原因及可能出现的后果（表4-3，表4-4）。

表4-3　负重期和单腿支撑期的异常运动及因果关系

异常运动	原因	后果
对侧骨盆下降	髋关节外展肌力或控制能力减弱	平衡能力下降或消失
髋关节内收	外展肌活动减弱 内收肌活动增加　本体感觉减退	站立支持面变窄导致平衡丧失
髋关节伸展不充分	髋关节伸展肌力或控制能力减弱 髋关节屈曲挛缩 髋关节屈肌活动增加 髋关节疼痛 本体感觉减退 膝关节过度屈曲	能量需求增加；身体前进幅度减小，速度减慢
膝关节伸展不充分	股四头肌肌力或控制能力减弱 膝关节屈曲挛缩 腘绳肌活动增加 腓肠肌活动增加 髋关节伸展不充分或踝关节过度背屈 膝关节疼痛 本体感觉减退	能量需求增加；站立相稳定降低导致站立相时间缩短；身体前进幅度减小，速度减慢
膝反张	股四头肌控制能力减弱 股四头肌活动增加 继发于踝关节不稳定 跖屈挛缩 跖屈肌活动增加 膝关节疼痛（为避免屈膝） 本体感觉减退	膝关节承重反应消失；身体前进幅度减小，速度减慢；可引起关节疼痛、出现病变
踝关节过度跖屈	跖屈肌活动增加 跖屈肌肌力或控制能力减弱 跖屈挛缩 本体感觉减退	身体前进幅度减小，速度减慢；出现代偿性姿势；能量需求增加；站立相时间缩短
踝关节过度背屈	膝关节屈曲挛缩 跖屈肌肌力减弱 本体感觉减退 踝关节背屈挛缩（少见）	站立相稳定性下降，站立相相对时间缩短；髋、膝关节代偿性屈曲导致能量需求增加；身体前进幅度减小，速度减慢
无足跟离地	跖屈肌肌力或控制能力减弱 踝、足、跖骨头疼痛 踝及足部诸关节活动受限	迈步前期膝关节屈曲减小；身体前进幅度减小，速度减慢
踝关节内翻	内翻肌群活动增加 本体感觉减退	支撑面不稳定，易摔倒；身体前进幅度减小，速度减慢
足趾关节过度屈曲	足趾屈肌活动增加 骨间肌肌力减弱 平衡障碍的代偿性反应 足趾屈曲挛缩	皮肤受压和足趾远端负重引起疼痛；身体前进幅度减小，速度减慢

表 4-4　迈步相运动障碍及因果关系

异常运动	原因	后果
髋关节屈曲消失或受限	髋关节伸肌活动增加，或髋关节屈肌肌力或控制能力减弱 髋关节疼痛 本体感觉减退	身体前进幅度减小，减慢；步长缩短；能量需求增加
膝关节屈曲不充分	迈步相前期膝关节屈曲减小 膝关节伸肌活动增加 膝关节疼痛 膝关节屈曲活动受限 腘绳肌肌力减弱 本体感觉减退	迈步相初期足趾拖地
膝关节伸展不充分（迈步相末期）	膝关节屈曲挛缩 不能在髋关节屈曲时伸展膝关节 膝关节屈肌活动增加	步长缩短；身体前进幅度减小，速度减慢
髋关节内收	髋关节内收肌活动增加 本体感觉减退	迈步腿碰撞支撑腿而摔倒；身体向前推进减慢；迈步腿置于支撑腿之前使支持面变窄
踝关节过度跖屈（迈步相中、末期）	背屈肌肌力减弱 踝关节跖屈挛缩 跖屈肌活动增加 伸肌协同作用 本体感觉减退	足趾拖地（迈步相中期）；为下一个足跟着地准备不充分导致首次着地方式为足平放或足趾先着地；使踝关节承重反应消失

（2）注意事项　①受试者衣着尽量要少，充分暴露下肢，以便准确观察步态特征。②注意双侧观察，不仅要观察患侧下肢，亦要观察对侧下肢。③目测观察属定性分析，具有一定的局限性，必要时进一步采用定量分析。

目测观察虽不需要价格昂贵的设备，却仍然可以获得有关步态的特征性资料。但目测观察的结果具有一定的主观性，结果的可信度与观察者的观察技术水平和临床经验有直接关系。因此，观察者需要经过专业的学习和培训以及充足的临床实践经验。除此之外，患者由于本身因素可能无法完成反复的行走直至观察者完成对步态的分析，让观察者在短时间内完成多部位、多环节的分析比较困难。此时可以利用摄像机将行走过程记录下来，方便以后反复观看、细致观察分析，从而提高分析的客观性、可靠性。

（三）步态分析——定量分析

步态的定量分析是通过使用专门的设备或器械获得的客观数据对步态进行分析的方法。所用的器械或设备非常简单，例如卷尺、秒表、量角器等测量工具以及能留下足印的设备；也可以是较为复杂，如利用电子角度计、肌电图、录像、高速摄影，甚至步态分析仪等设备。

1. 足印分析法　它是一种操作简便、定量、客观而实用的临床研究方法。

（1）所需设施和器械　绘画颜料、1100cm×45cm硬纸或地板胶、秒表、剪刀、直尺量角器。

（2）步态采集　选用走廊、操场等可留下足印的地面作为步道，宽45cm，长1100cm，在距离两端各250cm处画一横线，中间600cm作为测量正式步态用。被检查者赤脚，让足底粘上颜料。先在步道旁试走2～3次，然后两眼平视前方，以自然行走方式走过准备好的步道。当被检查者走过起始端横线处时按动秒表，直到走到终端的横线外停止秒表，记录走过的步道中间600cm所需的时间。要求在上述600cm的步道中至少包括连续6个步印，供测量使用。根据有关定义，可测算左右步幅、步长、步速（600cm/所需时间）及步频（600cm内所走步数/所用秒数×60）

（3）注意事项　①正式检查前，让患者试行至自然行走方式再测试。②受试者每一次行走至少要包含 6 个步行周期。③做好安全防护，如受试者步态不稳，行走中要注意监护，防止跌倒。

2. 吸水纸法　该方法可以穿鞋测试，不会引起患者不愉快的触觉，依从性强。可以很容易地得到一个准确、永久的步行记录。具体操作方法为，在步道上铺三层纸，下层为具有防水能力的褐色纸巾，中层为含水的潮湿纸如餐巾纸，上层为能吸水的纸巾。被检查者体重的压力使中层纸的水分被上层干纸吸收，形成清晰的湿足印，再用记号笔描出留在上层吸水纸上的足印，晾干后进行测量并记录。其测量参数与足印分析法相同。

3. 鞋跟绑缚标记笔法　用尼龙搭扣将两支水性记号笔分别绑缚在鞋跟处，调整记号笔使足跟着地时能准确定位。测量方法与足印分析法相似，用此法可以获得患者的步幅、步长、步宽、步速及步频，从而记录治疗前后的行走能力。

4. 步态分析系统　由摄像系统、测力台、肌电遥测系统、计算机处理系统 4 部分构成的三维步态分析系统可以提供多方面的参数和图形，进行深入细致的分析，做出全面的结论，特别适用于科研工作，但因价格高昂，目前难以普及应用。

5. 足底压力系统　足底压力步态分析仪是计算机化测量人站立或行走中足底接触面压力分布的系统。它以直观、形象的二维、三维彩色图像实时显示压力分布的轮廓和各种数据。与以往传统的测量方法相比，它是一种经济、高效、精确、快速、直观、方便的足底压力分布测量工具。

6. 动态肌电图　通过贴在皮肤上的表面电极测量肌肉的活动。表面肌电图使用可处理的胶粘电极记录来自表面电极或针电极的放大前的 EMG 信号，由电缆或无线遥控器传送到与计算机系统相连的接收器上。通过显示的信号可以鉴别和分析步态的相关因素。它可以提供对步态分析有用的信息，如有关肌肉与活动是否恰当，非相位活动怎样影响步态，尤其是对痉挛性瘫痪的患者。

7. 超声定位步态分析仪　由清华大学研制的三维测力台系统，对站立或行走时足底与支撑面之间的压力（冠状面、矢状面和水平面三个方向的力）进行测量和分析，包括对足底压力曲线、矢量图、功率谱、拟合曲线等参数分析，获得反映人体下肢的结构、功能乃至全身协调性等方面的信息。

8. 电子测角器　它是装有电子计算机的简单测角装置，临床上通常用于测量关节活动度。主要的缺点是准确性不高。

四、常见异常步态

异常步态是上、下运动神经元损伤或肌、筋膜、骨关节等损伤后的常见表现。在参与步行姿势控制、前进及跨越障碍物的系统中，任何环节的损伤或功能障碍，都能形成异常步态，从而影响正常的工作、学习和生活。

1. 臀大肌（髋伸肌）步态　臀大肌无力者，足跟着地时常用力将胸部后仰，重力线落在髋关节后方，以维持髋关节被动伸展，站立中期时绷直膝关节，形成挺胸、凸腹、躯干后仰、过度伸髋的步态。行走速度和稳定性都受到影响（图 4-5）。

2. 臀中肌步态　臀中肌麻痹多由脊髓灰质炎引起，一侧臀中肌麻痹时，髋关节侧方稳定受到影响，表现为行走中患侧腿于站立相时躯干向患侧侧弯，以避免健侧骨盆下降过多，从而维持平衡。步行时上身两侧摇摆，形如鸭子，故又称鸭步（图4-6）。

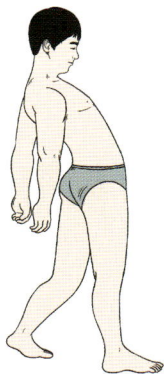

图4-5 臀大肌步态   图4-6 臀中肌步态

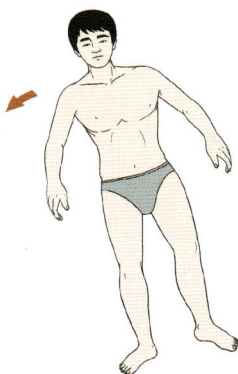

3. 股四头肌步态 股四头肌无力者，行走中患侧腿站立相伸膝的稳定性受到影响，表现为足跟着地后，臀大肌为代偿股四头肌的功能而使髋关节伸展，膝关节被动伸直，造成膝反张。如伸髋肌无力，则患者需俯身用手按压大腿，使膝伸直（图4-7）。

4. 帕金森步态 帕金森步态是一种极为刻板的步态。表现为在行走时，启动困难，双下肢交替迈步动作消失、躯干前倾、髋膝关节轻度屈曲、踝关节于迈步相时无跖屈、足擦地而行，步幅缩短、步伐细小。躯干前倾致使身体重心前移。为了保持平衡，患者以小步幅快速向前行走，不能随意骤停或转向，呈现出前冲或慌张步态（图4-8）。

考点提示 ▶ 帕金森典型的临床症状是静止性震颤。

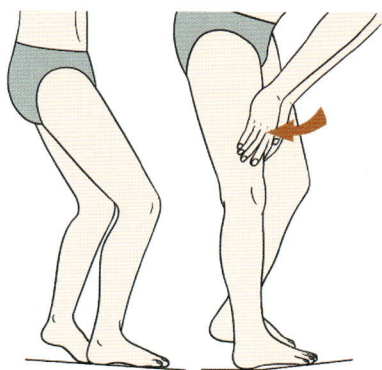

图4-7 股四头肌步态   图4-8 帕金森步态

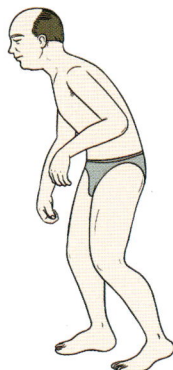

5. 减痛步态 一侧下肢出现疼痛时，常呈现出逃避疼痛的减痛步态，其特点为患侧站立相时间缩短，以尽量减少患肢负重，步幅变短。此外，患者常一手按住疼痛部位，另一上肢伸展。疼痛部位不同，步态表现可有差异。髋关节疼痛者，患肢负重时同侧肩下降，躯干稍倾斜，患侧下肢外旋、屈曲位，尽量避免足跟击地。膝关节疼痛患者膝稍屈，以足趾着地行走。

6. 偏瘫步态 是指患者在行走时，由于骨盆后缩、膝关节屈曲不充分，患侧产生提髋，下肢外旋、外展"划圈"，同时伴有足内翻、跖屈，使患侧下肢不能正常负重，这种状况持续下去，使下肢伸肌痉挛进一步加重，患者走路时费时、费力且不易保持平衡。根据其不同的特征又可进一步分为提髋型、膝过伸型、瘸拐型、划圈型（图4-9）。

7. 剪刀步态 是痉挛型脑性瘫痪的典型步态。由于髋关节内收肌痉挛，行走时迈步相下肢向前内侧迈出，双膝内侧常相互摩擦碰撞，足尖着地，呈剪刀步或交叉步，交叉严重时步行困难（图4-10）。

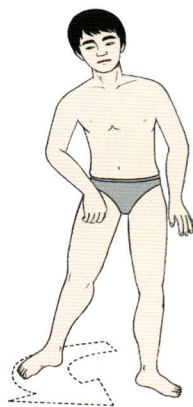

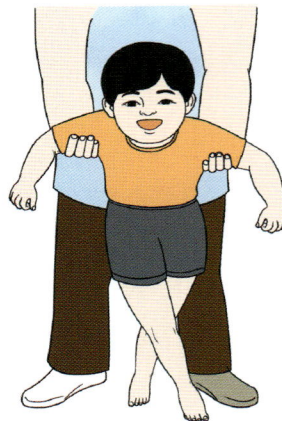

图 4-9　偏瘫步态　　　　　　　　图 4-10　剪刀步态

8. 跨阔步态 足下垂患者为使足尖离地，将患肢抬得很高，犹如跨越旧式门槛的姿势。常见于腓总神经麻痹患者（图4-11）。

9. 短腿步态 患肢缩短达 2.5cm 以上者，该侧着地时同侧骨盆下降导致同侧肩倾斜下降，对侧迈步腿髋、膝关节过度屈曲，踝关节过度背屈。如果缩短超过 4cm，则缩短侧下肢以足尖着地行走。

10. 小脑共济失调步态（酩酊步态或醉汉步态） 小脑共济失调步态为小脑功能障碍所致。患者行走时两上肢外展以保持身体平衡，两足间距过宽，高抬腿，足落地沉重；不能走直线，而呈曲线或呈"Z"形线前进；因重心不易控制，步行摇晃不稳，形如醉汉（图4-12）。

11. 持拐步态 因各种原因导致单侧或双侧下肢于行走过程中不能负重者，需使用拐杖辅助行走，呈持拐步态。根据拐杖与下肢行走的位置关系，将持拐行走步态分为两点步、三点步、四点步、迈至步和迈过步。

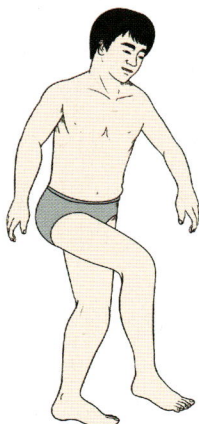

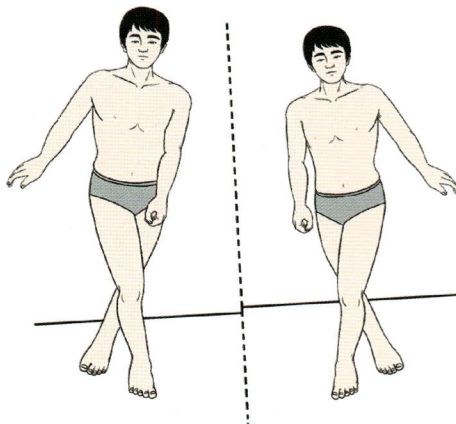

图 4-11　跨阔步态　　　　　　图 4-12　小脑共济失调步态

五、步行障碍的临床处理

临床上，由于异常步态比较多，本节就不一一列举。本节只列举足下垂的临床处理方法。足下垂是偏瘫患者常见的异常步态，患者步行时，摆动相踝关节背屈不足，常伴有足内翻或外翻。患者为了维持平衡，会代偿性地增加同侧屈髋、屈膝，下肢划圈行进，躯干向对侧倾斜，增加了步行过程中跌倒的风险。常见病因是胫骨前肌无活动或活动时异常。临床上在处理足下垂时通常结合基础训练、药物治疗、理疗、辅助支具、辅助训练仪器等措施进行综合性的治疗。

1. 基础训练 主要针对关节挛缩、肌肉软弱无力、关节活动度受限、平衡协调障碍等进行训练。针对足下垂可进行胫前肌肌力训练，即坐位、站立位做踝关节背屈练习，根据患者胫骨前肌肌力情况，可放置沙袋抗阻训练。对中枢性损伤所致的足下垂合并足内翻的患者，可配合站斜板牵伸小腿三头肌及胫后肌。

2. 药物治疗 局部小腿三头肌张力过高的患者，如有条件的可行局部肌内注射肉毒素，缓解痉挛。

3. 理疗 功能性电刺激，针对各种软弱肌肉或痉挛肌的拮抗肌所进行的训练，达到提高肌力和缓解痉挛的目的。也可通过蜡疗降低肌张力、缓解痉挛。

4. 辅助支具使用 对严重足下垂的患者，步行过程中，诱发踝关节背屈困难，如有条件的可佩戴踝足矫形器配合步行训练。

📋 **知识链接**

踝足矫形器

踝足矫形器（AFO）是足下垂最常用的下肢矫形器。根据材质分为金属踝足矫形器和塑料踝足矫形器。前者由于矫形器本身材质、重量以及外观在临床上应用不是很方便。相比较而言，塑料踝趾矫形器由于价格、外观及实用性是临床上使用最多的。在选用塑料 AFO 时，最好选择一双有着相同跟高的鞋，这样可以避免生物力学的改变对足部、踝关节甚至膝关节产生的影响。网球鞋最合适 AFO 的穿脱，如果鞋子损坏，患者需要买大一个码同时宽度更大的鞋子。如鞋内有鞋垫需去除鞋垫，给矫形器提供更多的鞋内空间，还避免腿长增加导致的长短腿。

---

5. 辅助训练仪器 近年来临床已广泛应用肌电触发功能性电刺激步行反馈仪，反馈方式有两种：第一种是利用足底的压力反馈，当患足离开地面，位于患足底的压力感受器无压力时，激活主机发出电刺激，使胫前肌收缩，踝背屈，脚跟落地支撑，一旦足底有压力，则电刺激停止，如此反复帮助患者进行步行训练；第二种是利用位置与速度感受器进行反馈，当患腿向前摆动，膝关节的屈曲角度发生变化或小腿向前摆动的速度发生改变时，均可激活主机发出电刺激，使胫前肌收缩，踝背屈，小腿向前摆动迈步，从而纠正足下垂。

本 章 小 结

　　维持姿势是运动控制的双重任务之一。不同级别的中枢神经系统对维持姿势有不同的作用。脊髓层面的姿势控制体现为局部肌紧张；脑干层面的姿势控制体现为协调全身肌紧张以维持躯干或四肢支撑的翻正反射；大脑皮质的姿势反射则可整合视觉信息并完成双足支撑的平衡反应。随意运动建立在姿势控制的基础上，姿势控制的改善是诱发随意运动的前提和关键。运动控制障碍的康复治疗也应以环境和任务为导向，将复杂的运动整合成容易理解、任务明确、指令简单的运动，对于有认知障碍的成人或儿童患者尤其适用。同样的环境和任务只能获得相应的运动能力，所以在进行康复治疗时应注意环境和任务的变换，使患者获得应对不同环境和任务的能力。

（王　丹）

扫码"练一练"

习 题

一、单项选择题

1. 临床中常用的步态分析方法是
　　A. 定量分析法　　　　　　　　　B. 定性分析法
　　C. 实验室力台检查法　　　　　　D. 表面肌电图检查
　　E. 运动学检查

2. 髋关节疼痛步态不正确的是
　　A. 患者行走时尽量避免患侧足跟着地　B. 患侧站立相缩短
　　C. 患侧肩关节抬高　　　　　　　　　D. 躯干向患侧过度倾斜
　　E. 迈步相患侧髋关节轻度屈曲

3. 出现跨阈步态提示
　　A. 股四头肌无力　　　　　　　　B. 胫前肌无力
　　C. 臀大肌无力　　　　　　　　　D. 腓肠肌无力
　　E. 臀中肌无力

4. 偏瘫患者常出现的异常步态是
　　A. 划圈步态　　　　　　　　　　B. 鸭子步态
　　C. 跨阈步态　　　　　　　　　　D. 剪刀步态
　　E. 扶膝步态

5. 涉及运动的目的以及达到目的所采用的最佳运动方案
　　A. 大脑新皮质联络区域和基底神经节　B. 运动皮质
　　C. 小脑　　　　　　　　　　　　　　D. 脑干
　　E. 脊髓

6. 正常人平均自然步速为
　　A. 0.8m/s　　　B. 0.9m/s　　　C. 1.0m/s　　　D. 1.1m/s　　　E. 1.2m/s

7. RLA 步态分析中对髋关节屈曲过度的定义正确的是，在特定时期髋关节
　　A. 屈曲角度小于正常　　　　　　B. 屈曲角度消失

C. 屈曲角度大于正常　　　　　　D. 伸展角度小于正常

E. 伸展角度消失

8. 步态运动学分析中最基本、最敏感的指标是

A. 左右站立相　　　　　　　　　B. 同侧站立相和迈步相时间的比例

C. 步行周期　　　　　　　　　　D. 步行速度

E. 步频

9. 维持平衡的生理机制不正确的是

A. 神经系统的控制　　　　　　　B. 躯体感觉系统的参与

C. 前庭感觉的输入　　　　　　　D. 运动系统的协同作用

E. 皮肤感觉不参与平衡的维持

10. 小脑损伤表现不包括

A. 平衡障碍　　　　　　　　　　B. 眼球震颤

C. 共济失调　　　　　　　　　　D. 肌张力增强

E. 意向性震颤

二、思考题

1. 请阐述状态反射的概念。

2. 请阐述步行周期的概念。

第五章

心肺运动学

学习目标

1. **掌握** 最大心率、靶心率、呼吸当量、最大摄氧量、乳酸阈的概念；有氧运动处方的组成及内容。

2. **熟悉** 长期运动引起心脏形态的变化；有氧运动的生理基础和常见运动形式。

3. **了解** 运动引起血管的适应性变化；无氧运动的生理基础。

4. 具备为正常人或患者制订有氧运动处方的能力。

5. 具有尊重患者个体化差异和把握安全第一的原则意识。

案例讨论

【案例】

患者，男性，65 岁。体重 70kg，平素身体健康，无基础疾病，喜欢进行运动锻炼。但近期患者每天持续快跑 1 小时，现已坚持 1 周，1 天前患者在运动中出现心悸、疲乏感明显的症状，休息后不适症状可逐渐消失。

【讨论】

1. 该患者的运动方式有无问题？

2. 如何计算该患者的最大心率和靶心率？

3. 请为该患者制订适合的有氧运动处方。

人体活动的基本形式是运动，运动是人类一切活动的基础，生命不息，运动不止。运动可影响人体各组织器官和系统的功能，也可影响组织细胞的新陈代谢和能量变化，前者属于运动生理学内容，后者属于运动生物化学范畴。

完成人体内物质运输是血液循环系统的主要功能，促使机体不断进行新陈代谢；呼吸系统主要完成机体与外界环境的气体交换，吸收氧气，排出二氧化碳。循环和呼吸是人体进行生命活动所必需的基本生理功能，二者相互影响和依赖，一般统称为心肺功能。运动会影响循环和呼吸的功能，能对心肺功能产生即时或持久的影响。长期的运动会导致心肺在结构和功能上发生适应性的变化，提高心肺功能，改善人体代谢，促进机体健康，改善心肺疾病。因此，心肺运动学是康复医学和人体运动学的重要理论基础。

第一节　运动与心血管功能

心血管系统是由心脏和血管构成，血管由动静脉及毛细血管组成。在人体生命活动过程中，由心脏跳动产生动力，不断推动血液在完整的心血管系统循环管道内不停地循环流动，以心脏为中心，通过血管将血液运送至全身各组织器官，完成物质运输。长期运动会使心脏和血管产生适应性的变化。

一、运动与心脏活动

泵血是心脏的主要功能，心脏可推动血液在循环系统内流动。心脏泵血功能主要依靠心脏不停交替地进行收缩和舒张活动完成。临床上，常用单位时间内的心脏输出量和心脏做功量为指标对心脏的泵血功能进行评定。正常情况下，运动会引起心功能的变化，运动会使心脏搏出量增加，也会使心率加快，从而引起心输出量的增加。长期运动训练会引起心脏形态结构和功能上产生适应性变化。

（一）每搏输出量和每分输出量

1. 每搏输出量（stroke volume）　单侧心室在一次心脏搏动中所射出的血液量，称为每搏输出量（stroke volume），简称为搏出量。正常情况，成人在安静状态下，每搏输出量约70ml（60～80ml）。搏出量与心室舒张末期容积比值的百分数，称为射血分数（ejection fraction，EF）。一个健康成人的 EF 值一般为 55%～65%。其意义在于：①心室舒张末期容积与心脏收缩力有关，心脏收缩力越大，心室舒张末期容积越大。②正常情况下，心室舒张末期容积增大时，每搏输出量也会相应增加，使射血分数基本维持不变。③在心室异常扩大或心室功能减退的患者中，事实上，射血分数已经表现为明显下降，但其搏出量可能表现为正常。所以，射血分数与搏出量相比，更能早期准确反映心脏的泵血功能，对于早期发现异常具有非常重要的意义。

2. 每分输出量（minute volume）　每分钟时间内单侧心室射出的血液容量，称为每分输出量（minute volume），也简称为心输出量（cardiac output）。每分输出量是每搏输出量与心率的乘积。左侧心室的每分输出量基本等于右侧心室的每分输出量。每分输出量与性别、年龄、身高和其他生理因素有关，适应于人体新陈代谢水平。一般情况下，在安静状态下的健康成年人心率平均为 75 次/分，每搏输出量为 70ml，则每分输出量约为 5L/min。运动情况下，运动强度越大，心脏每搏输出量越大，每分输出量也越大。剧烈运动时的正常成年人，其心脏每分输出量最高可达 25～35L/min，是安静状态下的 5～7 倍。

（二）心率

单位时间内心脏跳动的次数称为心率（heart rate，HR）。安静状态下的健康成年人，心率一般在 60～100 次/分，平均约 75 次/分。运动时，人体新陈代谢水平提高，心率也随之增加。在一定范围内，心率加快，可使心脏每分输出量增加。

1. 最大心率　每一个人的心率增加都会有一个限度，即极限值，这个极限值就是最大心率（maximum heart rate，HR max）。年龄、性别、遗传等因素都会影响最大心率。一般来说，年龄越小，最大心率值越高。正常成年人的最大心率值为 160～180 次/分；而常规训练的运动员最大心率值可达到 200～220 次/分。对于中老年人、儿童、体质虚弱等各种原因，由于各种原因不适宜通过极量运动来测定最大心率时，可用公式进行预估，以防极限运动给个体带来运动危险。

公式如下：

$$最大心率＝220－年龄（正常成年人）$$
$$最大心率＝170－年龄（老年人）$$

📋 知识拓展

心电运动试验

心电运动试验是指在受试者进行运动时，通过观察受试者的心率、呼吸、血压、心电图、气体代谢情况、临床症状、体征等机体的各种反应，进而判断机体心肺功能、运动骨骼肌等的实际负荷能力，以及机体实际耐受运动的能力。

根据试验终止的运动强度分为以下四种。

1. 极量运动试验　运动强度逐渐增加到受试者精疲力竭，或者心率及摄氧量不再继续增加时，即为到达生理极限。可通过此试验确定最大心率，但具有一定的危险性。

2. 亚极量运动试验　运动至心率为最大心率的85%，即亚极量心率时，终止试验。

3. 症状限制性运动试验　运动至机体的心率、血压、临床症状、体征及心电图变化提示必须停止运动时，试验终止。

4. 低水平运动试验　运动至特定低水平心率、血压及运动强度时，终止试验。

2. 靶心率（target heart rate，THR）　进行康复训练时，需要选择合适的运动强度，使运动时心率控制在安全有效的范围内，达到运动时的适宜心率，这种运动时应该达到和保持的心率，就称为靶心率。正常成年人运动时，心率达到本人最大心率的60%～85%时，心脏每分输出量可达最大。所以，推荐正常成年人的靶心率为60%～85% HR max。对于老年人和有心脏疾病的患者，靶心率应降低到40%～60% HR max 比较适宜。

考点提示　最大心率与靶心率的计算。

3. 心率变化机制　心脏对运动产生的反应是使心率加快，主要通过神经和体液因素共同进行调节。人体运动时，会使交感神经兴奋，促进交感－肾上腺髓质系统分泌增加，如肾上腺素和儿茶酚胺类激素，另外还可增加血管紧张素、血管加压素等激素释放，促进激素与心肌受体结合，加快心率。此外，通过运动的肌肉和关节向心冲动的增加，使心脏交感中枢兴奋，使心脏迷走神经抑制，也可加快心率。

4. 心率储备（heart rate reserve）　是指静息心率与最大心率的差值。在心脏每搏输出量保持不变的情况下，机体心率在一定范围内加快，可使心脏每分输出量比安静状态时增加 2～2.5 倍。正常人心率储备的上限，是能使心输出量随心率加快而增加的最高心率为 160～180 次/分，超过这个最高心率后，心脏每搏输出量明显减少，心脏每分输出量减少。常规训练的运动员心率储备的上限，是能使心输出量随心率加快而增加的最高心率为 200～220 次/分。

长期运动者可降低静息心率，有些运动员的心率在安静状态下可低至 40～60 次/分，这是心脏对运动适应的典型表现。其产生的原因主要是长期运动增强了心脏的迷走神经兴奋性，减弱了心脏的交感神经兴奋性。故而，长期运动者通过降低静息心率，可使运动时的心率储备增加。

（三）心脏形态

对于短暂或者单次的运动，仅会使心脏形态、结构发生暂时性的变化，但是，长时间中等强度的运动会使心脏形态、结构产生适应性变化，表现为心脏扩大和心脏肥大。

1. 心脏扩大　主要表现为左、右心室内径增加，左心室容积增加，左、右心室流出道增宽，伴随心腔扩大，心室壁及室间隔的厚度也相应增加。

"在一定范围内，心室舒张末期容积增大，可使心室收缩力增强"的规律称为"心的定律"，也称为 Frank－Starling 定律。把 Frank－Starling 曲线称为心室功能曲线（图 5－1）。根据 Frank－Starling 定律，人体进行耐力运动时，肌肉收缩使肌肉泵作用增强，促进回心血量增加，心室舒张末期容积增加使心肌最适初长度增加，心肌收缩力增强，心脏射血能力增强。因此，运动时，机体会根据运动需要产生心室舒张末期容积增加的反应。长期进行耐力运动的个体，心脏长期承受容积负荷的刺激，使心脏形态逐渐适应这种功能调节，久而久之，便形成心脏扩大。扩大的心脏使心室内压增加，心室壁承受的张力增加，促使心肌合成代谢增强，使心室壁相应地增厚，以维持心室壁正常的张力水平。因此，长期进行耐力运动引起心脏扩大，常同时伴有心室壁和室间隔厚度增加。

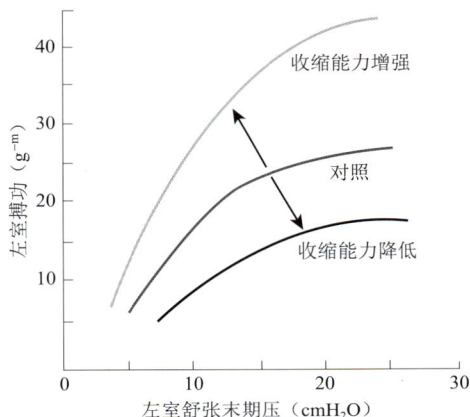

图 5－1　心室功能曲线

2. 心脏肥大　主要表现为心室后壁和室间隔肥厚，但心腔内径未成比例扩大。

长时间的耐力运动使心脏前负荷或后负荷增加，刺激心肌细胞细胞核内 DNA 含量合成增加，蛋白质合成增加，线粒体体积增大，肌原纤维增粗，肌小节数量增加，心肌细胞变粗变长，发生心肌细胞肥大而使心室壁增厚，心脏逐渐肥大。同时，心肌组织中毛细血管数量和密度相应增加，增加心肌组织的血液供应，对于运动心脏的能量供应非常有利。

二、运动与血流供应

运动可使血管系统在数量和功能上产生适应，也会影响动脉血压发生适应性的变化，从而改善血流供应。

（一）运动与主动脉和大动脉

主动脉和大动脉是弹性储器血管，具有明显的弹性和可扩张性，能使心脏间断射血变成血管系统的连续血流，并能缓冲每个心动周期中血压变化的波动幅度。

耐力运动时心脏每分输出量增加，血管内射血量增加，牵拉血管壁力量增强，正常人主动脉和大动脉弹性储器作用良好，收缩压不明显升高。老年人因动脉管壁硬化，血管弹性下降，大动脉的弹性储器作用减弱，运动时收缩压会明显升高。

经常进行运动训练者，主动脉和大动脉经常受到压力性刺激，使血管壁代谢增强，血管弹性纤维明显增多，动脉的弹性增加，缓冲血压波动变化的能力增强。

（二）运动与静脉

静脉属于容量血管，数量多、容量大、可扩张性较强，在血管系统中发挥储存血液的功能。

人在站立时，小腿和足部的静脉充盈扩张，血容量比卧位时明显增加。当人体进行运动时，交感缩血管作用增强，促进静脉收缩，使心脏的回心血量增加。另外，运动可使下肢骨骼肌进行节律性地舒缩运动，增强下肢静脉收缩，降低下肢静脉扩张，将下肢和足部肌肉的静脉内血液挤压回心脏，减少下肢静脉内血液潴留。

长期进行耐力训练可提高静脉血管张力，使静脉顺应性下降，降低静脉扩张。

（三）运动与毛细血管

毛细血管是血管系统中连接小动脉和小静脉的血管，其数量较多，经常处于开放状态，血流速度相对较快，可使一部分血液迅速通过微循环直接进入静脉。

长期进行耐力运动者，运动组织，特别是骨骼肌内的毛细血管数量增加，新生毛细血管数量增多，毛细血管开放状态增多，运动组织的血流供应增加，毛细血管和肌纤维的比值增大。

（四）运动与冠状动脉

冠状动脉是营养心肌的血管，分布于心脏的表面和心肌组织中，具有血压较高、血流量大、摄氧率高、耗氧量大、血流量受心肌节律性收缩影响显著的特点（图5-2）。

当人体进行运动时，心肌耗氧量增加，代谢和神经激素等因素使冠状动脉达到最大舒张状态，增加其血流供应，来满足当时心肌对氧和能量的需求。

组织学方法及血管造影技术证明，运动可引起人类近端冠状动脉增粗，冠状动脉的横切面积增大，促进心肌组织内毛细血管数量增加，调节供应心肌血流量增加，以缺血区的侧支血管生长最明显。血管狭窄后的患者在进行运动训练后，狭窄部位的冠状动脉侧支血管生成最为明显。需要特别注意的是，运动可增加冠状动脉毛细血管的生成，只有在适量运动下，运动量过大或过小均不能引起毛细血管的增生。

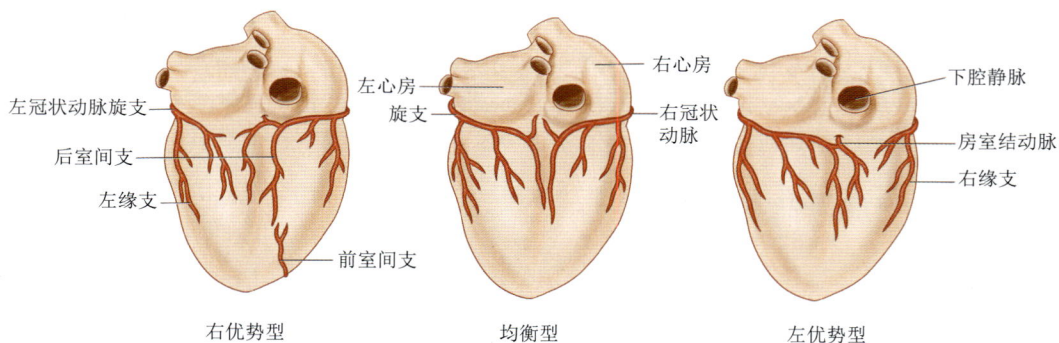

图5-2 冠状动脉的分布（后面观）

三、运动与心血管活动调节

人体在不同的生理状态下，对血流量的需求不同，组织代谢水平也不相同。运动时，心血管系统对血流量需求明显增加，人体组织代谢水平也相应增强，机体可通过神经调节机制和体液调节机制对心血管活动进行调节，适应不同状态的生理需要，协调血流分配。

（一）神经调节机制

心肌和血管平滑肌都受自主神经支配，机体对心血管系统活动的神经调节机制是通过各种心血管反射来实现的。

1. 心脏和血管的神经支配

（1）心脏的神经支配　心脏的传出神经受心交感神经以及心迷走神经支配。

心交感神经的节后纤维末梢释放去甲肾上腺素（NE），其受体为心肌细胞膜上的 β1 受体，即 β1 肾上腺素能受体，两者结合后能引起心率加快、房室传导速度加快、心肌（包括心房肌和心室肌）收缩力加强，即产生正性变作用，包括正性变时作用、正性变传导作用及正性变力作用。

心迷走神经的节后纤维末梢释放乙酰胆碱（Ach），其受体为心肌细胞膜上的 M 受体，即 M 型胆碱能受体，两者结合后能引起心率减慢、房室传导速度减慢、心房肌收缩力减弱，即产生负性变作用，包括负性变时作用、负性变传导作用及负性变力作用。

运动时，心交感神经兴奋，作用增强；心迷走神经抑制，作用减弱，以保证心脏血流供应。

（2）血管的神经支配　血管平滑肌受缩血管神经和舒血管神经两类神经纤维支配。

缩血管神经纤维的性质都属于交感神经纤维，所以也称为交感缩血管神经纤维。缩血管神经兴奋时，主要引起血管平滑肌收缩效应。

人体内大多数血管都只接受交感缩血管神经纤维的单一支配，但仍有少部分血管接受缩血管神经纤维和舒血管神经纤维的双重支配。舒血管神经兴奋时，主要引起血管平滑肌舒张效应。

运动时，心血管系统的毛细血管收缩，使血流量增加，调节血压作用大。

2. 心血管中枢　心血管中枢的各种神经反射是神经系统实现调节心血管活动的基本路径。

（1）延髓心血管中枢　延髓是最基本的心血管中枢。只要延髓及以下中枢部分保留完整性，就可以保证心血管系统的正常紧张性活动，并可以完成一定程度的心血管反射。

（2）延髓以上心血管中枢　比延髓心血管中枢的功能更加高级，主要对机体的心血管活动和其他功能之间进行复杂的整合，最具有代表性的是下丘脑。当人在发怒、恐惧或出现防御反应时，可出现机体的警觉状态，骨骼肌紧张性加强，可表现攻击或逃跑等防御性的行为，同时也会出现心率加快、心输出量增加、皮肤血管和内脏血管收缩、骨骼肌血管舒张、血压稍升高等一系列的心血管活动变化，以保证当时机体状态所需的骨骼肌血液供应充足的需要。

3. 心血管反射　人体在不同生理状态下，如运动时，可出现各种心血管反射，引起心输出量改变，并使各器官的血管舒缩状态发生变化，动脉血压也相应发生变化，以应对当时机体生命活动的需要。

（1）减压反射　是压力感受性反射，是刺激颈动脉窦及主动脉弓压力感受器引起的。颈动脉窦及主动脉弓压力感受器实质属于牵张感受器，其适宜刺激不是血压本身，而是血管壁的被动扩张。

减压反射是人体典型的负反馈调节，具有双向调控能力。当人体运动时，动脉血压升高，压力感受器感受刺激增多，通过心血管中枢的整合作用，心迷走神经紧张性增加，心交感神经紧张性降低，同时伴交感缩血管神经紧张性降低，引起心率减慢，使心输出量减少，降低外周血管阻力，使动脉血压下降。相反，动脉血压降低使压力感受器感受刺激减少，迷走神经紧张性降低，交感神经紧张性加强，心率增快，使心输出量增加，增加外周血管阻力，使动脉血压回升。

减压反射的意义在于可在突然发生状况下，对动脉血压进行快速调节，缓冲血压的急剧变化，保护人体不受危害。

（2）心肺感受器反射　心肺感受器主要存在于心房、心室和肺动脉血管壁内。其适宜刺激有2类：①心脏或血管壁的机械牵张刺激；②前列腺素、缓激肽等某些化学物质。

人体运动时，心肺感受器兴奋，心迷走神经紧张性加强，心交感神经紧张性降低，同时交感缩血管神经紧张性降低，心率减慢，使心输出量减少，降低外周血管阻力，使动脉血压下降。

（3）化学感受器反射　颈总动脉分叉处及主动脉弓区域存在颈动脉体和主动脉体化学感受器，其适宜刺激是人体血液的某些化学成分，包括氧浓度、二氧化碳分压和H^+浓度。

人体运动时，缺氧、二氧化碳分压过高、H^+浓度过高会刺激颈动脉体和主动脉体化学感受器兴奋，反射性地使呼吸加快加深，间接引起心率加快，使心输出量增加，增加外周血管阻力，使动脉血压升高。

（二）体液调节机制

体液调节较神经调节速度慢，主要通过体液因素对心血管活动进行调节，作用广泛。

1. 肾素－血管紧张素－醛固酮系统（renin-angiotensin-aldosterone-system，RAAS） 是人体非常重要的体液调节系统，不仅存在于循环系统内，还存在于血管壁、心、肾、中枢等组织中，对维持心血管系统正常发育，维持心血管功能稳态、体液和电解质平衡以及调节血压具有重要作用。

心血管系统中的肾素主要来自于肾脏合成和分泌，是一种酸性蛋白酶。心、脑、肾、血管壁等多种器官组织中富含血管紧张素转换酶（angiotensin-converting enzyme，ACE）和血管紧张素Ⅱ（angiotensinⅡ，AngⅡ）的受体。RAAS链式反应如下：①血管紧张素原，在肾素水解作用下产生血管紧张素Ⅰ。②血管紧张素Ⅰ，在血管紧张素转换酶的作用下，水解产生血管紧张素Ⅱ。③血管紧张素Ⅱ，可刺激肾上腺皮质束的球状带细胞，合成和释放醛固酮。

在心血管系统中，血管紧张素Ⅱ的生理作用最重要。①可直接作用于全身微动脉，收缩血管，升高血压。②收缩静脉血管，增加回心血量。③抑制压力感受性反射，减慢心率。④增加外周血管阻力，升高血压。⑤强烈促进肾上腺皮质束的球状带细胞合成醛固酮，并刺激其释放，醛固酮可刺激肾脏的近曲小管重吸收Na^+，增加细胞外液量。

2. 肾上腺素与去甲肾上腺素 肾上腺素（epinephrine，E）与去甲肾上腺素（noradrenaline，NA 或 norepinephrine，NE）都属于儿茶酚胺类物质，主要来源于肾上腺髓质。其共同作用是兴奋α和β受体，强心、缩血管、升高血压，舒张平滑肌，促进血糖、血脂升高，使机体耗氧量增加，产热增强。

但肾上腺素与去甲肾上腺素由于对不同肾上腺能受体结合能力不同，两者在作用上也有差异。肾上腺素主要用作强心剂，而去甲肾上腺素主要用于升压剂。

3. 血管升压素（vasopressin，VP） 是在下丘脑视上核及室旁核内合成，储存于神经垂体。血管升压素可收缩血管平滑肌，是目前已知的最强缩血管物质之一。血管升压素在肾脏的远曲小管及集合管内，能促进水的重吸收作用，也称为抗利尿激素（antidiuretic hormone，ADH）。

4. 血管活性物质 由血管内皮细胞生成的缩血管物质主要有内皮素（endothelin，ET），具有强烈、持久的缩血管作用，同时可促进细胞增生和肥大，并参与心血管系统细胞的凋亡、分化等过程。

由血管内皮细胞生成及释放的舒血管物质主要有一氧化氮（nitric oxide，NO）和前列环素（prostacyclin），具有使血管舒张的作用。

5. 缓激肽和血管舒张素　缓激肽（bradykinin）和血管舒张素（kallidin）是目前已知的最强舒血管物质，可舒张血管，增加血流量，降低血压。

6. 心房钠尿肽（atrial natriuretic peptide，ANP）　主要来源于心房肌细胞，具有维持人体水盐代谢平衡、稳定血压、维持心血管系统和肾脏器官功能稳态的作用。其主要生理学效应包括：①舒张血管，降低外周血管阻力，减少心脏搏出量，减慢心率，减少心输出量，最终使血压降低。②增加肾小球的滤过率，抑制肾小管的重吸收作用，使肾脏排水和排 Na^+ 量增多，最终利尿、利钠。③抑制肾素、醛固酮和血管升压素的释放，使机体细胞外液量减少，减少循环血量。④可抑制多种细胞增生，是一种负调控因子。⑤可对抗交感神经系统、RAAS 系统和内皮素的缩血管效应。

（三）局部血流调节

人体除神经调节机制和体液调节机制外，还有局部组织内的自身调节机制。机体各器官的血流量与器官组织的代谢状态相适应，代谢活动加强，耗氧量就增多，器官血流量也会增多。在血压变化的一定范围内，器官、组织的血流量可通过器官组织或血管本身的局部机制得到适当调节，称为自身调节。

1. 代谢性自身调节　是指局部组织的微循环系统随氧分压下降及多种代谢产物增加出现的局部血管舒张作用。即人体代谢活动需要消耗氧气，并产生二氧化碳、腺苷、ATP 等多种代谢产物，当代谢增强，局部组织氧分压下降及多种代谢产物增加，使局部微动脉舒张，局部血流量增加，促进局部组织有更多的氧供；同时，局部血流量增加会带走舒张血管的代谢物质，又会使微动脉收缩，如此反复。

2. 肌源性自身调节　当某个器官的血管灌注压突然增加，血管平滑肌的机械牵张刺激增强，肌源性活动增强，使器官的外周血管阻力增大，器官的血流量不增多，能够保持相对稳定；当器官的血管灌注压突然降低时，可出现阻力血管的舒张，器官血流量保持相对稳定，这种肌源性的自身调节作用称为肌源性自身调节机制，在肾脏血管表现最为明显。

（四）动脉血压的调节

动脉血压的变化依据心输出量与外周血管阻力两者之间的关系，并取决于运动的强度、方式及运动时间等因素。动脉血压分收缩压和舒张压两种。

人体进行耐力运动时，心输出量增加，动脉内血流量增多，收缩压升高，且收缩压的升高幅度与运动强度的大小密切相关。但无论运动强度大小如何，舒张压变化不明显，这是因为运动使骨骼肌血管大量舒张，而内脏血管收缩，总体作用为全身外周血管阻力下降。

人体进行抗阻或力量性运动时，骨骼肌持续收缩，挤压肌肉内的血管，增加外周血管阻力，会使舒张压升高。

运动后的血压变化反映了机体对运动强度的适应情况。若训练后引起晨起血压比平时高 20%幅度，且连续出现两天，则认为是过度疲劳或功能降低的表现。

第二节 运动与呼吸功能

呼吸（respiration）是指机体与外界环境进行气体交换的过程（图 5-3）。通过呼吸功能，机体可从外界环境摄取氧气（O_2）用于新陈代谢，排除代谢产物二氧化碳（CO_2）。呼吸是机体进行生命活动所必需的基本生理过程，安静状态下人体正常的呼吸频率在 12～20 次/分。

呼吸过程有三个主要环节：①外呼吸，是肺部毛细血管和外界环境进行气体交换的过程，包括肺通气和肺换气两个过程。②气体运输，是肺与组织进行气体交换的过程。③内呼吸，是组织毛细血管中的血液与组织细胞进行气体交换的过程。

人体运动时，机体对 O_2 需要量增加，呼吸系统会发生一系列的变化，以满足机体代谢需求。长期的运动训练会使呼吸功能及调节能力产生较好的适应性，以提高机体的工作能力。

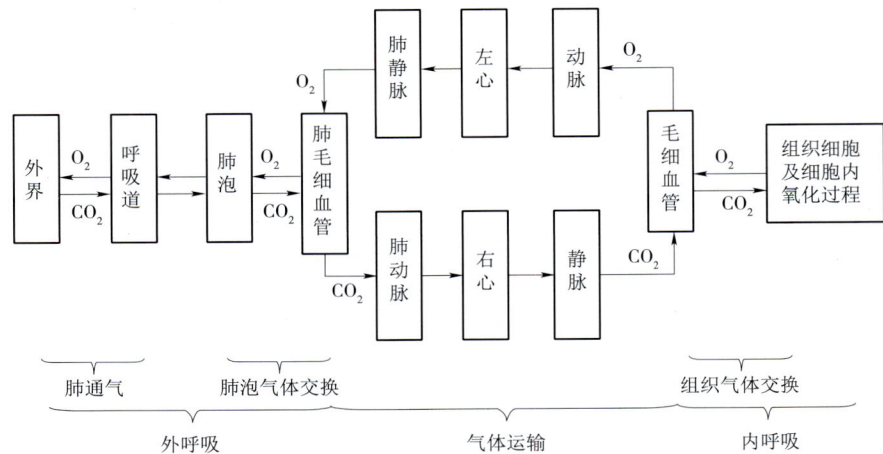

图 5-3 呼吸全过程示意

一、运动中的肺通气与肺换气

人体运动时，机体对 O_2 需要量增加，呼吸系统会发生一系列的变化，主要表现为肺通气和肺换气功能增强，以满足机体代谢需求。

（一）运动中的肺通气功能

人体运动时，肺通气功能增强，表现为呼吸加快加深，肺部通气量增加。潮气量可由安静状态下的 500ml 升高至 2000ml 以上，呼吸频率可由安静状态下的 12～20 次/分增加至 40～60 次/分。运动时的肺通气量可由安静状态下的 6～8L/min 升高至 80～150L/min，比安静状态增加 10～12 倍。中等强度运动时，肺通气量增加主要表现为增加呼吸深度；剧烈运动时，肺通气量增加则主要表现为呼吸频率的增加。

通气是为了摄入 O_2 和排出 CO_2，肺通气功能增强是为了摄入更多 O_2。将肺每分通气量（ventilation volume，VE）和每分钟摄氧量（oxygen uptake，VO_2）之间的比值，称为呼吸当量。安静状态下，每分通气量为 500ml×12 次/分，即 6000ml，每分钟摄氧量为 250ml，故呼吸当量为 6000ml/250ml，即 24，这说明，机体要从 24L 的通气量中才能摄取 1L 的 O_2。

当机体进行中小强度运动时，每分通气量与每分钟摄氧量呈线性正相关性，呼吸当量保持不变。当机体进行高强度运动或剧烈运动时，每分通气量的增加明显大于每分钟摄氧量的增加，呼吸当量增加至 30～35，说明机体需从 30～35L 的通气中才能摄取到 1L 的 O_2 量。

显然可见，呼吸当量越小，O_2 的摄取效率越高，说明呼吸效率越好。在运动生理学上，通常把呼吸当量的最小一点称为最佳呼吸效率点（point of optimum respiratory efficiency，POE）。

（二）运动中的肺换气功能

运动时换气功能主要通过 O_2 的扩散与交换进行实现的。换气功能主要包括肺换气和组织换气两个过程。

1. 肺换气　主要表现：①运动过程中，人体各组织器官的代谢活动加强，肺静脉血中 PO_2 较安静时下降，使呼吸膜两侧 PO_2 差增大，O_2 在肺泡和肺静脉血中的扩散速率增快，O_2 的交换量增加。②循环系统血液儿茶酚胺类物质含量增多，扩张呼吸性细支气管，从而使肺泡的通气数量增加。③开放的肺泡毛细血管数量增加，增大呼吸膜的表面积。④健康成年人在安静状态下肺的通气/血流比值约为 0.84；中小强度的运动时，右心室每分输出量增加使肺的血流量也增加，故通气/血流比值仍在 0.84 左右。但是，高强度或剧烈运动时会造成肺的过度通气，从而使通气/血流比值大于 0.84。一般情况下，随着年龄增长，特别是 20 岁以后，肺换气功能会逐渐下降，但经常进行运动锻炼的人肺换气功能降低的趋势可能会被推迟。

2. 组织换气　主要表现为：①运动过程中，肌肉组织的氧耗增加、二氧化碳量生成增多，组织中的氧分压下降、二氧化碳分压上升，组织与血液之间的氧（或二氧化碳）分压差增大，使 O_2 和 CO_2 在肺部的扩散增快，组织换气的效率提高。②运动时，组织中开放的毛细血管数量增加，组织血流量增加，气体交换面积增大。③运动时组织中的 CO_2 量增加、PCO_2 升高、局部组织温度升高，促使氧离曲线向右移，加强 HbO_2 解离，从而使 O_2 释放量增加（图 5-4）。运动过程中，组织的这些改变，能提高肌肉的氧利用率，肌肉代谢率显著增加，是安静状态的 100 倍。

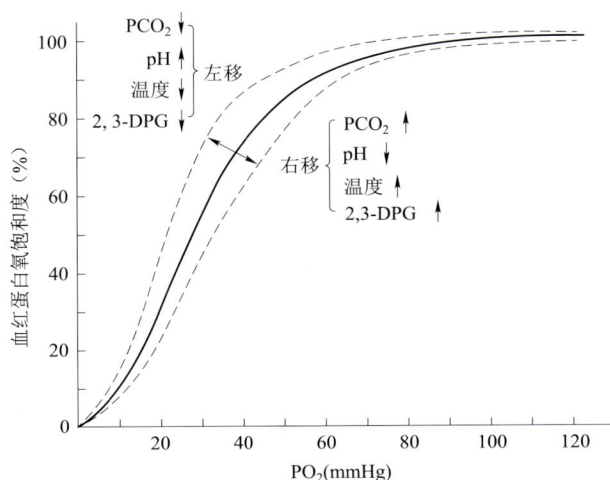

图 5-4　影响氧离曲线的主要因素

二、运动与呼吸功能调节

运动时呼吸功能的调节主要有两个机制：神经调节和体液调节，以神经调节为主导作用。

（一）神经调节

神经调节包括三个方面：运动条件反射的建立、大脑皮质运动中枢的调控、呼吸肌本体感受性反射的调节。

1. 运动条件反射的建立　是准备进行运动时肺通气量增加的主要调节因素。机体在准备进行运动时，呼吸活动就开始兴奋增强，这是一种条件反射，是在平时进行运动锻炼时建立的。

2. 大脑皮质运动中枢的调控　运动时肺通气量显著增加，是大脑皮质运动区发出的神经传导冲动使肌肉收缩的情况下，同时也发送神经传导冲动至脑干呼吸中枢，使脑干呼吸中枢发生兴奋，增强呼吸运动。

3. 呼吸肌本体感受性反射的调节　运动时的牵拉刺激使肌肉与关节的本体感受器兴奋，产生神经冲动至呼吸中枢，反射性地引起肺通气量增加。

（二）体液调节

体液调节是指血液中 O_2、CO_2 和 H^+ 的改变刺激了中枢或周围化学感受器，使呼吸增强。在自然呼吸状态下，改变一种影响因素会引起另外一种或两种影响因素相继改变或同时改变，三者之间相互作用。对呼吸的刺激作用，CO_2 最强，且比单因素作用更显著，H^+ 作用次之，低氧作用最弱（图5-5）。

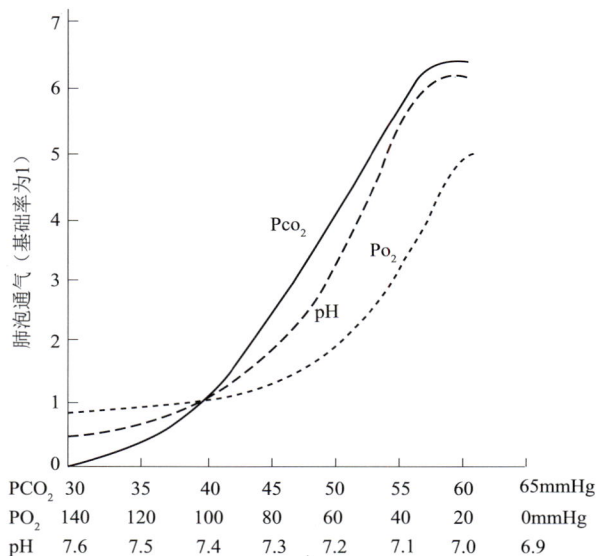

图5-5　改变动脉血液 PCO_2、PO_2、pH 三因素之一，而不控制另外两个因素时的肺泡通气反应

轻度或中等强度运动时，血液中的 PCO_2、PO_2、H^+ 浓度保持稳定。高强度或剧烈运动时，血液中酸性代谢产物乳酸堆积、CO_2 量生成增加，使动脉血中 PCO_2 和 H^+ 浓度升高，刺激中枢和外周的化学感受器，反射性地引起呼吸加快加深。另外，运动时使体温升高，也可直接刺激呼吸中枢，进一步增强呼吸功能，增加肺通气量。

三、运动与氧耗

运动时，根据机体氧耗不同，分为两种不同的能量供应形式，即有氧代谢与无氧代谢。故运动能力可分为有氧运动能力与无氧运动能力。

（一）有氧运动能力

有氧运动（aerobic exercise）是指在氧供充足的情况下，机体由能源物质完全氧化分解产生的能量供应（有氧代谢）所完成的运动。在有氧条件下，人体能持续进行某种运动的能力，称为有氧运动能力，也称有氧耐力。

1. 生理学基础

（1）需氧量　是指机体进行某种生理活动所需的氧气量。正常情况下，成人在安静状态下的需氧量约为 250ml/min。

运动强度和运动持续时间都会影响运动时的需氧量。运动时，运动强度越大，或者运动持续时间越长，机体的总需氧量也越大。

总需氧量＝（运动时每分钟摄氧量＋恢复期每分钟摄氧量－安静时每分钟摄氧量）×
（运动时间＋恢复时间）

（2）摄氧量　也称耗氧量，是指单位时间内机体实际摄取并被消耗或利用的氧气量。在安静状态下，每分钟摄氧量和每分钟需氧量是相对平衡的。当机体运动时，随着运动强度增大，每分钟需氧量相对应成比例增加，而摄氧量和需氧量是否能保持平衡，取决于运动的特点。

运动时机体摄氧量小于需氧量，使人体内出现氧的亏欠，称为氧亏（oxygen deficit）。当人体进行持续时间短且运动强度大的剧烈运动时，运输氧的功能虽已达到高峰状态，但摄氧量仍小于需氧量，人体会出现氧亏。当人体开始进行低强度运动时，因内脏器官生理惰性较大，运输氧的功能不能立刻提升至应有水平，其摄氧量也小于需氧量，因而，在低强度的运动开始阶段，机体也会出现氧亏。

（3）最大摄氧量（maximal oxygen intake，VO_2max）　也称最大耗氧量（maximal oxygen consumption）或最大吸氧量（maximal oxygen intake）。其定义为：人体在进行长时间有大量肌群参与的剧烈运动时，当心肺系统功能及肌肉利用氧气的能力已经到达本人的极限水平时，单位时间内机体摄取的氧气量，称为最大摄氧量（VO_2max）。最大摄氧量反映了人体吸入氧气、运输氧气及利用氧气的能力，是评估机体有氧工作能力的重要参考指标。

在我国，正常成年男性 VO_2max 绝对值在 3.0～3.5L/min，相对值在 50～55ml/（kg·min）；女性比男性稍低，其绝对值在 2.0～2.5L/min，相对值在 40～45ml/（kg·min）。

📋 **知识链接**

最大摄氧量的测定

通常在实验室的条件下，通过极量运动试验直接测定，一般以平板运动试验测定最为准确。运动至极限运动量时，通过呼吸气分析仪测定的摄氧量就是最大摄氧量。

判断受试者到达最大摄氧量的标准条件为：①呼吸商（RQ）大于或等于 1.15（成

扫码"看一看"

人）或 1.0（儿童）。②在分级运动中，相邻两次负荷的摄氧量差值在 150ml/min 以下或者小于 2ml/（kg·min）。③继续进行运动时，机体的摄氧量开始出现下降。④受试者用尽全身最大力量但无法保持规定的负荷，即达到精疲力竭，或者出现其他必须停止运动试验的指征。通常认为，符合以上标准条件中的三项，即可以判定为机体达到最大摄氧量。

（4）乳酸阈　人体在进行递增负荷运动时，机体的能量供应是从有氧代谢供给逐渐过渡到无氧代谢供给的连续过程。无氧代谢产物乳酸随着运动负荷的逐渐增大而增加，血液中乳酸浓度逐渐增加，当运动强度到达某一负荷时，血液中乳酸浓度出现急剧增加的那一乳酸拐点，称为乳酸阈（lactate threshold，LT）。一般人体有氧运动的乳酸拐点浓度为 4mmol/L，其对应的运动强度就是乳酸阈强度。LT 反映了机体能量代谢方式从有氧代谢供能逐渐过渡到无氧代谢供能的转折点或临界点。

人体的乳酸阈值越高，表示机体的有氧工作能力越强，在递增负荷运动中越晚动用无氧代谢供能，可在较高运动负荷时最大程度利用有氧代谢供能，而不过早地出现乳酸累积。所以，乳酸阈值的高低是反映机体有氧工作能力的重要参考指标之一。

考点提示 ▶ 乳酸阈的数值。

2. 有氧运动形式及项目　典型的有氧运动主要有慢跑、步行、骑自行车、上下台阶等。周期性的有氧运动有登山、游泳、划船、滑冰等。非竞赛性的球类运动有篮球、足球、排球、乒乓球、羽毛球、网球等。适合老年人健身的有氧运动有门球、地掷球、气功、太极拳、五禽戏、八段锦等。

3. 有氧运动的作用和目的　提高机体的心肺功能，改善并提高机体氧化代谢的能力。

4. 有氧运动的特点

（1）运动强度　以中小强度运动为主，机体有充足的氧供，保证能量代谢供给。

（2）运动时间　有氧代谢供能物质氧化分解完全，产生能量大，避免乳酸堆积产生肌肉疲劳感，因而，有氧运动可持续较长时间。

（3）运动形式　以周期性、节律性的耐力运动为主。周期性运动指运动时重复进行相同的简单动作。耐力运动是指全身大肌群参与的动力性活动，主要以上、下肢及躯干的主要大肌群同时参与的动力性运动形式，可提高运动摄氧量，增强心肺耐力。

5. 有氧运动处方　为提高机体运动能力和增强心肺功能，让机体反复进行中小强度运动的训练方法，称为有氧运动训练。将有氧运动训练以"处方"的形式进行指导与实施，称为有氧运动处方。

（1）有氧运动处方组成　有氧运动处方有 5 个组成部分，分别为运动形式、运动强度、运动时间、运动频率及运动注意事项，其中，把运动强度、运动时间及运动频率称为运动处方的三要素。

考点提示 ▶ 有氧运动处方的组成和三要素。

1）运动形式　根据每个个体的身体情况和运动习惯选择适合的运动形式，其中，步行和慢跑是目前选择应用最广泛的有氧运动形式和项目。对于年老体弱、疾病恢复期或身体有残疾影响有氧运动的患者，进行如整理床铺、打扫卫生、收拾房间等这些力所能及的日常活动，也可收获同样的康复效益。

2）运动强度　有氧运动的运动强度多为中小运动强度。具体要根据每个人的身体情况、年龄、运动习惯、心肺功能状态及对运动反应的不同，制订适合的个体化运动强度（表5−1）。

常用的有氧运动强度评价指标：①最大摄氧量百分比（%VO_2max）：40%～50% VO_2max 是小强度运动，60%～85%VO_2 max 是中等强度运动，>85%VO_2max 是高强度运动。通常推荐50%～85%VO_2max 为有氧运动训练强度，而老年人和心脏病患者通常选择小强度运动。②最大心率百分比（%HRmax）和靶心率：心率大小与运动强度有线性相关的关系，因此，可用最大心率百分比作为评价运动强度的指标。靶心率是指在运动过程中应该达到并保持的心率。通常推荐靶心率在 60%～85%HRmax 范围的有氧运动强度为适宜运动强度，而老年人和心脏病患者的靶心率要适当降低，以 40%～60%HRmax 范围为适宜。③代谢当量（metabolic equivalent，MET）：又称梅脱，是指在单位时间内、单位体重的耗氧量。1MET＝3.5ml/（kg·min），即每千克体重进行一分钟活动消耗 3.5ml 的氧气量。按平均体重为 70kg、代谢率为 250ml O_2/min，1MET 的活动强度为健康成年人在安静坐位情况下的代谢水平，稍高于基础代谢。MET 大小不受性别、年龄及体重的影响，是由耗氧量来计算的，可用于评定各种不同的运动强度。MET 是有氧运动处方中用于表示运动强度最常用的指标，可进行不同强度运动之间的相互比较。现在，MET 用于表示运动强度应用广泛，也常用于评价体力活动能力、判断预后、制订有氧运动处方等。正常情况下，人的运动能力最高能达到 10MET，通常认为有氧运动的适宜强度为 2～7MET。④主观强度感觉（rating of perceived exertion，RPE）：指个体在运动时的疲劳感觉，是一种简单有效评价运动强度的方法。RPE 虽然代表的是心理的主观感觉，但反映的是生理的功能变化。RPE 值与心率存在对应关系，通常推荐 RPE 值为 12～13、心率为 130 次/分左右的运动为适宜运动强度。

考点提示　有氧运动训练强度与最大摄氧量百分比（%VO_2max）相对应的数值划分。

考点提示　代谢当量的定义。

表 5−1　日常生活中常见活动的运动强度

常见活动项目	MET 值	常见活动项目	MET 值
洗手	1.0	烹调	3.0
坐床边	1.2	步行（4.0km/h）	3.0
吃饭	1.4	慢速骑车	3.5
上下床	1.5	穿衣	3.6
写字	1.6	铺床	3.9
打牌	1.5～2.0	扫地	4.5
步行（1.6km/h）	1.5～2.0	下楼梯	5.2
站立	2.0	跳交谊舞（快）	5.5
淋浴	2.0	园艺	5.6
驾驶汽车	2.0～2.8	拖地	7.7
跳交谊舞（慢）	2.9	上楼梯	9.0

客观生理指标（心率）结合主观心理感受（RPE值）是最常用且简易评价运动强度的方法，可避免单用靶心率进行评价的盲目性（表5-2）。例如，正常情况下某人靶心率是130次/分，RPE值为13，当此人工作劳累或有轻微疾病时，再以130次/分的靶心率进行运动时，这个人会感觉非常费力和困难，此时RPE值会增加。这种情况下，应在RPE值为13时停止运动，否则，勉强维持130次/分的靶心率运动会非常危险，而RPE值的应用可避免这种潜在危险的可能发生。因为机体承受运动负荷能力是可变的，所以，运动时将客观生理指标和主观感受结合进行监控较为适宜。

表5-2　主观强度感觉（RPE）与相应心率（次/分）

RPE值	主观感觉	相应心率
6	安静	静息心率
7	非常轻松	70
8		
9	很轻松	90
10		
11	轻松	110
12		
13	稍费力	130
14		
15	费力	150
16		
17	很费力	170
18		
19	非常费力	195
20	精疲力竭	最大心率

3）运动持续时间　运动持续时间要根据人体健康状况、体力适应性及运动强度来决定。运动量＝运动强度×运动持续时间，若要产生良好的运动效果，可采用较高运动强度、较短持续时间的运动，或者较低运动强度、较长持续时间的运动。通常推荐有氧运动的运动持续时间为每天30～60分钟，每周150分钟。对于年老、体弱、患有疾病的人，可采用一日多次、每次持续较短时间、累积运动时间达到每天30分钟的运动。

4）运动频率　运动频率要根据运动量的大小来决定。如果运动量大，每周运动3次即可；如果运动量小，最好每天进行运动，才能产生运动效果。通常推荐运动频率为3～7次/周，运动频率小于2次/周则无治疗作用。运动持续8周以后才会出现运动效果，若运动中断，则有氧耐力在1～2周内会渐渐退化，所以，长期坚持运动，才能使机体保持良好的有氧运动能力。

5）运动注意事项　①时刻谨记安全第一，加强医学监控进行有氧运动前要认真检查身体，特别是心肺功能和骨关节系统的检查，并指导机体采用合适的运动强度，避免过度运动。②循序渐进，量力而行：有氧运动从小的运动负荷开始，机体适应后再逐渐加量，或严格遵照医师制订的运动处方中的运动项目、强度、持续时间和进度。③个体化运动方案，持之以恒：要根据不同个体的年龄、患病情况、运动习惯及运动条件等来制订不同的运动处方，实施个体化运动方案。健康成人主要提高心肺功能，适宜采用较大的运动强度；而老年人则应该采用相对较小的运动强度。有氧运动需要持之以恒，培养按时运动、长期坚持运动的好习惯。④避免过度疲劳，注意运动卫生：机体进行有氧运动时，要避免运动过量、过度疲劳。同时需注意以下几个方面的运动卫生：空腹、饭后不做高强度的运动或剧烈运动；有氧运动后出汗较多不宜立即热水冲浴，以防感冒；运动不适时，应立即停止运动，并及时就医。

（2）有氧运动训练方法和分析

1）训练方法　有氧运动训练有持续训练、循环训练、间歇训练等方法。其中，持续训练法是有氧运动处方中主要采用的训练方法。

2）运动分析　一次有氧运动训练主要包括准备活动、运动训练、整理运动三个组成部分。①准备活动：可使人体各器官系统的功能由相对安静逐渐过渡为运动兴奋的状态，为有氧运动训练做好充足的生理准备。通常准备活动时间在 10 分钟左右，最短不能少于 5 分钟；要求机体心率比安静时增加 20 次/分，才有运动效果。可选择呼吸训练、慢跑、运动量小的医疗体操等运动项目。②运动训练：是有氧运动训练的核心内容，要求按照医师制订的有氧运动处方进行训练。运动训练时注意把握运动节奏、适度休息和适当调整。一般运动持续时间为 20～60 分钟，其中靶心率的持续时间不少于 15 分钟。③整理运动：运动结束时，为适应运动停止后的血流动力学变化，应做一些具有放松作用的整理运动，以保持良好的静脉回流、维持适度的心输出量，防止发生直立性低血压或诱发心脑血管意外；同时，可促进消除运动机体内的代谢产物，促使运动后机体功能恢复和消除疲劳。整理运动可选择慢跑、散步、自我按摩等放松活动及调整呼吸活动等，持续时间在 5～10 分钟。

（3）有氧运动处方应用　主要包括健身、预防、治疗、康复 4 个方面。

1）健身　有氧运动处方对全民健身起科学指导的作用。可为不同性别、年龄、健康状况、体能水平的人提供健身的科学指导，主要指导心肺功能的训练。

2）预防　有氧运动可减少运动不足等生活不良方式对机体的有害影响，对如高血压、糖尿病、冠心病、肥胖症等慢性疾病有预防作用。有氧运动处方是进行有氧运动、预防慢性疾病发生的科学指导依据。

3）治疗　有氧运动处方可指导心血管疾病、糖尿病及肥胖症患者进行科学运动，与饮食控制、药物共同发挥治疗性作用。

4）康复　有氧运动处方主要用于心肺功能降低患者的运动康复指导，提高心肺功能及有氧代谢能力。对于长期卧床导致运功功能降低的患者，有氧运动可促进运动功能恢复，发挥康复治疗及预防作用。

（二）无氧运动能力

无氧运动是指以无氧代谢途径（ATP、CP 分解和糖无氧酵解）进行供能的运动。其中，ATP（三磷酸腺苷）、CP（磷酸肌酸）分解供能是非乳酸能，而糖无氧酵解供能是乳酸能。

1. 生理基础

（1）能源物质

1）三磷酸腺苷（ATP）和磷酸肌酸（CP）的含量　机体运动时 ATP 及 CP 的供能能力主要由 ATP 及 CP 的含量和以 CP 再合成 ATP 的能力决定。一般情况下，人体 1kg 肌肉中含有 15～25mg 之间的 ATP 及 CP，而在极限运动中，10 秒内几乎完全耗竭肌肉中的 ATP 及 CP。

2）糖原含量和其酵解酶活性　由肌糖原无氧代谢分解为乳酸、释放能量的过程称为糖的无氧酵解供能，而肌肉组织中糖原含量和其酵解酶活性的高低决定了糖无氧酵解供能的能力大小。

（2）代谢过程的调节能力 包括内环境变化时酸碱平衡调节、神经及激素对代谢活动的调节、代谢过程中酶的活性、各器官组织的活动协调等。例如，肌酸激酶和磷酸果糖酶对机体快速恢复 ATP 含量非常重要。

（3）最大氧亏积累（maximal accumulated oxygen deficit，MAOD） 最大氧亏积累是指机体完成极限强度运动（持续运动 2~3 分钟）的理论需氧量和实际耗氧量之间的差值，是人体无氧供能能力的重要评价指标。

2. 无氧运动训练

（1）小强度循环抗阻训练 属于 ATP–CP 供能训练。选择 10~15 个大肌肉群行负荷强度为 40%~50%最大负荷量的抗阻运动，在 10~30 秒内重复 8~15 次练习，练习间休息 30~60 秒，以 2~3 个循环为一组。要求每次练习的休息间歇时间不少于 30 秒，因为 ATP 和 CP 在少于 30 秒的运动休息间歇中数量恢复不足，不能维持下次练习对能量的需要。由于 ATP 和 CP 恢复时间至少 3~4 分钟，所以进行成组练习以后，组间休息时间应不少于 3~4 分钟。

（2）高强度间歇性训练 属于提高糖酵解系统供能能力的训练。最大无氧代谢训练的敏感范围是血乳酸值在 12~20mmol/L。可采用极限速度跑 1 分钟，间歇休息 4 分钟，共重复 5 次的高强度间歇性训练，使血乳酸浓度快速升高至很高水平，其最高值可达到 31.1mmol/L，提高机体对高乳酸浓度的适应性。进行乳酸耐受能力训练时，通常将血乳酸浓度值控制在 12mmol/L 左右较为适宜，可提高机体的缓冲能力和乳酸脱氢酶在肌肉中的活性。

第三节 运动与内分泌系统

内分泌系统通过分泌各种激素、以体液性调节的方式，发布调控机体生理功能的信息，维持机体新陈代谢，调节生殖、生长和发育等与个体生存相关密切的基础生命过程。内分泌系统与神经系统、免疫系统功能活动协调互补，共同调节并维持机体内环境的稳态。运动可引起机体的内外环境发生变化，使内分泌系统分泌激素发生相应改变，以适应机体需要。

一、激素的作用方式

激素（hormone）是指由内分泌腺或者组织器官的内分泌细胞分泌，以体液为载体媒介，在组织细胞间传递调节信息的高效能生物化学活性物质。人体内所有能够分泌激素的腺体、组织、细胞都属于内分泌系统。体内主要有由下丘脑分泌的血管升压素和抗利尿激素、腺垂体分泌的生长激素、甲状腺分泌的甲状腺素、胰岛分泌的胰岛素和胰高血糖素、肾上腺皮质分泌的醛固酮、肾上腺髓质分泌的肾上腺素和去甲肾上腺素等。

激素的主要作用方式有远距分泌、旁分泌、自分泌、神经分泌和腔分泌 5 种（图 5-6）。

（一）远距分泌

远距分泌（telecrine）也称血分泌（hemocrine），是指激素被分泌进入血液后，经过血液循环的运输功能，激素被运送至远处的靶器官组织发挥作用。

人体内大多数经典的内分泌腺以及非内分泌组织器官分泌的激素是以远距分泌的方式发挥作用的。例如，腺垂体分泌的生长激素，可通过远距分泌的方式对机体各组织器官发挥影响作用，主要促进全身各器官生长发育及物质代谢，尤其是肌肉骨骼系统和内脏器官。

（二）旁分泌

旁分泌（paracrine）也称邻分泌，是指激素被分泌后，通过组织液进行扩散，作用于邻近的其他靶细胞发挥作用。例如，胰岛 A 细胞分泌的胰高血糖素，通过旁分泌的作用方式刺激胰岛 B 细胞分泌胰岛素。

（三）自分泌

自分泌（autocrine）是指激素被分泌后，原位作用于合成分泌此激素的细胞；甚至有些激素可以不被释放，直接在合成激素的内分泌细胞内发挥作用。后者自分泌的方式又称为内在分泌（intracrine）或胞内分泌。例如，胰岛素可原位作用于胰岛 B 细胞抑制自身分泌胰岛素；肾上腺髓质激素可通过内在分泌的作用方式抑制自身合成酶的活性。

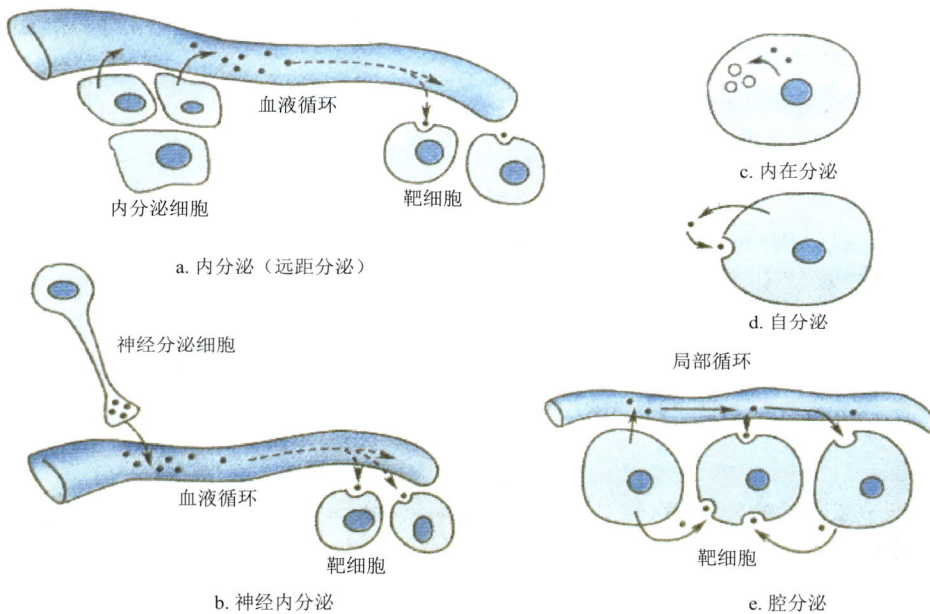

图 5-6　激素的几种作用方式

（四）神经分泌

神经分泌（neurocrine）是指神经内分泌细胞将分泌的激素释放至血液中，通过血液循环发挥作用。例如，下丘脑促垂体区肽能神经元分泌的下丘脑调节肽通过垂体门脉系统运输至腺垂体系统发挥作用。

（五）腔分泌

腔分泌（solinocrine）是指激素直接分泌释放到体内管腔中而发挥作用。例如，有些胃肠激素可被直接分泌至肠管腔中来发挥作用。

二、运动与激素变化

运动的应激刺激可引起激素发生分泌增加、分泌减少和分泌不确定三种变化表现。运动可引起人体内大多数激素分泌增加，如生长激素、抗利尿激素（ADH）、醛固酮、儿茶酚胺类激素（肾上腺素和去甲肾上腺素）、甲状腺素等。各种形式的运动都会引起胰岛素分泌减少。而运动引起黄体生成素（LH）和卵泡刺激素（FSH）等激素的分泌变化不确定。

（一）运动引起激素变化反应的类型

在临床工作中，常通过检测患者血液中的激素浓度水平来进行疾病的诊断和评价机体内分泌功能。运动会影响血液中激素的分泌，不同类型的激素出现变化的时间不相同，主要有下面 3 种类型：

1. 快速应答型 激素出现应答变化反应快，与运动负荷强度有较明显的关联。这类激素可在运动开始后几分钟内，使血液中激素浓度水平快速升高，并在短时间内达到浓度顶峰。如儿茶酚胺类、皮质醇、睾酮等。

2. 缓慢应答型 激素出现应答变化反应慢，与运动持续时间有较明显的关联。这类激素可在运动开始后出现变化，但激素浓度水平变化缓慢、持续时间长，可随着运动时间的延长而逐渐升高血液中激素浓度水平，一直到运动结束。如肾素－血管紧张素－醛固酮系统（RAAS）激素、抗利尿激素（ADH）、甲状腺素等。

3. 延迟应答型 只在部分人中出现。运动开始时，血液中激素浓度水平不立刻出现变化，有一个延迟反应时间，运动持续一段时间后，血液中激素浓度水平才缓慢地发生变化。会出现延迟应答反应的激素有胰岛素、生长激素及胰高血糖素。

（二）运动对激素调控的影响

在生理状态下，机体可通过内分泌靶腺轴的负反馈调节作用、内分泌细胞的旁分泌和自分泌等作用方式的调节以及激素间的相互调节作用，使机体内分泌环境维持相对稳态。但机体进行高强度运动或长期进行运动训练时，可使激素的调控发生变化。

1. 激素的调节变化 在生理条件下，调节靶腺细胞激素的合成和释放主要通过下丘脑－垂体－靶腺轴的负反馈调节作用机制，但在运动时，此调节机制对血液中激素浓度水平的变化调节不起主导作用（图 5-7）。

例如，男性的下丘脑－垂体－睾丸轴，在生理条件下，血液中睾酮浓度水平的稳态由下丘脑及垂体分泌激素对睾丸间质细胞进行调控；而在运动时，下丘脑及垂体调控睾丸间质细胞的激素变化不大，但血液中睾酮浓度水平升高，说明运动时血睾酮浓度水平升高与下丘脑－垂体－睾丸轴的调节作用基本无关联。

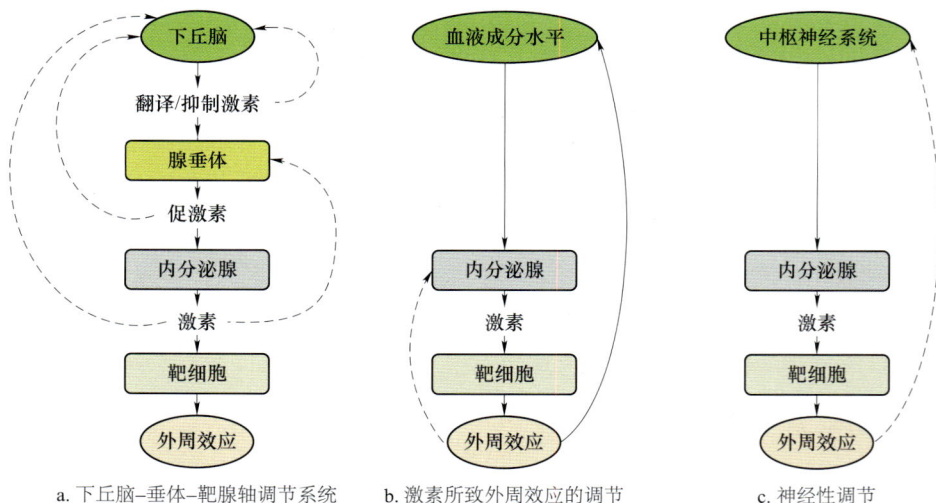

a. 下丘脑–垂体–靶腺轴调节系统　　　b. 激素所致外周效应的调节　　　c. 神经性调节

图 5-7　生理条件下激素分泌的神经及体液性调节

注：——→ 调节作用途径；----→ 反馈作用途径

有氧运动及低强度的运动训练通常对下丘脑－垂体－靶腺轴的调节能力无损害作用，但高强度的运动训练，特别是长时间的剧烈运动会使下丘脑－垂体－靶腺轴的调节功能受到抑制，可出现负反馈调节功能的下降。

2. 调节物作用的变化　生理状态下，血糖浓度水平影响胰岛素的分泌，当机体碳水化合物摄入后，会使血糖浓度水平迅速升高，刺激胰岛 B 细胞分泌活动增强，胰岛素浓度水平升高。

有实验证明，当机体在长时间剧烈运动后，会出现血糖和胰岛素浓度水平同时下降，予以静脉补充葡萄糖后，机体处于高血糖状态，但血液中胰岛素水平仍然较低，并未出现反馈性升高，说明运动时血糖浓度水平调节胰岛素分泌的调节作用发生了变化。

3. 受体的变化　高强度的运动训练可引起白细胞 β 受体数量下降。短时间高强度的剧烈运动，即刻引起白细胞 β 受体数量明显上升，1 小时后下降低于正常值，而一段时间的剧烈运动引起白细胞 β 受体数量减少。运动训练引起 β 受体数量下调与运动时儿茶酚胺类激素持续应激高浓度水平有关系。

运动时机体血液中糖皮质激素浓度水平升高。但有相关研究表明，短时间高强度运动或者长时间的训练，会引起糖皮质激素受体数量下调，当训练停止后，受体下调情况会逆转，可逐渐恢复至正常。

运动时血液中胰岛素浓度水平降低，但运动训练可引起胰岛素受体数量增加，从而使外周组织对胰岛素的敏感性增强。

（三）人体几种常见激素的生理作用

1. 生长激素（GH）　①促进生长发育：主要促进骨、肌肉和其他组织的细胞分裂及蛋白质的合成，加速肌肉、骨骼的生长发育。②调节代谢：促进蛋白质合成，促进脂肪分解，减少消耗血中葡萄糖，升高血糖。

2. 甲状腺激素（TH）　①促进生长发育：TH 是胎儿及新生儿大脑发育的关键激素，可在胚胎期促进神经元增生分化和突触形成。②调节新陈代谢：提高基础代谢率，增强能量代谢；促进蛋白质合成，促进脂肪分解，升高血糖。③影响组织器官功能：增快心率，提高心肌收缩能力，增加心输出量，提高中枢神经系统的兴奋性。

3. 胰岛素　①调节物质代谢：促进糖原合成，抑制糖原分解，抑制糖异生，降低血糖；抑制脂肪动员与分解；促进蛋白质合成，抑制蛋白质分解。②调节能量平衡：增加饱腹感，提高交感神经系统兴奋性，促进能量消耗，提高机体代谢率。

4. 糖皮质激素（GC）　①调节物质代谢：促进糖原合成，增加糖异生，显著升高血糖；抑制脂肪合成，促进脂肪分解，增加躯干及面部脂肪沉积（脂肪的重新分布）；促进肝内蛋白质合成，促进肝外组织蛋白质分解。②影响水盐代谢：抑制分泌抗利尿激素，促进水的排出。③影响组织器官功能：维持心肌的正常功能，维持心血管系统的循环血量；促进胃酸分泌；提高神经系统兴奋性；抑制淋巴组织生长。④参与应激：具有抗炎、抗过敏、抗休克等应激反应的作用。

5. 肾上腺髓质激素　主要包括肾上腺素（E）和去甲肾上腺素（NE）。其生理作用有：①调节物质代谢：抑制胰岛素分泌，促进糖原分解，升高血糖；促进脂肪分解；提高机体的基础代谢率，增加耗氧量和产热。②参与应激整合：使机体处于反应高度敏捷、警惕高度觉醒的状态，有一系列爆发性典型体征，如心率加快、呼吸加快加深、皮肤变白并出汗、汗毛竖立、各组织器官功能和代谢明显加强等。

本 章 小 结

本章主要从心血管系统、呼吸系统及内分泌系统三大人体主要系统功能来探讨运动与其的关系和变化，简要阐述心肺运动学的主要内容。

运动与心血管系统主要从运动与心脏活动、运动与血流供应、运动与心血管活动调节三个方面进行展开，强调评价心脏的几个重点指标，包括每搏输出量和每分输出量、心率及心脏形态方面，并论述了运动与主动脉和大动脉、静脉、冠状动脉的变化关系，同时介绍了运动对心血管系统的几种调节机制。

运动与呼吸系统主要从运动中的肺通气与肺换气、运动与呼吸功能调节、运动与氧耗三个方面展开，介绍了呼吸过程、运动时肺通气与肺换气功能的变化、运动与呼吸功能的两种调节机制，并重点强调了评价呼吸功能的几个重点指标，包括有氧运动中的需氧量、摄氧量、最大摄氧量、乳酸阈及无氧运动中的 ATP 及 CP、最大氧亏积累等，同时着重论述了有氧运动的运动处方组成，包括运动形式、运动强度、运动时间、运动频率及运动注意事项，并简要阐述。

运动与内分泌系统主要从激素的作用方式、运动与激素变化、人体几种常见激素的生理作用三个方面展开介绍，简单论述了运动时激素对机体的反馈作用和相应变化。

（胡丹丹）

扫码"练一练"

习 题

一、单项选择题

1. 老年人的最大心率为
   A. 220－年龄　　B. 210－年龄　　C. 200－年龄　　D. 180－年龄　　E. 170－年龄

2. 衡量循环系统效率的主要指标有
   A. 心率　　B. 心输出量　　C. 血压　　D. 心电图　　E. 外周阻力

3. 心血管最基本的中枢在
   A. 延髓　　B. 脑桥　　C. 丘脑　　D. 大脑　　E. 小脑

4. 导致肌肉疲劳的副产品
   A. ATP　　B. 丙酸酮　　C. CP　　D. 氨基酸　　E. 乳酸

5. 氧运输系统指
   A. 呼吸系统　　　　　　　　　B. 血液与循环系统
   C. 呼吸、血液与循环系统　　　D. 呼吸与循环系统
   E. 循环系统

6. 乳酸阈的值为
   A. 6mmol/L　　B. 5mmol/L　　C. 4mmol/L　　D. 3mmol/L　　E. 2mmol/L

7. 一个 MET 等于
   A. 2.5ml/（kg·min）　　　　　B. 3.5ml/（kg·min）
   C. 4.5ml/（kg·min）　　　　　D. 5.5ml/（kg·min）
   E. 6.5ml/（kg·min）

8. 中等运动强度

A. 40%～50% VO$_2$ max   B. 50%～85% VO$_2$ max

C. 60%～85% VO$_2$ max   D. 70%～95% VO$_2$ max

E. 100% VO$_2$ max

9. 适合于心脏病患者及老年人

    A. 40%～50% VO$_2$ max   B. 50%～85% VO$_2$ max

    C. 60%～85% VO$_2$ max   D. 70%～95% VO$_2$ max

    E. 100% VO$_2$ max

10. 心肺功能对运动的适应结果

    A. 肺通气量不变   B. 心排出量不变

    C. 肺通气量与心排出量的比值不变   D. 体循环 PO$_2$ 维持不变

    E. 以上都不对

11. 以下不属于有氧运动形式的是

    A. 竞走   B. 骑自行车   C. 游泳   D. 太极拳   E. 门球

12. 有氧运动的主要目的

    A. 增强肌力   B. 增加关节活动度

    C. 增加心肺功能   D. 增加抗阻力能力

    E. 增加柔韧性

13. 影响运动训练效果的因素有

    A. 运动强度、时间、频率   B. 遗传因素

    C. 年龄   D. 性别

    E. 生物节律因素

14. 下列哪项不是有氧运动处方的应用

    A. 健身   B. 预防   C. 治疗   D. 代偿   E. 康复

15. 激素是

    A. 高效能生物活性物质   B. 生物活性物质

    C. 高效能的酶   D. 高效能催化剂

    E. 生物催化剂

二、思考题

简述有氧运动的特点和作用。

参考答案

第一章

1. C　2. A　3. E　4. C　5. B　6. B　7. E　8. E　9. B　10. C　11. B　12. C
13. C　14. E　15. A　16. D　17. A　18. A　19. B　20. C　21. D　22. B　23. A　24. B
25. D　26. C　27. B　28. B　29. C　30. D　31. A　32. C　33. B　34. D　35. A　36. B
37. C　38. D　39. A　40. C　41. B　42. D

第二章

1. D　2. A　3. C　4. C　5. B　6. C　7. A　8. B　9. B　10. A　11. C　12. A
13. E

第三章

1. A　2. A　3. D　4. A　5. A　6. B　7. B　8. A　9. C　10. D　11. B　12. A
13. D　14. C　15. A　16. B　17. A　18. D　19. D　20. B　21. C　22. C　23. A　24. D
25. A　26. D　27. C　28. C　29. B　30. D　31. C　32. A　33. C　34. B　35. A　36. A
37. A　38. C　39. E　40. D　41. C　42. C　43. A　44. A　45. C　46. C　47. E　48. A
49. C　50. B　51. D　52. A　53. D　54. D　55. D　56. B　57. C　58. A　59. D　60. A
61. A　62. B　63. E　64. A　65. A　66. A　67. A　68. B　69. A　70. B　71. C　72. C
73. B　74. C　75. C　76. B　77. A　78. B　79. C　80. B　81. A　82. A　83. B　84. B
85. D　86. A

第四章

1. B　2. C　3. B　4. A　5. A　6. E　7. C　8. D　9. E　10. D

第五章

1. E　2. B　3. A　4. E　5. C　6. C　7. B　8. C　9. A　10. D　11. A　12. C
13. A　14. D　15. A

参考文献

［1］黄晓琳. 人体运动学［M］. 2版. 北京：人民卫生出版社，2013.

［2］黄晓琳，敖丽娟. 人体运动学［M］. 3版. 北京：人民卫生出版社，2018.

［3］郭怡良，李映琪. 基础肌动学［M］. 台北：Elsvier 出版社，2013.

［4］顾冬云，戴尅戎. 关节功能解剖学［M］. 6版. 北京：人民军医出版社，2011.

［5］刘颖，师玉涛，闫琪. 骨骼肌肉功能解剖学［M］. 2版. 北京：人民军医出版社，2014.

［6］李古强，李渤. 人体运动学［M］. 武汉：华中科技大学出版社，2017.

［7］李克敏，敖丽娟. 运动学［M］. 2版. 北京：华夏出版社，2014.

［8］戴红. 人体运动学［M］. 北京：人民卫生出版社，2008.

［9］周士枋，丁伯坦. 运动学［M］. 北京：华夏出版社，2005.

［10］丁文龙，刘学政. 系统解剖学［M］. 北京：人民卫生出版社，2013.

［11］贾连顺，李家顺. 脊柱创伤外科学［M］. 上海：上海远东出版社，2000.

［12］潘之清. 实用脊柱病学［M］. 济南：山东科学技术出版社，1996.

［13］钟士元. 脊柱相关疾病治疗学［M］. 广州：广东科学技术出版社，2003.

［14］张跃全. 胸椎整脊学［M］. 北京：海洋出版社，2009.

［15］宋一同，吕选民. 颈椎整脊学［M］. 北京：海洋出版社，2009.

［16］白石. 运动解剖学［M］. 西安：陕西人民出版社，2008.

［17］徐国栋，袁琼嘉. 运动解剖学［M］. 5版. 北京：人民体育出版社，2012.

［18］赵凤东，范顺武，杨迪生. 腰痛的生物力学［M］. 北京：北京大学医学出版社，2006.

［19］柏树令. 系统解剖学［M］. 北京：科学出版社，2008.

［20］康健. 局部解剖学［M］. 北京：科学出版社，2010.

［21］刘献祥，尉禹，王志彬，等. 骨伤科生物力学［M］. 北京：北京科学技术出版社，2010.

［22］Joseph A. Buckwalter, MS Thomas A. Einhorn, Sheldon R.Simon. 骨科基础科学——骨关节肌肉系统生物学和生物力学［M］. 2版. 北京：人民卫生出版社，2001.

［23］朱大年. 生理学［M］. 7版. 北京：人民卫生出版社，2008.

［24］谢敏豪，冯炜权，严翊. 运动内分泌学［M］. 北京：北京体育大学出版社，2008.

［25］王玉龙. 康复功能评定学［M］. 北京：人民卫生出版社，2008.

［26］唐娜·弗罗恩菲尔特，伊丽莎白·蒂安. 心血管系统与呼吸系统物理治疗：证据到实践［M］. 郭琪，曹鹏宇，喻鹏铭，译. 北京：北京科学技术出版社，2017.